Fritz Kolesch
Christa Graupner
Susen Schönberg

DAS BIBERACHER SCHÜTZENFEST

Mit freundlicher Unterstützung von:

Fritz Kolesch,
Christa Graupner,
Prof. Dr. h.c. Hugo Rupf,
Gustav E. Gerster,
Sieglinde Vollmer.

CIP-Einheitsaufnahme der Deutschen Bibliothek:
Biberacher Schützenfest, Kolesch, Graupner, Schönberg
1. Auflage Biberach: Verlag Dr. Karl Höhn KG, 1999
ISBN 3-924392-36-6

© 1999 by Verlag Dr. Karl Höhn KG
in Gemeinschaft mit Fritz Kolesch, Christa Graupner, Susen Schönberg.
Autor Kapitel -1, -3, -4, -5, -6, -7: Fritz Kolesch
Autor Kapitel -2: Christa Graupner
Konzeption, Gestaltung, Bildautor: Susen Schönberg
Texterfassung Kapitel -1, -3, -4, -5, -6, -7: Adelinde Steidle
Texterfassung Kapitel -2: Christa Graupner
Herstellung: Höhn Print + Medien, Freiburger Str. 65, 88400 Biberach
Litho und EBV: Digital Litho, Druckvorlagen GmbH (ein Unternehmen der Höhn Gruppe)
Buchbinderische Verarbeitung: MBB Moser GmbH, Ravensburg
Gedruckt auf BVS holzfrei matt vollgestrichen weiß Bilderdruck,
ein Produkt der Papierfabrik Scheufelen, 73250 Lenningen

Alle Rechte vorbehalten · Printed in Germany.

INHALT

Seite

GELEITWORT	9	*von Klaus Bott*
VORWORT	10	*Das Geheimnis des Biberacher Schützenfestes.*
1. DIE GESCHICHTE DES BIBERACHER SCHÜTZENFESTES	12	*Wie alles begann.*
	41	*1946– Das erste Schützenfest nach dem Krieg.*
	48	*1949– das Schützenfest erhält seinen Namen zurück.*
2. DAS BIBERACHER SCHÜTZENTHEATER	82	*Die Geschichte.*
	99	*Hier schmunzelt das Schützentheater.*
	135	*Auch das ist Schützentheater.*
	145	*Die bisher gespielten Stücke.*
3. RUND UM MICH HER IST ALLES FREUDE,...	152	*Das Schützenfestlied.*
	154	*Schützenrösle und Schützenschätzle.*
	155	*Abnahme und Eröffnung des Vergnügungsparks.*
	156	*Die Jahrgänger-Feiern.*
	157	*Die "Kleine Schützenmusik".*
	159	*Die Schützendirektion.*
	165	*Der Schatzmeister.*
	166	*Spenden für das Kinderfest.*
	167	*Der Schützenbatzen und andere Stiftungen.*
	184	*Mitglieder und Beiräte der Schützendirektion seit 1900.*
4. LASST SORGENLOS DIE KINDER SPIELEN,...	194	*Die Heimatstunde.*
	195	*Das Böllerschießen.*
	196	*Der Fahnenzug.*
	196	*Der Tanz auf dem Marktplatz.*
	198	*Der Schülergottesdienst am Schützenfest.*
	199	*Der Bunte Festzug.*
	202	*Das Biberschießen.*
	204	*Die Ziehung.*
	205	*Althergebrachte Lieder im Schützenkeller.*
	243	*Das Trommlerkorps des Wieland Gymnasiums.*
	243	*Der Spielmannszug des Pestalozzi-Gymnasiums.*
	244	*Der Trommler- und Fanfarenzug der Dollinger-Realschule.*

	Seite	
	245	Der Trommler- und Fanfarenzug der Matthias Erzberger-Schule.
	246	Der Spielmannszug der Freiwilligen Feuerwehr.
	247	Marschmusik am Schützenfest.
5. FAHRER, REITER, REQUISITEN	260	Pferde, Wagen und Geschirre beim Schützenfest.
	261	Antransport der Pferde und das Aufstellen des Festzugs
	263	Kostümausgabe an Reiter und Fahrer.
	264	Der Bauernabend.
	265	Die eigene Ponyzucht für das Schützenfest.
	265	Die Requisitenhalle.
	266	Die Schützenbühne.
	267	Die Nähstube für den Historischen Festzug.
	268	Die Schützenkellerhalle.
	269	Die Geschäftsstelle der Schützendirektion.
6. EIN BILDERBUCH DER STADTGESCHICHTE	286	Der Historische Festzug.
	286	Die Spitze des Festzugs.
	287	Die Kleinen Schützentrommler und -pfeifer.
	289	Wirtschafts- und Sozialgeschichte: Weber, Gerber, Färber, Glockengießer, Bierbrauer und der Historische Handelszug.
	306	Die Fahnenschwingergruppe.
	306	Die Staufer.
	308	Die Gruppe der Spitalgründung.
	309	Der Mittelalterliche Spielmannszug der Mali-Hauptschule.
	310	Spielleute und Vaganten des Mittelalters.
	310	Kaiser Friedrich III.
	311	Bauernkrieg von 1525.
	312	Die Gaukler.
	312	Biberach im Dreißigjährigen Krieg.
	313	Die Schweden.
	314	Die Kaiserlichen Reiter.
	332	Die Biberacher Stadttore.
	332	Wieland und der Musenhof zu Warthausen. Die Rokoko-Gruppe.
	335	Die Räuberbande des Schwarzen Veri.
	338	Die Thurn- und Taxis'sche Postkutsche.

	Seite	
	338	*Die Biedermeiergruppe.*
	338	*Die Biberacher Bürgerwehr von 1848.*
	339	*Das Jordanbad.*
	340	*Brauchtumsgruppen im Schützenfest.*
	340	*Volkstrachten aus Biberach und Umgebung.*
	342	*Kleine Historische Trachtengruppe.*
	343	*Die Sathmargruppe und die Ulmer Schachtel.*
	346	*Bergerhausen – Bauern bei der Arbeit.*
	346	*Die Rißegger Bauernhochzeit.*
	347	*Die Mettenberger Flachsbauergruppe.*
	348	*Das Bürgermilitärcorps und die Kleine Bürgerwehr von Mittelbiberach.*
7. TANZ, VERGNÜGEN UND KINDERSPIEL	380	*Das Lagerleben.*
	381	*Die Scharwächter.*
	382	*Die Zunfttänze.*
	384	*Die Festwoche "900 Jahre Biberach".*
	386	*Tanz durch die Jahrhunderte:*
	387	*Bauerntänze aus dem 16. Jahrhundert.*
	387	*Renaissancetänze.*
	388	*Rokokotänze.*
	389	*Bürgerball zur Bismarckzeit.*
	416	*Der Nachtwächter.*
	417	*Das Feuerwerk.*
	418	*Der Berg.*
	420	*Volksbelustigungen.*
	421	*Der Kleine Schützenjahrmarkt.*
	421	*Schöne Schützennächte und 'Krach auf dr Gass'.*
	423	*Bauernschützen, Ausklang des Festes.*
ZEITTAFEL	443	
DIE AUTOREN DIESES BUCHES	450	
BILDNACHWEIS	454	

8

GELEITWORT

Suchten Interessierte und Freunde unseres Biberacher Schützenfestes eine umfassende Dokumentation oder entsprechende Literatur über Entstehung, Tradition und Ablauf dieses großartigen, einzigartigen Heimatfestes, so fanden sie nur wenige Informationsmaterialien. Bedauerlicherweise gab es bis heute kein umfassendes Werk, das unser Schützenfest in seinem historischen Werdegang, seiner Organisation mit den verschiedenartigen Bereichen und seiner Wirkungsweise beschreibt.

Susen Schönberg, die gestalterisch verantwortlich zeichnet, gewann für ihre Idee zu einem derartigen Buch als Autor den langjährigen Ersten Vorsitzenden und Ehrenvorsitzenden Fritz Kolesch. Sein Wissen und seine exakten Recherchen sowie die Unterstützung durch Theaterleiterin Christa Graupner, der Verfasserin über das Kapitel des Schützentheaters, sind Garanten für eine detaillierte, exakte und umfassende Information.

Der nun erschienene Buch- und Bildband entspricht einem schon lange gehabten Wunsch vieler, die sich diesem Fest verbunden fühlen und alljährlich unser Heimatfest besuchen. Dieses Werk läßt Leser und Betrachter teilhaben an dem Vielerlei der Ereignisse und Entwicklungen des Biberacher Schützenfestes mit seinen besonderen Reizen.

Den Verfassern dürfen wir dankbar sein, ein besonders schönes Kapitel unserer Stadtgeschichte und des Jahreskreises der Stadt Biberach für unsere nachfolgenden Generationen dokumentiert und somit einen wesentlichen Beitrag zur Pflege und Weitergabe von Tradition und Kultur geleistet zu haben.

Klaus Bott
Erster Vorsitzender
der Schützendirektion
im März 1999.

Die erste Seite im Gästebuch der Schützendirektion.

Das Geheimnis des Biberacher Schützenfests.

Die Biberacher machen aus ihrem Schützenfest ja geradezu einen Kult. Was soll denn so Besonderes sein an diesem Fest? So hört man es immer wieder von Auswärtigen und von Zugereisten (auf Biberacherisch "Reig'schmeckte").

"Es schützelet", sagen die Biberacher erwartungsfroh, wenn Wochen und Monate vor dem Fest der Klang von Trommeln, Pfeifen und Fanfaren ertönt. Man spricht nicht von Frühjahr oder Herbst, wenn in Biberach ein Termin festgelegt wird, sondern von "vor dr Schütza" und "nach dr Schütza".

Dieser Eingang der Schützenfestzeit in die Umgangssprache zeigt deutlich, wie tief verankert das Fest bei der Bürgerschaft ist. Kinder fiebern dem Fest entgegen, wenn sie basteln für den Bunten Festzug, wenn sie im Schützentheater eine Rolle spielen dürfen, wenn sie bei den Schützentrommlern oder den Zunfttänzen mitwirken können.

Die Ziehung und die Volksbelustigungen machen noch immer genau so viel Freude wie vor 100 Jahren. Es ist

VORWORT

nicht verwunderlich, daß die mittleren und älteren Jahrgänge, von 40 an aufwärts, das Schützenfest genießen. Sie veranstalten ihre Jahrgängerfeiern, sie schwelgen in Erinnerungen, treffen viele alte Freunde, lassen das große Schauspiel der Festzüge an sich vorüberziehen und geben sich der festlich-fröhlichen Stimmung der Biergärten hin.

*A*m erstaunlichsten ist wohl die Haltung der kritischen jungen Generation zum Schützenfest. Wir wollen sie einmal sehr großzügig von 15 bis 40 umschreiben. Sie müssen Prüfungen aller Art hinter sich bringen, Existenzen aufbauen, Karriere machen. Sie haben nie Zeit, sind ständig überlastet. Aber an Schützen reist einer nach dem anderen an, von der Bundeswehr, von der Uni, von der weit entfernten beruflichen Wirkungsstätte.
Sie genießen die Stimmung beim "Tanz auf dem Marktplatz", wobei sie sich vor allem bei der Rock-Band am Kapellenplatz versammeln. Und sie schlagen sich die Nächte vor dem "Stecken" und dem "Tweety" um die Ohren. Aber sie lassen sich auch von der festlichen Atmosphäre ihrer Vaterstadt umfangen und von deren großartiger Geschichte. Und im Schützentheater, da dürfen sie selbst für 2 Stunden wieder Kinder sein.

Wie steht es mit den Biberacher Neu-Bürgern? Die meisten sind zunächst einmal sehr reserviert. Wenn sie von West- oder Norddeutschland kommen, dann haben sie von einem Schützenfest eine völlig andere Vorstellung. Auf dem Weg über die Kinder finden sie häufig Zugang zu diesem Biberacher Ereignis. Es gibt viele Fälle, wo schließlich Neu-Biberacher ebenso engagierte Schützenfest-Fans sind wie die Alteingesessenen.

Was macht das Biberacher Schützenfest so attraktiv? Warum zieht es jährlich 100 - 200.000 Menschen in seinen Bann? Es ist wohl gerade seine Vielseitigkeit: Kinderfest, Heimatfest, historisches Fest, Bürgerfest. Das Programm von 9 Tagen ist reichhaltiger geworden, das ist nicht zu übersehen. Aber der Kern des Festes ist der gleiche geblieben. Hieraus erwächst die Identifikation der Biberacher mit ihrer "Schützen".

Das Schützenfest ist auch deshalb das alte geblieben, weil es die ureigene Sache der Biberacher ist, ohne Blick auf Fremdenverkehr, Touristenattraktion, Folklorerummel. Gäste sind herzlich willkommen und dürfen mitfeiern. Aber es ist und bleibt das Fest der Biberacher.

Nie in den letzten 200 Jahren war das Schützenfest ein von der Stadt verordnetes Fest. Die Schützendirektion kann man getrost mit dem modernen Wort Bürgerinitiative umschreiben. Stets hat die Obrigkeit mitgeholfen, aber "Schützen" blieb ein Fest von Bürgern für Bürger. Ein Schützenfest könnte man auch niemals aus dem Boden stampfen. Es ist wie eine Pflanze, die wächst, reift und sich langsam entwickelt.

Ein bißchen Geheimnis umwittert dieses Fest von jahrhundertealter Tradition. Es ist dieses unverwechselbare Fluidum, das so viele Menschen anzieht. Wenn das Modewort von der menschlichen Kommunikation irgendwo unverkrampft gebraucht werden kann, dann gilt es für das Biberacher Schützenfest.

Man muß die Anziehungskraft des Festes nicht bis zum letzten ergründen. Man muß es einfach mitfeiern.

Das Biberacher Sch

Wie alles begann.
1946– Das erste Schützenfest nach dem Krieg.
1949– das Schützenfest erhält seinen Namen zurück.

TZENFEST

Wie alles begann.

Auf die Frage, wann und wie ist das Schützenfest entstanden, müssen wir ehrlicherweise antworten: Wir wissen es nicht.

Die Anfänge reichen zurück in Zeiten, als noch nicht alles schriftlich dokumentiert wurde, als auch viele Unterlagen durch Kriege oder Stadtbrände verlorengingen. Immerhin gibt es einige Hinweise für die Entstehungsgeschichte des Festes. Wichtigster Anhaltspunkt ist der Name "Schützenfest", der leider heutzutage Anlaß zu Mißverständnissen bietet. Viele auswärtige Besucher verwechseln das Biberacher Schützenfest mit den Schützenfesten, wie sie in West- und Norddeutschland gefeiert werden. Und damit hat nun das Biberacher Schützenfest nicht das Geringste zu tun! Es ist bemerkenswert, daß es in der Biberacher Umgangssprache nur heiß: "I gang uff d'Schitza."

Der Ausdruck "Schützenfest" wird nur in offiziellen Ansprachen und in schriftlichen Verlautbarungen gebraucht. Dabei gibt es auch in Süddeutschland Schützenfeste in großer Zahl. Die Version "Schitza" existiert nur in Biberach. Auch das muß seinen Grund haben.

Es gibt mehrere Theorien über die Entstehung des Biberacher Schützenfestes:

1. Nachweislich seit 1481, möglicherweise schon Jahrzehnte früher, bestand in Biberach eine Schützengesellschaft oder -gilde. Dieser Zusammenschluß der Schützen besteht bis heute und ist damit der älteste Verein der Stadt. Die Aufgabe der Schützengilde, die zunächst mit der neuen wirkungsvollen Waffe der Armbrüste schoß, war die Stadtverteidigung. Daneben übten die Schützen auch für die Jagd, denn zwischen Biberach und der Donau bis hinüber an die Blau gab es für alle Einwohner ein seltenes Sonderrecht, "die freie Pirsch". Nicht zuletzt diente die Schützengilde der Geselligkeit unter den Schützen.

Es liegt nahe, daß die Schützenbrüder einmal im Jahr auch ein Fest für ihre Kinder veranstaltet haben, doch ist nicht nachzuweisen, daß daraus ein allgemeines Kinderfest der Stadt entstanden ist.

2. Das Schießen fand schon in sehr früher Zeit unter dem Gigelberg statt. Auf einer Ansicht der Reichsstadt Biberach von 1540 liegt "der bichsen schützen zill statt" in dem Gelände-Einschnitt zwischen Biberkeller und Gigelberg. Der Ort der Geselligkeit befand sich gleich daneben. Der Schützenkeller und das früher größere Freigelände darum herum dienten je nach Jahreszeit den Festlichkeiten der Gilde.

Der heutige Gigelberg wurde daher allgemein "Schützenberg" genannt. Die Hochfläche des Gigelbergs war damals mit einer kurzen dünnen Grasnarbe bewachsen, auf der Schafe und Ziegen weideten. Erst Friedrich Goll hat im 19. Jahrhundert daraus eine Parkanlage gemacht. (Johann Konrad Krais).

3. Otto Fries, der langjährige bedeutende erste Vorsitzende der Schützendirektion gab folgende Herkunftsdeutung für das Schützenfest ab: Das Fest hat mit

"Den Namen Schützenfest mag diese Kinderfreude davon erhalten haben, weil man den Schützenberg dazu bestimmt hatte," schreibt der Biberacher Chronist Johann Konrad Krais.

Oberlehrer Adam Kuhn schrieb 1921 das erste Buch über das Biberacher Schützenfest, seine Entstehung und seine Tradition. 1967 gab der Eugen Hauchler Verlag einen Schützenfestführer heraus, verfaßt von Fritz Thierer und Helmut Gehring.

Schießen nichts zu tun, es ist ein Schutzfest, im Dreißigjährigen Krieg als Dankfest für den Frieden oder als Schutzfest gegen die Pest entstanden. In diese Richtung zeigt möglicherweise auch der Ausdruck: "Schützen gehen", der lange Zeit für die Kinderfestzüge benützt wurde.

4. Eine weitere Version spricht davon, schon damals habe man die Schulanfänger ABC-Schützen geheißen und daraus sei der Name "Schützenfest" entstanden. Die letzte These scheint wohl eher abstrus zu sein und hat wenig mit der historischen Wirklichkeit zu tun. Im übrigen sprach man in Biberach nie von ABC-Schützen, sondern von "Erstklässlern".

Von den vier genannten Theorien halte ich die These Nr. 2 (Schützenberg) für die Wahrscheinlichste. Auch die These Nr. 3 (Schutzfest) mag einen wahren Kern enthalten. Allerdings ist damit erst die Entstehung des Namens "Schützenfest" (eigentlich "Schützenbergfest") erklärt, nicht der Ursprung, das Brauchtum und der gesellschaftliche Hintergrund.

Professor Karl-Heinz Schaaf, Inhaber des Lehrstuhls für Volkskunde an der Pädagogischen Hochschule in Weingarten, hat vor Jahren eine Abhandlung über Kinder- und Heimatfeste in Oberschwaben geschrieben. Dabei untersucht er hauptsächlich die drei ältesten, das Biberacher Schützenfest, das Ravensburger Rutenfest und das Saulgauer Bächtlefest. Aus seinen Ausführungen sei folgendes zitiert:
"Für die alteingesessenen Bürger Biberachs gibt es einen wichtigen Richttermin im Ablauf der Monate, das Schützenfest am ersten Montag und Dienstag im Juli. Sie teilen das Jahr in die Zeit "vor der Schütza" und "nach der Schütza" ein. Eine ähnliche Zäsur setzt auch das Ravensburger Rutenfest. In dieser Art, den Kalender zu gliedern, zeigt sich die Bedeutung der Bräuche, die mit den Kinder- und Heimatfesten verbunden ist. Das Biberacher Schützenfest, das Ravensburger Rutenfest und das Saulgauer "Bächtle" gehen auf brauchtümliche Verhaltensweisen von Lehrern und Schülern in diesen Städten zurück. Auf diese grundlegende Tatsache muß eindringlich verwiesen werden. Die Biberacher "Schütza" gilt als Friedens - und Dankfest, das nach den bitteren Jahren des Dreißigjährigen Krieges zum ersten Mal begangen wurde. Anhand der archivarischen Belege kann man jedoch nachweisen, daß diese Deutungen mehr oder weniger den Charakter von Ortssagen haben. Von Anfang an handelt es sich um Bräuche, die von Lehrern und Schülern getragen wurden. Auch der heute nicht mehr im ursprünglichen Sinn verstandene Ausdruck "Rutenfest" bestätigt dies. Er ist die Übersetzung der lateinisch-deutschen Fügung "virgatum gehen". Darunter verstand man im späten Mittelalter und zu Beginn der Neuzeit eine Art Wandertag oder Schulausflug.

$\mathcal{D}$er Name "Schützenfest" in Biberach deutet an, daß sich um den Kern des reinen Schulbrauchs im Laufe der Jahre weitere Elemente ansetzten. Die Ausgestaltung und die Erscheinungsformen wurden reicher und vielfältiger. Lehrer und Schüler bildeten eine Gruppe, die ihren eigenen, wenn auch nicht immer besonders günstigen Stellenwert im Gefüge des städtischen Gemeinwesens hatte. In allen Orten Oberschwabens, wo wir Kinder- und Heimatfeste antreffen, dient der bunte Teil der Festzüge der Selbstdarstellung der Schule in spielerischem Tun und festlicher Ausgestaltung.

Die Biberacher teilen das Jahr in "vor dr'Schütza" und nach dr'Schütza.

*e*in weiteres Element der Heimatfeste in Oberschwaben sind die szenischen Darstellungen der Schüler. Am bekanntesten ist hier wohl das "Schützentheater" in Biberach. Der erste Beleg für eine derartige Aufführung stammt aus dem Jahre 1819. Er bezeugt, daß die berühmte "Komödiantengesellschaft" der Stadt an der Riß ihren Einfluß auf das Schützenfest genommen hat".

Die Ausführungen von Prof. Schaaf dazu sind zweifellos im wesentlichen richtig. Es muß jedoch eine kritische Betrachtung erlaubt sein:

Es erscheint wenig wahrscheinlich, daß zunächst das Fest da war, und daß es erst nachträglich einen Namen erhalten hat. Vielmehr kommt der Name mit ziemlicher Sicherheit vom Ort der Veranstaltung. Die Schulen in den früheren Jahrhunderten waren keineswegs autonom, sie waren vielmehr der geistlichen und der weltlichen Obrigkeit in einer heute unvorstellbaren Weise untertan. Die geistliche Schulaufsicht bestand bis weit ins 19. Jahrhundert hinein, auch der Rat der Stadt mischte sich über das Scholarchat als oberste Schulbehörde bis ins Detail in die Angelegenheiten der Schulen ein. Es ist also ganz und gar undenkbar, daß die Schulen aus eigener Initiative ohne die Genehmigung von höherer Stelle ein Fest inszeniert hätten.

Es ist ebenso unbestreitbar, daß das Schützenfest in seinen frühen Zeiten einen engen Zusammenhang mit religiösen und kirchlichen Gebräuchen hatte.

Das Kinderfest hatte einen stark religiösen Charakter; der Schülergottesdienst und das Festlied legen davon heute noch Zeugnis ab.

Das Schützenfest wird 1668 erstmals urkundlich erwähnt. In den Rechnungen der Evangelischen Kassa im evangelischen Kirchenarchiv Biberach findet sich unter dem Datum 16.Juli 1668 als Ausgabe vermerkt: " den drei Schulmeistern, als man die Kinder zum Schützen geführt, zu verzehren bezahlt 1 Gulden 30 Kreuzer". Über diesen letzten Satz liegt ein gesondertes Blatt bei. Zwanzig Jahre nach dem Ende des Dreißigjährigen Krieges hat also längst ein Schützenfest bestanden. Man hat gleich nach dem großen Krieg im Januar 1649 ein Dank- und Friedensfest gefeiert (Alfons Waibel). Im kalten Januar kann man aber nicht gleichzeitig ein Kinderfest gefeiert haben. Es ist naheliegend, daß man das Fest nicht einfach erfunden hat, sondern daß man auf ältere Traditionen vor dem Krieg zurückgegriffen hat. Nachweisbar ist das nicht, da entsprechende Dokumente fehlen. Bräuche pflegen aber nicht im luftleeren Raum zu entstehen, sondern entwickeln sich über sehr lange Zeiträume.

*e*ine Biberacher Besonderheit war das "Paritätische Stadtregiment", das der Stadt zusammen mit Augsburg, Ravensburg und Dinkelsbühl durch den Westfälischen Frieden beschert wurde. "Die beiden Religionsverwandten" sollten in allweg gleichberechtigt sein, d.h. das Stadtregiment wurde durch Katholiken und Protestanten gemeinsam ausgeübt. Das eifersüchtige Hüten der jeweiligen Rechte zeitigte dann das Ergebnis, daß über fast 150 Jahre ein evangelisches und ein katholisches Schützenfest zu unterschiedlichen Zeiten gefeiert wurden. Der Zusammenhang des Festes mit religiösen und kirchlichen Gebräuchen wirkte sich aus. Im wesentlichen nahmen die konfessionellen Kinderfeste immer den gleichen Verlauf. Nehmen wir als Beispiel das evangelische Kinderfest: Wenn am Montag nach dem Dreieinigkeitsfest das Wetter gut war, hielten des Morgens zwei Rektoratsschüler, mit Mänteln angetan, bei dem evangelischen Bürgermeister und bei dem Senior Ministerii (heute Dekan) durch Ablegung einer lateinischen und deutschen Rede um die Erlaubnis an, das Schützenfest halten zu dürfen. Wenn ihnen diese Gunst gewährt wurde, bekamen sie von dem Rektor den Auftrag, solches in allen evangelischen Schulen, desgleichen allen Scholarchen (städt. Schulaufsicht) und auch dem evangelischen Schützenwirt anzuzeigen.

Nachdem die Lehrer ihren Schülern Ermahnungen gegeben hatten, sich an diesen Tagen gut zu betragen, wurden sie entlassen, um sich festlich anzukleiden. Gegen 10 Uhr versammelten sich die Schulkinder bei ihren Schulen und um 10 Uhr ging der festliche Zug vom Rektoratshaus in Richtung Schützenberg. Voran gingen die Spitalkinder, evangelische Waisenkinder oder Kinder, die auf spitälische Kosten erzogen wurden, sodann kam die Mädchenschule, hierauf folgten die Knaben der deutschen Schule und nach diesen die Präzeptorats- und endlich die Rektoratsschüler, alle Paar und Paar mit ihren schwarz gekleideten und mit Mänteln angetanen Lehrern. Bei dem Umzug wurden geistliche Lieder (Choräle) gesungen "Nun freut Euch, liebe Christen g'mein", "Es ist das Heil uns kommen her", "Nun lob mein Seel den Herren", "Ein feste Burg ist unser Gott" und "Nun danket alle Gott". Bis zum Jahre 1794 zog man nur bis an das Obere Tor und ging sodann auseinander. Von diesem Jahr an wurde aber verordnet, daß der Zug zum Siechentor hinaus und bis zum Schützenhaus gehen solle.

Durch den Schützenwirt wurden die Kinder bewirtet mit Wurst, Wecken und einem Krüglein Bier, wobei es sich allerdings um ein recht dünnes Bier handelte. Musik spielte auf, die Kinder tanzten und zwar erstaunlicherweise Mädchen und Buben gemischt. Für die Knaben gab es ein Bogenschießen. Eine ganz große Rolle spielten seit jeher die Schaukeln, die bei den Kindern zu allen Zeiten beliebt waren. Teilweise wurden auch Geschenke gereicht. Gegen Abend zogen die Schüler mit ihren Schulmeistern in die Stadt zurück. Dieser gemeinschaftliche Marsch wurde als "Hereinsingen" bezeichnet. Diese frühen Schützenfeste waren höchst bescheidene Ereignisse, sie waren trotzdem bei den Kindern, oft aus ärmlichen Verhältnissen stammend, hoch geschätzt. Sehr bald kam auch noch der Schützenbatzen dazu, über den an anderer Stelle berichtet wird.

∂as Schützenfest damaliger Zeit dauerte zwei Tage, Montag und Dienstag, wobei selbstverständlich ein Schülergottesdienst dazugehörte.

Das katholische Schützenfest verlief ganz ähnlich, nur daß hier der Festzug in das Kapuzinerkloster vor der Stadt zog (an der Stelle des heutigen Hotels "Kapuziner-Hof"), wo eine Messe mit Antiphonia und Oration gefeiert wurde.

1802 verlor Biberach durch den Frieden von Lunéville seine Reichsunmittelbarkeit, die es über 650 Jahre besessen hatte. Aus der selbständigen Stadtrepublik wurde eine Großherzogliche Badische Landstadt.

Die zuständige badische Oberlandesregierung in Meersburg verfügte, daß die beiden Konfessionen kein Schützenfest mehr durchführen dürften. Auf eine Intervention (evangelischerseits) erhielt dann der badische Oberamtsrat Müller vom Ministerium in Karlsruhe die Erlaubnis für ein gemeinschaftliches Schützenfest.

150 Jahre lang gab es ein katholisches und ein evangelisches Schützenfest. Gemäß der paritätischen Stadtverfassung wurde das Kinderfest lange Zeit nach Konfessionen getrennt gefeiert.

Nach längerem Hin und Her gestattete er die Feier des Schützenfestes am 8. Oktober 1804, also für einen Tag.

In den nächsten Jahren gab es kleinliche Streitereien über den Festtermin zwischen den evangelischen und katholischen Schullehrern. Dies änderte sich auch nicht, als Biberach im Tausch gegen Villingen zum Königreich Württemberg kam. Das führte schließlich dazu, daß von 1810-1824 wieder getrennte Schützenfeste gefeiert werden, das evangelische Fest am Montag nach Trinitatis (eine Woche nach Pfingsten), das katholische Fest am Montag nach dem Schutzengelfest (Anfang Oktober).

So paradox das nun klingt: gerade in der Zeit der erneuten konfessionellen Spaltung geschah besonders viel für das Schützenfest, das bis in die Gegenwart hinein fortwirkt. Eine kleine Zahl bedeutender und ideenreicher Männer gab dem Fest völlig neue Impulse und machte es zu einem wahrhaften Kinderfest in einem modernen Sinn.

Es entstand allmählich die Schützendirektion als Leitungsgremium des Festes. Zunächst gab es nur einen Schützendirektor, ab 1832 waren es drei Mitglieder; im Laufe der Zeit vergrößerte sich mit den steigenden Aufgaben die Zahl.

1808 war erster Schützendirektor der Ratskonsulent Eben. Ihm folgte 1810 bis 1825 der Apotheker Stecher als Schützendirektor für das evangelische Fest. 1818 bis 1824 war Senator Kloos Schützendirektor für das katholische Fest.

Apotheker Georg Friedrich Stecher führte gleich 1810 die erste "Ziehung" ein, eine Kinderlotterie ohne Einsatz. Die Gewinne wurden durch Spenden aus der Bürgerschaft zusammengebracht. 1816 wurden die Schützentrommler begründet, die älteste Traditionsgruppe des Festes, die heute noch genau so beliebt ist, wie eh und je.

1819 rief der Apotheker Stecher auch das "Schützentheater" ins Leben, heute Deutschlands ältestes und größtes Kindertheater, eine Institution, die das Schützenfest in ganz besonderer Weise bereicherte.

1821 schließlich trat erstmals eine Knabenkapelle auf, aus der sich die "Kleine Schützenmusik" entwickelte.

Auch das "Bieten" ist in jener Zeit entstanden. Eltern, Verwandte und befreundete Familien übergaben den Kindern bei der Festzugsaufstellung rund um die Kirche herum kleine Geschenke wie Süßigkeiten und Spielzeug. Das "Bieten" wurde bis 1939 durchgeführt, jedoch in der Nachkriegszeit ab 1946 nicht mehr aufgenommen.

Inzwischen war 1822 der gemeinschaftliche Stiftungsrat entstanden. Er war für alle Biberacher Stiftungen und die mit ihnen zusammenhängenden kirchlichen Angelegenheiten zuständig. Das spielte für das Schützenfest eine große Rolle, denn im wesentlichen wurde das Fest finanziert aus der evangelischen und katholischen Kasse.

Ab 1825 beschloß man einvernehmlich, das Schützenfest für beide Konfessionen gemeinsam zu feiern. Der Stiftungsrat setzte auch die Schützendirektoren ein, bis die Schützendirektion 1873 selbständig wurde und sich nun durch Zuwahl ergänzte.

In der Biedermeierzeit und weiterhin im 19. Jahrhundert erhielt das Schützenfest allmählich seine heutigen Konturen. Böllerschießen, Ziehung, Trommeln, Musikkapellen, Festzentrum Gigelberg, das alles kristallisierte

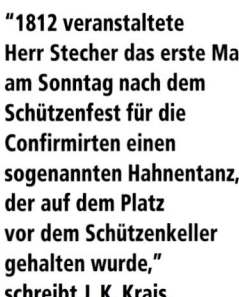

"1812 veranstaltete Herr Stecher das erste Mal am Sonntag nach dem Schützenfest für die Confirmirten einen sogenannten Hahnentanz, der auf dem Platz vor dem Schützenkeller gehalten wurde," schreibt J. K. Krais.

Dies war der Vorläufer von Bauernschützen.

DIE GESCHICHTE DES BIBERACHER SCHÜTZENFESTS

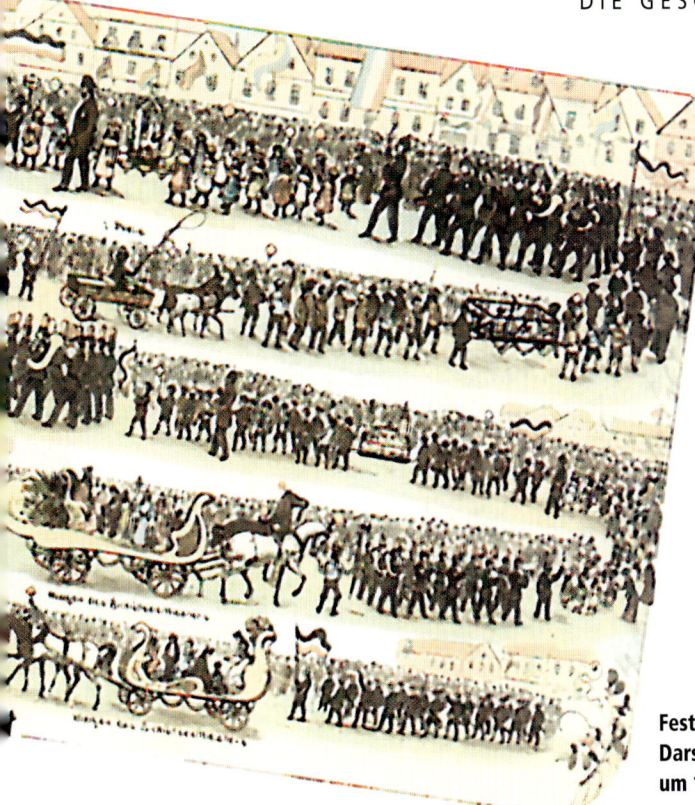

Festpostkarte mit Darstellung des Festzuges um 1900.

sich langsam heraus. Der Festzug war weitgehend ein Blumen- und Fahnenkorso. Die erste Fahne wurde übrigens 1814 mitgeführt. Endgültig 1855 wurden der erste Montag und Dienstag im Juli als Festtage festgelegt. Schon ab 1843 durften die Birkendorfer Kinder am Schützenfest teilnehmen, 1860 kamen auch die jungen Bergerhauser dazu.

Sehr allmählich entstand in größerem Maße ein Vergnügungspark. Es gab Schaukeln in sehr großer Zahl, ein recht einfaches Karussell, Schießscheiben, Rundlauf und Kletterbaum, später auch Seilbahn; Rutschbahn und Schlange. Das alles war schon immer kostenlos. Aus diesen Vergnügungen entwickelten sich die sogenannten "Volksbelustigungen". Medizinalrat Dr. Widenmann hatte das Motto vorgegeben:

**"Laßt sorgenlos die Kinder spielen,
eh' sie den Ernst des Lebens fühlen".**

Dem Geist der Zeit entsprechend gab es ab 1842 ein Liedersingen der Schüler, ab 1864 turnerische Vorführungen. Eine erste Festpostkarte erschien 1899.

*U*rsprünglich war der Ort des Vergnügungsparks über Jahrhunderte der "Schützenberg", der Nordostabhang des Bergs beim Gelände der Schützen gewesen. Nun hatten Friedrich Goll und später Eduard Enderlin aus der Hochfläche des Gigelbergs eine Parkanlage gemacht; außerdem hatte sich die Bevölkerungszahl, wenn auch langsam, erhöht. Ganz allmählich wanderten daher Schaustellerbetriebe und Verkaufstände auf den Gigelberg hinauf. Das durch menschliche Muskelkraft betriebene Karussell wurde durch das motorbetriebene ersetzt; sein Umfang wurde damit wesentlich größer. Endgültiger Mittelpunkt des Festgeschehens wurde die Gigelberghochfläche mit dem Bau der Turn- und Festhalle 1895.

Bis etwa 1930 war beim Schützenkeller noch die offene Schützenhalle, in der alljährlich die Ziehung stattfand und die der Schützendirektion als Stützpunkt und Kommandozentrale diente. Sie wurde zum Schützenfest alljährlich auf- und wieder abgebaut. Letzter Überrest dieser zentralen Stelle des Schützenfestes sind die Kinderschaukeln, die auch heute noch Freude bereiten.

*K*urz nach der Jahrhundertwende im Jahr 1907 entstand die erste Brauchtumsgruppe, die Bauerngruppe Bergerhausen, die auch heute noch eine besondere Zierde des Festes ist. Die Bergerhauser Kinder stellen mit alten Gerätschaften und Wagen die bäuerliche Arbeit dar. 1931 entstand dazu als sinnvolle Ergänzung die Rißegger Bauernhochzeit, bei der die Landbevölkerung beim Feiern dargestellt wird.

Mit der "Kleinen Bürgerwehr", Mittelbiberach, kam im Jahr 1933 ein ganz anderes Element dörflichen Gemeindelebens hinzu; in den 70iger Jahren schließlich beteiligte sich der neue Ortsteil Mettenberg mit der repräsentativen Flachsbauerngruppe am Schützenfest.

**Der Chronist Krais berichtet:
"Beim Fest 1831 wurde neben dem Schützenhaus ein kleiner mit Girlanden und 2 Fahnen in polnischer Nationalfarbe geschmückter Altar errichtet. Mit der gemalten Inschrift: Gedenket bei eurer Freude auch der unglücklichen Polen."**

(Es war die Zeit der polnischen Freiheitskämpfe.)

Es ist bemerkenswert, daß die Gruppen der Nachbargemeinden und Ortsteile weitgehend selbständig von der dortigen Bevölkerung organisiert und betreut werden.

Im Jahr 1908 nahmen erstmals Gruppen aus dem Schützentheater am Festzug teil, zunächst nicht mit großen Festwagen, sondern mit Pony-, Esel- und Geißbock-Fuhrwerken. 1910 entstand das Adlerschießen des Gymnasiums als Vorläufer des späteren Biberschießens. Gerade noch vor dem Ausbruch des Ersten Weltkriegs erhielt die "Kleine Schützenmusik" ein Landsknechtkostüm, das von Prof. Weiß entworfen worden war. Von 1821 bis 1914 waren die Knaben der "Kleinen Schützenmusik" in Zivil im Festzug mitmarschiert.

Durch den Ersten Weltkrieg herrschte eine sechsjährige Pause; erst 1920 konnte wieder ein Schützenfest abgehalten werden. 1921 entstand, beginnend mit zwei Schülern, das Trommlerkorps des Wieland-Gymnasiums, 1927 erhielt die inzwischen vergrößerte Gruppe der Gymnasiums-Trommler einheitliche Kleidung.

Die Epoche des Hitlerreiches brachte auch dem Biberacher Schützenfest zahlreiche Schwierigkeiten und Anfechtungen. Aber gerade in dieser Zeit entstanden auch ganz neue Gedanken, die weit in die Zukunft weisen sollten.

*D*ie Heimatstunde entstand nach einer Idee von Heinrich Sembinelli. In Wort und Musik wurde das Lob der Heimat Biberach verkündet. In späteren Jahren bis zur Gegenwart entwickelte sich die Heimatstunde zu einer hochrangigen Veranstaltung, in der immer wieder andere Themen der Stadtgeschichte behandelt werden. Otto Fries, der langjährige erste Vorsitzende und Patriarch des Schützenfestes, hatte ein Langzeitkonzept für die moderne Gestaltung des Schützenfestes entworfen. Er wollte aus dem Blumen- und Fahnenkorso der Vorkriegszeit einen Historischen Festzug entwickeln, der die Stadtgeschichte mit ihren wichtigsten Ereignissen möglichst lückenlos darstellen sollte. Ausgerechnet im Jahr des Beginns des Zweiten Weltkriegs gelang ihm hier ein erster entscheidender Schritt nach vorn. 1939 wurde die Schwedengruppe den staunenden Schützenfestbesuchern präsentiert, auch heute noch einer der Höhepunkte des Festzuges.

Schon einen Monat später sprachen die Kanonen; der Zweite Weltkrieg sollte eine der größten Katastrophen der deutschen Geschichte werden. Umso erstaunlicher war es, daß bereits ein Jahr nach dem totalen Zusammenbruch des Deutschen Reiches wieder ein Biberacher Schützenfest stattfand.

Die 17 Schützendirektoren der damaligen Zeit, darunter noch viele aus der Vorkriegsmannschaft, bewiesen beachtlichen Mut und großen Optimismus. In letzter Minute konnten sie der französischen Besatzungsmacht die Zustimmung zur Durchführung des Festes abringen, es mußte jedoch "Biberacher Kinderfest" und "Biberacher Kindertheater" heißen, denn jede noch so ferne Erinnerung an militärische Dinge war kategorisch verboten.

Heinrich Sembinelli gründete unsere vielgeliebte Heimatstunde. Durch Dieter Buttschardt und seit 1993 durch Edeltraud Garlin und Dr. Kurt Diemer wird sein Werk fortgesetzt.

DIE GESCHICHTE DES BIBERACHER SCHÜTZENFESTS

Die Kleinen Schützentrommler um 1900.

Die offene Festhalle (1909) stand bis 1930 beim Schützenkeller. Sie wurde zum Schützenfest alljährlich aufgebaut.

Festlich gekleidet und mit Sonnenschutz besuchte man den Festplatz auf dem Gigelberg.
Das hat sich bis heute nicht geändert.
Man macht sich immer noch chic für d' Schitza.

Die Spitze des Schützenfestzugs 1899 in der Kronenstraße, die heutige Hindenburgstraße.

Die Zwerge auf der Schnecke (1910). Bis 1960 war diese Phantasiegruppe im Festzug vertreten.

Der Jagdwagen des Progymnasiums und der Realschule war von 1912 bis 1939 dabei.

Biedermeier-Wagen mit den Kindern des Metzger Grotz beim Schützenfestzug 1910.

Die Schützendirektion im Jahre 1923.

Sitzend von links nach rechts: Robert Werner, Julius Baur, Jakob Wanner, Adam Kuhn, Josef Hepp, Fritz Mayer

Stehend von links nach rechts: Otto Graf, Fritz Montag, Otto Fries, Josef Bendel, Hermann Dietrich, Matthäus Rupf

Der Wunderkreis (1933).
Der Festzug endete auf
dem Gigelberg.
Mit Musikbegleitung
zogen die Kinder durch
den Wunderkreis.
Ein buntes und fröhliches
Spektakel.

DIE GESCHICHTE DES BIBERACHER SCHÜTZENFESTS

Der Festplatz 1925 mit dem Karussell-Schönhagen und Schiffschaukel-Weber auf dem Gigelberg.

Der Zeppelin. Es war das technische Großereignis der Zeit.
Die Schüler trugen das Modell voll Stolz im Festzug mit (1928).

Die Turnermusik im Festzug am Schützendienstag 1926. Das Biberacher Herrgöttle war auch damals dem Schützenfest nicht immer wohlgesonnen.

Das Harmonikaorchester unter Leitung von Paul Becher.

DIE GESCHICHTE DES BIBERACHER SCHÜTZENFESTS

Der Gegenzug auf dem Marktplatz in den 20er Jahren.

Die Kleine Schützenmusik mit Musikdirektor Ferdinand Buttschardt beim Festzug auf dem Marktplatz (1926).

Die Kleinen Schützentrommler auf dem Holzmarkt (1932).

DIE GESCHICHTE DES BIBERACHER SCHÜTZENFESTS

Die Bergerhauser
Bauerntrachtengruppe
(1911).

DIE GESCHICHTE DES BIBERACHER SCHÜTZENFESTS

Stramm marschieren die Mädchen und Buben der Kleinen Mittelbiberacher Bürgerwehr im Festzug mit.

Der Liederkranz unter der Leitung von Musikdirektor Philipp Schad singt (hier 1933) die althergebrachten Lieder für die Besucher im Schützenkeller nach dem Montagsumzug, um 11 Uhr. Heute hat das Singen der Sängerbund übernommen.

1946, das erste Schützenfest nach dem Krieg.

Man hat in der Literatur und in den Medien sehr viel von der Stunde Null im Jahr 1945 gesprochen, nachdem das Hitlerreich endgültig zusammengebrochen war und Deutschland durch die Alliierten in unterschiedliche Besatzungszonen aufgeteilt wurde. Wirtschaftlich rührte sich in den ersten Monaten so gut wie gar nichts, jedermann war damit beschäftigt, auf irgendeine mehr oder weniger legale Weise sich Nahrungsmittel zu beschaffen, für den bevorstehenden Winter Heizmaterial aus den Wäldern zu holen, irgend etwas Tragbares zum Anziehen zu organisieren und für ein Dach über dem Kopf zu sorgen.

es spricht für die tiefe Verwurzelung des Schützenfestes in der Biberacher Bevölkerung, daß schon im Herbst des Jahres 1945 die Schützendirektion wieder zusammenkam, um über eine Wiederbelebung des Kinder- und Heimatfestes zu beraten. In einer Sitzung am 29. Dezember 1945 wurde der Beschluß gefaßt, zunächst im Jahre 1946 das Schützentheater wieder ins Leben zu rufen.

Bürgermeister Leger und der Vorsitzende Otto Fries versuchten in geduldigen Verhandlungen mit den Franzosen, die Genehmigung der Militärregierung zu erreichen. Am 24. April 1946 wurde vom Überwachungsoffizier für das Unterrichtswesen und schöne Künste, Oberleutnant Ritzenthaler, schließlich die Zustimmung gegeben, nicht nur für das Schützentheater, sondern für die Abhaltung des gesamten Schützenfestes. Ritzenthaler war Elsässer und sprach fließend und akzentfrei deutsch, aber er war mit Vorsicht zu genießen.

Bei der Genehmigung galten Einschränkungen. Der Name lautete: "Biberacher Kinderfest" und "Biberacher Kindertheater". Die Bezeichnung "Schützen" war dem Gouvernement zu militaristisch. Im 4. Bild von "Peterchens Mondfahrt" mußten die Zinnsoldaten wegfallen. Auch Zinnsoldaten haben bekanntlich ein Gewehr, auch wenn es nur aus Holz besteht. Natürlich war auch das Böllerschießen verboten. Die Schützentrommler und die Gymnasiumstrommler hatten mit dem Üben zwar begonnen, das Trommeln wurde aber dann doch kurzfristig verboten, während es zur selben Zeit in dem benachbarten Saulgau erlaubt war.

Die "Kleine Schützenmusik" konnte erst ab 1947 wieder auftreten, aber das hatte wohl eher seine Gründe in der kurzen Ausbildungszeit und in fehlenden Instrumenten.

Das Schützenfest 1946 war ein äußerst bescheidenes Fest. Am Schützensonntag fand vormittags im Stadttheater die Heimatstunde statt, inszeniert von ihrem Begründer Heinrich Sembinelli. Es gab ein bewegendes Wiedersehen der alten Biberacher. Viele waren erst kurz vorher aus der Gefangenschaft oder dem Lazarett zurückgekehrt. Man spürte auch die gewaltige Lücke der Gefallenen und Vermißten oder derer, die noch in der Gefangenschaft schmachteten. Heinrich Sembinelli hatte die Heimatstunde ganz unter das Motto "Heimweh, Heimkehr, Kriegserlebnisse" gestellt, das er aber dann doch in das tröstende Erlebnis "Heimat Biberach", die erhalten blieb, ausklingen ließ. Auch hartgesottenen Männern rannen die Tränen über das Gesicht, und keiner schämte sich ihrer.

Am Montag gab es den traditionellen Festgottesdienst, diesmal in ökumenischer Form. Das Hauptereignis war der Festzug, jedoch auf sehr verkürzten Wegen. Es gab drei Theaterwagen, die ländlichen Gruppen aus Bergerhausen und Rißegg, dazu als Neuheit den Weberwagen mit der Webergruppe. Den Webstuhl hatte man aus Wurzach geliehen. Neu war auch die Volkstrachtengruppe, die nur zum kleineren Teil aus Beständen der Schützendirektion, zum größeren Teil aus geliehenen Exemplaren aus Privatbesitz bestand. Die allermeisten Kinder waren in zivil. Sie hatten festliche Kleidung an, was man damals so darunter verstand. Die kleinen Mädchen trugen Kränze im Haar, alle Schüler trugen Blumen im Knopfloch, jede Klasse eine andere Sorte.

*d*as Schützenfest 1946 war also ein Kinderfest mit wenigen historischen Einsprengseln. Die Schwedengruppe konnte selbstverständlich nicht teilnehmen; mit Kanone, Musketen und Spieße war sie viel zu militärisch. Hinter einer Holzbeige waren die Geräte sicher verstaut.

Auf dem Marktplatz marschierte der Zug auf. Alles sang gerührt:" Rund um mich her". Das Festlied wurde dann auf dem Gigelberg noch einmal wiederholt. Zum Ende des Festzugs zogen alle kostümierten Kinder durch den "Wunderkreis", eine beliebte Einrichtung der Vorkriegszeit.

Dann aber fand auf dem Berg ein zweites Ereignis statt, das von ganz großer Bedeutung war: Jedes von den 2 100 Kindern bekam eine Wurst, zwei Wasserwecken und eine Limonade. Man kann sich heute nicht mehr vorstellen, welch' großartige Sache das war. Die Kinder hatten Hunger, deswegen herrschte an den Ausgabestellen ein riesiges Gedränge. Die kostbare Verpflegung wurde bei der Volkssturmbaracke ausgeteilt, die noch auf dem Gigelberg stand, an der Stelle, wo jetzt Karussells und Schießbuden sind. Übrigens bekamen auch die Lehrer Wurst und Wecken. Noch heute sehe ich unseren Physiklehrer, einen eingefleischten Junggesellen, der sich mit seiner Schützenwurst ganz verschämt hinter der Volkssturmbaracke versteckte, wo er mit Heißhunger die Wurst und die zugehörigen Wecken verschlang.

Die Besatzungsmacht hatte die Sonderschlachtung eines Ochsen genehmigt. Die Verantwortlichen haben aber vorsichtshalber gleich drei Stück geschlachtet, damit es ganz sicher reichen würde. Die Wurst konnte dadurch wohl etwas größer ausfallen, bestimmt fiel auch für manche Erwachsene noch etwas von der Sonderration ab. Wahrscheinlich wußte eine ganze Reihe von Leuten von diesem kleinen "Beschiß" bei der Schlachtung. Es drang aber nichts zu den Franzosen durch, hier war sich die deutsche Bevölkerung einig.

*i*m weiteren Verlauf des Montags fanden die üblichen Kinderspiele (Volksbelustigungen) statt, außerdem war ein bescheidener Vergnügungspark vorhanden. Otto Fries' alte Liebe zum Gesang kam wieder zum Tragen. Volks- und Oberschulen hatten mehrstimmige Chöre eingeübt, meist allgemein bekannte Volkslieder, und die wurden nun vorgetragen. Es waren Massenchöre mit 200-300 singenden Jugendlichen. Sie wurden im Musikunterricht eingeübt, es hätte sich niemand getraut, hier etwa nicht teilzunehmen. In einer Zeit, in der es nahezu nichts zu kaufen und zu konsumieren gab, gestaltete man ein Fest mit eigenen Kräften und Mitteln, und vielleicht war es gerade deswegen schön.

Mit dem einen Haupttag, Schützenmontag, war das Fest eigentlich schon zu Ende. An Bauernschützen gab es ein Fußballspiel auf dem Gigelberg, außerdem waren nochmals die Volksbelustigungen und der Vergnügungspark geöffnet. Die Erwachsenen saßen in den Biergärten, wo es jedoch nur Limonade und ein äußerst dünnes, "läbbriges" Bier gab.

*W*orin lag nun die Bedeutung des ersten Schützenfestes nach dem Krieg?

1. Die absolute Gewalt über alles, was damals geschah, besaß die Besatzungsmacht, die Militärregierung. Die Franzosen standen dieser Unternehmung eines Volksfestes mit äußerstem Mißtrauen gegenüber. Es war immerhin eine Massenveranstaltung; wer weiß, welche finsteren Untergrundorganisationen hierbei den Kopf aus der Erde strecken würden?

So ist es wirklich kein Witz, am Hauptfesttag waren in der äußeren Wielandstraße und anderen Nebenstraßen Panzerspähwagen postiert, um gegebenenfalls bei einem Volksaufstand sofort eingreifen zu können.

Die Franzosen sind ja von Hause aus äußerst kinderfreundlich. Nach dem eben zu Ende gegangenen schrecklichen Krieg waren jedoch die Vorbehalte und das Mißtrauen noch riesig. Durch den Verlauf des Festes wurden aber diese Vorbehalte widerlegt. Die Franzosen waren durch die kindliche Freude selbst gerührt. Sie äußerten sich lobend über den Festzug und über das Schützentheater, sie waren sehr angetan von der friedlichen Stimmung der Bevölkerung.

2. Weitaus wichtiger war es, daß man mit dem Schützenfest 1946 für die Stadt ein Zeichen der Hoffnung setzte; die 17 Schützendirektoren, an ihrer Spitze Otto Fries, hatten den Mut, in einer trostlosen Zeit ein Fest zu veranstalten. Sie knüpften damit nicht nur an eine jahrhundertealte Tradition an, sondern sie brachten symbolisch zum Ausdruck: "Das Leben geht weiter" und: "Die Jugend will sich dieses Lebens freuen".

Damals war ich selbst noch Schüler an den Oberklassen des Gymnasiums und ich erinnere mich deutlich, welch unbändige Freude uns dieses Schützenfest machte, das wir nur noch aus der Perspektive der Grundschüler kannten. Heute gibt es alles an Speisen und Getränken, an Süßigkeiten und Lustbarkeiten in Überfülle. Es ist kaum vorstellbar, daß die heutigen Gymnasiasten dasselbe Hochgefühl empfinden, wie wir damaligen. Manche unserer Klassenkameraden, die einige Jahre älter waren, hatten Kriegsdienst, Verwundung und Gefangenschaft hinter sich. Unausgesprochen herrschte die Empfindung: "Wir sind noch einmal davongekommen" und "es kann eigentlich nur noch aufwärts gehen".

Voller Stolz führt der kleine Standartenreiter den Festzug an. Das 'Kinderfest' 1946 ist für alle Biberacher ein besonderes Ereignis.

Der Festwagen des Kindertheaters mit den Mitspielern aus Peterchens Mondfahrt durfte auch beim Festzug teilnehmen, aber ohne Zinnsoldaten. Die mußten damals aus dem Stück gestrichen werden, da sie der Besatzungsmacht zu militant erschienen.
In neuerer Zeit passierte Ähnliches. 1991 während des Golfkriegs ersetzte man bei Peterchens Mondfahrt die Zinnsoldaten durch Bären.

Erstmals 1946 dabei war die Webergruppe mit den auf einer Stange getragenen Garnwickeln, sogenannte "Schneller".

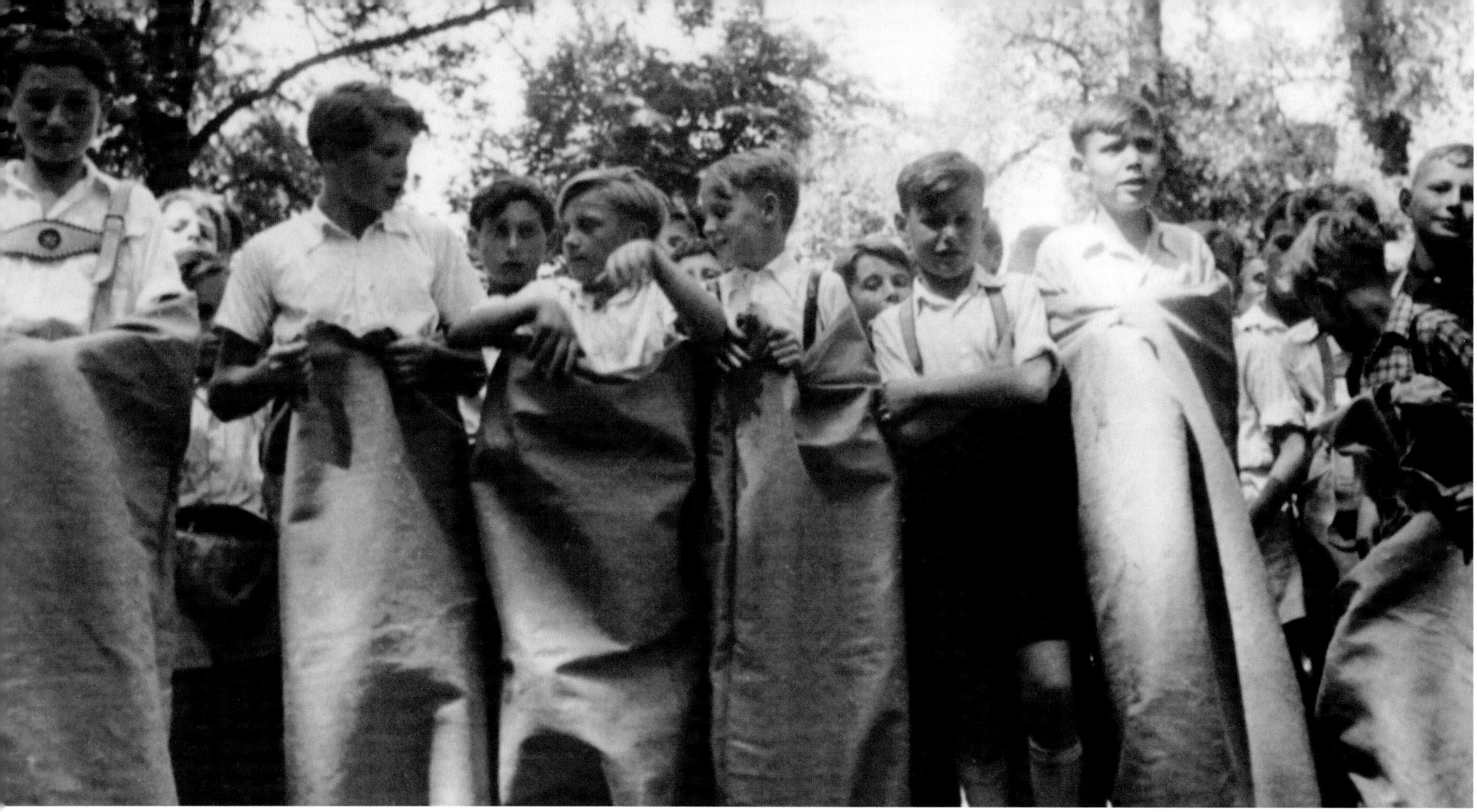

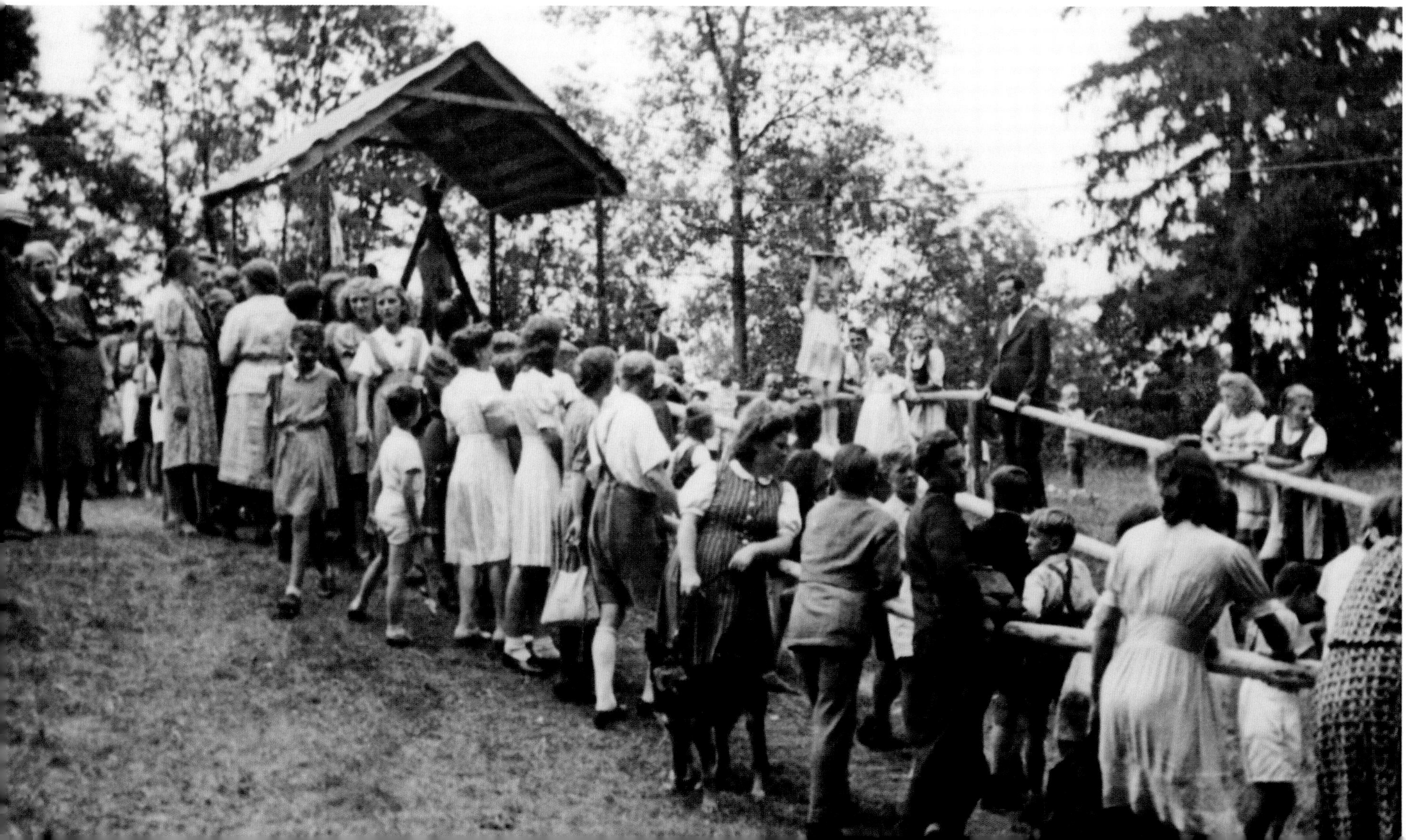

Ein absolut großartiges Ereignis war das Austeilen von 1 Wurst, 2 Wasserwecken und 1 Limonade an alle Biberacher Schüler und Schülerinnen.

Die Biberacher Kinder freuen sich über die Volksbelustigungen auf dem Gigelberg: Kletterbaum, Sackhüfen und Seilbahn.

Die kindliche Freude und die friedliche Stimmung rührte auch die Franzosen. Die postierten Panzerspähwagen kamen nicht zum Einsatz.

1949, das Schützenfest erhält seinen Namen zurück

Otto Fries begann bereits in den Hungerjahren mit dem konsequenten Ausbau des Historischen Festzugs. Schon 1946 war ein Weberwagen dabei, auch wenn der Webstuhl nur geliehen war. Direkt nach der Währungsreform 1948 entstand eine Renaissancegruppe mit Stadtmodellen, die damals "Alt Biberach" genannt wurde. Auch die Stadttorwagen sind im selben Jahr gebaut worden.

Ab 1949 war die totale Knappheit an Waren überwunden. Das Fest hieß wieder Schützenfest, das Theater Schützentheater und die vor den Franzosen versteckte Schwedengruppe durfte wieder gezeigt werden.

Im Jahr 1950 beschloß der Gemeinderat, eine 700 Jahr-Feier durchzuführen. Die historische Begründung dafür war ein wenig willkürlich, aber es wurde unter der organisatorischen Leitung der Schützendirektion ein glanzvolles Fest, das auch für die kommende Entwicklung des Schützenfestes vielfältige Anregungen gab. Eine eindrucksvolle Gruppe entstand mit dem schweren Handelszug, der zur 700 Jahr-Feier vom damaligen Biberacher Handel gestiftet wurde. Mit diesem Zug hatte man begonnen, die Biberacher Wirtschafts- und Sozialgeschichte darzustellen. Innerhalb von rund 20 Jahren wurde das Programm verwirklicht, die Biberacher Zünfte und das Handwerk im Festzug zu präsentieren. Nach der Webergruppe folgte der Gerberwagen dann der Färberwagen, schließlich die Glockengießergruppe und die Bierbrauergruppe.

Bereits 1951 wurden die Zunfttänze eingeführt, zunächst Weber-, Gerber- und Bauern-, später Färber- und Glockengießertänze. Die Zunfttänze werden von Schülerinnen und Schülern der mittleren Klassen dargeboten und durch Lieder und Sprüche ergänzt. Die Zunfttänze sind inzwischen ein wichtiger und pädagogisch wertvoller Bestandteil des Schützenfestes geworden.

Nachdem schon 1949 die althergebrachte "Ziehung" für die Schüler der Klassen 1-7 wieder aufgenommen wurde, entstand 1951 für die älteren männlichen Schüler das "Biberschießen" auf die 12er Ringscheibe mit der Armbrust. 1976 wurden auf deren heftiges Betreiben dann auch die älteren Mädchen zum Schießen zugelassen.

In rascher Folge entstehen nun bedeutende historische Gruppen, die auch heute noch das Bild des Festzugs prägen: Die Gruppe Kaiser Friedrich III. mit den schwarzen Stadtsoldaten, die schwerbewaffneten kaiserlichen Reiter, die Thurn und Taxis'sche Postkutsche mit der Biedermeiergruppe und schließlich 1962 anläßlich der Erhebung Biberachs zur großen Kreisstadt die Spitalgruppe mit rund 200 kostümierten Mitwirkenden. 1959 wurde erstmals auf dem nächtlichen Marktplatz ein historischer Festakt mit der Schwedengruppe und den Kaiserlichen aufgeführt, umrahmt von Musik, Gesang und Rezitation. Im Jahr 1962 wurde der historische Festakt in erweiterter Form wiederholt, die neue Spitalgruppe mit in die Aufführung eingebaut. Im darauffolgenden Jahr wurde, ebenfalls auf dem Marktplatz, ein chorisches Spiel "Hymne an die Heimat" dargeboten. Später wurden diese Festakte nicht mehr wiederholt, vor allem weil die personellen Voraussetzungen fehlten.

Schon 1958 wurde die Neugestaltung des Montagsfestzuges eingeleitet, der sich nun in Richtung "Bunter Festzug" entwickeln konnte. Das war eine weitsichtige Entscheidung, die dem Kinderfest eine ganz neue und gute Richtung gab.

1963 ging zum ersten Mal der Nachtwächter durch die Straßen der Stadt und ließ seinen Stundenruf ertönen. Im selben Jahr wurde das Feuerwerk eingeführt, das sich seither bei den Schützenfestbesuchern großer Beliebtheit erfreut.

DAS BIBERACHER SCHÜTZENFEST VON 1949 BIS HEUTE

Auch die Festabzeichen veränderten sich im Laufe der Zeit.
Seit den 70er Jahren können die Festabzeichen mit dem Festprogramm über die Biberacher Schüler gekauft werden, die sich damit zusätzlich einen kleinen Schützenbatzen verdienen.

Das erste Festabzeichen (von 1949) war aus Pappe und ist deshalb über die Jahre hinweg zu einer echten Rarität geworden.

Ein Jahr später ließ man ein Abzeichen aus Blech fertigen, das mit einer rückseitigen Nadel angesteckt wurde.

*M*it der wachsenden Zahl der Schüler und der verschiedenen Schularten wuchsen zwangsläufig auch die Trommlerkorps und Spielmannszüge. Die seit 1914 bestehende Landsknechttracht der "Kleinen Schützenmusik" ging den Weg alles Irdischen. Die Musikanten erhielten 1964 ein Kostüm, das einer mittelalterlichen Spielmannstracht nachempfunden war. 1966 wurde die "Kleine Schützenmusik" durch einen Spielmannszug erweitert, der in derselben Weise eingekleidet war. Ebenfalls 1966 erhielt die junge Realschule einen Trommler- und Fanfarenzug, der bunte Landsknechttrachten trug. Schon in der ersten Nachkriegszeit hatte es einen Fanfarenzug in ähnlicher Aufmachung gegeben. Nun ging es Schlag auf Schlag. 1970 wurde das Trommlerinnenkorps des Pestalozzi-Gymnasiums ins Leben gerufen, die erste rein weibliche Musikgruppe. Zwei Jahre später entstand der Fanfarenzug des Frauenberuflichen Gymnasiums, heute Matthias-Erzberger-Schule. Schließlich wurde 1976 die mittelalterliche Spielmannsgruppe gegründet mit Sackpfeifen, Flöten, Fass-und Schellentrommeln. Dann entstand 1986 noch die Gruppe der Spielleute und Vaganten des Mittelalters mit vielfältigen mittelalterlichen Instrumenten, zunächst durch die Jugendmusikschule, später durch das Bischof-Sproll-Bildungszentrum gestellt.

Im Sinne des Kinderfestes bemühte sich die Schützendirektion, den Vergnügungspark auf dem Gigelberg groß und attraktiv zu machen. Man versuchte, unter den Schaustellerbetrieben die interessantesten für Biberach anzuwerben. Trotzdem legte man ganz besonderen Wert auf die Beibehaltung der kostenlosen "Volksbelustigungen", die bei den Kindern außerordentlich beliebt sind. Im Jahr 1965 stiftete die Firma Liebherr eine große wetterfeste Rutschbahn. Durch zwei Veranstaltungen 1974 und 1976, genannt "Maienschützen", deren Ertrag für das Kinderfest verwendet wurde, konnte die Zahl der kostenlosen Gerätschaften weiter vergrößert werden. Bis zur Gegenwart wurde ständig an der Verbesserung des Vergnügungsparks gearbeitet.

*e*in völlig neues Element brachte 1969 der "Tanz auf dem Marktplatz" in das Fest. Es war eine spontane Idee der Schützendirektion, die innerhalb kürzester Zeit verwirklicht wurde. Schon im ersten Jahr besuchten mehr als 5000 Menschen diese neue Attraktion. Inzwischen kommen alljährlich zwischen 10 000 und 15 000 Besucher zum "Tanz auf den Marktplatz" und zwar Angehörige aller Altersgruppen. Marktplatz und Kapellenplatz sind inzwischen fast zu klein, die Menschenmassen, die beiden Musikbands und die Esswaren- und Getränkestände aufzunehmen.
Der ständig wachsende Umfang des Schützenfestes, die steigende Zahl der Festbesucher und die wesentlich vermehrten Einzelveranstaltungen innerhalb des Festes erforderten eine Vergrößerung der organisatorischen Basis. 1969 gab es 34 Schützendirektoren; als neue Institution wurden die Schützenbeiräte geschaffen, wichtige Mitarbeiter für spezielle Aufgaben des Festes. 25 von ihnen wurden 1969 berufen.
Im selben Jahr geschah eine weitere wichtige Weichenstellung für das Schützenfest. Die Räuberbande des "Schwarzen Veri" wurde aufgestellt.

Das Abzeichen von 1951 gilt als das schönste in der nun 50jährigen Geschichte der Schützenfestabzeichen. Es wurde von der Keramikermeisterin Margarete Frauer (die spätere Ehefrau des bekannten Biberacher Designers Heinz H. Engler) entworfen und gefertigt.

Biberacher Schüler durften die gebrannten Tonabzeichen, gegen ein kleines Taschengeld, bemalen.

Die Darsteller waren bekannte Bürgerinnen und Bürger von Biberach, Leute mit Phantasie und Spontanität. Bisher gestalteten den Historischen Festzug mit Ausnahme der Musikkapellen und der Fuhrleute nahezu ausschließlich Kinder und Jugendliche. Nun trat erstmals eine Gruppe von Erwachsenen auf, voll von originellen Ideen und mit einer Souveränität, wie man sie von Jugendlichen nicht erwarten kann. Das war ein völlig neues Element im Festzug, es sollte die Schüler nicht verdrängen, aber ergänzen. Kein Wunder, daß die Gruppe von allem Anfang an zu den Publikumslieblingen gehörte!

*i*n größeren Abständen wurden weitere Erwachsenengruppen geschaffen, 1975 der "Baltringer Haufen" aus dem Bauernkrieg von 1525. Auch diese aufständischen Bauern gerieten zu einer Truppe mit sehr viel Ausstrahlung. 1978 entstand die Bürgerschützenkompanie von 1848 mit Vorderladergewehren und mit einem eigenen Spielmannszug. Die Darsteller entstammten der Schützengilde Biberach, der Spielmannszug den beruflichen Gymnasien. Erstmalig war damit eine Gruppe entstanden, die weitgehend aus Mitteln der Hugo-Rupf-Stiftung finanziert werden konnte.

Eine repräsentative Gruppe aus der Frühgeschichte unserer Stadt entstand 1971 mit der Staufergruppe, die an den ersten urkundlich nachgewiesenen Besuch eines Deutschen Königs in Biberach erinnerte. Der großartige Staufische Reisewagen war das letzte Werk von Willi Witzgall, der als künstlerischer Festzugsleiter mehr als zwei Jahrzehnte lang die Richtung und das Niveau des Historischen Festzugs bestimmt hatte.
Über der geschichtlichen Darstellung vergaß man aber nicht die Erweiterung der kindlichen Motive. Nach den althergebrachten "Sieben Schwaben" entstanden die Gruppen "Schildbürger", "Max und Moritz", "Heinzelmännchen", "Ali Baba und die 40 Räuber", "Rattenfänger von Hameln", "Goldene Gans"; die meisten davon mit großen Festwagen. Zusammen mit den Wagen der jeweiligen Schützentheateraufführung war das innerhalb des Historischen Festzugs ein eigener Teil "Die Welt des Kindes".

1979 war der Historische Festzug zu lang geworden, andererseits wollte man den "Bunten Zug" aufwerten, so schlug man die Märchengruppen dem Montagsfestzug zu, der fortan "Bunter Zug" genannt wurde. Allerdings wurde bei der Wiederholung des Historischen Festzugs an Bauernschützen wiederum eine kleinere Zahl von Märchengruppen vorangestellt, um den Kindern der Gruppe 2 aus dem Schützentheater das Mitwirken zu ermöglichen.

*e*ine althergebrachte Sitte des Biberacher Schützenfestes war die sogenannte "Abnahme der Trommler- und Fanfarenkorps". Früher mußten die jungen Musiker vor einer sachverständigen Kommission im Vorfeld des Schützenfestes ihr Können beweisen. 1970 wurde diese "Abnahme" am Samstagnachmittag im Vorfeld des Schützenfestes vor der gesamten Öffentlichkeit auf dem Gigelberg dargeboten.

Seither präsentieren sich bis zehn Jugendmusikkorps zur großen Freude des zahlreichen Publikums. Anschließend ziehen die Jungmusiker mit der Schützendirektion über den Gigelberg und eröffnen damit offiziell den Vergnügungspark. Mit dem Anstich des ersten Bierfasses im Bierzelt durch den Ersten Vorsitzenden der Schützendirektion geht das Zeremoniell zu Ende.

Durch die Gemeindereform in den 70iger Jahren wurden die neuen Teilorte Ringschnait, Stafflangen, Rissegg und Mettenberg nach Biberach eingemeindet. Die Grundschulen der genannten Ortsteile haben nun ein Anrecht, am Schützenfest teilzunehmen. Rißegg war mit der "Bauernhochzeit" schon immer dabeigewesen; in Mettenberg entstand durch eine Bürgerinitiative "die Flachsbauerngruppe", eine sehr gelungene Brauchtumsgruppe mit zwei großen Festwagen, alten Gerätschaften und wertvollen Trachten. Auch Ringschnait und Stafflangen gaben sich große Mühe, sich in das Schützenfest zu integrieren.

Schließlich wurde 1980 auch das Bischof-Sproll-Bildungszentrum in Rißegg als erste Privatschule zur Mitwirkung am Schützenfest zugelassen. Inzwischen hat sich diese Schule durch originelle Beiträge zum Schützenfest hervorgetan.

Die stürmische Erweiterung des Bunten und des Historischen Festzugs machten dringend den Bau von entsprechenden Unterbringungsmöglichkeiten nötig. Nachdem die Stadt an der unteren Bleicherstraße entsprechendes Gelände zur Verfügung gestellt hatte, konnte die Schützendirektion im Jahre 1974 eine geräumige Requisitenhalle mit Werkstatt erbauen.

1974 hatte Gerhard Rothenbacher die Idee, mit der Schwarz-Veri-Gruppe ein lockeres Fest zu veranstalten. "Gemütliches Beisammensein mit Räubern und Gendarmen" war das Motto und es war wirklich ein Bürgertreff auf dem alten Viehmarkt. Das Fest hat eine solche Anziehungskraft entwickelt, daß der Platz mehrfach verlegt werden mußte, weil er die Menschenmassen nicht mehr aufnehmen konnte. Jetzt findet das "Schwarz-Veri-Fest" auf dem Alten Postplatz statt. Aber auch dort herrscht drangvolle Enge, weil das Fest von Jahr zu Jahr mehr Menschen anzieht.

𝒟er Fahnenzug am Nachmittag des Schützensonntags ist eine alte Biberacher Tradition. Nach dem Umzug durch die Altstadt zog man vor die Häuser der Honoratioren, um ihnen als Ehrung ein Ständchen darzubringen. Durch die Größe der Stadt und die Menge der Jungmusiker ging das nicht mehr. Seit 1976 werden Landrat, Oberbürgermeister, Ehrenbürger sowie die beiden evangelischen und katholischen Pfarrer von St. Martin auf die Ehrentribüne gebeten. Der ganze Fahnenzug marschiert dort auf. Er bringt so allen zu Ehrenden gleichzeitig ein Ständchen und viele Biberacher schauen sich gerne dieses bunte Bild an.

1976 entsteht nochmals eine Schützenverstanstaltung, der "Kleine Schützenjahrmarkt". Es war keine Eigeninitiative der Schützendirektion, sondern ein Anstoß aus der Bürgerschaft, zunächst sogar eher eine Protestveranstaltung. Die Schützendirektion hat den Versuch gewagt, und es wurde eine sehr kreative und sehr beliebte Veranstaltung für Kinder und Jugendliche, die sich zwischen der Gigelbergturnhalle und der alten Stadtbierhalle abspielt.

"Christoph Martin Wieland und der Musenhof des Grafen Stadion zu Warthausen" war der Titel einer neuen 1977 gegründeten Gruppe, die dem großen Sohn der Stadt Biberach gewidmet war. Schon bald herrschte die Meinung vor, ein Reichsgraf und langjähriger Chefminister des Reichserzkanzlers, des Kurfürsten von Mainz, dürfte wohl kaum zu Fuß durch Biberach gegangen sein. Also mußte eine standesgemäße Kutsche für den Grafen Friedrich von Stadion her.

Man entschloß sich für den Nachbau der "Harrach'schen Berline" aus der kaiserlichen Wagenburg beim Schloß Schönbrunn in Wien. Und tatsächlich war nach 4jähriger Arbeit das Prachtstück fertig, die "Stadion'sche Berline". 250 Jahre nach Geburt Christoph Martin Wielands konnte die Einweihung stattfinden.

Die "Kleine Schützenmusik" und verschiedene Trommler- und Fanfarenbläserkorps hatten über viele Jahre nur sehr primitive und völlig ungenügende Übungsräume. 1980/1981 ließ der Hospital zum Heiligen Geist die ihm gehörige, stark heruntergekommene Schützenkellerhalle total renovieren. Nach einem Beschluß des Gemeinderats wurde die Schützenkellerhalle unter gewissen Auflagen der Schützendirektion zur Benützung und Verwaltung übergeben. Die laufenden Betriebskosten hatte die Schützendirektion selbst zu erbringen. Am 9. September 1981 konnte die Schützenkellerhalle vom Hospital der Schützendirektion übergeben werden, die seitdem die Proben von Musik- und Tanzgruppen dort abhält. Auch die Plenarsitzungen und Kommissionssitzungen der Schützendirektion finden in diesem Gebäude statt, ebenso die geselligen Veranstaltungen der Schützendirektion. Ferner hat das Gremium dort eine Geschäftsstelle eingerichtet. Durch das Nutzungsrecht über dieses Gebäude hat sich für die Schützendirektion eine wesentliche Erleichterung der Arbeit ergeben.

Im Jahr 1083 wurde Biberach erstmalig urkundlich genannt. So stand also der Stadt im Jahr 1983 eine 900 Jahr-Feier ins Haus. Gleichzeitig war 1983 die 250jährige Wiederkehr der Geburt Christoph Martin Wielands;

zwei bedeutende Jubiläen also. Man entschloß sich daher, diese beiden Ereignisse zu trennen. 1983 wurde das Wieland-Jubiläum gefeiert mit der durch die Stadion'sche Berline aufgewerteten Wieland-Gruppe und mit einer besonderen Wieland-Ehrung in der Heimatstunde. 1984, also quasi mit einem Jahr Verspätung, sollte dann die Festwoche 900 Jahre Biberach stattfinden.

Das Konzept der Schützendirektion beabsichtigte, aus der 900 Jahr-Feier ein großes Volksfest zu machen, an dem sich wirklich die ganze Bevölkerung beteiligen konnte. Das bedurfte mehrjähriger Vorarbeit. Es wurde der Verein "Stadtfest e.V." gegründet, um die Finanzen des Schützenfestes und des Stadtjubiläums sauber getrennt zu halten.

Die Festwoche 900 Jahre Biberach hat also eine nachhaltige und fruchtbare Wirkung auf das Biberacher Schützenfest und weit darüber hinaus gehabt.

Die Zunfttanzgruppen waren im Laufe der Jahre erneuert und verbessert worden, auch der Weberwagen war völlig neu gestaltet worden. Die Zunfttänze hatten seit ihrer Gründung im Jahr 1951 immer auf dem Gigelberg stattgefunden. Dort hat sich jedoch der Vergnügungspark immer weiter ausgedehnt, auch der Lärm war größer geworden. So wurden auf Vorschlag von Helga Richter die Zunfttänze an beiden Sonntagen auf den Marktplatz verlegt. Die Veranstaltung hat dadurch sehr an Atmosphäre gewonnen.

Die Schützendirektion war im Jahr 1987 auf 39 Schützendirektoren und 17 Schützenbeiräte angewachsen. Nach zahlreichen Beratungen wurde Anfang 1989 eine neue Geschäftsordnung der Schützendirektion beschlossen und ein den Gegebenheiten angepasstes Or-

Der großartige Verlauf der Festwoche wird in einem späteren Kapitel ausführlicher geschildert.

ganisations-Schema verabschiedet. Schließlich wurden 1991 "Allgemeine Benutzerbedingungen" beschlossen, die die Rechtsverhältnisse zwischen dem Veranstalter und den Festbesuchern klarstellen.

Bei den kleinen historischen Trachtengruppen waren von Anfang an Gruppen von Heimatvertriebenen dabei: Pommern, Ostpreußen, Egerländer, Niederschlesier, Donauschwaben. Nun sollte in einer Festzugsgruppe auch der Sathmarschwaben gedacht werden, die im 18. Jahrhundert aus Oberschwaben ausgewandert waren, zumal der Kreis Biberach Schirmherr dieser Landsmannschaft ist. Von den Handwerkern und Künstlern der Schützendirektion wurde dazu als Kernstück eine Ulmer Schachtel gebaut, die im Festzug begleitet wird von kleineren Kindern in den Trachten der frühen Auswandererzeit ab 1712.

Nach langer Diskussion wurden bei der zweitältesten Traditionsgruppe der Schützendirektion, der "Kleinen Schützenmusik", im Jahr 1988 Mädchen zugelassen. Im darauffolgenden Jahr erhielt die "Kleine Schützenmusik" neue Monturen nach dem Vorbild der "Brandenburgischen Dragoner", einer Biberacher Blutreitergruppe aus dem 18. Jahrhundert.

Im Jahr 1989 fand das 750jährige Jubiläum des Hospitals zum Heiligen Geist statt. Der Hospital stand deshalb in diesem Jubiläumsjahr auch besonders im Mittelpunkt des Festgeschehens.

Im Jahr 1990 beteiligte sich die Schützendirektion an einem Wettbewerb zur Auszeichnung kommunaler Bürgeraktionen, der von der Landesregierung ausgeschrieben war. Bei mehr als 400 teilnehmenden Organisationen am Wettbewerb erhielt die Schützendirektion einen Hauptpreis und einen Sonderpreis, die von Innenminister Schlee im Neuen Schloß in Stuttgart überreicht wurden. Im gleichen Jahr wurde wie im Jubiläumsjahr 1984 der "Jahrmarkt zu Urgroßvaters Zeiten" veranstaltet, ebenfalls mit sehr großem Erfolg und Widerhall.

Das Dachgeschoß der Pflugschule ist wahrscheinlich schon bald nach dem Ersten Weltkrieg der Schützendirektion zur Verfügung gestellt worden. Dort sind sämtliche Kostüme, viele Musikinstrumente und Kleinrequisiten untergebracht. In den Jahren 1990 - 1992 wurden nach Übereinkunft zwischen Stadt und Schützendirektion die Räumlichkeiten saniert, isoliert, mit einer Heizung versehen und mit einem Industrieboden ausgestattet. Ferner wurde ein geräumiges Schneider-Atelier eingebaut, in dem die Frauen der Festzugsnähstube in einer guten Atmosphäre arbeiten können.

In den letzten 15 Jahren wurden nur noch in sehr bescheidenem Umfang neue Gruppen aufgestellt. Die Länge des Festzugs mit ca. 4500 m spielte eine große Rolle. Aber wenn Kostüme einmal zwanzig, dreißig und mehr Jahre alt sind, dann müssen sie erneuert werden, sollen sie nicht schäbig aussehen. Diese Erneuerung ist nun die Hauptaufgabe der Nähstube geworden, wobei die Kostüme von der Stoffwahl, dem Schnitt im Detail und von den Accessoires her jeweils noch verbessert werden. Die Biedermeier-Gruppe, die Wieland-Gruppe, die Rokoko-Schülergruppe, die Mettenberger Flachsbauern, die Rißegger Bauernhochzeit und neuestens die große Spital-Gruppe, sie alle wurden neu eingekleidet und neu gestaltet. Sehr prunkvoll ausgestattet werden konnte die Renaissance-Gruppe mit prachtvollen Kostümen, Schmuck, Haarteilen und Kopfbedeckungen durch eine großzügige Spende von Frau Hilde Frey, der ehemaligen Schulleiterin und Gründerin der Gruppe. Wenige Jahre später stiftete sie auch noch für den Fanfarenzug der Matthias-Erzberger-Schule eine historische Ausstattung.

*N*eu geschaffen wurde die Gruppe der Scharwächter. Es wurden freiwillig tätige Frauen und Männer gesucht, die bereit waren, Absperrdienste zu leisten und an den Haupttagen Festabzeichen zu verkaufen. Sie bekamen ein sehr malerisches, einer Landsknechtuniform nachempfundenes Gewand und konnten sich nach ihrer anstrengenden Tätigkeit in einem besonders gelungenen Lager beim Weißen Turm erholen. Es ist allgemein anerkannt, daß die Scharwächter ihrer schwierigen Aufgabe mit großer Höflichkeit nachkommen. Die Kinder der Familien dürfen ebenfalls mitwirken und tragen dasselbe Kostüm wie die Erwachsenen.

Über viele Jahrzehnte gab es beim Schützenfest einen bebilderten Festprospekt und einen Festzugsplan. Ab 1992 wurden diese beiden Drucksachen in einer größeren Festbroschüre vereinigt. Nachdem die Schützendirektion ein neues Corporate Design hat entwickeln lassen, wurde die Festbroschüre unter dieses einheitliche Leitmotiv gestellt. Dr. Siegfried Hauchler hat über Jahrzehnte die Öffentlichkeitsarbeit und die Drucksachen der Schützendirektion betreut.

*D*er Ruf des Schützenfestes als großes und qualitätsvolles Heimatfest hat sich inzwischen so weit verbreitet, daß auch die überregionalen Medien davon Kenntnis nehmen. In den Jahren 1994 und 1996 brachte der Südwestfunk jeweils eine zweistündige Live-Sendung über das Biberacher Schützenfest. Nach den vorliegenden Unterlagen wurden die Sendungen jeweils von 500.000 bis 750.000 Zuschauern gesehen.

1991 konnten die Schützentrommler als älteste Traditionsgruppe des Schützenfestes ihr 175jähriges Jubiläum feiern, für die Buben mit Sicherheit ein bleibendes Erlebnis. Durch eine großzügige Spende erhielten die Schützentrommler im Jahr 1995 eine neue Uniform. 1996 gab es wieder zwei bedeutende Jubiläen. Die "Kleine Schützenmusik" war vor 175 Jahren aus kleinen Anfängen heraus entstanden. Nun konnte dieses großartige Jubiläum mit einem sehr gelungenen Konzert und einer anschließenden Feier begangen werden. Ebenso konnte das Trommlerkorps des Wieland-Gymnasiums sein 75jähriges Jubiläum feiern. Im Schulhof der Anstalt wurde 1996 ein rauschendes Fest daraus, bei dem sehr viele ehemalige Trommler anwesend waren. Ein besonderes Ereignis war es, daß der 89jährige Heinrich Stehrer dabeisein konnte, der 1921 einer der beiden ersten Trommler gewesen war.

Das Schützenfest befindet sich auf einem guten Weg. Bei den Biberacher Bürgerinnen und Bürgern wie bei den auswärtigen Festbesuchern gewinnt es an Beliebtheit. Mögen sich auch in Zukunft immer genügend Menschen finden, die bereit sind, ehrenamtlich mitzuwirken und für die Kinder dieser Stadt Ideen und Zeit einzubringen.

Die Schützendirektion 1946/47 von links: Fritz Kolesch sen., Gustav Müller, Otto Schilling, Eugen Schelle, Otto Fries (Vorsitzender) Karl Härle, Julius Mühlschlegel, Adolf Ebinger, Eugen Kuhn, Max Diederich, Wilhelm Leger (Bürgermeister), Julius Schmid, Emil Pfeffer, Heribert Fliegauf, Karl Müller, Es fehlen: Heinrich Sembinelli und Friedrich Buttschardt.

DAS BIBERACHER SCHÜTZENFEST VON 1949 BIS HEUTE

Für die Schützenfestbesucher damals (1949) wie heute ein beeindruckendes Bild: Die Bronze-Kanone wird mit lautem Geratter der beschlagenen Räder von schweren Kaltblutpferden gezogen.

Im Lager der Schweden. Die Kleidung und Ausstrahlung dieser jungen Soldaten wirkt so authentisch, daß man meinen könnte, diese Aufnahme ist im Kriegslager vor der Schlacht bei Nördlingen entstanden.

Volkstrachten um 1800 aus Biberach und Umgebung.

Radhauben aus echter Goldspitze waren eine besondere Zierde für die Frauen. Witwen und ältere Frauen trugen Chenille-Hauben (Mitte). Schmuckstücke waren auch die Schultertücher, meist in Mailand in einem komplizierten Kettdruck-Verfahren hergestellt und mit Muschelspitzen eingefaßt. In der Mitte ein besonders seltenes Exemplar: Die Blumen sind von Hand eingestickt.

Die Gruppe 'Alt Biberach' von 1950. Hübsche Damen in Renaissance-Gewändern präsentieren bedeutende Biberacher Bauwerke.

Biberach ging in die Literaturgeschichte ein, weil Christoph Martin Wieland 1761 erstmals ein Stück von William Shakespeare in deutscher Sprache und in seiner eigenen Übersetzung hier aufführte.
Aus Anlaß der 700-Jahr-Feier 1950 wurde "Der Sturm" in der Wieland'schen Übersetzung wieder aufgeführt. Otto Herzog inszenierte, der Dramatische Verein spielte.

Auf dem Schiff fuhr das Ensemble im Festzug mit. Am Bug steht Albert Kremmler als Prospero, umgeben von seinen anmutigen Elfen.

Figuren aus Shakespeares "Sturm" waren die Spaßmacher und Unholde Stephano (Heinrich Sembinelli, links), Trinculo (Fritjof Haux, rechts) und Caliban (Eugen Benz, unten am Schiff in Felle gekleidet).
Das Trio sorgte im Festzug für großen Wirbel.

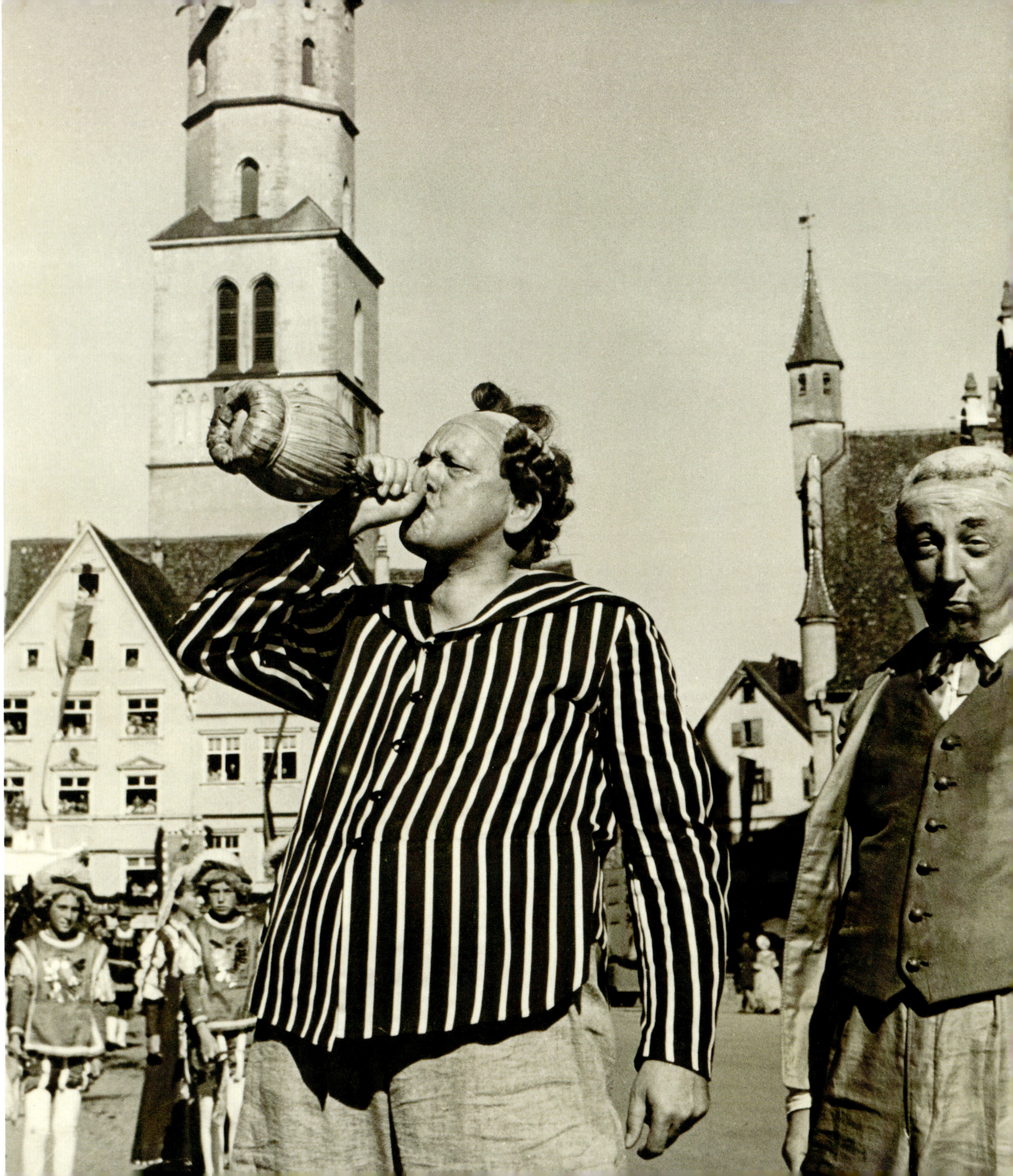

Würdevolle Königinnen und Könige reiten durch Biberachs Straßen anläßlich der 700-Jahr-Feier.

DAS BIBERACHER SCHÜTZENFEST VON 1949 BIS HEUTE

Die Rissegger Bauernhochzeit mit Ziegengefährt (1950).

Sonntag, 1. Juli

10.30 Uhr **Heimatstunde** im Stadttheater (Kartenvorverkauf).
11.30 Uhr **Standkonzert** der Stadtkapelle auf dem Marktplatz.
13.30 Uhr **Aufstellung des Fahnenzuges** beim Mädchenschulhaus (Pflugschule).
14.00 Uhr **Böllerschüsse — Fahnenzug** mit den Trommlern und Pfeifern und der Kleinen Musik durch folgende Straßen: Wielandstraße, Gymnasium- und Schadenhofstraße zum Marktplatz, Kapellenplatz, Karpfengasse, Hindenburgstraße, Marktplatz, Bürgerturmstr., Ulmertorstraße, Eselsberg, Ulmer- und Memminger Straße, dann zurück bis Bismarckring, Ehingerstraße, Mondstraße bis Mädchenschulhaus.
16.30 Uhr und
19.30 Uhr **Im Stadttheater: „Prinzessin Amaranth"** (Frau Holle). Märchen mit Musik und Tanz.

Montag, 2. Juli

Sonntagsrückfahrkarten. Zum Schützenfest am 2. und 3. Juli 1951 werden für die im Umkreis von 75 km liegenden Bahnhöfe und für den Bahnhof Augsburg Sonntags-Rückfahrkarten ausgegeben. Gültig zur Hinfahrt ab Samstag, 30. Juni, 12.00 Uhr, bis Dienstag, 3. Juli, Rückfahrt: Samstag, 30. Juni, bis Mittwoch, 4. Juli, 12.00 Uhr.

5.30 Uhr **Böllerschüsse, Tagwache** durch die Trommler, Pfeifer, die Kleine Musik und die Stadtkapelle.
7.00 Uhr **Gottesdienst** der kath. Kinder in der Stadtpfarrkirche und der evang. Kinder in der Gottesackerkirche.
8.00 Uhr **Sammlung** der Kinder in ihren Schulen.
8.30 Uhr **Zug der Kinder** mit ihren Lehrern zum Mädchenschulhaus (Pflugschule).
9.00 Uhr **Umzug.**

Das sog. „Bieten" ist am Montag u. Dienstag vor und während des Umzugs aus sozialen Gründen nicht gestattet.

Reihenfolge der Schulklassen im Zug:
Niederer, Then, Münst, Tillmanns, Burger, Wild, Lütz-Eisenbacher, Holl, Achberger, Wendel, Kuhn, Nägele, Müller, Schleßer, Hohl, Mildner, Dangel, Gerster, Held, Grodde, Rieger, Derad, Brenneisen, Keicher, Sieber, Aichele, Dörfinger Stenrer, Buttschardt, Riedmaier, Geiger, Hauff; Mädchenoberschule, Oberschule f. Jungen.
Der Zug bewegt sich unter Mitwirkung der Trommler und Pfeifer, Kleiner Schützenmusik, Biberacher Harmonika-Orchester, Bayer. Ländlerkapelle, Musikkapelle Bergerhausen und Stadtkapelle Biberach durch folgende Straßen:
Wielandstraße, Gymnasiumstraße, Schadenhofstr., Bürgerturmstraße bis Bendel, Ehingerstraße bis Schwanen, Grabengasse, Alt. Postplatz, Bahnhofstraße, Bismarckring, Ulmertorstraße, Pflugstraße, Viehmarktstraße, Museumstraße, Waaghausstraße, Hindenburgstraße, Schulstraße, Holzmarkt, Kapellenplatz, Marktplatz, Schadenhofstraße, Gymnasiumstraße bis Storchen, Ehingertorstraße, Ehingerstraße bis Mond, Mondstraße zum Festplatz (Gigelberg).

Nach Ankunft des Zuges auf dem Festplatz gemeinsamer Gesang sämtlicher Schüler: „Rund um mich her ist alles Freude" (3 Strophen). Anschließend Liedervorträge der Volks- und Oberschulen auf dem Festplatz (Leitung: Lehrer Rieger und Musikdir. Knörlein). **Kletterbaum** für die Jungen.

11.00 Uhr **Beginn des Biberschießens** (Armbrustschießen) der Volks- und Oberschulen.
11.00 Uhr **Vortrag** der althergebrachten Lieder durch den Liederkranz im „Schützenkeller".
14.00 Uhr **Fortsetzung des Biberschießens** mit Preisverteilung.
14.00 Uhr **Anfang der „Ziehung"** in der Turn- und Festhalle.

Reihenfolge der Schulklassen beim „Ziehen":
Kleine Mädchen (1. bis 4. Schuljahr):
14.00 Uhr: Rißegg, Münst, Tillmanns, Burger, Then, Wendel,
14.30 Uhr: Holl, Müller, Gerster, Held, Grodde, Lütz-Eisenbacher,
15.00 Uhr: Nägele, Hohl, Dangel;
Große Mädchen (5. bis 8. Schuljahr, Oberschulen):
14.00 Uhr: Rißegg, Brenneisen, Aichele, Derad, Buttschardt,
14.30 Uhr: Sieber, Stenrer, Geiger, Hauff;
15.00 Uhr: Oberschule für Jungen, Mädchenoberschule;
Kleine Knaben (1. bis 4. Schuljahr):
14.00 Uhr: Rißegg, Niederer, Wild, Achberger,
14.30 Uhr: Münst, Tillmanns, Burger, Wendel, Kuhn, Schleßer,
15.00 Uhr: Holl, Müller, Gerster, Held, Grodde, Mildner;
Große Knaben (5. bis 8. Schuljahr, Oberschule):
14.00 Uhr: Rißegg, Rieger, Keicher,
14.30 Uhr: Brenneisen, Aichele,
15.00 Uhr: Oberschule für Jungen.

Während des „Ziehens" ist Erwachsenen der Eintritt in die Turn- und Festhalle nicht gestattet.
Rutsch- und Seilbahn und sämtliche Schaukeln dürfen am Montag und Dienstag von 11.00 bis 19.00 Uhr nur von schulpflichtigen Kindern benützt werden.

Dienstag, 3. Juli (Hauptfesttag)

5.30 Uhr **Böllerschüsse, Tagwache** durch die Trommler und Pfeifer, die Kleine Musik und die Stadtkapelle.
7.45 Uhr **Sammlung der Kinder** in ihren Schulen und Aufstellung des Festzugs in der Wielandstraße.
9.00 Uhr **Großer historischer Festzug.**

Spitze: Ein Reiter mit der Biberstandarte. Vier Fanfarenbläser zu Pferd. Schützen-Trommler und Pfeifer mit Fahne. Kleine Schützenmusik.

1. **Block:** Kleine Mädchen (1.—3. Schuljahr). Fahnengruppe, Trachtengruppe, Ponyfuhrwerke mit Rokoko-Paaren, Märchengruppen „Schneeweißchen und Rosenrot" und „Rotkäppchen", Musikkapelle Bergerhausen, Bauerngruppe Bergerhausen.

2. **Block:** Kleine Knaben (1.—3. Schuljahr). Fahnengruppe, Sieben Zwerge mit der Schnecke, Märchengruppe „Der kleine Däumling", Geißbockfuhrwerke mit Bettinger Trachtenpaaren, Gruppe der 7 Schwaben, Modell der alten Festhalle, Bayer. Ländlerkapelle, Hochzeitsgruppe Rißegg.

3. **Block:** Große Mädchen (4.—8. Schuljahr). Fahnengruppe, Modell des Stadttheaters vor dem Umbau, Biberacher Harmonika-Orchester, Bauerngruppe mit Erntekranz, Blumenwagen mit Maikäfern, Musikkapelle Ringschnait.

DAS BIBERACHER SCHÜTZENFEST VON 1949 BIS HEUTE

Anschließend **Zunft- u. Volkstänze** auf dem Festplatz.
Turnerische Vorführungen der Turngemeinde Biberach 1847 in der Turnhalle.
Schwedenlager am Hirschgraben beim Pavillon.
Volksbelustigungen bei d. Turnhalle (alter Tennisplatz).
Bayr. Bierzelt mit Ländlerkapelle und Artisten.
Vergnügungspark.

Die Schützenfestdirektion:
Otto Fries, Vorsitzender.

...m Schützentheater / 250 mitwirkende Kinder

„Prinzessin Amaranth"

Märchenspiel mit Musik und Tanz nach Grimm's Märchen „Frau Holle".
...das Märchen eingeflochten: Tanz der vier Jahreszeiten.

FOLGE:
...ild: „Im Winterwald" (Winterballett)
...ild: „Der Brunnen" (Frühlingsballett)
...ild: „Der Goldregen" (Sommerballett)
...ild: „Die goldene Jungfrau ist wieder hier"
...ild: „Der Pechregen"
...ild: „Das Femegericht" (Herbstballett)

...ge: 29. 6., 19 Uhr, Gr. I; 30. 6., 19 Uhr, Gr. II;
... 16.30 Uhr, I; 19.30 Uhr, II; 4. 7., 16 Uhr, I;
...hr, II; 7. 7., 19 Uhr, I; 8. 7., 16 Uhr, I;
... I; 11. 7., 16 Uhr, II; 19 Uhr I; 14. 7., 19
... II und weitere Tage. - Spieldauer: 2 Stunden.

...auf bei M. Bitzenauer, Karpfengasse 8, Tel. 324,
...an der Abendkasse.
...er Plätze: —.90, 1.90, 2.90 DM (2 Kinder unter
...ahren gehen auf einen Platz).

...beracher Schützenfestlied
...97 von Justin Heinrich Knecht, Musikdirektor in Biberach (1752—1817).

...d um mich her ist alles Freude,
...chön ist, Schöpfer, deine Welt!
...prangt in seinem Feierkleide
...rg und Tal und Wald und Feld!
...heilig wird mir jede Stätte!
...n ich seh, wohin ich trete,
...ck ich dich, o Schöpfer, dich;
...n ich seh, auf allen Fluren,
...len deinen Kreaturen
...ck ich, aller Vater, dich.

...Murmeln in belaubten Bäumen
...freudig müßt ihr Gott erhöh'n!
...et in Schwermut zu verträumen.
...ottes Welt zu voll, zu schön!
...agt, beglänzt vom Morgentaue,
...lur, der Garten und die Aue:
...gnet unser Gott so gern!
...gt das Rauschen seiner Fluten:
...st der Urquell alles Guten!
...ch, sagt lispelnd: Lobt den Herrn!

...um mich her ist alles Freude,
...auch, meine Seele, dich
...es schönem Weltgebäude!
...chlich segnet er auch mich!
...ssen Lob umher erschallen,
...r so wohl tut, allen, allen,
...d tut, der so gütig ist!
...ein in der Geschöpfe Chöre:
...ott, sei Preis, dir Dank und Ehre,
...der Ewiggute bist!

Nach Christoph Christian Sturm (1740—1786).

FESTPLAN

Biberacher Schützenfest 1951

KINDER- UND HEIMATFEST / KINDERTHEATER

- Preis 10 Pfennig -

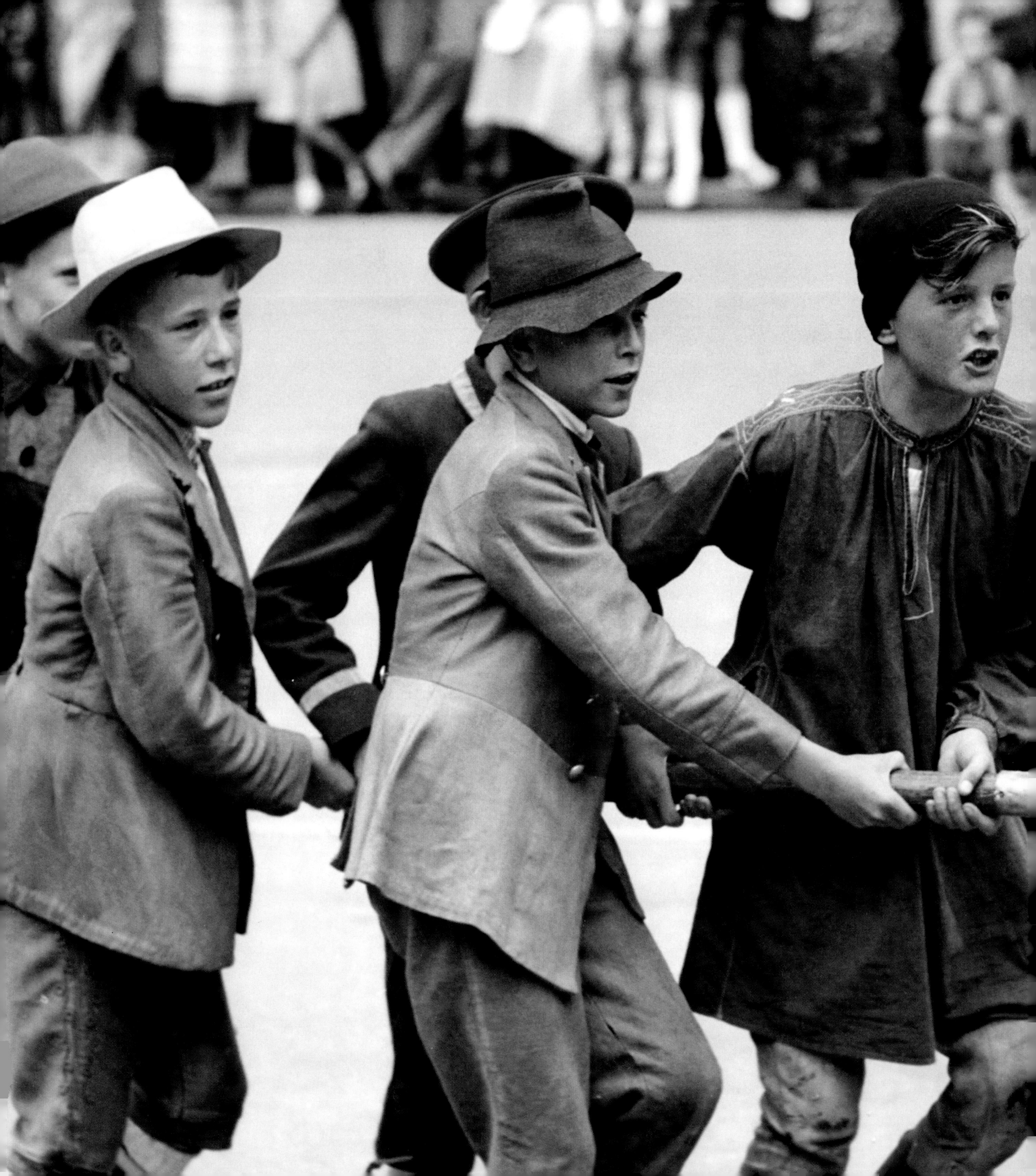

67

Die Sieben Schwaben
auf der Jagd nach dem
ungeheuerlichen Hasen,
der die Sieben beim
Umblicken immer
wieder zu Fall bringt.

Nur die Proportionen
haben sich geändert.
Links im Jahre 1957,
unten von 1933.
Und die Sieben sind
nach wie vor voller
Drang und Eifer
den Hasen zu fangen.

**Standartenreiter
(Hans Liebherr jun.)
und Fanfarenbläser aus
der Waaghausstraße
kommend (1956).**

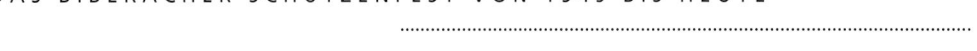

Die kleinen Schützentrommler mit neuen Uniformen (1959).

Der Biberacher Marktplatz bot 1962 noch ausreichend Platz den gesamten Festzug zu sammeln, um gemeinsam das Schützenfestlied anzustimmen. In 5 Marschsäulen standen die Festzugsteilnehmer.

Ab 1982 reichte der Raum nicht mehr aus, man mußte auf den Aufmarsch verzichten.

DAS BIBERACHER SCHÜTZENFEST VON 1949 BIS HEUTE

71

Das Biberacher Schützenfest war schon damals ein beliebtes Motiv für Bild- und Tonaufnahmen.

**Der Wielandwagen (1963).
Oberon mit seinen Elfen lagert zu Füßen von Christoph Martin Wieland.**

DAS BIBERACHER SCHÜTZENFEST VON 1949 BIS HEUTE

So sah die Kleine Schützenmusik in den 60-70er Jahren aus.

74

Der Theaterwagen mit den Sonnenfünkchen aus Prinzessin Huschewind (1966).

Ministerpräsident Kiesinger und Oberbürgermeister Hoffmann beim Gang zur Ehrentribüne (1966).

Schlußbild aus der Heimatstunde von 1974 zum Thema 'Auf de schwäb'sche Eisebahne' mit der Biedermeier-Gruppe und Dieter Buttschardt.

Die WG-Trommler in den 70er Jahren. Der Tambourmajor, Sohn des Gründungs-Trommlers Heinrich Stehrer, setzt die Tradition seiner Familie fort.

78

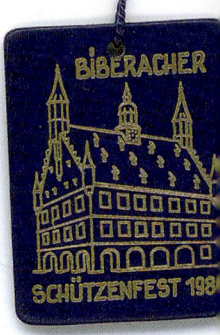

19 85
BIBERACHER SCHÜTZENFEST
19 86
BIBERACHER SCHÜTZENFEST
1987
BIBERACHER SCHÜTZENFEST
1988
BIBERACHER SCHÜTZENFEST
BIBERACHER
SCHÜTZENFEST 1989

ützenfest
FESTPLAN
5. Juli
bis 13. Juli
Biberacher Schützenfest
3.–11. Juli 1971
Historisches Kinder- und Heimatfest
Biberacher
Schützenfest
1995
Historisches
Kinder- und Heimatfest
Vom 1. Juli bis 9. Juli
Biberacher
Schützenfest
Historisches Kinder- und Heimatfest
28. Juni - 7. Juli '85
Biberacher
Schützenfest

80

DAS BIBERACHER SCHÜTZENFEST VON 1949 BIS HEUTE

Ab 1971 begann man mit der kontinuierlichen Darstellung historischer Bauwerke Biberachs auf dem Schützenfestabzeichen.

1974 war das letzte Jahr, in dem das Abzeichen aus Hartplastik hergestellt wurde. Die Biberacher rebellierten. Sie wollten wieder die zwar teureren, dafür schöneren Holzfestabzeichen.

So wird das Abzeichen 1999 aussehen. Der Entwurf stammt von Hans-Peter Rabatscher.

Das Schützenfestabzeichen trägt man am Hemden-, bzw. Blusenknopfloch, oder bei der, mit einer Sicherheitsnadel befestigten Schützenrose.
Auf jeden Fall wird es gut sichtbar angehängt, denn die Biberacher sind damit so vertraut, daß es einfach dazugehört, mit dem Festabzeichen an Schützen herumzulaufen.
Selbst dann, wenn es nicht bei allen Veranstaltungen benötigt wird.

Das Festabzeichen berechtigt zum Eintritt bei allen Festzügen (Bunter Zug, Historische Festzüge, Jahrgängerfestzug, Fahnenzug) sowie Tanz auf dem Marktplatz und Schwarz-Veri-Fest. Einen separaten Eintritt hat man lediglich zu zahlen für das Schützentheater, die Heimatstunde und den 'Tanz durch die Jahrhunderte'.

AS BIBERACHER SC

Die Geschichte.
Hier schmunzelt das Schützentheater.
Auch das ist Schützentheater.
Die bisher gespielten Stücke.

TZENTHEATER

Die Geschichte.

Dem Jahr 1819 waren sehr harte Jahre vorausgegangen: - die napoleonischen Kriege, - die Neuordnung Europas durch den Wiener Kongreß, - die Freie Reichsstadt Biberach war württembergisch geworden, - Württemberg selber war nun Königreich von Napoleons Gnaden.

1816 und 1817 war selbst im reichen Oberschwaben - durch schlechte Wetterverhältnisse verursacht - eine Hungersnot ausgebrochen. Die Wildbestände waren so gut wie verschwunden. Die Leute sammelten Eicheln, um damit wenigstens dem größten Hunger zu begegnen. König Wilhelm von Württemberg gründete 1819 die Landwirtschaftsschule von Hohenheim, um so den Bauern unter anderem aufzuzeigen, wie sie zu besseren Erträgen kommen konnten.

Eine schlimme Zeit, die vor allem jungen Menschen sehr zu schaffen machte. Kein Wunder also, daß viele junge Leute nach Amerika oder in die Donaustaaten auswanderten, oder sich in der Heimat zusammenrotteten, um sich gemeinsam Essen und Kleidung zu besorgen. Neben anderen Beweggründen ist damit wohl auch die Entstehung der verschiedenen Räuberbanden zu erklären. Gut bekannt ist in Biberach der Schwarze Veri, den im Ehingertor das Schicksal blitzartig ereilte.

Die neue Art sich zu kleiden und mit den notwendigen Kopfbedeckungen zu versorgen, gab den dafür zuständigen Handwerksbetrieben neuen Aufschwung.

1819 gab es in Biberach 66 Zylinder- und Hutmacherbetriebe. Sie belieferten ihre Kunden von Ulm bis ins Allgäu. Und eben in diesem Jahr 1819 nahm in Biberach eine besondere Tradition ihren Anfang. Apotheker Georg Friedrich Stecher (1767 - 1838) kam auf die Idee, am Schützenfest auch Theater zu spielen unter dem Motto: 'Zur Erhöhung jugendlicher Freuden.' Mit zwölf evangelischen Schulkindern brachte Stecher zunächst die unvermeidlichen Deklamationen und danach als erstes Theaterstück: »Das Vogelschießen« aus Weissens 'Kinderfreund' zur Aufführung.

Diese Darbietung besonderer Art gefiel dem bescheidenen Publikum so gut, daß nicht nur gleich eine zweite Aufführung angesetzt, sondern auch im Jahr darauf wieder ein solches Schützenfest-Theater gespielt werden mußte. Das war die Geburtsstunde des Schützentheaters.

Gespielt wurde seinerzeit auf einem kleinen Podest im ersten Raum des Komödienhauses, wo etwa 100 - 120 Zuschauer Platz finden konnten. Die Stücke wurden nur teilweise szenisch dargestellt. Dazwischen gab es die beliebten Deklamationen und vor allem Lebende Bilder. Öllampen auf dem Bühnenpodest erhellten das Geschehen, oder man spielte einfach bei Tageslicht. Dies hatte den unübertrefflichen Vorteil, völlig kostenlos und vor allem geruchlos zu sein.
Der Ertrag, der nach Abzug der Unkosten übrig war, wurde für Zwecke des Theaters und des Schützenfestes verwendet. Ein echtes Schützentheater also!

Theaterspielen war für die Bürger Biberachs - ob jung oder alt - von jeher selbstverständlich, ob es nun bei Schulaufführungen war, bei Mysterienspielen oder gar bei der Bürgerlichen Komödiantengesellschaft. Schließlich war im Jahr 1761 zum ersten Mal Shakespeare in deutscher Sprache aufgeführt worden. Shakespeares „Sturm" war in Wieland'scher Übersetzung über die

Zum Anlaß des Schützenfestes wurde 1819 von einigen Mädchen und Knaben Redeübungen und im Anschluß mit mehreren Erwachsenen das Lustspiel 'Das Vogelschießen' dargeboten.

bescheidenen Podest-Bretter des Komödienhauses gegangen. Christoph Martin Wieland und Justin Heinrich Knecht hatten neue Akzente gesetzt und das Bühnengeschehen in Biberach bereichert und neu belebt. Kein Wunder also, daß die bescheidenen Möglichkeiten des Komödienhauses nicht mehr genügten. Der Wunsch nach einem größeren Theater wurde laut, sowohl von den Darstellern als auch von den Zuschauern.

*b*ald war ein Platz direkt vor dem Obertor gefunden. Bereitwilligkeit der Stadtverwaltung und ungeheurer Enthusiasmus der Bürger trieben auch die finanziellen Mittel auf, und so konnte 1859 das Biberacher Theater eingeweiht werden.
Für eine Stadt mit damals etwa 7000 Einwohnern ein ungewöhnliches Unterfangen. Das Stadttheater wurde mit ganz modernen Gaslampen ausgerüstet. Diese waren zwar lichtstärker als die Öllampen - aber dafür auch weitaus gefährlicher.

Die nun doch sehr große Bühne gab den Anstoß zu völlig neuen Gestaltungsmöglichkeiten. Es gab sogar eine Versenkung! Welche Sensation! Auch der Zuschauerraum war hier im Vergleich zum Komödienhaus riesig: 430 Sitzplätze gab es für die theaterfreudigen Biberacher. 1862 gab es zum ersten Mal ein eigens gestaltetes Schlußtableau, aus dem sich später das heutige Schlußbild entwickelte.

*d*ie für das Schützentheater bis dahin ausgewählten zeitkritischen Stücke trugen klangvolle Namen wie: Die Verschwörung auf Kamtschatka;
Kunz von Kaufungen oder Der sächsische Prinzenraub;
Die Ährenleserin; Die Bescherung im Karzer;
Wie du mir so ich dir oder Der Pascha von Ägypten.

Zur Einweihung des Stadttheaters 1859 wurde der Prolog mit den folgenden Worten gesprochen:

»Seid uns gegrüßt in diesen heitern Räumen
die ihr bei Kindern sucht der Kindheit Glück.
Mög's wonneperlend Euch entgegenschäumen,
verklung'ne Freuden bringen neu zurück.
Ja, laßt uns kurze Feierstunden träumen,
verloren an den holden Augenblick.

Mit frohem Gruß nun steh ich vor Euch,
geliebte Bewohner dieser Stadt,
die, weil sie an Liebe zur Kunst so reich,
ihr solchen Tempel errichtet hat.
Fürwahr, noch bewähret sich derselbe Sinn,
der einst in der Stadt gelebt und gewebt,
als Wieland, der Dichterfürst, noch darin
die unvergeßlichsten Jahre verlebt.
Und käm er wieder und säh dieses Haus,
wie stattlich es prangt vom Sockel zum Dach,
er riefe wieder mit Freuden aus:
„Daran erkenn ich mein Biberach!
Hier gilt noch der frische, freudige Mut,
hier schätzt man die Kunst als ein göttliches Gut.
Und wollt auch ein Griesgram sich dagegen wehren,
mein Biberach hält die Musen in Ehren!"

Gar alles spiegelt die Kunst Euch ab.
Sie ist die Lehrerin, die fürs Leben
von früher Kindheit bis an das Grab
nicht Mahnung nur, auch Freuden kann geben.
In unser's Spiel buntfarbigen Bildern
wird der Mühselige sich zerstreun,
der Trauernde seine Betrübnis mildern,
der Glückliche um so mehr sich erfreun.

Soll aber die Kunst zum Segen gedeih'n,
so ist's nicht genug, ein Haus ihr zu weih'n.
Umsonst wird geopfert zum Tempel das Geld,
wenn niemand sich drin zum Opfer einstellt.
Doch Kopf an Kopf die Räume gefüllt,
in erwartungsfrohes Dunkel gehüllt,
wenn tausend Blicke hier treffen zusammen,
das setzt uns das Herz in Feuer und Flammen.
Noch eins! Das Klatschen ist zwar eine Sünde,
wenn's aufgetischt wird mit dem Kaffee,
wie geht da das plaudernde Zünglein geschwinde,
sie tut ja nur andren - sich selber nicht weh.
Wie anders ist das Klatschen mit den Händen;
Das ist eine Sprache, die hören wir gern.
O seid nicht träge, uns Beifall zu spenden.
Blickt freundlich ihr Damen - und klatscht ihr Herrn!

Binsenmichel Rückblende.

Spielleiter des Dramatischen Vereins wie auch des Schützentheaters war in jenen Jahren Kaufmann Enderlin. Er entdeckte die Werke von Carl August Görner und spielte als erstes von ihm „Das Binsenmännchen und der Binsenmichel". Dieses Märchen ist in keinem Märchenbuch zu finden und wird seit über 130 Jahren vermutlich nur in Biberach gespielt.

*e*rstes dramatisiertes Märchen im Schützentheater. Vom Publikum stets sehr geliebt die beiden notleidenden Geschwister Michel und Hannchen. Ihre Darsteller waren:

Jahr	Micheldarsteller(in)	Hannchendarstellerin
1869	Luise Glöckler	Albertine Schelle
1872	Auguste Glöckler	Berta Glöckler

Die Mitarbeiter des Schützentheaters mußten für jede Rolle ein Extra-Textbuch in Handschrift anfertigen.

| 1880 | Elise Braun | Mathilde Wirth |
| 1888 | Thekla Ostermayer | Lina Beck |

Fritz Mayer wird Mitarbeiter im Schützentheater.

1896	Emma Werner	Helene Kolesch
1902	Toni Fischer	Helene Graf
1909	Hanna Schutz	Helene Mayer

Zum ersten Mal mit elektrischer Beleuchtung.

| 1920 | Berta Grosselfinger | Aline Reicherter |

Das erste Schützentheater nach dem I. Weltkrieg. Der Text ist geblieben, nur die Schrift hat sich geändert.

1926	Doris Beck I	Ruth Schefold I
	Maria Ascher II	Annemarie Pfinder II

Das Theater wurde renoviert. Zum ersten Mal werden die Hauptrollen doppelt besetzt.

1932	Irene Mühlschlegel I	Leonore Mühlschlegel I
	Lore Huber II	Hilde Birk II
1948	Dorothee Schelle I	Margot Ottenbacher I
	Hannelore Krauß II	Christa Graupner II

Paul Kühmstedt komponiert im Jahr der Währungsreform die Musik und gibt ihr den harten Dreh zur Moderne. Ballettmeisterin Luzie Müller bringt den ersten Kinder-Solotanz auf die Bühne. Eine der beiden ersten Solotänzerinnen war Ingrid Hellgoth.

1958	Uli Herzog I	Monika Fink I
	Hans-Peter Romer II	Waltraud Fink II
1968	Martin Perraudin I	Eleonore Beck I
	Andreas Schäffer II	Corinna Vollmer II

Im Zuge der Intensivierung der internationalen Städte-Partnerschaft reist das gesamte Schützentheater nach Valence-sur-Rhône.

| 1977 | Peter Will I | Andrea Beckmann I |
| | Rüdiger Tauras II | Barbara Bellgardt II |

Die letzte Inszenierung im alten Theater. Nach der Derniere wird es abgerissen, um Platz zu schaffen für die Stadthalle.

| 1986 | Markus Rilling I | Stefanie Flechtner I |
| | Claus Dobler II | Verena Homann II |

In allen 15 Inszenierungen erzählt der Binsenmichel der Binsenfee seine Geschichte mit den gleichen Worten: „Die Mutter ist uns krank geworden und kann uns

Der Binsenmichel ist bis heute das meistaufgeführte Märchen im Biberacher Schützentheater.

länger nicht versorgen. Der Vater ist vor Jahren schon gestorben. Nun müssen meine kleine Schwester und ich die kranke Mutter pflegen, um Essen und Trinken und um das Haus uns kümmern. Zu allem Unglück hin will uns der Vogt nun auf die Straße setzen. Mit Mattenflechten will ich nun so viel Geld verdienen, bis unsere Schulden sind getilgt."

Carl August Görner (1806-1884) war langjähriger Leiter des Thalia-Theaters in Hamburg. Seine besondere Freude hatte er aber wohl daran, bekannte Märchen zu dramatisieren und bühnengerecht aufzubereiten. Seine Neufassungen der Grimm'schen Märchen wurden in Biberach begeistert aufgenommen. Immerhin waren sie in Berlin, Wien und Leipzig schon mit großem Erfolg gespielt worden. Warum dann nicht auch in Biberach?

Binsenmichel - Schneewittchen - Dornröschen. Das waren die absoluten Favoriten bis... , ja, bis 1882 „Der gestiefelte Kater" dazukam. Genau in diesem Jahr kam es zu einer weiteren Bereicherung des Biberacher Kindertheaters: Kinder-Ballette.
Was heute ein fester Bestandteil des Schützentheaters ist, begann damals sehr bescheiden. Mathilde Baumann, Lehrerin an der Höheren Töchterschule, war für ihre künstlerisch gestalteten Schulfeiern bekannt. Kein Wunder also, daß ausgerechnet sie auf die brillante Idee kam, die jährlichen Märchen-Aufführungen durch einen Reigen aufzulockern. 1882 führten ihre Schülerinnen im Gestiefelten Kater den ersten Reigen auf.
Es war der Spanische Nationaltanz. Diese Neuerung gefiel dem Biberacher Publikum sehr gut und wurde auch im folgenden Jahr wieder erwartet. Also studierte die erste Ballettmeisterin des Schützentheaters von nun an jährlich einen Reigen ein. Und nach welcher Musik? Die Mädchen spielten mit Tamburin und Castagnetten die rhythmische Untermalung oder sie sangen dazu, zum Beispiel „Auf wackre Dirnen, muntre Brüder" von Justin Heinrich Knecht.
In den Pausen spielte das Orchester unter Leitung von Musikdirektor Braun bekannte Melodien, die zwar gerade groß in Mode waren, aber nicht unbedingt zum Stück paßten.
So erklangen im Binsenmichel Melodien aus „Die lustigen Weiber von Windsor", in Dornröschen das Ständchen von Schubert und im Gestiefelten Kater „Einst spielt ich mit Zepter und Krone" aus Zar und Zimmermann. Für heutige Begriffe unvorstellbar!

Auf Anregung von Robert Werner, dem erfahrenen Leiter des Schützentheaters, wurden aus dem Mädchenreigen dann die Kinderballette, die zunehmend geschätzt und gewürdigt wurden.
1889 kam im Schützentheater der große Wechsel in der Theaterleitung von Robert Werner auf Fritz Mayer (1867 - 1940) und in der musikalischen Leitung von Musikdirektor Braun auf Musikdirektor Ferdinand Buttschardt (1865 - 1930).

Der überaus rege dichterische Geist des Kaufmanns Fritz Mayer zum Engel, kurz Engelmayer, der sich beinahe noch mehr bei der Regieführung und Gestaltung der Theaterszenerie offenbarte, hauchte den Görner'schen Märchen von Jahr zu Jahr erfrischende und anschauliche Gestalt ein - natürlich ganz im Sinn der damaligen Zeit und mit den seinerzeitigen Theatermitteln. Durch seine zahlreichen Theaterbesuche in verschiedenen Großstädten hatte sich Engelmayer ein beträchtliches Wissen um Darstellung und Wirkung

Fritz Mayer, genannt Engelmayer brachte neue und kuriose Ideen ein.

von Bühnengeschehnissen erworben. Dies übertrug er auf das Biberacher Schützentheater. Er fand nicht nur großen Gefallen an dieser Art Freizeitbeschäftigung, sondern brachte auch die dafür notwendige Begabung mit. Ein Glücksfall für das Biberacher Schützentheater! Darüber hinaus war es für Engelmayer unerläßlich und auch eine absolut entscheidende Ergänzung, seinen Freund, Musikdirektor Ferdinand Buttschardt, zur Mitarbeit heranzuziehen. Kein Problem - Buttschardt war begabter Musiker, vor allem aber Ur-Biber, der sich mit Leib und Seele einbrachte.

*a*b 1900 wurden die von Engelmayer bearbeiteten Märchen mit vielen Liedern ausgestattet. Mit Hingabe bekam so der Gestiefelte Kater 1906 eine große Anzahl an Soli und Chören:

> Chor der Müllerburschen
> Abschied der Katzen vom Kater
> Lied der Waldfee
> Lied der Häslein
> Lied des Ernteballetts
> Lied zum Ballett der Dorfkätzchen
> Lied der Kobolde
> Lied der verwunschenen Königskinder
> Lied zu Sarapus Leibballett.

Für heutige Maßstäbe zu viel der Gesangseinlagen, aber damals waren den Zuschauern drei Stunden Spielzeit nicht zu viel, trotz Hitze, Blitz und Donnerwetter. In den Pausen wurden im Foyer ja auch Erfrischungen angeboten. Radio oder Fernsehen gab es noch nicht. Ein Besuch im Schützentheater war ein absolutes Live-Erlebnis, das in etwa die Bedeutung eines Open-air-Festivals von heute hatte.

*V*iele Melodien und Schlager hatte Engelmayer auch aus dem Berliner Wintergarten mitgebracht. So manche Biberacher waren oft erstaunt und sehr erfreut, wenn sie nur wenige Wochen nach dem Schützenfest beim Hafenkonzert am Bodensee eine vermeintliche Schützentheater-Melodie als neuesten Hit hören konnten. Regelrecht zur Legende wurde das Ballett der Irrlichter (Binsenmichel) nach der Melodie von Komzaks „Märchen". Bald ganz Biberach summte diesen Ohrwurm und rief an der richtigen Stelle dann „Kontakt". Genau da drückten nämlich die tanzenden Mädchen auf eine Art Klingelknopf am Kostüm, so daß ein batteriegespeistes Lämpchen auf ihrem Kopf aufleuchtete. Eine Sensation!

Durch den Ankauf eines Pianoforte konnten die Chöre und Reigen musikalisch besser geführt werden. Auch das Einstudieren ging leichter, schneller und genauer. Geprobt wurde auf der Bühne, am Rand saß eine unermüdliche Klavierspielerin, die das Einüben begleiten durfte. So manche komplizierte Stelle mußte sie dann etwa 100 mal wiederholen - wiederholen - wiederholen - wiederholen.

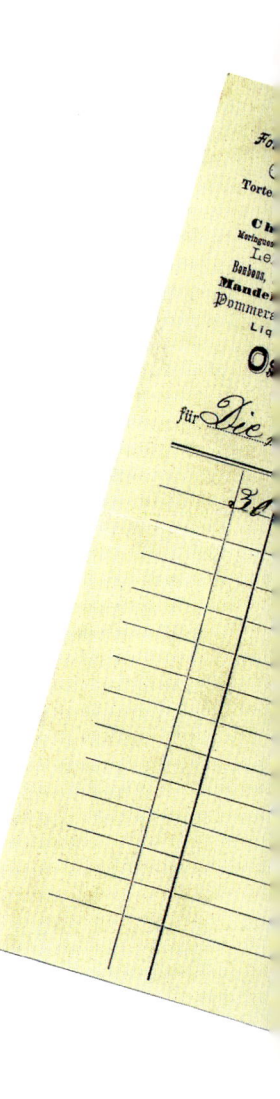

1909 wurde der erste Gleichstrom-Reflektoren-Scheinwerfer angeschafft, 1910 gleich der zweite. Damit kam jetzt nicht nur mehr Licht auf die Bühne, sondern auch ständig wechselnde Farben waren möglich. Einfach toll! Engelmayer brachte auch Schnitte zu den unterschiedlichsten Kostümen mit nach Biberach. So trat einmal sogar ein Geisha-Ballett mit Kimono, schwarzer Perücke mit langen Nadeln und einem sehr dekorativen Papierfächer in der Hand auf. In keinem Grimm-Märchen kommen jedoch Geishas vor! Aber das war kein Problem. In jedem Stück kam ja entweder ein König, ein Zauberer, eine Fee, oder sonst eine höhergestellte Persönlichkeit vor. Diese klatschte plötzlich in die Hände und verkündete: „Und nun - mein Leibballett!" Im Schützentheater war so eben alles möglich.

*e*ine weitere von Engelmayer eingeführte Neuerung im Schützentheater waren Bisquittörtchen als Gage für die jungen Darsteller. Nach jeder Aufführung mußten die Spieler über die Bühne gehen. Dort saß auf seinem kleinen Schemel der mit den Jahren etwas wuchtiger gewordene Spielleiter, lobte oder tadelte und verteilte die begehrte Süßigkeit.

1902 und 1903 fand das Schützentheater in der Turnhalle auf dem Gigelberg statt. Bauliche Mängel hatten diesen unerwünschten Umzug verursacht. Nach ihrer Behebung konnte das Stadttheater aber wieder voll genutzt werden.

1925 erfuhr der alte Theaterbau unter der Leitung von Stadtbaurat M. Rupf eine grundlegende Renovierung und technische Modernisierung mit Lüftungsanlage und einer Niederdruckdampfheizung. Außerdem bekam der ganze Musentempel elektrische Beleuchtung, vor allem aber - den neuesten Sicherheitsbestimmungen entsprechend - Türen, die nach außen aufgingen und eine Notbeleuchtung. Diese war bis zum Abbruch des Hauses 1977 in Gebrauch. Ob Kronleuchter, ob Notbeleuchtung, ob Hoflampe, alle Beleuchtungskörper stammten aus der Biberacher Metallwarenfabrik.
Seit dem Umbau des Theaters war nun eine ganze Anzahl von Scheinwerfern in Betrieb. Am Stellwerk gleich neben der Bühne konnte der Beleuchter ihre Lichtstärke stufenlos regeln. Er selbst oder auch sein Gehilfe erklommen während der Vorstellung die senkrecht stehenden Leitern am Bühnenrand und „schlichen" über die knarrenden Bretter der Beleuchtungsgalerie, um je nach Bühnengeschehen farbige Glasscheiben vor die Linsen zu stecken.
Von den damaligen Technikern des Schützentheaters wurde sogar ein Blitz installiert. In einer weiten Zick-Zack-Linie waren im Bühnenbereich viele Glühbirnen angebracht. Sie konnten nacheinander aufleuchten, was jeweils einen grellen Blitz über die Spieler hinwegzucken ließ, dem ein gewaltiger Donnerschlag vom Donnerblech folgte. Für die Kinder auf der Bühne wie auch im Zuschauerraum ein beeindruckendes Erlebnis! Deshalb wurde diese Wettererscheinung auch bei jeder Inszenierung wirkungsvoll zum Einsatz gebracht.
Eine weitere technische Sensation war der ebenfalls regelmäßig zum Einsatz gebrachte Wolkenwagen, auf dem die gute Fee mehr oder weniger ruckartig auf die Bühne schwebte. Krampfhaft klammerte sich die junge Mimin an die rauhen Seile und sprach aus schwankender Höhe ihre vorgesehenen Worte.

*b*eim Umbau des Theaters wurde die Bühne um die Hinterbühne erweitert. Im zweiten Stock darüber ergaben sich damit größere Garderobenräume für die ständig wachsende Zahl der Mitwirkenden. Der Zuschauerraum bot auf modernen dunkelroten Klappstühlen insgesamt 612 Personen Platz. Es gab jetzt den Saal, den 1. und den 2. Rang. Letzterer wurde von Besuchern nach schweißtreibender Erfahrung auch „Zwetschgendörre" genannt.
1930 übernahm Friedrich Buttschardt nach dem Tod seines Vaters die Leitung des Orchesters. Den Zuschauern war es ein sehr vertrautes Bild, wenn er nach dem

Vorspiel mit seinem kräftigen Dirigentenstab gegen die Metallmuschel des Souffleurkastens klopfte. Dort saß die langjährige Mitarbeiterin von Engelmayer, Emma Witzgall-Werner (1883-1970). Sie hatte vor allem die Ballette einstudiert. Nach dem erwarteten Schlag ins Genick drückte sie einen Klingelknopf, auf der Bühne leuchtete eine Lampe auf - der Vorhang wurde geöffnet.

*I*m Jahr 1936 stand wieder einmal der Kater auf dem Spielplan. Im Mai desselben Jahres versammelte sich die neugegründete NS-Kulturgemeinde Biberach und proklamierte den kulturellen Umbruch. Es war eine Kampfansage gegen viele Vereine, vor allem auch gegen das Schützentheater. Die Vorwürfe lauteten: Geschmacksverirrung schlimmster Art - Verunstaltung durch Ballette und Beleuchtungseffekte.

Als Gegenvorschlag wurden „Die Stuttgarter Hutzelmännchen" in einer Neubearbeitung von Direktor Häberlein empfohlen.

Der von Krankheit angeschlagene Engelmayer und Friedrich Buttschardt wollten sich diesem Diktat nicht beugen. Bürgermeister Hammer überredete aber beide zum Weitermachen. So kam es 1937 zur Aufführung von Dornröschen. Es war eine Jubiläumsaufführung : 50 Jahre Engelmayer. Glücklich und mit großem Erfolg hat er seine letzte Inszenierung überstanden. Sonderzüge aus Stuttgart und »Kaffeezüge« aus Ulm rollten nach Biberach. Die Teilnehmer wurden festlich empfangen und freuten sich ob der auf Biberacher Art gebotenen Märchen. Im Anzeiger vom Oberland stand unter anderem zu lesen:

„... Die Tänze und Ballette sind so gewählt, daß sie mit dem Stück zusammenhingen, gleichsam aus ihm herauswachsen und so die Handlung belebten und ihre Wirkung vertieften.

Vor allem die Erwachsenen haben eine helle Freude an diesen Balletten der Kleinen und insbesondere der Kleinsten, bei deren Auftreten der Jubel am größten ist! ..."

Das also war die Reaktion auf die Monate zuvor gerügte Geschmacksverirrung!

Das Schützentheater wurde aber insgeheim durch das Nationalsozialistische Amt für Heimatpflege und Brauchtum von Stuttgart aus „kontrolliert", weshalb im Theater ziemlich Aufregung herrschte. Im Orchestergraben saß das Jungbann-Orchester 366 unter der Leitung von Hauptlehrer Friedrich Buttschardt. Auf dem Spielplan tauchten ganz neue Märchen auf: Peterchens Mondfahrt 1938 und Prinzessin Huschewind 1939.

Die Leitung lag nun in den Händen von Gustav Lumpp (1883-1970) und Emma Witzgall-Werner. Die Weggefährtin Engelmayers leistete die Hauptarbeit, sie studierte die Sprechrollen und die Ballette ein. Der zierlichen Dame standen Ursula Osiander, Maria Haas, Maria Beyerlin und Amalie Miller zur Seite.

1946 – nur mit ausdrücklicher Genehmigung des französischen Militärgouvernements darf ein „Kinder"-Theater am Biberacher „Kinder"-fest gespielt werden. Jegliche militärische Bezeichnung oder Handlung ist streng untersagt. Die Theaterleitung hat Heribert Fliegauf, Regie führt Emma Witzgall-Werner. Hierzu schreibt Otto Fries in der Schwäbischen Zeitung vom April 1946 folgenden Artikel:

»Biberacher Kindertheater hat Spielerlaubnis.
Nach siebenjähriger Pause wird dank des
Entgegenkommens der Militärregierung
in diesem Sommer das in Deutschland einzigartige

berühmte Biberacher Kindertheater wieder eröffnet. Diese nachträgliche frohe Osterbotschaft wird in der hiesigen Kinderwelt mit Freude und Jubel begrüßt werden. Die Anmeldungen zur Mitwirkung bei dem Märchenspiel „Peterchens Mondfahrt" am Montag, 29. April, im Stadttheater werden zahlreich sein. Es ist seiner Zeit hier angeregt worden, wie im Jahr 1920, auch heuer die Spielfolge mit dem Binsenmichel zu eröffnen. Der Gedanke liegt nahe und wurde schon früher von maßgebender Seite erwogen. Aber abgesehen davon, daß die Ausstattung des „Binsenmichels" bei den wiederholten Einbrüchen und Diebstählen im Stadttheater außerordentlich großen Schaden erlitt, müßte das Stück vor einer Wiederaufführung zum Teil textlich umgearbeitet werden. Dies wollte man auf eine gelegenere Zeit verschieben. Es kommt nämlich heuer nicht so sehr darauf an, was gespielt wird, daß heißt, welches Stück den Vorrang erhält, sondern daß gespielt wird.
So beginnt das Biberacher Kindertheater mit einer lustigen Maikäferfahrt auf den Mond in das Reich der Kinderträume.«

Nach sieben Jahren Pause wieder Schützentheater spielen, wieder Schützenfest feiern, welch beglückendes Gefühl für alle Biberacher, auch wenn es Kindertheater und Kinderfest heißen mußte! Peterchens Mondfahrt war als erste Aufführung nach dem Krieg schon auch deshalb geeignet, weil der Großteil der Kostüme noch vorhanden und einsatzfähig war. Das Bühnenbild war von sehr bescheidener Ausstattung. So bestand die Dekoration für das 4. Bild - Auf der Weihnachtswiese - aus einer stufenförmig nach hinten aufsteigenden Podesterie, die von einer Reihe echter Fichten gekrönt war. Für Farbe auf den Podesten sorgten das Ballett der Hampelmänner und eine Anzahl sehr unterschiedlich gekleideter Puppen. Das war alles. Die Kostüme paßten alle gut, weil es nur sehr schlanke Kinder gab!

Unter den Päckchen, die Verwandte, Bekannte oder Nachbarn den spielenden Kindern als Anerkennung hinter die Bühne schickten, waren jene mit nahrhaftem Inhalt besonders beliebt, so etwa ein Körbchen mit Beeren oder Gemüse. Schon eine einfache Brezel oder eine Flasche grüne Limonade waren hochwillkommen. Eine absolute Kostbarkeit für eine kleine Mitspielerin war eine Schinkenwurst, die die kleine Empfängerin ängstlich an sich gepreßt im Laufschritt nach Hause trug. Die Wurst war schnell gegessen, aber eine beigelegte Zeichnung erinnert sie heute noch an jene Zeit.

Trotzdem war es schön, nach dem Krieg überhaupt wieder ein Kindertheater erleben zu können. Nur die Garderobenfrauen hatten ihren Kummer, weil nach jeder Vorstellung die hintere Naht von Peterchens Hose halt wieder geplatzt war. Kunstseide!

Weil hier im Theater in gewisser Weise eine Oase der Ruhe, der Sicherheit und des Sich-Wohlfühlens für die Kinder unserer Stadt geboten war, verstärkte sich der Andrang spielwilliger Kinder sehr rasch. 1946 wurden zum ersten Mal alle Rollen doppelt besetzt. Emma Witzgall-Werner mußte das Märchen also doppelt einstudieren. Was heute ganz selbstverständlich ist. Denn anders wäre auch die physische und zeitliche Beanspruchung der Kinder und Jugendlichen bei 40 Aufführungen nicht zu bewältigen.
1947 war der Ansturm bei der Anmeldung so groß,

daß die Spielleitung beschloß, das Überangebot an Kindern durch Einführung einer dritten Gruppe einigermaßen aufzufangen. Das erste Mal drei Gruppen. Ein organisatorisches Durcheinander ließ es aber auch schnell zum letzten Mal werden.

1948 - im Jahr der Geldentwertung - stand wieder einmal der Binsenmichel auf dem Programm. Die neu mitarbeitende junge Ballettmeisterin Luzie Müller choreografierte sehr modern nach einer noch viel moderneren Musik von Paul Kühmstedt. Dies rief bei den älteren Bürgern der Stadt große Erregung, ja sogar Entrüstung hervor. Der Posamenten-Gerster soll gesagt haben: „Wenn ihr nächstes Jahr wieder so eine Negermusik macht, ziehe ich den Schützenbatzen zurück."
Das wäre allerdings einer Katastrophe gleichgekommen, einmal weil es durch den Binsenmichel verursacht worden wäre, zum anderen, weil die 20 Pfennig in dieser geldarmen Zeit immerhin vier ganze Portionen Zuckerwatte oder zwei Fahrten mit den Box-Autos bedeuteten.

*P*aul Kühmstedt fuhr zu den Proben und den Aufführungen immer mit dem Zug Ulm - Biberach - Ulm. Eine Fahrtkostenerstattung war nicht möglich. Als Ersatz aber wurde er täglich von einem anderen Mitglied der Schützendirektion zum Essen eingeladen. Eine etwas ungewöhnliche Art, die Unkosten des Theaters zu decken. Im Jahr darauf aber wurde das Publikum mit einer durchaus anders gestalteten Musik von Gustav Müller versöhnt. Er komponierte zum Gestiefelten Kater eine überaus liebenswerte Musik, übernahm jedoch mit voller Kennzeichnung das Erntelied von Knecht, sowie das Lied der Müllerburschen und das Lied der Kobolde von Buttschardt mit dem Text von Engelmayer. Schlagermelodien von einst gab es von nun an allerdings keine mehr.

*O*tto Herzog übernahm 1949 das Schützentheater und setzte bemerkenswerte Akzente für die Weiterentwicklung des Biberacher Märchentheaters. Buben wurden zu gleichberechtigten Mitspielern.
In den ersten Jahren seiner Theaterarbeit mangelte es zwar noch an spielfreudigen Knaben, aber so langsam wurde die durchaus qualifizierte Mitwirkung von Buben aller Altersklassen selbstverständlich.
In den Jahrzehnten vor dem Krieg und auch noch danach war es üblich, Könige oder sonst wichtige Männerfiguren mit jungen Mitgliedern des Dramatischen Vereins zu besetzen. Hans Erne und Richard Lau waren hier die bevorzugten Mitspieler.

Wieland Haux war dann also der erste Junge, dem Otto Herzog die Hauptrolle im Kleinen Muck 1952 zutraute. Der Kleine Muck war zudem noch das erste orientalische Märchen, das die Biberacher Märchenpalette erweiterte. Später kamen weitere Märchen von Wilhelm Hauff dazu, so Kalif Storch (1969) und Der falsche Prinz (1993). Heute erfreuen sich die orientalischen Märchen großer Beliebtheit und gehören zum festen Repertoire des Schützentheaters. Ein kleiner Tribut an die allseits bekannte Reiselust der Schwaben oder auch an ihre Aufgeschlossenheit? Für die Inszenierung des Dornröschens 1953 baute Otto Herzog mit den Mitarbeitern des Schützentheaters eine Drehbühne. Kuchenstückchen um Kuchenstückchen wurden gefertigt und schließlich zum großen Bühnenteller zusammengesetzt. Mittels einer großen Winde mit Doppelkurbel und viel Muskelkraft wurde die wandernde Kulisse dann in Bewegung gesetzt. In den folgenden Jahren

Otto Herzog
war von 1949 bis 1966 Theaterleiter.

konnte diese bestaunte Einrichtung durch elektrischen Antrieb (über ein Vespa-Rad) und eine Handbremse verfeinert werden. Die Bildausschnitte wurden somit exakt einstellbar. So zogen 1956 Hänsel und Gretel nach Humperdinck'scher Musik durch einen tiefen Wald mit Fliegenpilzen und vielen Tieren zum plötzlich erscheinenden Lebkuchenhaus der Knusperhexe.

Zur Herzog'schen Theatermannschaft gehörten im Verlauf von 17 Jahren Walter Mayer (genannt Hommeler), Luzie Müller, Carola Sänger, Hans Erne, Richard Lau, Inge Vilmain, Berta Allgaier, Luise Grosselfinger, Lore Weith, Hede Lipps-Häring, Willi Büchele, Hans Dannhäuser, Adolf Thommel, Ingrid Grosche, Christa Graupner, Werner Loos, Hermann Bucher, Robert Pfender, Willi Muggenthaler, Josef Stelzer, Heinrich Förnsel, Erich Förnsel, Helmut Huber, René Vilmain, Hans Rieger, Julius Schmid, Heribert Fliegauf, Erich Walser, Emma Büchele, Adolf Ebinger, Konrad Ersinger und Helmut Angele. Die Seele des Großbereichs „hinter der Bühne" aber war die unvergeßliche „Oma" Ebinger, ein Ehrentitel für eine wunderbare Frau.

Die Dauer einer Aufführung verkürzte Otto Herzog auf etwa 2 bis höchstens 2 und 1/4 Stunden, was der kindlichen Leistungsfähigkeit im Spielen wie im Zuschauen gerecht wurde. Mit ein Grund für die verkürzte Zeit war die jetzt für jedes Stück extra komponierte Musik.
Otto Herzog wollte gerne Knecht-Musik haben. Der Ulmer Komponist Hubert Montay suchte ansprechende Melodien und Sätze aus den Klaviersonaten und den Notentrümmern der Singspiele und Opern des Biberacher Komponisten heraus und stellte so eine einheitliche Knecht'sche Musik für Prinzessin Amaranth (1961) zusammen.

Musikdirektor Erich Weber hat sich ganz dieser Tradition angepaßt, mehrfach noch Knecht-Musik für das Schützentheater arrangiert, aber auch eigene Kompositionen geliefert, wie zum Beispiel fürs Tapfere Schneiderlein 1965.
Eine weitere Neuerung war 1954 die Einführung von Schülervorstellungen. Von damals 22 Aufführungen sollten 4 zu ermäßigten Preisen nur für Schüler vorgesehen sein. Diese Einrichtung fand großen Zuspruch und wurde entsprechend ausgebaut.

Jahr	Aufführungen	Preise		davon Schülervorst.	Preise	Märchen
1954	22	2.50	1.-	4	1.40-.70	Peterchens Mondfahrt
		2.-	0.50		1.10-.40	
1971	34	6.50	5.50	12	5.- 4.-	König Drosselbart
		4.50			3.50	
1988	40	10.-		17	8.-	Dornröschen
		9.-			7.-	
		8.-			6.-	

Bisquittörtchen wie einst konnten bei der stetig wachsenden Zahl von Mitwirkenden und der sich steigernden Zahl von Vorstellungen nicht mehr verteilt werden. Eine kleine Gage sollte es aber schon geben. Also lud Otto Herzog die Mitspieler der beiden Gruppen nach Abschluß der Spielzeit - also am ersten Ferientag - zu einem gemeinsamen Kaffeekränzchen ein. Ein unwahrscheinliches Spektakel!
Im Rahmen dieses Kindernachmittags gab es ab 1961 die Ehrennadeln für langjähriges Mitspielen. Die silberne Nadel für 5 Jahre, die goldene Nadel für 10 Jahre. Dies mag eine zusätzliche Motivation für manchen er-

folgreichen Mitspieler sein, in erster Linie aber ist die Nadel sichtbarer Beweis für langjährige und zuverlässige Mitwirkung in Deutschlands ältestem und größtem Kindertheater. Außerdem ist sie Dokumentation einer nicht alltäglichen Freizeitgestaltung.

*h*elmut Gehring übernahm 1966 die Theaterleitung, unterstützt von Christa Graupner - Regie und Ingrid Hellgoth - Ballette.
Nach den anfänglich traditionellen Inszenierungen von Märchen nach Grimm und Hauff entwickelte Gehring allmählich eine Tendenz zu sozialkritischen Jugendtheaterstücken in Märchenkostümen. Dies geschah mit viel Einfallsreichtum auch in seinen eigenen Märchen, wie zum Beispiel „Die rote Spinne", „Die drei goldenen Kugeln", „Der gläserne Wald" und „Die Zaubermaschine". Er fügte viele technische Neuerungen in das Spielgeschehen ein, so zum Beispiel Effekte mit Schwarzlicht (UV-Licht), Filmprojektionen und sogar die Darstellung einer gigantischen Zaubermaschine. Außerdem brachte er Aspekte des modernen Theaters auf die Bühne, die sich in Formen und Farben des Bühnenbildes widerspiegelten, wie auch in skandierten Sprechrhythmen, den dazu angepaßten Musikstücken nebst den danach zu tanzenden Balletten.

*U*nholde, Roboter, Feuervögel und Kopffüßler mußten sich in phantasievollen und zum Teil gigantischen Umhüllungen zu einer nur schwer zu zählenden Musik bewegen. Für Ballettmeisterin Ingrid Hellgoth war es oft eine Herausforderung, hier eine wirkungsvolle Choreographie zu entwickeln und mit den Kindern einzustudieren.
1968 wurde die Städtepartnerschaft mit Valence-sur-Rhône beschlossen, und zur ersten Begegnung mit Biberach fuhr das komplette Schützentheater nach Südfrankreich. Schon bei den Planung der Kulissen war an den Tieflader-Transport gedacht worden. Der ganze Binsenteich mit Lügenbaum und Nixentisch, sowie das Dorf mit allen Häusern, alles paßte in zwei Riesenfahrzeuge, gut gepolstert von den schwarzen und blauen Vorhängen. Dazwischen fand sich noch Platz für die Kisten mit den Kostümen und Requisiten.
Mit reservierten Wagen der Eisenbahn traten dann 140 Kinder im Alter von 4 -17 Jahren die Tagesreise Biberach - Valence an. Vier Tage sollten alle dort verbringen und vier Aufführungen spielen. Für die erwachsenen Begleiterinnen und Begleiter war dies alles andere als ein erholsamer Kurzurlaub. Regisseurin Christa Graupner mußte im Theater in Valence ihre Requisiten hüten und verteidigen. In diesem Fall das mitgebrachte Schwarzbrot und die Schwarzwurst. Auf beides hatten die französischen Techniker nämlich ein sehr begieriges Auge geworfen. Das französische Publikum war hellauf begeistert, so viele Kinder - die alles auswendig konnten - sich dann auf dem Schlußbild versammelten und gemeinsam sangen. Das hatten die neuen Freunde nicht erwartet. Nun ja, das ist eben Biberacher Schützentheater!

*S*eit 1976 leitet Musikdirektor Peter Marx das Jugendorchester im Schützentheater. Zum jeweils ausgewählten Märchen komponiert er die Lieder und Ballette, Vor- und Nachspiele sowie Melodrame und Effektstücke. Immer muß die Klangfarbe zum Stück passen, immer müssen Satz und Instrumentierung zum Können der Jungmusiker passen. Außerdem studiert Peter Marx auch die Lieder und Chöre ein. Eine manchmal nicht ganz einfache Aufgabe. Nach einer erneuten Binsenmichel-Inszenierung 1977 wurde der von Kindern wie Theater-Mitarbeitern gleichermaßen geliebte Musentempel abgebrochen. Was zuvor als absolut baufällig bezeichnet wurde, mußte mit einer Stahlkugel regelrecht und mehrfach beschossen werden, bis es endlich in sich zusammenfiel.

1978- *D*as Schützentheater zog in seine nunmehr vierte Spielstätte ein, in die Stadthalle, Biberachs neuen Großbau im Zentrum. Bei der Planung und Erstellung dieses Mehrzweckbauwerks wurde in etlichen Punkten den Bedürfnissen des Schützentheaters entsprochen, dessen Nutzungsberechtigung ein beträchtlicher Zuschuß vom Innenministerium Baden-Württemberg dokumentiert. Der Zuschauerraum faßt in Parkett und Rang insgesamt 552 Plätze.

Die großflächige Bühne mit Hinterbühne und Seitenbühne ermöglicht eine ganz neue Art von Bühnenbild sowie neue Aktionen für Sprecher, Ballette und technische Effekte. Selbst die Unterbühne kann mittels Versenkung ins Spielgeschehen einbezogen werden. Das Bühnenbild kann sehr viel großzügiger gestaltet werden, was aber andererseits höhere Anforderungen an Überlegungen hinsichtlich Ausmaß, Wirkung und Sicherheit stellt.

Lichttechnisch ergaben sich durch den Einsatz von neuen Beleuchtungskörpern sowie durch selbst erdachte und selbst gebaute Licht-Spiele ungeahnte Möglichkeiten der Gestaltung. In der Stadthalle gibt es jetzt ein elektronisch programmierbares Stellwerk. Bis zu 1000 verschiedene Lichtstimmungen können gleichzeitig gespeichert sein. Der Abruf der jeweiligen Stimmung erfolgt entweder von Hand oder durch elektronische Zeiteinstellung. Zur Zeit sind etwa 60 Scheinwerfer im Einsatz, die meisten mit Halogenquarzlampen, die jeweils eine Leistung von 2000 Watt erbringen.

*C*hrista Graupner übernahm im Jahre 1981 die Leitung des Biberacher Schützentheaters. Ihr geht es in erster Linie darum, jene Märchen weiterhin zu pflegen, die früher populär waren, um die Tradition des Mitspielens von Großeltern, Eltern und Kindern in gleichen Märchen zu gewährleisten. Dazu kommen aber auch neue Titel aus dem Märchenschatz der Brüder Grimm wie zum Beispiel „Das Wasser des Lebens" und „Der Teufel mit den drei goldenen Haaren". Letzteres Märchen war 1990 sogar eine Welturaufführung, denn es ist bisher noch nie dramatisiert und aufgeführt worden. Auch kommen vermehrt orientalische Märchen nach der Vorlage von Wilhelm Hauff auf den Spielplan. „Der falsche Prinz" spielt - laut Märchenbuch - in Ägypten und löste bei der Theatermannschaft ein regelrechtes Ägyptenfieber aus, das in einer gemeinsamen Reise zu den Palästen, Gräbern und Pyramiden seinen Höhepunkt erreichte. Ein wahrlich imponierender Schauplatz für eine vom jungen Hauff in Stuttgart erdachte Betrugsaffäre. Seinen in Afrika vermuteten hochstämmigen Wald verwandelte die Theaterleiterin jedoch in einen Säulenwald, der mit Tausenden von Hieroglyphen geschmückt war. Zeugen einer 4000 Jahre alten Kultur als Kulisse im Schützentheater.

Christa Graupner setzt auf die Märchen von Grimm, Hauff und Andersen (1987 „Die Schneekönigin") und bringt die altbekannten Figuren in neuem Gewand auf die Bühne. Besondere Fähigkeiten und Fertigkeiten der mitspielenden Kinder bereichern das Spiel.

*D*ie Spielleiterin klatscht im Geist wie einst Zauberer Sarapu in die Hände und ruft: „Und nun – mein Leibballett". Auf der Bühne erscheint dann zu schmissiger Musik ein Ballett mit sehr viel Akrobatik. Für Ausführende und Zuschauer ein absolutes Bonbon.

Hier traten Buben sogar schon als Solotänzer auf. Beim Hofball 1984 wurde eine wohlgesittete Française getanzt, was etliche Jugendliche so begeisterte, daß sie nach der Theatersaison im Tanzsport oder auch beim 'Tanz durch die Jahrhunderte' am Schützenfest dieses neu entdeckte Hobby weiterpflegten. Sonst nur beiläufig erwähnte Begriffe wie Nordlicht, Sorgen, Pech, Gold, Gemüse und der Kampf zwischen guten und bösen Gedanken wurden von der langjährigen Ballettmeisterin Ingrid Hellgoth mit großem Einfühlungsvermögen im wahrsten Sinne des Wortes verkörpert und im Tanz verdeutlicht. Auch anspruchsvolle Sprechrollen mit ungewöhnlichen Namen verlängern die Liste der abstrakten Begriffe, so die „gute Absicht", die „gute Tat" und der kleine „Stups", der zur Umsetzung der Absicht in die Tat nötig ist.

Immer ist Neues zu entdecken, auch in alten Märchen. Christa Graupner ist der Ansicht, daß Märchen aus dem unermeßlichen Schatz unseres Volksgutes in märchenhafter Aufmachung und in kindgerechter Darbietung eine beglückende Wirkung auf Spieler und Zuschauer ausüben. Die große Nachfrage nach Karten und etwa 40 ausverkaufte Vorstellungen bestätigen diese Überlegungen.

*e*in Einzelkämpfer auf verlorenem Posten, das wäre die Theaterleiterin ohne ihre absolut zuverlässige Theatermannschaft. Damit sind all jene Männer und Frauen gemeint, die in einem der Teilbereiche freudvoll mitarbeiten. Eine verschworene Gemeinschaft, die sich als kampfbereite Phalanx erweist, wenn sich auch nur andeutungsweise aus irgend einer Richtung Gefahr zeigt. Es drängt sich bei diesem Gedanken der Vergleich mit den drei Musketieren auf und ihrem Leitspruch: »Einer für alle, alle für einen!«

Justin Heinrich Knecht war als Biberacher Musikdirektor Komponist des Schützenfestliedes. Er schrieb aber auch das bekannte Erntelied. Bereits 1892 wurde es im 'Gestiefelten Kater' gesungen und ein Reigen dazugetanzt. Damals gab es noch kein Theaterorchester.

Ferdinand Buttschardt war Initiator und Leiter des ersten Knabenorchesters im Schützentheater von 1900 bis 1930. Er komponierte selber immer öfter Lieder und Tänze für das jeweilige Märchen. So auch das 'Lied der Müllerburschen'. Hier im Notenbuch der 1. Violine des Schützentheater-Orchesters (1900-1939).

DIE GESCHICHTE DES SCHÜTZENTHEATERS

Lied der Fischerinnen
aus "Das Wasser des Lebens"
(Worte: Christa Graupner)

Peter Marx, 1995

Peter Marx leitet seit 1976 als Biberacher Musikdirektor das Jugendorchester des Schützentheaters. Auch er komponiert die meisten der gespielten Musikstücke selbst, wie z.B. das gefühlvolle 'Lied der Fischerinnen'.

Das Ensemble des Schützentheater-Orchesters im Stadtgarten (1936).

Dornrose, die 12. Fee, schwebt im Schlußbild von Dornröschen (1911) auf dem beliebten Wolkenwagen.

DIE GESCHICHTE DES SCHÜTZENTHEATERS

**Ballett der Amoretten
im Kräutertrudchen
(1922).**

'Hier schmunzelt das Schützentheater':
Am Schützenfest 1957:

»1926 war das Stadttheater umgebaut und der Bühnenraum um einige Meter nach hinten erweitert worden. So ergab sich für die steigende Zahl der mitspielenden Kinder auch ein großer Garderobenraum, der durch Vorhänge in einzelne Abteile unterteilt war. Da diese Garderobe über der Bühne - also in 2. Stock - lag, mußten die Fenster mit Gittern versehen werden, damit kein Kind herausfallen konnte. An einem Schützendienstag war der Festzug gerade vorbei. Die Garderobenfrauen warteten auf die zurückkommenden Theaterkinder und schauten durch die vergitterten Fenster hinab auf die zum Gigelberg hinaufströmenden Festbesucher. Ein kleiner Junge lief mit seinem Vater vorbei. Beide waren sicher nicht aus Biberach. Der Junge schaute die große Wand hinauf bis zu den Gitterfenstern mit den wartenden Frauen. „Du Papa, was ist das?" Der Vater schaute ebenfalls die hohe fensterlose Wand hinauf bis zu den vergitterten Fenstern im 2. Stock und antwortete: „Das ist sicher das Frauengefängnis!" Und schon hatte die Neubaugarderobe ihren Namen.«

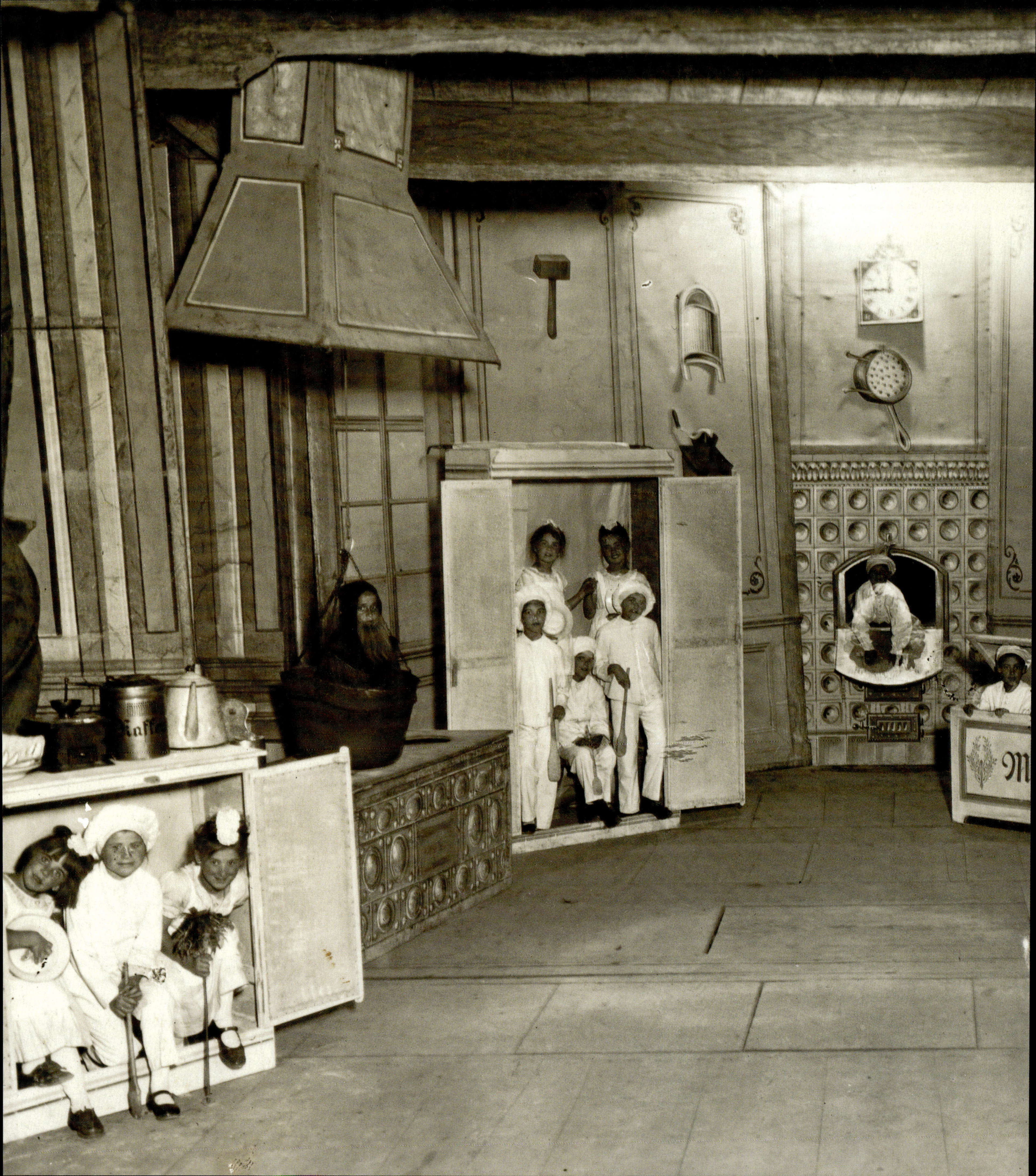

Die Küche aus Dornröschen (1911).

'Hier schmunzelt das Schützentheater':
Hänsel & Gretel 1956.
Bild 3 - Bei der Hexe.

Am letzten Spieltag stand keine der beiden Hexen zur Verfügung. Die eine mußte gleich nach dem Essen ins Kinderheim fahren, die andere war krank geworden. Was nun? Rasch entschied der Spielleiter, daß eine der beiden Darstellerinnen der Mutter eben heute die Hexe spielen sollte.

Leichter gesagt als getan! Eine 17-jährige hat eben doch gewisse Schwierigkeiten, sich in das Kostüm einer 13-jährigen zu zwängen!

Das Spiel verlief problemlos bis zu dem Moment, wo die Hexe in den Backofen geschoben werden mußte. Die nun etwas größere Hexe hatte erneut Schwierigkeiten, sich mit ungewohntem Buckel durch die relativ enge Öffnung zu bewegen. Die kleinen Waldgeister, die der armen Gretel dabei halfen, waren mit größtem Eifer dabei, die böse Hexe in den Ofen zu sperren. Sie drückten mit Wucht die hölzerne Ofentür in den stabilen Lattenrahmen und wollten den Riegel vorschieben. Dies gelang ihnen aber nicht, weil die Hexe noch einen Fuß dazwischen hatte. Beim zweiten sehr kraftvoll ausgeführten Schließversuch schrie die so geschundene Hexe prompt „Au!"

Im gleichen Augenblick hob sich die Rupfen-Rückwand des Backofens und der Spielleiter zischte ins Dunkel hinein: „Zu Hilfe sollsch schreia, du Rindvieh, it Au!"

Laßt sorgenlos die Kinder spielen

Eh' sie den Ernst des Lebens fühlen

Stadttheater Biberach 1931

Zur Erhöhung jugendlicher Freuden am Schützenfest wird am **Samstag, den 4., Sonntag, den 5., Mittwoch, den 8., Samstag, den 11., Sonntag, den 12., Samstag, den 18., Sonntag, den 19., Samstag, den 25., Sonntag, den 26. Juli** — Beginn Sonntags 5 Uhr, Werktags 7 Uhr —, (Hauptprobe Donnerstag, 2. Juli, Gruppe I, Freitag, 3. Juli, Gruppe II) von einem Teil hiesiger Schulkinder unter gefl. Mitwirkung von Theaterfreunden je eine dramatische Abend-Unterhaltung gegeben.

Zu Beginn: **Orchester:** Marsch „Froher Sinn". — Hierauf: **Prolog**, gesprochen von Annemarie Rach (Gr. I) und Hildegard Birk (Gr. II).

Sodann:

Aschenbrödel

oder der gläserne Pantoffel

Dramatisiertes Märchen mit Gesang, Tanz und Balletteinlagen in 6 Bildern von C. A. Görner.
Für das Biberacher Kindertheater von der Leitung eigens eingerichtet. Kompositionen von C. Braun und F. Buttschardt.
Musikal. Leitung und Jugendorchester: Hauptlehrer Buttschardt.
Am Klavier: Die Fräulein Anny Buck, Pia Heckenberger, Toni Seif, Hilde Walter.

Personen:

I. Bild: Aschenbrödel im Hause.

	Gruppe I	Gruppe II		Gruppe I	Gruppe II
Der Baron	H. Alfons Hehl	derselbe	Rose, gen. Aschenbrödel, des Barons Tochter 1. Ehe	Annemarie Schäfer	Leonore Mühlschlegel
Sybilla, seine zweite Gemahlin	Johanna Kopp	dieselbe	Hofmarschall Grafemück	Lore Schott	Lucia Schick
Kunigunde | ihre Töchter	Martha Henning	Lotte Jakober	Ilse, eine Magd	Anna Vogt	Elsbeth Hanni
Serafine / erster Ehe	Maria Flad	Irene Mühlschlegel	Ein Bettler (Syfax)	H. Theo Wagner	derselbe

Heinzelmännchen Gruppe I und II: Walter Ebinger, Walter Kuhn. Fliegende Tauben. Orchester: Walzer Maiglöckchen.

II. Bild: Bei der Frau Pathe.

	Gruppe I	Gruppe II		Gruppe I	Gruppe II
Fee Walpurgis	Frl. Maria Ascher	dieselbe	Syfax, ihr Diener	Liselotte Kalenberg	dieselbe

Zwerge: Alfred Mader, Walter Kuhn. Der Kutscher: Walter Ebinger. Orchester: Rosenwalzer.

Walpurgis Leibgarde: Erich Frey, Helmut Sorg, Hans Erne, Karl Schilling, Fritz Wagner, Erich Reutter, Gebhard Scholter, Rudolf Schnitzler, Werner Kalenberg, Karl Liebhart. Der Pförtner: Franz Häring.

Das Taubenballett. Gruppe I: Anita Lieb, Else Ilg, Margret Kiekopf, Doris Graupner, Monika Baur, Gertrud Schmid, Anna Welz, Alwine Siller, Ella Wöhr, Gertrud Mack, Maria Wicker, Lotte Dengler. Gruppe II: Mathilde Simmendinger, Hilde Birk, Emma Schmid, Oliva Kifer, Grete Beck, Hildegard Hofmann, Emma Ehrhardt, Hilde Fuchs, Elisabeth Herzog, Maria Jäckle, Rosine Lutz, Else Ilg, Fanny Kutter.

III. Bild: Aschenbrödel bei Hofe.

	Gruppe I	Gruppe II		Gruppe I	Gruppe II
Der König	H. Eugen Käser	derselbe	Minister Puterhahn	Gertrud Mattes	Gertrud Schöckle
Prinz Wunderhold, sein Sohn	Hilde Veeser	Hedwig Kiefer	Stallmeister Wiedehopf	Hilde Bauer	Pauline Kegel

Sybilla, Kunigunde, Serafine, Aschenbrödel, Syfax, die Hofball-Gäste.

Die Lakaien: Gustav Bucher, Georg Deiringer, Josef Kreuzler, Josef Rothenbächer.

Hofherren und Hofdamen. Gruppe I: Antonie Bedacker, Maria Mader, Elisabeth Zanetti, Toni Wörz, Maria Scherenbacher, Maria Priester, Eugenie Moll, Anna Rothenbacher, Maria Wachter, Anna Miehle. Gruppe II: Helene Hildenbrand, Annemarie König, Hildegard Ege, Mathilde Landtaler, Hilde Keller, Josefine Joos, Hildegard Schichtle, Anna Vogt, Gertrud Haberbosch, Antonie Welz, Toni Zweifel, Lucia Schick, Johanna Wielath, Gertrud Mattes, Annemarie Rach, Lore Schott, Carola Israng, Albertine Widmann.

Das Hofballett. Gruppe I: **Herren:** Hildegunde Berger, Mathilde Keller, Maria Priester, Hildegard Ege, Antonie Dannhäuser, Helene Hildenbrand, Luise Engler, Josefine Joos. **Damen:** Amely Miller, Elisabeth Rapp, Hildegard Schichtle, Frida Miller, Anna Vogt, Charlotte Beck, Mathilde Landtaler, Annemarie König. Gruppe II: **Herren:** Antonie Beducker, Anna Schmid, Else Vögel, Helene Bitzenauer, Maria Scherenbacher, Hildegunde Berger, Luise Engler, Antonie Dannhäuser. **Damen:** Annemarie Rach, Elisabeth Zanetti, Maria Mader, Antonie Wörz, Charlotte Beck, Amely Miller, Eugenie Moll, Frida Miller.

☞ **Pause 15 Minuten.** — Sie wird durch das Herablassen des eisernen Vorhangs angezeigt. ☜

IV. Bild: Ein Ball in der Küche.
Der Baron, Sybilla, Kunigunde, Serafine, Fee Walpurgis, Syfax.
Orchester: Edelweiß-Gavotte.

Die Köche: Franz Prestle, Gustav Bucher, Fritz Lerner, Karl Schätzle, Georg Koch, Anton Moll, Georg Deiringer, Josef Rothenbacher, Paul Konstanzer, Josef Krenzler.

Die Schornsteinfeger: Robert Schrade, August Kloos, Karl Schilling, Hans Erne.

Küchengeschirr und Zwerge: Erich Frey, Helmut Sorg, Hans Erne, Karl Schilling, Fritz Wagner, Erich Reutter, Gebhard Scholter, Rudolf Schnitzler, Werner Kalenberg, Karl Liebhart.

Das Ballett der Küchengeister. Blau Gruppe I: Emma Gütner, Marianne Schänzle, Ulrike Braunger, Bertha Wall, Charlotte Schweizer, Erna Epple, Clara Mack, Toni Zweifel. Gruppe II: Margarete Dillenz, Emma Besserer, Lore Schmid, Gertrud Widmann, Maria Wachter, Anna Miehle, Antonie Pfaller, Toni Zweifel.
Rosa Gruppe I: Clothilde Jeggle, Rosa Stützle, Maria Mayer, Antonie Welz, Marianne Wielath, Amalie Winghardt, Gertrud Haberbosch, Zita Stemmler. Gruppe II: Helene Kopf, Johanna Kübler, Fanny Kutter, Rosa Stützle, Maria Mayer, Amalie Winghardt, Marianne Wielath, Zita Stemmler, Else Köhle.

V. Bild: Der gläserne Pantoffel.
Die Personen des III. Bildes. — Orchester: Lied: Auf Wiedersehen.

VI. Bild: Die Pantoffelprobe.
Die Personen des vorigen Bildes, dazu noch Fee Walpurgis.

Das Ballet der Schloßgarde. Gruppe I: **Herren:** Hedwig Hammer, Irmgard Rapp, Ingeborg Erb, Liese Meule, Agnes Riedmüller, Lisa Wöhr, Lore Jauch. **Damen:** Rosmarie Kiefer, Lina Forderer, Angela Ruf, Gerta Lieb, Pia Stenaele, Marthaswinda Knapp, Maria Prestle. Gruppe II: **Herren:** Isolde Gerster, Lore Huber, Elsbeth Schick, Marianne Schönhöfer, Gabriele Hensler, Rita Mader. **Damen:** Isolde Mühlschlegel, Marant..., Gabriele Schneider, Ella Schönhöfer, Rosmarie Kiefer, Julie Jakober.

Theaterprospekt und Szene des Märchenspiels 'Aschenbrödel' (1931).

Orchester. Gruppe I und II: 1. Violine: Hilde Rau, Magd... Beischer, Fritz Gneiting, Hans Fink, Ernst Vollenweid... Krais, Hans Schöntag, Hermann Beck, Hans Belz, Sieg... Flöte 2: Gustav Oberhans. Clarinette 1: Anton N... Emil Nille, Hans Kolesch. Schlagzeug: Fritz Kuhn.

Elektr. Einrichtung und Beleuchtung: Ingenieur August Huber. Neue Dekor... Schmid. Kostüme: Hanna Schutz. Uraufführung des...

Billette bei Graf-Dinser, Konsulentengasse; Telefon Polizeiwache; Vorver... besucher, die wir besonders auf die Sonntagnachmittags-Vorstellungen am 5., 12... des Betrages ihre Billette vorausbestellen. Die hiesigen Theaterbesucher werden ... Gäste frei zu lassen! — Hiesige Stifter zum Theaterumbau wollen ihre Gutscheine ... Garderobe-Gebühr 10 Rpf.

Preise der Plätze: Saal: Vordere Reihen RM 2.50, mittlere RM 2.—, hintere RM... Sperrsitze RM 1.—, hintere RM —.70. An der Sonntagsvorstellung ...

Kassenöffnung je ½ Stunde vor Beginn. — Bei den Sitzplätzen gehen 2 Kinder ... **Theaterzettel** an der Kasse und bei den Billetteuren 10 Rpf. Die Stehplatz-Billette ... Verwechslungen steht auf jeder Eintrittskarte das Datum der Aufführung. — Bühnen... weise auch von deren Angehörigen betreten werden. Es wird gebeten, die kleineren Kin... same Störungen der Vorstellung zu vermeiden, wollen sich die Theaterbesucher zeitig ...

... Preise. — ... Zur Vermeidung von ... von den Mitspielenden, ausnahms- ... ...ung an den Garderoben abzuholen. Um unlieb- ... ...en. Zuspätkommende dürfen nur nach Aktschluß eintreten.

Gruppeneinteilung: Hauptprobe Donnerstag, 2. Juli Gruppe I, Freitag, 3. Juli Gr. II, Samstag, 4. Juli Gr. I, Sonntag, 5. Juli Gr. II, Mittwoch, 8. Juli Gr. I, Samstag, 11. Juli Gr. II, Sonntag, 12. Juli Gr. I, Samstag, 18. Juli Gr. II, Sonntag, 19. Juli Gr. I, Samstag, 25. Juli Gr. II, Sonntag, 26. Juli Gr. I.

Feuerwache und Sanität: 2. Juli Nr. 1, 3. Juli Nr. 2, 4. Juli Nr. 3, 5. Juli Nr. 4, 8. Juli Nr. 5, 11. Juli Nr. 6, 12. Juli Nr. 7, 18. Juli Nr. 8, 19. Juli Nr. 1, 25. Juli Nr. 2, 26. Juli Nr. 3.

☞ Auf wiederholtes dringendes Ersuchen sieht sich die Leitung veranlaßt, das Werfen von Geschenken und Blumen für die mitspielenden Kinder auf offener Szene nicht mehr zu gestatten. Denselben zugedachte Ehrungen werden ihnen in den Garderoben nach Aktschluß übergeben. ☜

Es wird gebeten, dieses Programm aufzubewahren, da solches für die weiteren Vorstellungen benützt werden kann.

'Hier schmunzelt das Schützentheater':
Aschenbrödel 1996:

» Während der letzten Aufführung in der Großgarderobe. Ein Sechsjähriger betrachtet ziemlich erstaunt das etwas aufgeregte Verhalten der älteren Mitspieler. Er kann es nicht fassen, da weinen sogar zwei der großen Mädchen. Nun ja, für sie ist die Schulzeit beendet, die Berufsausbildung beginnt, im Schützentheater können sie also nicht mehr mitspielen. Das ist für sie ein großer Kummer. Der kleine Junge schaut sich das eine Weile an und fragt dann eine der Frauen vom Schminken: „Warum heilet dia?" „Ach, woesch, dia send halt traurig, weil se heit zomledschda Mol gschpielt hand." „Wieso zom ledschda Mol?" „Ab morga hand se koi Schuel meh, d'Ferien fanget a ond no schpiela mir jo au koi Theadr meh!" „Koi Theadr meh?" „Noi!" „Ja, was dur i noch?"«

**Japanisches Ballett
aus dem Gestiefelten Kater
(1913).**

DIE GESCHICHTE DES SCHÜTZENTHEATERS

Theatermannschaft (1936) mit Theaterleiter Engelmayer.

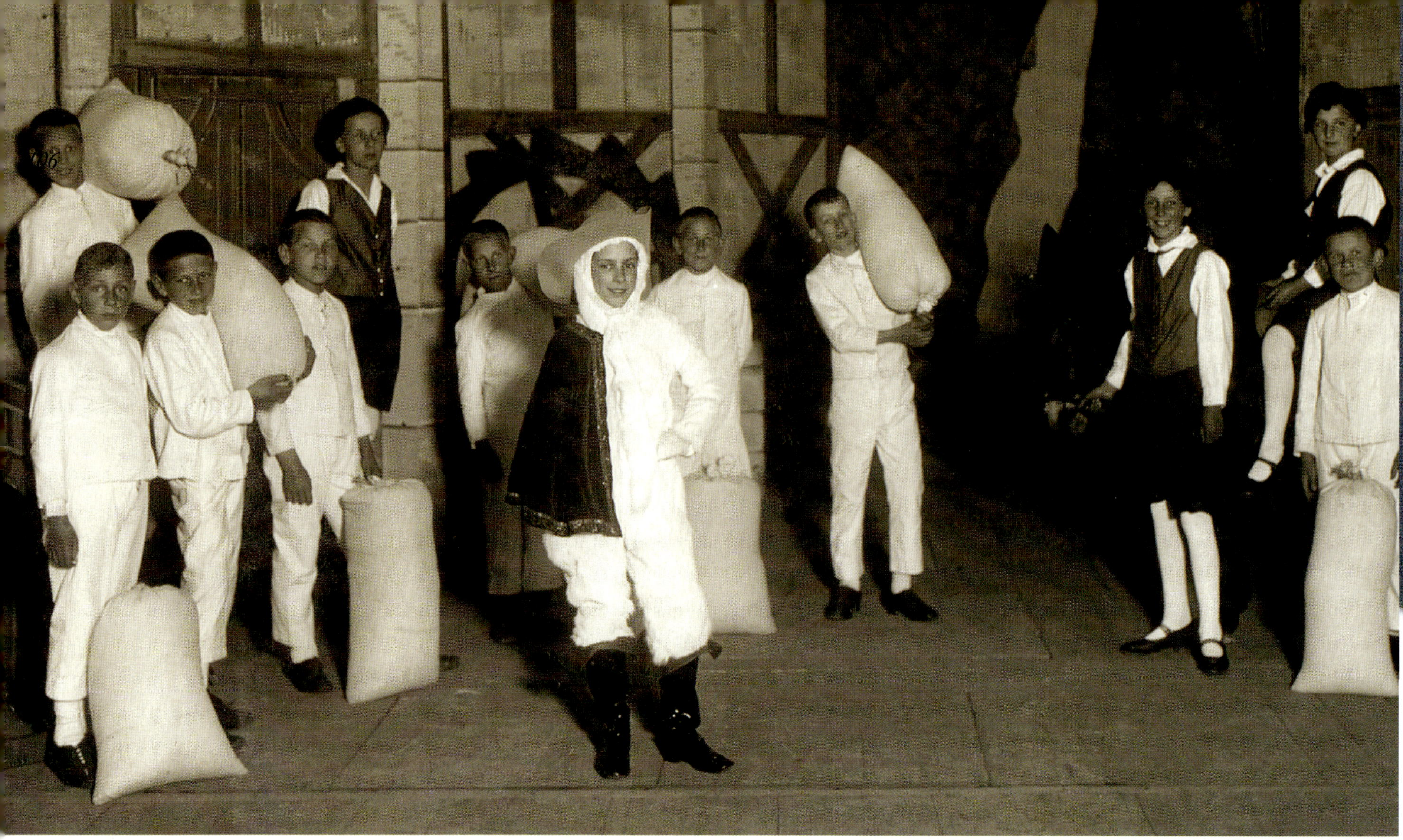

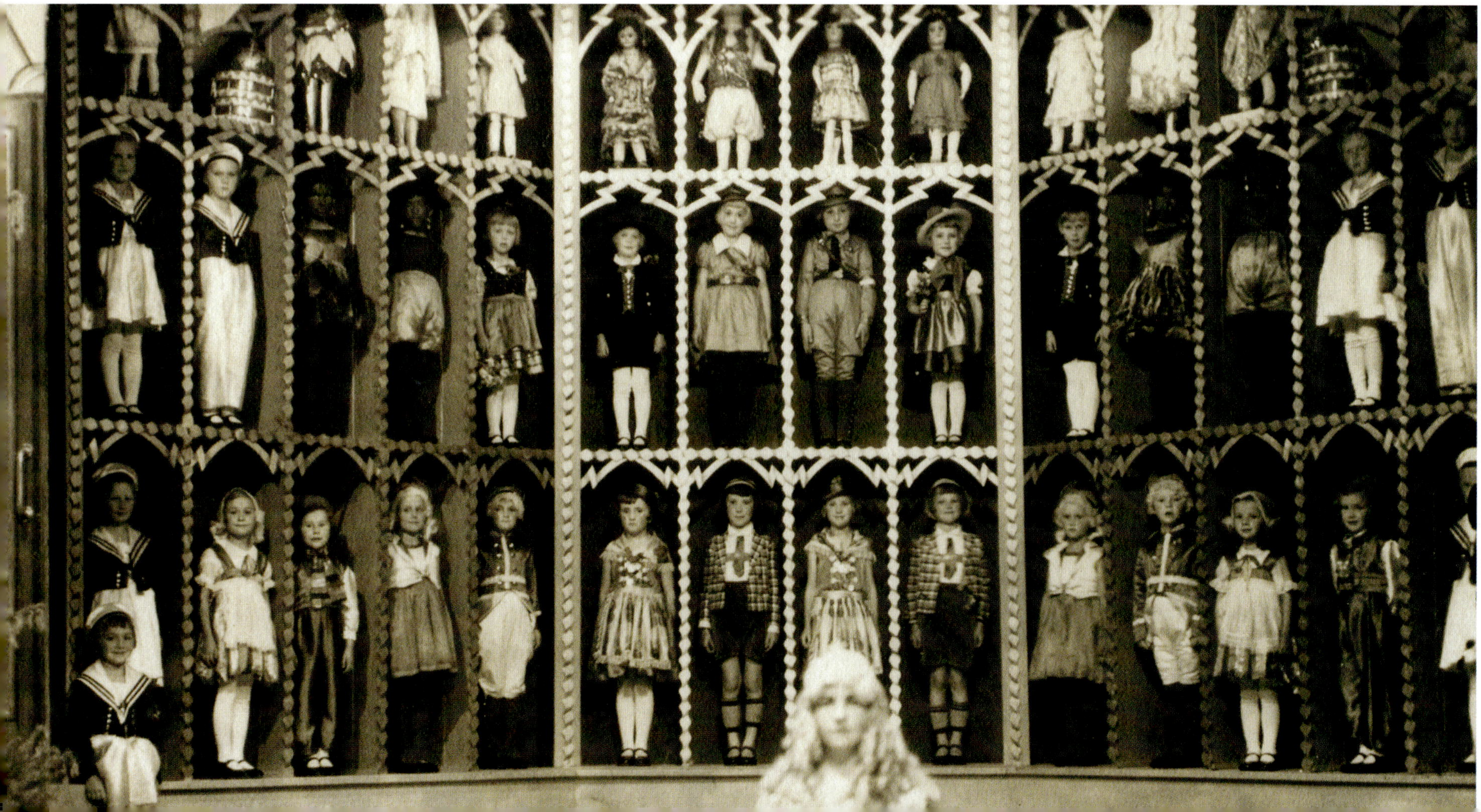

DIE GESCHICHTE DES SCHÜTZENTHEATERS

Handgeschriebenes Textbuch für die Partie des Großknechts im Gestiefelten Kater (1882).

Der gestiefelte Kater in der Mühle (1927).

Die Puppen mit der Schützenfee im Besenlorle (1933).

Erstaunt betrachtet der Nachtwächter die erstarrten Dorfbewohner in Prinzessin Amaranth (1951).

'Hier schmunzelt das Schützentheater':
Binsenmichel 1948.
Bild 4 - Glücklich daheim.:

Der Binsenmichel wird für seine Ehrlichkeit von der Binsenfee mit goldenen Binsen belohnt. Damit ist die Familie vor dem Hungertod gerettet und kann sich freuen. Um den unerwarteten Reichtum auf der Bühne zu verdeutlichen, müssen Mutter Velten, Michel und Hannchen vor ihrer ärmlichen Hütte sitzen und ein opulentes Mahl einnehmen. Im Theater wird in solchen Fällen immer „trocken" gegessen, das heißt man sitzt vor schön lackierten Attrappen und tut so als ob.

1948 - im Jahr der Währungsreform - sahen die meisten Kinder so schmal, blaß und bescheiden aus, wie man sich heute hungernde Kinder vorstellt. Süßigkeiten kannten nur die Familien, die Verwandte in der Schweiz oder in Amerika besaßen. Die Familie des Michel hatte nun während der Spielzeit ein Carepaket bekommen. Da war Puddingpulver drin. Michel nahm die braune Traditions-Keramikschüssel des Theaters mit nach Hause und brachte sie am anderen Tag wieder mit zur Vorstellung - zur Hälfte gefüllt mit Vanillepudding. Nie wurde Bild 4 mit solchem Heißhunger erwartet wie an diesem Tag. Die seit Wochen hungernde Theaterfamilie sollte wirklich und echt essen! Welche Aufregung! Also saßen Mutter und Kinder am rauhen Holztisch, hatten saubere echte Teller vor sich, echte Löffel lagen daneben, das Stichwort kam: „Nun eßt schon Kinder!" Blitzartig war der Pudding verteilt und wurde mit wahrer Gier verschlungen. Nie war des Spiel echter. Sogar mit vollem Mund wurde der Text gesprochen! Auch die Blicke der vom Neid gepeinigten Großbauern und ihrer Söhne waren diesmal echt. Im Eifer des Gefechts packte Michel die inzwischen leere Schüssel, verschwand mit dem Kopf dahinter und leckte sie aus. Die bisher im Märchen ausgestandenen Hungerqualen wurden nie lebensechter dargestellt wie an diesem Tag. Genau an diesem Tag aber war die Großmutter der Micheldarstellerin mit den Damen ihres Kaffeekränzchens in der Vorstellung. Wohlwollend nickten sie der stolzen Großmutter immer wieder zu.

Mit schreckensweiten Augen aber verfolgten sie dann das weniger wohlerzogene Verhalten der Enkelin beim Schüsselauslecken. Nein, sowas! Die vorher so glückliche Großmutter hätte vor Scham im Boden versinken mögen. Damit hatte sie beim Puddingkochen nicht gerechnet!

Schlußbild Binsenmichel (1948). In der Mitte saß der "Prolog", damals eine extra Rolle.

Michel tröstet das weinende Hannchen im Binsenmichel (1958).

DIE GESCHICHTE DES SCHÜTZENTHEATERS

'Hier schmunzelt das Schützentheater':
**Kalif Storch 1969.
Bild 5 - Im Palast des Kalifen.**

Der erhabene Kalif saß auf seinem Thron und ließ sich huldigen. Unten an den drei Stufen stand ein fünfjähriger Wedler und kämpfte mit einem langstieligen Riesenfächer, mit dem er dem erhabenen Kalif frische Luft zufächeln sollte. Plötzlich legte der kleine Mann seinen Wedel vor dem Kalifen auf den Boden und eilte zielstrebig hinter den Thron. Du liebe Zeit, was geschah? Der kleine Mann nahm dort hinten eine große Sprudelflasche auf, öffnete sie mühsam, trank ausgiebig, schloß sie wieder, stellte sie ab und eilte frohgemut wieder nach vorn und wedelte dem etwas erstaunten Kalifen wieder mit neuer Kraft zu. Nach dem Bild kam der Wedler am Regiepult vorbei und dort wurde ihm gesagt, daß man auf der Bühne nicht trinken darf. „Weißt du, man kann im Palast des erhabenen Kalifen nicht einfach den Wedel weglegen und zum Sprudeltrinken gehen!" „Ja aber wenn i doch so Durscht han!" Dagegen war auch der erhabene Kalif absolut machtlos!

**Ein Bild mit Seltenheitswert!
Die Rollen der Erwachsenen werden hier durch langjährige Mitspieler – sowohl im Schützentheater wie auch im Dramatischen Verein – dargestellt.**

**Von links: Hans Erne und Richard Lau als Bauern, Otto Herzog als Schulmeister Stöckel.
Die Knaben sind: Volker Sänger, Jörg Fliegauf und Uli Herzog.**

Geballte Tradition.

**Selbst in der Pause war der Wedler seinem Kalifen treu ergeben.
Kalif Storch (1969).**

'Hier schmunzelt das Schützentheater':
**Der gestiefelte Kater 1949.
Bild 5 - Beim Zauberer Sarapu.**

Der eitle Zauberer läßt sich vom schlauen Kater zu verschiedenen Verwandlungen überreden. Zuerst in einen Löwen - kein Problem, in diesem Kostüm mit dem Riesenkopf steckt ein Mitarbeiter des Theaters, der nach seinem furchterregenden Auftritt schnell wieder im Dunkeln verschwindet. Dann aber soll sich Sarapu in eine Maus verwandeln. Die muß so groß sein, daß die Zuschauer sie deutlich erkennen können, wenn sie - von einem langen schwarzen Faden gezogen - über die Bühne huscht, andererseits muß sie so klein sein, daß der Kater sie mühelos überwältigen kann.

1949 brachte Willy Witzgall eine geschnitzte Maus mit. Sie hatte die stattliche Größe einer gepflegten Ratte und war auf einem Brettchen befestigt, das mit Leder beschichtet war, denn Mäuse bewegen sich ja geräuschlos. Außerdem bekam sie noch einen schönen langen Lederschwanz, der ihr jedoch einmal zum Verhängnis wurde. Bei einer Aufführung verwandelte sich nun Sarapu, er war verschwunden - die Maus aber noch nicht erschienen. Der Kater wartete. Die Maus kam und kam nicht. Ein Mitarbeiter kniete am Bühnenrand und zog verzweifelt an der schwarzen Schnur. Diese spannte sich bereits etwa 10 cm über dem Bühnenboden - doch nichts geschah. Verflixt, was war denn los? Er wußte natürlich nicht, daß ein Kulissenteil noch etwas nachgerückt und dabei versehentlich auf die Spitze des Lederschwanzes gestellt worden war. Also zog er noch etwas heftiger an der Schnur. Urplötzlich flog die geplagte Maus in hohem Bogen am erstaunten Kater vorbei und landete rumpelnd auf der gegenüberliegenden Bühnenseite. Au weia!

Seit diesem einmaligen Erlebnis wird von altgedienten Mitarbeitern dieses Schnitzwerk ohne Schwanzspitze und mit abgebrochenen Ohren mit wissendem Lächeln nur „Flugmaus" genannt.

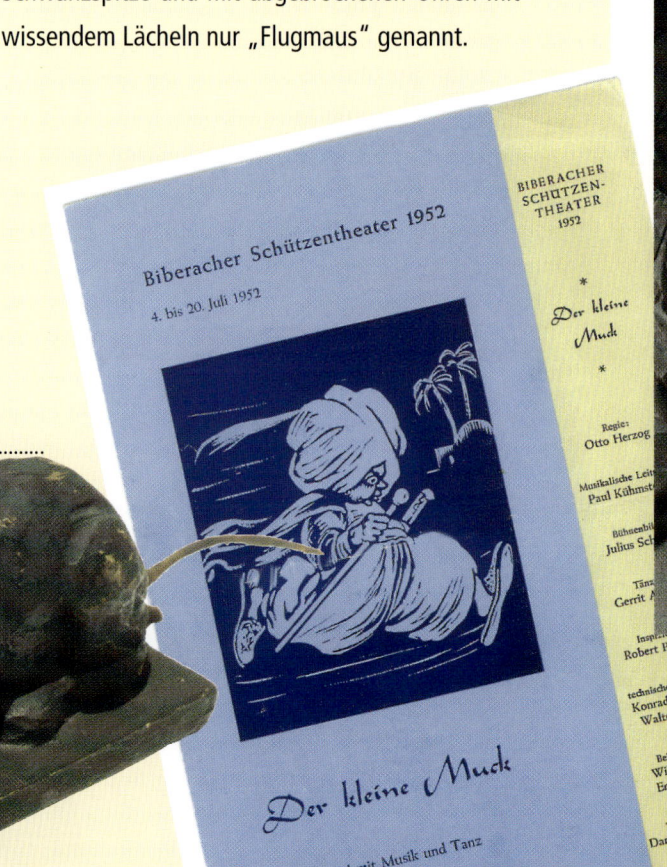

Der verwunschene Sultan im Kleinen Muck (1952).

DIE GESCHICHTE DES SCHÜTZENTHEATERS

Die Zinnsoldaten auf der Weihnachtswiese in Peterchens Mondfahrt (1954).

Der gestiefelte Kater (1960).

'Hier schmunzelt das Schützentheater':
**Hänsel & Gretel 1956.
Davor - während - danach.**

Ebenfalls am letzten Spieltag von Hänsel und Gretel mußte die Ersatzhexe lange vor dem großen Spiegel in der Schminkgarderobe sitzen, bis sie die erforderliche Zahnlücke hatte und mit der falschen Nase nebst großer Warze versehen war. Außerdem bekam sie noch graue Haarsträhnen eingearbeitet und schließlich ein Kopftuch aufgesetzt. Alle diese Arbeitsgänge wurden von einem 5-jährigen Fliegenpilz aufmerksam verfolgt. Nach vollendetem Werk strich der Pilz der Hexe liebevoll über den Arm und ging traurig davon. Nach der Aufführung schminkte sich die Hexe nicht ab, sie ließ alles gleich dran für die Abendvorstellung. Ebenfalls nach der Aufführung mußte die neue Darstellerin ihrer sonst ausgeübten Aufgabe nachkommen und die Kleinen verabschieden, so auch den kleinen Fliegenpilz, der sie fassungslos anstarrte. Am folgenden Tag traf die Mutter des Fliegenpilzes die Ersatzhexe und sagte: „Meine Brigitte kam gestern völlig durcheinander nach Hause und sagte: Stell dir vor, heute hat Christa die Hexe gemacht - aber nachher hat sie noch gelebt!"

Der Tanzmeister aus Aschenbrödel (1955) studiert seit 1966 die Ballette ein.

DIE GESCHICHTE DES SCHÜTZENTHEATERS

Auch die Tanzende Puppe aus Prinzessin Huschewind (1957) bringt seit 1995 ihre Fähigkeiten im Schützentheater ein.

Das Sandmännchen auf der Sternenwiese in Peterchens Mondfahrt (1963).

Prinzessin Rosanna und Prinz Florestino in Die zertanzten Schuhe (1975).

DIE GESCHICHTE DES SCHÜTZENTHEATERS

'Hier schmunzelt das Schützentheater':
**Der gestiefelte Kater -1970.
Schlußbild der Derniere.**

Auf dem wohlgeordneten Schlußbild sitzt der Kater vorn in der Mitte - umgeben von Mäusen und Müllerburschen. Alle Mitspieler singen nun 'Rund um mich her ist alles Freude'. Beim Kater war dies aber wohl doch nicht so. Träne um Träne rann ihm über die Bäckchen - es war die letzte Aufführung - Schützentheater vorbei. Nie mehr Kater! Niiie mehr! Mit den dicken Fellpfoten versuchte das aufgeregte Mädchen die Tränen abzuwischen.

Ein aussichtsloser Kampf Kostüm gegen Gefühl. So mancher Zuschauer nickte verständnisvoll und mußte schlucken. Plötzlich rückte eines der Mäuschen ganz nahe an den Kater heran, nahm ihn richtig lieb in die Arme, wischte ihm die Tränen ab und sprach tröstend auf ihn ein. Der Kater lehnte seinen Fellkopf gegen den kleinen Mäusebauch. Der Gesang im Zuschauerraum wurde dünner, der eine oder andere begann ebenfalls zu wischen und nach einem Taschentuch zu suchen. Nur wenige Zuschauer der Derniere wußten, daß das Trost-Mäuschen die kleine Schwester des Katers war.

Roboter tanzen vor der "Zaubermaschine" (1976).

'Hier schmunzelt das Schützentheater':
**Peterchens Mondfahrt -1954.
Bild 6 - Auf dem Mond.**

Wassermann, Donnermann, Blitzhexe standen auf der Bühnenseite zusammen, unterhielten sich leise und schauten dabei dem Mondmann zu, der in ausgefranstem Rupfenkostüm und mit Zottelperücke von seinem entbehrungsreichen Leben auf dem Mond erzählte. Er stützte sich gerade auf das Holzbeil und sagte : „Du Beinchen an dem Birkenbaum, du bist mein letzter Hoffnungstraum. Warum schaute er denn plötzlich so entsetzt zu den dreien hin? Himmel! Das Beinchen! Es fehlte ja. Das wichtigste Requisit vom ganzen Stück fehlte! Unmöglich! Wie der Blitz sauste die Blitzhexe durch die Schminkgarderobe in den Neubau hinauf zu Oma Ebinger. „Oma, das Beinchen! Schnell!" In aller Gemütsruhe schaute Oma um die Ecke und fragte : „Sind wir schon im 6.?" „Ja, schnell, schnell!" Oma Ebinger suchte vom dicken Schlüsselbund einen Schlüssel heraus, schloß die Schranktür auf, griff sich das Beinchen und die Pralinenschachtel mit dem Nähzeug. Am Beinchen mußte doch eine dünne Fadenschlaufe sein, so kräftig, daß man das Beinchen an einen Nagel hängen - so dünn, daß man es leicht herunterreißen konnte. Faden abschneiden, Nadel einfädeln, einen dicken Knoten am Fadenende machen - du liebe Zeit, wie langsam sah das aus, obwohl die nervenstarke Oma schnell und sicher zu Werke ging. Endlich war auch der zweite Knoten da - fertig. Mehrere Stufen auf einmal nehmend donnerte die Blitzhexe die ächzenden Stufen hinab und witschte hinein auf die Bühne. Wie aber kam das Beinchen nun an den Nagel vom Birkenbaum? Der Wassermann hatte inzwischen die Schwimmflossen - Handschuhe ausgezogen und dem Feuerwehrmann am Bühnenrand zum Halten gegeben. Der Donnermann hatte auf der anderen Bühnenseite dem Beleuchter Bescheid gesagt, daß es beim Einsatz von Donner und Blitz so lange dunkel bleiben mußte bis ... ja, das war das Problem.

Peterchen und Anneliese, beide acht Jahre alt, waren schon ganz nervös, denn sie hatten das Fehlen des Beinchens ebenfalls bemerkt.

Doch als ihnen der Mondmann nach dem Leben trachtete, ihnen aber Donner, Wasser und Blitz zu Hilfe eilten, da waren sie vom Spielgeschehen wieder so gefesselt, daß sie gar nicht bemerkten, daß die Blitzhexe übermäßig heftig fuchtelnd auf der Bühne hin- und herrannte, der Donnermann mit Wasser spritzte und der Wassermann „ganz ruhig" auf der Bühne vor dem Birkenbäumchen stand und mit zitternder Hand den verflixten Nagel suchte. Anhaltendes Blitzen und Donnern hielten die Zuschauer in Atem. Plötzlich verschwanden die Naturgewalten wieder vom Mond, es konnte also weitergehen. Mitspieler, Beleuchter, Inspizient, Feuerwehrmänner - alles schaute auf die besagte Stelle des Birkenbäumchens. Erlöstes Aufatmen bei allen. Das Beinchen hing leicht pendelnd am Baum. Jetzt strahlten Peterchen und Anneliese. obwohl ihnen der Mondmann - ebenfalls hoch erfreut - gerade drohte, sie mit der Axt zu erschlagen.

DIE GESCHICHTE DES SCHÜTZENTHEATERS

**Ballett der Dämonen
in Kalif Storch (1969).**

Die Unholde
aus der Zaubermaschine
(1976).

'Hier schmunzelt das Schützentheater':
**Schneewittchen -1950.
Schlußbild.**

Schneewittchen wird vom Jäger in den Wald geführt und trifft dort die Tiere des Waldes, in diesem Falle also Eichhörnchen, Fuchs und Hase. Diese drei haben in Bild 2 ihren Auftritt, dann müssen sie warten bis zum Schlußbild. Diese drei Tiere waren nun begeisterte Kartenspieler und saßen brav in einem Abteil der Neu - Garderobe an einem Tisch und gaigelten. Sie waren so sehr in ihr Spiel vertieft, daß ihnen die plötzliche Stille gar nicht auffiel. Erst als Oma Ebinger um die Ecke schaute und fragte, ob sie denn heute nicht aufs Schlußbild wollten, da wurden sie munter. Schnell ins Kostüm hinein, den Papp-Kopf geschnappt und über die knarrenden Stufen nach unten. Gerade als das flinke Waldgetier aus der Schminkgarderobe auf die Bühne trat, sagte Schneewittchen : „Schau, dort kommen auch die Tiere des Waldes!"

Das alte Theater wurde 1977 abgebrochen.

Rechts oben:
Ein Abteil im "Frauengefängnis".
(siehe "Hier schmunzelt das Schützentheater.")

Rechts unten:
Willi Büchele rettet Schillers Kopf vor der Zerstörung.

Seite 123:
Vorhang auf –
für die Trümmer.
Die Schützentheaterkinder bemalten einst auf der Bühnenseite den 'Eisernen Vorhang'.

'Hier schmunzelt das Schützentheater':
**Während der Fernseh-
Aufzeichnung 1996:**

Für die Aufnahmen einzelner Szenen waren die Kinder nach einem Extra-Plan bestellt worden.
In allen Garderoben herrschte große Aufregung ob der ungewohnten Aktionen dieses Tages. Jeder zog sein Kostüm besonders sorgfältig zurecht, wollte gut frisiert und geschminkt sein und lief vor Aufregung doch erst mal aufs Klo. Aus dem aufgeregt schnatternden Durcheinander löste sich ein kleiner Marktbesucher und drängelte sich zwischen den brav in Reihen wartenden Kammerzofen zum Schminktisch vor.
Eine der Schminkfrauen warf einen prüfenden Blick auf den Plan und sagte zu dem Sieben-jährigen: „Du bist erst in einer Stunde dran. Jetzt müssen doch erst die Kammerzofen zum Auftritt. Das läuft halt heut beim Fernsehen alles ganz anders. Aber du mußt jetzt noch warten."
„So?" Nach kurzer Überlegung meinte der kleine Kerl ganz selbstverständlich und im Tonfall eines absoluten Profis: „Also zuerst die Kammerzofen - ha ja, dann kommt erst noch die Werbung - und dann kommen wir, gell?"

Ein Märchen
mit Musik und Tanz

DIE GESCHICHTE DES SCHÜTZENTHEATERS

König Drosselbart (1980) führt die geläuterte Prinzessin zum Tanz. Die Prinzessin von damals führt heute Regie im Schützentheater.

Helmut Gehring war nicht nur Theaterleiter. Er war auch Bühnenbildner, Kostümdesigner, Prospektmacher und legte selbst mit Hand an, um seine Entwürfe umzusetzen.

Das alles verschlingende Ungeheuer aus dem Tapferen Schneiderlein (1972).

DIE GESCHICHTE DES SCHÜTZENTHEATERS

**Die Gaukler auf dem Markt
in Aschenbrödel (1984).**

**Der perfekt tanzende
Zaubermensch aus Kalif
Storch (1989).**

'Hier schmunzelt das Schützentheater':
Schneewittchen -1950.
Bild 5 - Bei den sieben Zwergen.

Schneewittchen ist ja die bedauernswerte Prinzessin, die drei Mordversuche zum Glück übersteht : Der Jäger soll sie töten, doch weil dies nicht geschieht, versucht es die böse Königin mit einem vergifteten Kamm und dann noch mit einem halbseitig vergifteten Apfel. Kamm und Apfel sind also wichtige Requisiten. Der Kamm war leicht besorgt, aber der Apfel? Für jede Vorstellung wurde also ein echter Apfel benötigt. Im Juli des Jahres 1950 keine leichte Aufgabe, denn Granny Smith und ähnliche Importe gab es noch nicht. Ein schöner Apfel im Juli war also eine echte Rarität. Entsprechend gierig schauten alle Mitspieler auf dieses begehrte Obst. Einsam und völlig bedeutungslos lag es dann auf dem Tisch, während die Zwerge ihr totes Schneewittchen beweinten. Doch kaum war der Vorhang zu, so war der Apfel regelmäßig schon verschwunden. So begehrt war damals ein angebissener Apfel. Schneewittchen hatte aber - außer dem kleinen Bissen - nichts davon, sie lag ja tot im gläsernen Sarg. Sie starb an einem Apfel, den dann andere aufaßen. Also - das war doch eigentlich ihr Apfel. Folglich mußte sie ihn auch bekommen - aber wie? Nun, sie mußte vor allem schneller sein als die anderen Mitspieler.

Und so war es dann auch eines Tages. Schneewittchen hatte gerade von der verkleideten Königin den vergifteten Apfel bekommen, einmal hineingebissen und war dann - scheinbar tot - zusammengebrochen. Um das Suchen der heimkehrenden Zwerge glaubhaft zu machen, fand der Apfelbiß am Tisch statt und Schneewittchen lag tot auf der Bank dahinter. Während die Zwerge nun suchend durch ihr kleines Reich eilten - der kundige Zuschauer wußte aber bereits, wo Schneewittchen war - tauchte die schmale Hand der leblosen Prinzessin über der Tischplatte auf, tastete vorsichtig suchend auf ihr entlang bis sie den Apfel spürte, packte ihn und verschwand wieder. Im Theater haben auch Tote Hunger.

Die Kräuterhexen aus 'Der Teufel mit den 3 goldenen Haaren' (1990) mischen einen Schlaftrunk für den Teufel.

Taraxa (die grüne Hexe)
Wer immer uns braucht – Mann, Frau oder Kind,
wir kommen gerne, wir kommen geschwind,
wir helfen mit allem, was die Natur uns gibt,
worüber ein wacher Geist nur verfügt.
Allein Geduld kann die Wirkung bringen,
und mit Gewalt läßt sich gar nichts erzwingen.

Überall herrschen Freuden und Leiden,
ich aber bringe die Mischung aus beiden.

Diskrima (die gelbe Hexe)
Zwanzig rote Fingerhüte,
vom Bilsenkraut die schwarze Blüte,
von Aronstab und Blasenstrauch
jeweils dann die Früchte auch,
vom Schmierling noch das größte Blatt,
gespickt mit Nierwurz, saftig, glatt,
gewürzt mit Lüge, Kränkung, Bosheit,
mit List und Tücke, Haß und Neid.

Daraus gekocht ein dicker Sud –
und alle Leiden werden gut.
Das Blut wird müd, die Sinne wallen
und lassen dich in Träume fallen,
ins grausam quälend Nimmermehr
ohne jede Wiederkehr.

Kalmia (die blaue Hexe)
Balsam für die matte Seele,
Balsam für den kranken Leib.
Fern sei alles, was dich quäle,
nur das Wohlbefinden bleib.

Nimm dazu Johanniskraut
und den Trank von der Kamille,
Linderung für müde Haut
bring der Walnußblätter Fülle.

Brennessel und Beinwelltee
lösen böse Krämpfe auf.
Plagt dich gar der Beine Weh,
lege frisch Kastanien auf.

All das soll dir und deinem Leben
Gesundheit stets und Hilfe geben.

Taraxa
Ob Sonne – ob Regen,
ob kalt oder heiß,
ob Fluch oder Segen,
ob schwarz oder weiß,
ob Tollkirsche – ob Baldrian,
nur auf die Mischung kommt es an!

Hexentanz

Tanzende Eisblumen aus der Schneekönigin (1987).

DIE GESCHICHTE DES SCHÜTZENTHEATERS

Schlußbild der Schneekönigin (1987).

Die aus den Säulen gerufenen Töchter der Sonne im Falschen Prinz (1993).

Die Welt des Orients bezaubert und fasziniert selbst die Darsteller in dem Märchen 'Der falsche Prinz' (1993).

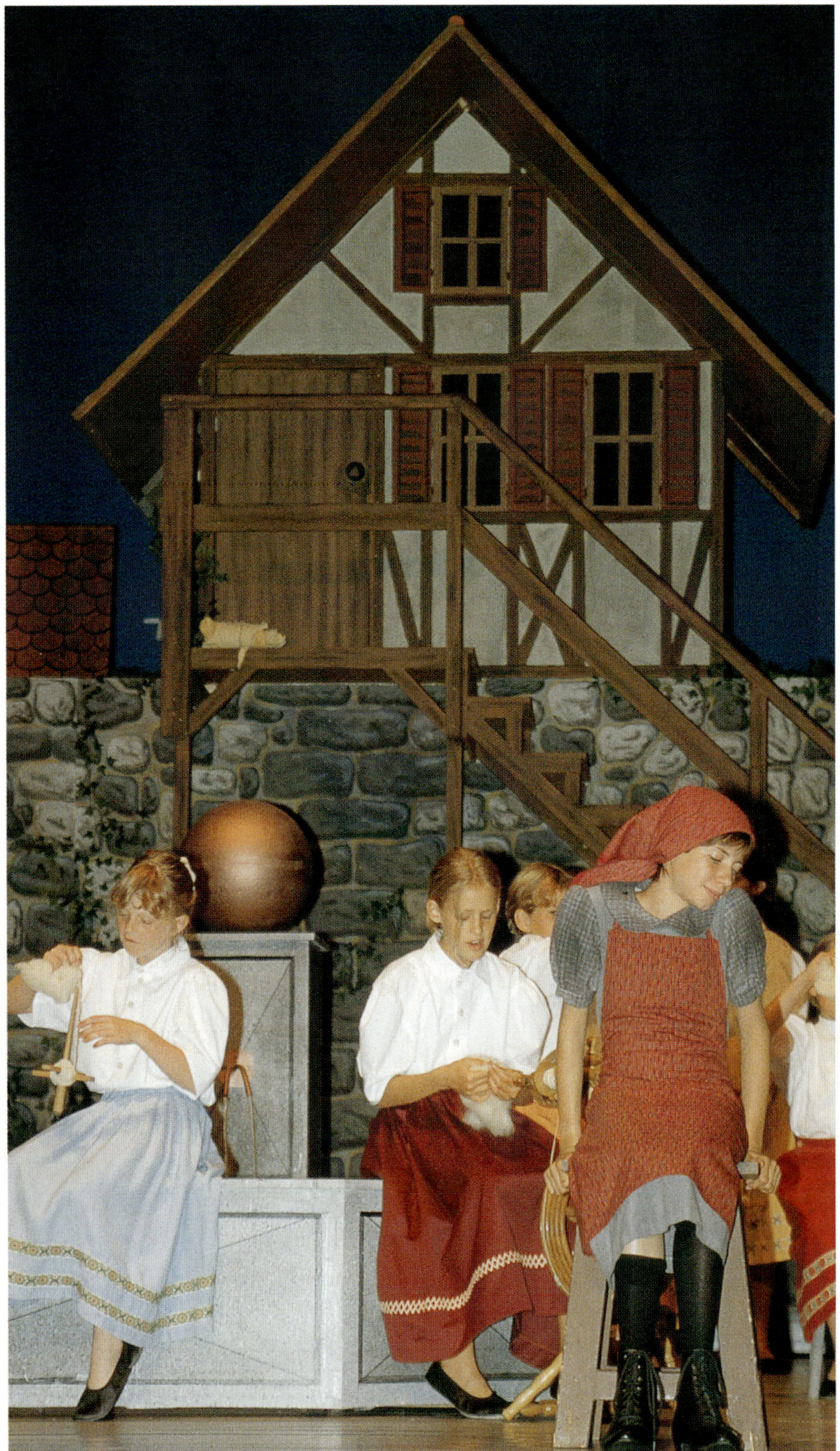

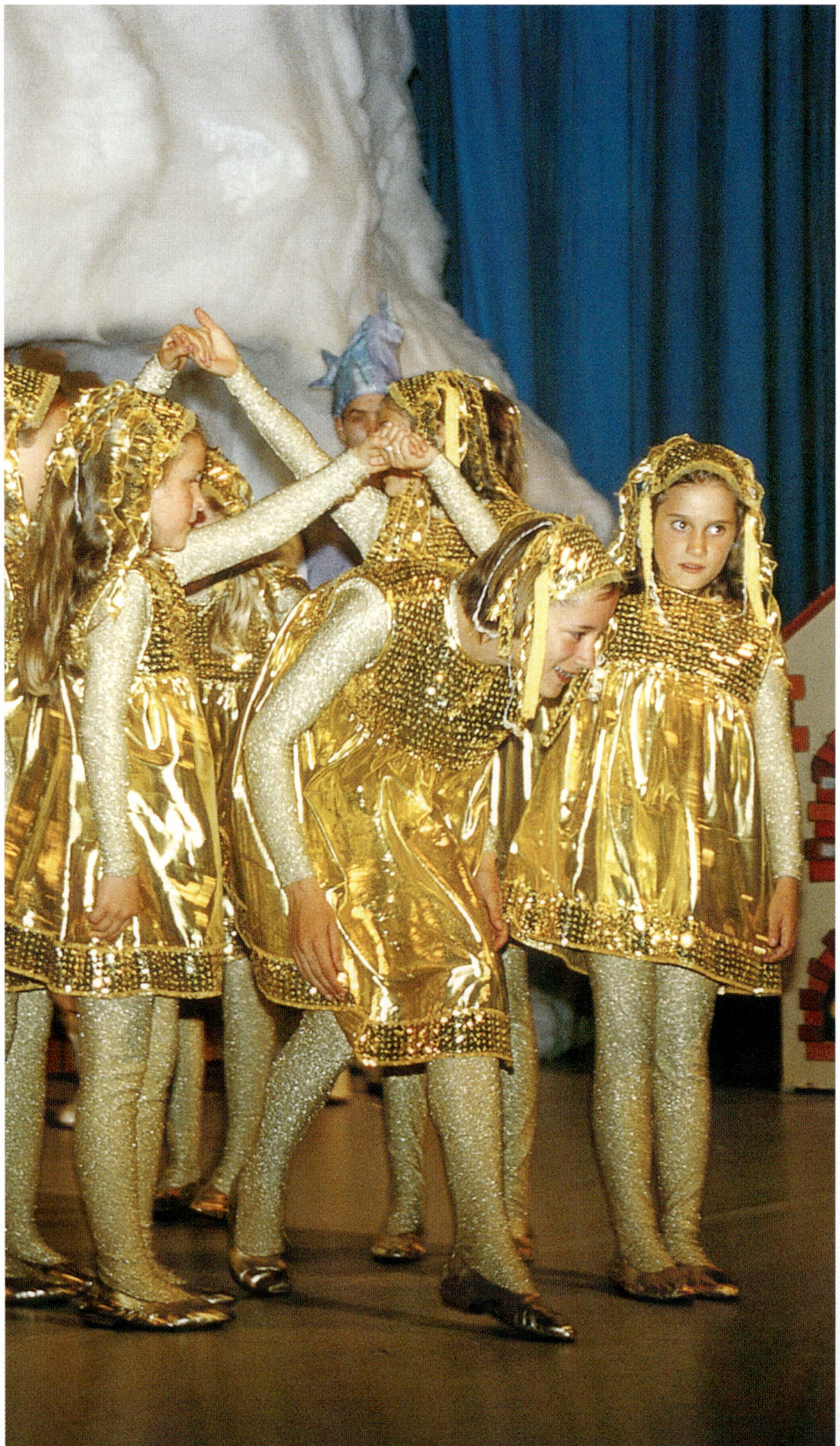

Auch das ist Schützentheater

Weder Apotheker Stecher, noch die am Spiel beteiligten Kinder haben sich träumen lassen, daß ihr Beitrag zum Schützenfest so nachhaltig auf das Publikum wirken würde, daß es von nun an auf diesen beliebten Punkt des Festes nicht mehr verzichten wollte.

'Zur Erhöhung jugendlicher Freuden' mit Kindern Theater zu spielen, diese Idee entwickelte sich zur festen Tradition, vor allem aber zur gelebten Tradition! Nur so konnte es sich bis heute unvermindert jung und frisch erhalten.

'Prinzessin Amaranth' weiß noch nichts von ihrem goldenen Glück, das ihr bei Frau Holle wiederfährt (1998).

*d*as Schützentheater ist über 180 Jahre alt. Immer aber war es Aktionsfeld der Bürger dieser Stadt. In vielen Familien ist der Satz zu hören: „Ja, also, bei uns damals im Theater, da war das so!" Dann folgt meist eine längere Schilderung der Ereignisse von einst. Beinahe in jeder Familie hat ein Kind, die Oma, eine Tante oder der Vater einmal sein Glück auf jenen Brettern erlebt, die die Welt bedeuten. 1994 spielte ein Mädchen zum 14. Mal mit (sie hatte auf Initiative der Mutter sehr jung begonnen), dessen Mutter, Großmutter und Urgroßmutter ebenfalls auf jahrelange Mitwirkung zurückblicken können und konnten. Gelebte und geschätzte Tradition.

„Tradition heißt nicht die Asche eines Feuers aufzubewahren, sondern die Glut weiterzugeben." Deutschlands ältestes und größtes Kindertheater wird also immer geformt und beeinflußt von der kommenden Generation, die an der momentanen Gestaltung mitwirkt und sie weiterentwickelt.

*i*m Zeitalter des zunehmenden Dranges nach Freiheit verlangt das Schützentheater die Ein-bindung in eine Gemeinschaft, die nicht ausschließlich dem eigenen Vergnügen, dem persönlichen oder gar dem finanziellen Vorteil dient. Aber es ist Tradition - und die ist oft unbequem, weil sie ja Verpflichtungen mit sich bringt. Die Bindungsfähigkeit der Menschen an Institutionen, Vereine und Gruppen der unterschiedlichsten Prägung nimmt immer mehr ab. Im Hinblick darauf ist das Schützentheater ein jährlich sich neu entwickelndes Phänomen. Ein kostbarer Schatz der Bürgerschaft Biberachs, der dementsprechend auch gehütet werden muß.

– Im Schützentheater sind Kinder und Jugendliche Sprecher, Tänzer, Sänger und Musikanten im Orchester.
– Kinder und Jugendliche arbeiten begeistert mit bei der Erprobung von Tricks, besonderen Effekten oder kostümtechnischen Fragen.
– Jugendliche sind gerne bereit, bei der Betreuung der Kleinen mitzuhelfen, mit ihnen schwierige Passagen zu üben oder Hilfestellung zu leisten.
– Kinder und Jugendliche sind stets bereit, bei der Herstellung von Requisiten zusätzlich Freizeit zu opfern.
– Jugendliche übernehmen gern verantwortungsvolle Aufgaben bei der Einstudierung und bei Aufführungen.
– Kinder und Jugendliche vergessen oder ignorieren jegliche Art von vorsortierten Verhaltensmustern. Ein Schubladendenken gibt es hier nicht. Der Bub oder das Mädchen spielen mit - egal welche Schule, welches Alter, welche Wohngegend, welche Nationalität.
Ein schwer von der Pubertät geplagter 15jähriger Junge spielt in der Großgarderobe völlig heiter und gelöst und vor allem freiwillig Tischtennis mit einem achtjährigen Pseudo-Helden oder einem kleinen Mädchen,

Münze zum 175jährigen Jubiläum des Biberacher Schützentheaters.

» Das Schützentheater machts möglich! «

das der deutschen Sprache noch nicht so ganz mächtig ist. Na und? Auf der Bühne spielen sie ja auch zusammen! Hier also ein ganz normales Verhalten, das aber im sonstigen Alltag der Kinder so gut wie nirgends zu beobachten ist.

*A*lle Mitwirkenden trennen sich nur ungern von diesem einzigartigen Aktionsbereich. Ein 17jähriger Junge hatte viele Jahre mitgespielt, jetzt war er für ein Jahr zum Schüleraustausch in Amerika. Er schrieb an die Theaterleiterin unter anderem:

> Doch wie geht's in Biberach? Das Theater muß jetzt ja in vollen Touren laufen. Ich bin etwas traurig, denn es ist das erste mal seit 7 Jahren, daß meine Freizeit nicht von einem Probenplan abhängt. Aber wenn ich am 30. Juni zurückkomme, komme ich so bald wie möglich im Theater vorbei, denn es interessiert mich brennend, wer welche Rolle hat und wie das Stück ist. Leider weiß ich nicht, wer alles mitspielt, aber auf jeden Fall herzliche Grüße an alle, vor allem auch an „all die fleißigen Helfer hinter der Bühne".

*D*as eigene Tun oder auch das Zuschauen hinter den Kulissen regt immer wieder zu ähnlichen Beschäftigungen an. Kinder spielen die Rollen aus dem jeweiligen Märchen zuhause nach. Hier können sie die Figur sein, die sich auf der Bühne vielleicht durch Mut und Zuverlässigkeit fasziniert - hier können sie aber auch toben und als Bösewicht schreckliche Verwünschungen ausstoßen. Sie finden also Bestätigung oder auch Ventil für ihr Denken und Fühlen.

Mancher Junge müht sich auch, das Theatergehäuse samt Bühnenbild mit den Mitteln nachzubauen, die er zur Verfügung hat. Ein überaus kreatives Unterfangen, bei dem Leselampe, Taschenlampe, farbiges Seidenpapier oder Folie sowie Teile von der Eisenbahnanlage oder aus der Spielzeugkiste wichtige Aktionsmittel darstellen. Auch die Jugendlichen in fortgeschrittenem Alter erhalten vom Schützentheater Anstöße für ihr eigenes Tun. Aus Altersgründen mußte mancher dem liebgewordenen Hobby Schützentheater entsagen - wäre da nicht der Dramatische Verein, wo junge Mimen oft rar sind. Eine geradezu einmalige Gelegenheit der Fortsetzung ist damit gefunden.

Dasselbe gilt für die Mitglieder des Orchesters, die sich gern in eines der vielen anderen Orchester unserer Stadt eingliedern und dort weiterbilden.

Eine ganze Reihe von Buben und Mädchen wechselten gemeinsam in die Jugendgruppe der Tanzsportabteilung und sie brachten es zu beachtlichen Wertungen. Und einer ging sogar zur Musical-Ausbildung - ebenfalls mit Erfolg. Manches Mädchen vom Ballett fand zum Synchronschwimmen, zur Jazzgymnastik oder Rhythmischer Sportgymnastik.

Das Beobachten, wie und mit welchen Überlegungen die Kostüme und deren Zubehör angefertigt werden, läßt gelegentlich Nachahmung im häuslichen Kreis erfolgen.

Etliche Berufswünsche werden im Kindertheater geboren und später zur Vollendung gebracht. Zukünftige Friseusen oder Maskenbildnerinnen machen im Schützentheater ihre ersten Versuche.

AUCH DAS IST SCHÜTZENTHEATER

*Z*usätzlich zum üblichen Spiel übernimmt eine sich aus eigenem Antrieb zusammenfindende Gruppe, der schon etwas erprobteren Mitspieler, die freiwillige Aufgabe, eine Parodie auf das bisher mit großem Ernst gespielte Märchen zu schreiben. Dazu kommt eine meist sehr skurrile Mischung der Ballette. Diese von allen Mitwirkenden schon mit Spannung erwartete Neufassung wird mit größter Geheimhaltung in eigener Regie einstudiert und dann am Tag nach der letzten Aufführung (am 1. Ferientag also) beim gemeinsamen Kindernachmittag aufgeführt.

Im mit Tischen und Stühlen ausgestatteten Zuschauerraum werden allen Mitwirkenden (etwa 350 Kinder!) Kakao und Kuchen gereicht als Gage für ihren pflichtbewußten Einsatz von der Anmeldung bis zur Derniere, also von Mitte Januar bis Ende Juli. Eine Weiterführung der Engelmayer'schen Bisquittörtchen-Gage.

Anschließend wird eine zweite einmalige Märchen-Aufführung von den Kindern mit Spannung erwartet. Es ist die Variation des Märchens, die von den erwachsenen Mitarbeitern des Schützentheaters gespielt wird. Oft gibt's Schwierigkeiten, in die Kinderkostüme zu passen, aber meistens geht es doch. Und hell strahlen die Augen der Kleineren, wenn ihr Tanz von den Frauen der Maske und aus der Nähstube in etwas variierten Kostümen getanzt wird.

Dieses Kaffeekränzchen ist für alle Beteiligten ein wirklich einmaliges Ereignis, ein spezielles Bonbon für eine schöne Zeit der Theater-Gemeinschaft, aber auch für eine Zeit der persönlichen Einschränkung.

Mitwirkende Kinder und Jugendliche, zum Teil auch deren Eltern, die erwachsenen Mitarbeiter, sie alle verzichten im Laufe des Jahres auf vieles. Sie bringen diesem Hobby, dieser Tradition, dieser Verpflichtung große Opfer. Aber sie tun es gern, weil sie wissen, wofür sie hier arbeiten, und vor allem weil sie sich alle in der einmaligen Gemeinschaft von Verschieden-Denkenden aber Gleich-Gesinnten befinden und sich wohl fühlen.

Jeder hat die absolute Sicherheit, sich auf den anderen unbedingt verlassen zu können. Dazu gehört auch, für den Gegenspieler kurzfristig einzuspringen. Wenn zum Beispiel der König aus Gruppe I plötzlich erkrankt (Sommergrippe und Windpocken sind besonders beliebt), dann muß der König aus Gruppe II seinen Tagesplan ändern, ins Theater eilen und spielen.

The show must go on! Auch kleine Kinder begreifen dies sehr wohl.

*J*eder Spieler und jeder Mitarbeiter ist gleichermaßen wichtig und trägt seinen Teil dazu bei, eine Aufführung gelingen zu lassen. Jeder weiß um die Bedeutung seiner Leistung und um die daraus erwachsende Verantwortung der ganzen Mannschaft gegenüber. Das erzeugt Selbstvertrauen:

– Hier werde ich gebraucht.
– Meine Mitarbeit ist notwendig.
– Meine Leistung ist wichtig.
– Auch ich trage Verantwortung.
– Ich freue mich über den
  gemeinsamen Erfolg.

Dieses Wir-Gefühl gibt den Kindern und Jugendlichen Sicherheit. Sie fühlen sich in dieser zusammengewürfelten Gemeinschaft geborgen. Neu zugezogene Familien werden so durch ihre Kinder zu Biberachern. Daraus entwickelt sich dann ein Heimatbewußtsein, dem besonders für Kinder von Ausländern und Aussiedlern ungemein große Bedeutung zukommt.

Einzelkinder machen in dieser sehr gemischten Großgruppe unerläßliche Gemeinschaftserfahrungen. Sie lernen vor allem sich einzuordnen. Ihr privater Einzelwunsch kann weder mit Stampfen noch mit Ertrotzen durchgesetzt werden. Sie sind eines von vielen und finden nur im Miteinander dann auch Anerkennung.

*M*anche Buben und Mädchen leiden unter sprechtechnischen oder unter leichten motorischen Schwierigkeiten. Die Verantwortlichen, die diese Kinder erst bei der Anmeldung kennenlernen, wissen in den meisten Fällen nichts von diesem Handicap und geben so den Kindern auch die Möglichkeit, sich von einer anderen Seite zeigen zu können als beispielsweise in der Schule oder Zuhause. Sie fühlen sich angenommen, völlig gleichwertig behandelt und bemühen sich deshalb verstärkt, die ihnen selber sehr wohl bewußten Schwächen oder Schwierigkeiten zu überwinden. Sehr viele Eltern bestätigen dies immer wieder, manche Lehrer bitten sogar in besonderen Fällen um Mithilfe und Unterstützung. In der Schwäbischen Zeitung stand unter anderem zu lesen:
„Und die Theaterleiterin müßte nicht Lehrerin sein, wenn sie nicht mit Befriedigung beobachten würde, wie viele der mitwirkenden Kinder durch das Schützentheater an Selbstvertrauen und Umgangssicherheit gewinnen, wie sie verstehen lernen, daß es bei aller Individualität auch auf Disziplin und Kollegialität ankommt. Für diese Persönlichkeitsschulung, die mit dem Schützentheater absichtlich - unabsichtlich einhergeht, hat sie schon viele dankbare Rückmeldungen erhalten.
Und sie selbst wird für ihren umfassenden Einsatz unter anderem dadurch entschädigt, daß die Jugendlichen gern bereit sind, mitzugehen und sich einzusetzen, wenn ernsthaft mit ihnen gearbeitet wird."

*A*uch zur besseren Beherrschung der deutschen Hochsprache kann das Kindertheater beitragen. So mancher getraut sich später dann auch solche Sätze zu formulieren, die über das Alltagsdeutsch etwas hinausgehen. So ganz nebenbei erfährt der Mitwirkende auch etwas über den ursprünglichen Verfasser des Märchens. Grimm's Hausmärchen stehen fast in jedem Bücherschrank oder sind als Kassette vorhanden, Hauff ist durch den kleinen Muck oder den Kalif Storch bekannt, oder aber durch einen Ausflug zum Hauff-Museum zu Füßen von Schloß Lichtenstein, während Andersen oft in der Weihnachtszeit als Autor einer der meist traurigen Wintergeschichten wieder ins Gedächtnis gerufen wird.

Deutsche Hochsprache, ein bißchen Märchenliteratur und problemlose Gemeinschaft vieler Kinder und Jugendlicher - das erleben auch die Austauschschüler der Mitwirkenden, die dann mit im Theater erscheinen und allmählich dazugehören.

Martine aus Frankreich – war eifrige Zuschauerin und konnte das ganze Märchen auswendig. Im Jahr darauf gewann sie den Deutsch-Preis ihrer Schule.

Hazel aus Irland – gehörte selbstverständlich dazu, erfuhr also das selbstverständliche Miteinander von Kindern aller Schularten und Religionen.

Lisa aus Kanada – spielte im Orchester mit. Ihr Instrument - eine Querflöte - war leicht im Gepäck verstaut.

Sich den kritischen Blicken von 552 Zuschauern in jeweils 20 Aufführungen auszusetzen, erfordert viel Einsatzfreude und absolute Leistungsbereitschaft. Andererseits aber formt alles zusammen eine solch junge

Austauschschüler wie Martine, Hazel und Lisa machte es einen riesen Spaß beim Schützentheater mitzuwirken.

AUCH DAS IST SCHÜTZENTHEATER

Persönlichkeit sehr nachhaltig, wie Ehemalige immer wieder - über sich selbst erstaunt - berichten. Auch jene, die heute zu den Verantwortlichen des Schützentheaters zählen sind solche Ehemaligen.

*i*m Lauf von vielen vielen Jahren entwickelt sich aus den vielfältig gewonnenen Erfahrungen und aus der einstigen freudvollen Mitwirkung im Schützentheater ein Gefühl der Dankbarkeit und der Anhänglichkeit. Dies verdeutlicht auch folgende Begebenheit:

Einige Mitarbeiter verließen nach der Vorstellung die Stadthalle, als ihnen eine alte Dame (87 Jahre) regelrecht strahlend entgegenkam.
„Das war heute wieder sehr schön. Aber sagen sie, wann spielen sie denn wieder mal den Binsenmichel?"
„Ist das ihr Lieblingsmärchen?"
„Ha ja, da hab ich doch damals nach dem 1. Weltkrieg mitgespielt."
„Und sie können sich noch gut daran erinnern?"
„Und ob!"
Sprachs, drückte der verdutzt dreinschauenden Tochter die Handtasche in die Hände, stellte die Füße nebeneinander, warf einen prüfenden Blick darauf, griff mit beiden Händen seitlich an den Rock, zog ihn auseinander, reckte den Kopf in die Höhe und begann zwischen den geparkten Autos zu singen und die dazu einst eingeübten Schritte zu machen:
„Wir Binsengeister vom Binsenteiche
wir tanzen hin und her."
„Kontakt" schmetterten die kundigen Theatermitarbeiter. Heimgehende fünfjährige vom kleinsten Ballett, genannt Minis, waren samt Müttern stehengeblieben und schauten mit großem Interesse dieser Sondervorstellung zu.

»Schützentheater lebendige Tradition!«

*a*us den Kindern und Jugendlichen von heute werden die Erwachsenen von morgen, die dann später - sofern es ihr Beruf erlaubt - in eigener Verantwortung dieses Biberacher Kindertheater übernehmen, prägen und erhalten, um es dann einmal in die Hände der nachfolgenden Generation zu legen.

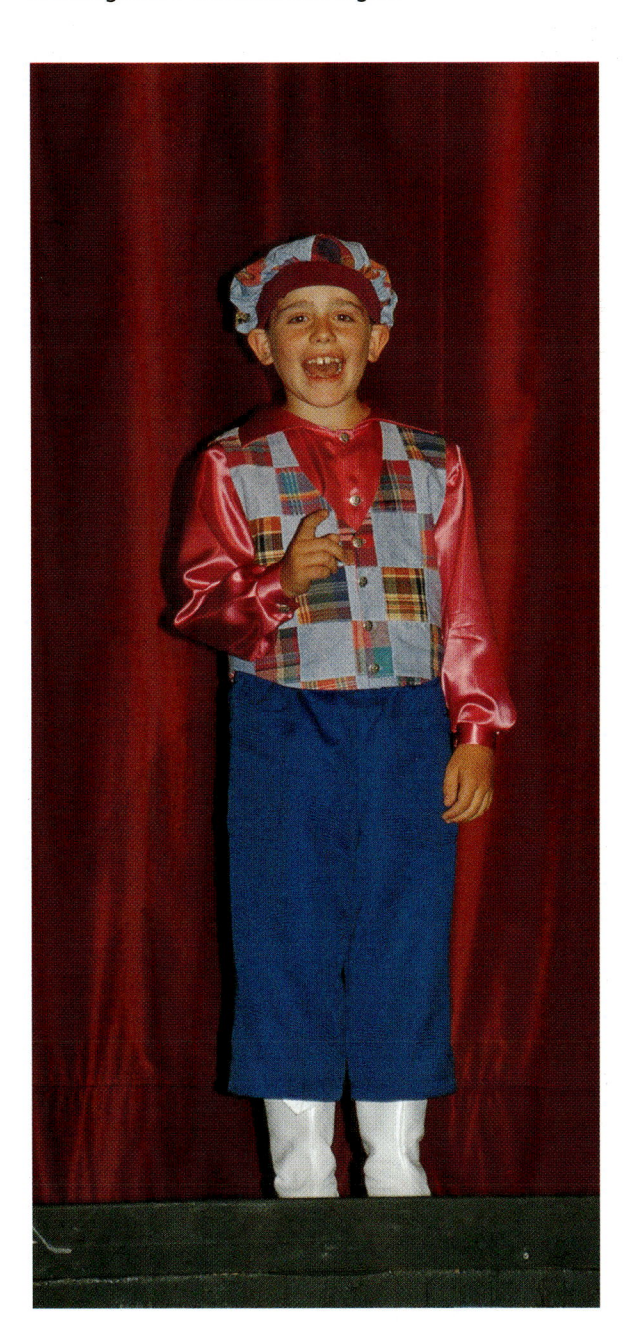

Prolog Prinzessin Amaranth (1998).

"Eines weiß ich allerdings ganz sicher – nämlich – daß wir heute Prinzessin Amaranth spielen.
Jaa, ihr kennt es sicher als Frau Holle ..."

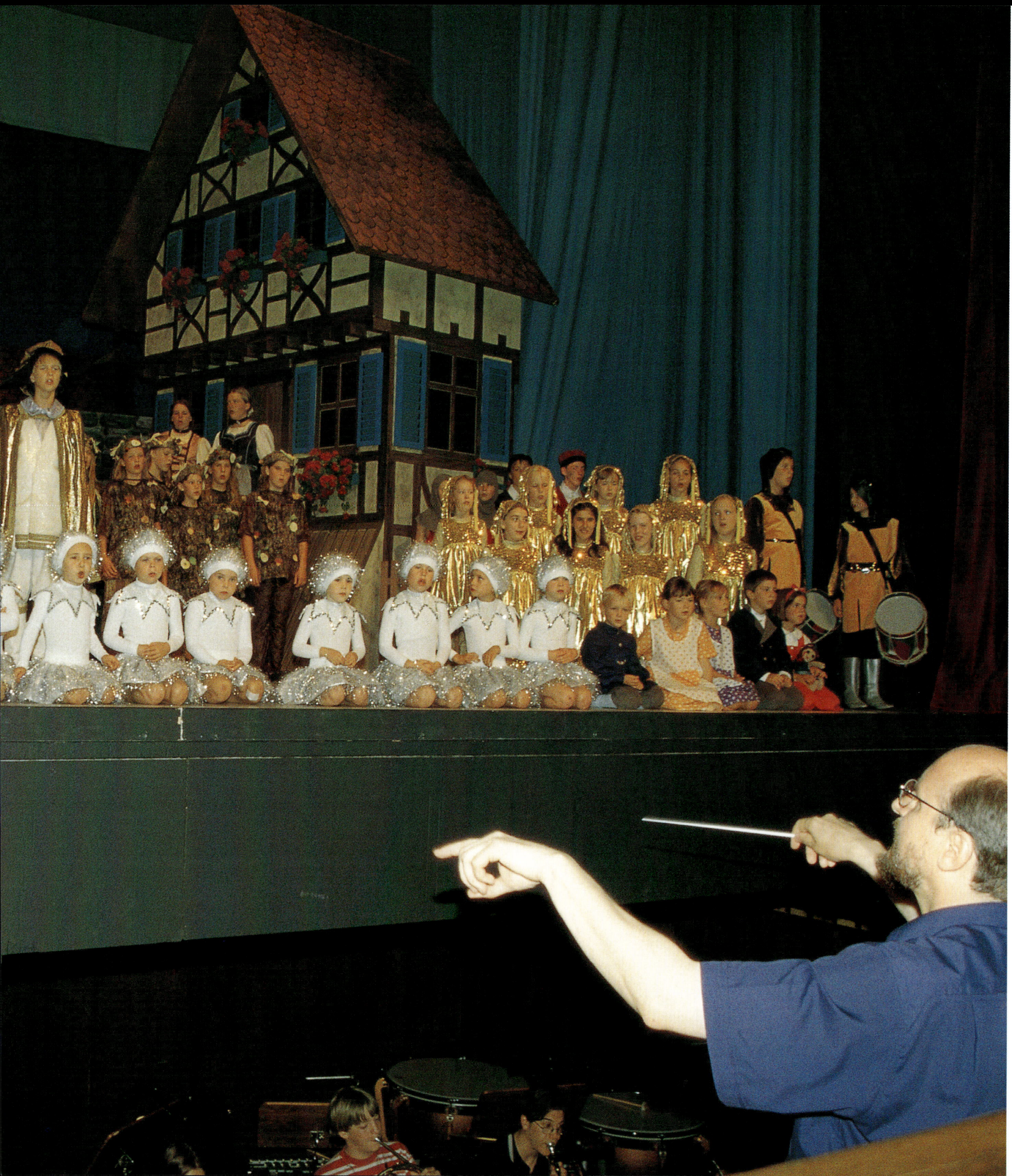

AUCH DAS IST SCHÜTZENTHEATER

Generalprobe Prinzessin Amaranth -1998.
Auch das gemeinsame Singen des Schützenfestliedes 'Rund um mich her ...' wird einstudiert.

Glückwünsche durch den Ersten Vorsitzenden der Schützendirektion für eine gelungene Darbietung des Grimm Märchens.

Bei der Premiere gab es 'standing ovations'.
Das Proben hat sich gelohnt.

Die süßen Schneeflöckchen müssen auch hinter der Bühne gut betreut werden. Um die Minis bei Laune zu halten und das Spiel auf der Bühne nicht zu stören, werden spannende Geschichten vorgelesen.

Das Abschluß-Kaffeekränzchen in der Stadthalle. Ein letztes Zusammentreffen von Spieler, Gegenspieler, Macher und Helfer.

Christa Graupner ehrt Theaterkinder für ihr langjähriges Mitwirken im Biberacher Schützentheater.

Anschließend gibt es eine eigene Bühnenshow für die Theaterkinder.
Zuerst spielen Mitwirkende eine heitere "Neufassung" des Märchens und ernten vom kritischen Publikum viel Gelächter und Applaus. Danach bringen auch die guten Geister hinter der Bühne eine weitere Variation des Stückes.

Damit geht wieder einmal ein märchenhaftes Schützentheaterjahr zu Ende.

Die Theater-Mannschaft (1998), damit sind all jene Frauen und Männer gemeint, die beim Biberacher Schützentheater hinter den Kulissen eine wichtige Rolle spielen. Eine verschworene Gemeinschaft mit dem Leitspruch: »Einer für alle, alle für einen.«

Christa Graupner, Gesamtleitung

Peter Marx, Komposition und musikalische Leitung

Yvonne von Borstel, Regie

Sie bauen das Bühnenbild, bemalen und gestalten es aus:
Werner Loos, Erich Roth, Klaus Bader, Ilse Bergmann, Anne Holzhauer, Ingrid Bader

Sie nähen die Kostüme:
Annemarie Linder, Monika Niesobski

Sie studieren die Ballette ein:
Anne Ottenbacher-Hopf, Ingrid Hellgoth (stellvertr. Theaterleiterin), Nina Maier, Gabi Starzinsky, Hanne Klein

Peter Geiwitz, Kostümentwürfe

Sie sorgen für Maske und Frisuren:
Otti Huchler, Marianne Häring, Stefanie Häring, Uschi Kühnle, Waltraud Seitz

Sie betreuen die Kinder in den Garderoben:
Isolde Rabatscher, Inge Vilmain, Gudrun Schmid, Regina Mayer

Hermann Maier, Bühnenbildentwurf und Effekte

Die aufgeführten Stücke von 1819 bis 1999

1819	Das Vogelschießen	(Aus: Weissens Kinderfreund)
1820	Die Feuersbrunst	(Aus: Weissens Kinderfreund)
	oder: Gute Freunde in der Not a)	(A. Kotzebue)
	Kunz von Kaufungen oder: Der sächsische Prinzenraub b)	
1821	Graf Benjowsky oder: Die Verschwörung auf Kamtschatka b)	
1853	Der Hahnenschlag	
1854	Die kleine Näherin	
1855	Zerstreuung und Argwohn	(E. v. Houwald)
	Der Weihnachtsabend	
1856	Die Fußreise	
	Die Ährenleserin	(R. Schiff nach A. Berquin)
1857 -		
1858	Die Ehrenpforte c)	(Operette)
1859	Die Schwestern	(Durelié)
	Der Neujahrsabend	(Neumann)
1860	Die Bescherung im Karzer	(Durelié)
1861	Die Schulkameraden	(Durelié)
1862	Der Hofmeister	(Durelié)
	Le Sacrifice des Petits Enfants	(Leonard)
1863	Der Weihnachtsabend	(E. v. Houwald)
	L'Espieglerie Pardonnable	(B. F. Jaufret)
	Der Schwabenstreich	(Neffler)
1864	Die Stunde der Andacht	(Neumann)
	Wie Du Mir - So Ich Dir	(K. Jäger)
	oder: Der Pascha von Ägypten	
1865	Der Schuldbrief	(E. v. Houwald)
	Der Erbprinz im Forsthaus	(Durelié)
1867	Die Schulkameraden	(Durelié)
	Des Königs Lied oder: Leutnant Querkopf	(W. Albert)
1868	Auf dem Hühnerhof und im Walde	(C.A. Görner nach einer Fabel)
	Die Geburtstagsfeier	(Durelié)
1869	Der Binsenmichel	(C.A. Görner)
1870	Schneewittchen	(C.A. Görner nach Brüder Grimm)

a) Evangelisches Schützenfest
b) Katholisches Schützenfest
c) betreffendes Stück für das jeweilige Jahr nicht feststellbar

1871	Königin Tausendschön und Prinzessin Häßlich	
1872	Der Binsenmichel	(C.A. Görner)
1873	Dornröschen	(C.A.Görner nach Brüder Grimm)
1874	Schneewittchen	(C.A.Görner nach Brüder Grimm)
1875	Auf dem Hühnerhof und im Walde	(C.A. Görner nach einer Fabel)
	Lügenmäulchen und Wahrheitsmündchen	(C.A. Görner)
1876	Die Geschichte von Rosenjulerl	(C.A. Görner)
1877	Dornröschen	(C.A.Görner nach Brüder Grimm)
1878	Die Geschichte von Rosenjulerl	(C.A. Görner)
1879	Königin Tausendschön und Prinzessin Häßlich	
1880	Der Binsenmichel	
1881	Schneewittchen	(C.A. Görner)
1882	Der gestiefelte Kater	(C.A.Görner nach Brüder Grimm)
1883	Die Geschichte vom Rosenjulerl	(C.A. Görner)
1884	Dornröschen	(C.A.Görner nach Brüder Grimm)
1885	Der gestiefelte Kater	(C.A.Görner nach Brüder Grimm)
1886	Königin Tausendschön und Prinzessin Häßlich	
1887	Auf dem Hühnerhof und im Walde	(C.A. Görner nach einer Fabel)
	Lügenmäulchen und Wahrheitsmündchen	(C.A. Görner)
1888	Der Binsenmichel	(C.A.Görner nach Brüder Grimm)
1889	Prinzessin Amaranth (Frau Holle)	(Anthony nach Brüder Grimm)
1890	Prinzessin Amaranth (Frau Holle)	(Anthony nach Brüder Grimm)
1891	Das Beerenlieschen	(A. Danne)
1892	Der gestiefelte Kater	(C.A.Görner nach Brüder Grimm)
1893	Schneewittchen	(C.A.Görner nach Brüder Grimm)
1894	Prinzessin Amaranth (Frau Holle)	(Anthony nach Brüder Grimm)
1895	Das Beerenlieschen	(A. Danne)
1896	Der Binsenmichel	(C.A. Görner)
1897	Aschenbrödel	(C.A.Görner nach Brüder Grimm)
1898	Prinzessin Amaranth (Frau Holle)	(Anthony nach Brüder Grimm)
1899	Aschenbrödel	(C.A.Görner nach Brüder Grimm)
1900	Dornröschen	(C.A.Görner nach Brüder Grimm)
1901	Schneewittchen	(C.A.Görner nach Brüder Grimm)
1902	Der Binsenmichel	(C.A. Görner)
1903	Dornröschen	(C.A.Görner nach Brüder Grimm)

DIE BISHER GESPIELTEN STÜCKE

1904	Das Beerenlieschen	(A. Danne)
1905	Aschenbrödel	(C.A. Görner nach Brüder Grimm)
1906	Der gestiefelte Kater	(C.A. Görner nach Brüder Grimm)
1907	Prinzessin Amaranth (Frau Holle)	(Anthony nach Brüder Grimm)
1908	Das Kräutertrudchen	(R. Werner)
1909	Der Binsenmichel	(C.A. Görner)
1910	Schneewittchen	(C.A. Görner nach Brüder Grimm)
1911	Dornröschen	(C.A. Görner nach Brüder Grimm)
1912	Aschenbrödel	(C.A. Görner nach Brüder Grimm)
1913	Der gestiefelte Kater	(C.A. Görner nach Brüder Grimm)
1914	Prinzessin Amaranth (Frau Holle)	(Anthony nach Brüder Grimm)
1920	Der Binsenmichel	(C.A. Görner)
1921	Dornröschen	(C.A. Görner nach Brüder Grimm)
1922	Das Kräutertrudchen	(R. Werner)
1923	Schneewittchen	(C.A. Görner nach Brüder Grimm)
1924	Aschenbrödel	(C.A. Görner nach Brüder Grimm)
1925	Prinzessin Amaranth (Frau Holle)	(Anthony nach Brüder Grimm)
1926	Der Binsenmichel	(C.A. Görner)
1927	Der gestiefelte Kater	(C.A. Görner nach Brüder Grimm)
1928	Dornröschen	(C.A. Görner nach Brüder Grimm)
1929	Das Besenlorle	(F. Mayer)
1930	Das Kräutertrudchen	(R. Werner)
1931	Aschenbrödel	(C.A. Görner nach Brüder Grimm)
1932	Der Binsenmichel	(C.A. Görner)
1933	Das Besenlorle	(F. Mayer)
1934	Schneewittchen	(C.A. Görner nach Brüder Grimm)
1935	Prinzessin Amaranth (Frau Holle)	(Anthony nach Brüder Grimm)
1936	Der gestiefelte Kater	(C.A. Görner nach Brüder Grimm)
1937	Dornröschen	(C.A. Görner nach Brüder Grimm)
1938	Peterchens Mondfahrt	(G. v. Bassewitz)
1939	Prinzessin Huschewind	(F.P. Buch)
1946	Peterchens Mondfahrt	(G. v. Bassewitz)
1947	Prinzessin Huschewind	(F.P. Buch)
1948	Der Binsenmichel	(G. Saccardi nach C.A. Görner)
1949	Der gestiefelte Kater	(O. Herzog nach Brüder Grimm)

1950	Schneewittchen	(O. Herzog nach Brüder Grimm)
1951	Prinzessin Amaranth (Frau Holle)	(Anthony nach Brüder Grimm)
1952	Der kleine Muck	(O. Herzog nach W. Hauff)
1953	Dornröschen	(O. Herzog nach Brüder Grimm)
1954	Peterchens Mondfahrt	(G. v. Bassewitz)
1955	Aschenbrödel	(O. Herzog nach Brüder Grimm)
1956	Hänsel und Gretel	(O. Herzog nach Brüder Grimm)
1957	Prinzessin Huschewind	(F.P. Buch)
1958	Die goldenen Binsen (Der Binsenmichel)	(O. Herzog nach C.A. Görner)
1959	Schneewittchen	(O. Herzog nach Brüder Grimm)
1960	Der gestiefelte Kater	(O. Herzog nach Brüder Grimm)
1961	Prinzessin Amaranth (Frau Holle)	(Anthony nach Brüder Grimm)
1962	Dornröschen	(O. Herzog nach Brüder Grimm)
1963	Peterchens Mondfahrt	(G. v. Bassewitz)
1964	Aschenbrödel	(O. Herzog nach Brüder Grimm)
1965	Das tapfere Schneiderlein	(O. Herzog nach Brüder Grimm)
1966	Prinzessin Huschewind	(F.P. Buch)
1967	Die zertanzten Schuhe	(H. Gehring nach Brüder Grimm)
1968	Der Binsenmichel	(H. Gehring nach C.A. Görner)
1969	Kalif Storch	(H. Gehring nach Brüder Grimm)
1970	Der gestiefelte Kater	(H. Gehring nach Brüder Grimm)
1971	König Drosselbart	(H. Gehring nach Brüder Grimm)
1972	Das tapfere Schneiderlein	(H. Gehring nach Brüder Grimm)
1973	Die drei goldenen Kugeln	(H. Gehring)
1974	Die rote Spinne	(H. Gehring)
1975	Die zertanzten Schuhe	(H. Gehring nach Brüder Grimm)
1976	Die Zaubermaschine	(H. Gehring)
1977	Der Binsenmichel	(H. Gehring nach C.A. Görner)
1978	Der gläserne Wald	(H. Gehring)
1979	Prinzessin Sommersproß	(H. Gehring)
1980	König Drosselbart	(H. Gehring nach Brüder Grimm)
1981	Peterchens Mondfahrt	(G. v. Bassewitz)
1982	Der gestiefelte Kater	(C. Graupner nach Herzog & Mayer)
1983	Prinzessin Amaranth (Frau Holle)	(C. Graupner nach Herzog & Mayer)

DIE BISHER GESPIELTEN STÜCKE

1984	Aschenbrödel	(C. Graupner nach Brüder Grimm)
1985	Der kleine Muck	(C. Graupner nach Hauff)
1986	Der Binsenmichel	(C. Graupner nach C.A. Görner)
1987	Die Schneekönigin	(C. Graupner nach Andersen)
1988	Dornröschen	(C. Graupner nach Brüder Grimm)
1989	Kalif Storch	(C. Graupner nach Hauff)
1990	Der Teufel mit den drei goldenen Haaren	(C. Graupner nach Brüder Grimm)
1991	Peterchens Mondfahrt	(G. v. Bassewitz / Graupner)
1992	Der gestiefelte Kater	(C. Graupner nach Brüder Grimm)
1993	Der falsche Prinz	(C. Graupner nach Hauff)
1994	Prinzessin Huschewind	(C. Graupner nach H.P. Buch)
1995	Das Wasser des Lebens	(C. Graupner nach Brüder Grimm)
1996	Aschenbrödel	(C. Graupner nach Brüder Grimm)
1997	Der kleine Muck	(C. Graupner nach Hauff)
1998	Prinzessin Amaranth (Frau Holle)	(C. Graupner nach Brüder Grimm)
1999	Die zertanzten Schuhe	(C. Graupner nach Brüder Grimm)
2000	...	

Szene aus den zertanzten Schuhen (1999).

Bühnenbildentwurf für Die zertanzten Schuhe 1999.

RUND UM MICH HER IST

Das Schützenfestlied.
Schützenrösle und Schützenschätzle.
Abnahme und Eröffnung des Vergnügungsparks.
Die Jahrgänger-Feiern.
Die "Kleine Schützenmusik".
Die Schützendirektion.
Der Schatzmeister.
Spenden für das Kinderfest.
Der Schützenbatzen und andere Stiftungen.

LLES FREUDE

Das Schützenfestlied.

Viele Feste mit alter Tradition haben ein Festlied. Meist ist es ein Heimatlied, im 19. Jahrhundert entstanden, mit stark vaterländischem Akzent. Biberachs Festlied ist ein Choral, der einen gänzlich anderen Ursprung hat. Schüler und Erwachsene können in der Regel Melodie und Text auswendig, wenigstens die erste Strophe, viele auch alle drei Strophen.

1607 - 1676 lebte einer der größten Dichter geistlicher Lieder, Paul Gerhardt, Hauptpastor an St. Nicolai in Berlin. Das Lob Gottes in der Natur lag dem gläubigen Christen auch in der schrecklichen Zeit des 30jährigen Krieges am Herzen. Aus diesem Geiste schrieb er das unvergleichlich schöne Lied: "Geh aus, mein Herz, und suche Freud in dieser schönen Sommerzeit an deines Gottes Gaben".

Rund ein Jahrhundert später (1740 - 1786) lebte Christoph Christian Sturm. Er stammte aus Augsburg, kam über mehrere Zwischenstationen nach Hamburg, wo er als Hauptpastor an St. Peter zu Hamburg tätig war. Auch er war ein berühmter und sehr produktiver Dichter von Kirchenliedern. Eines seiner bevorzugten Themen war die Allmacht des Schöpfers in der Natur. So schuf er das Lied " Rund um mich her ist alles Freude, verschönt ist, Schöpfer, deine Welt".

Etwa zur selben Zeit wie Sturm war der zweite Sohn des großen Johann Sebastian Bach Hauptkantor in Hamburg, Carl Philipp Emanuel Bach. Er vertonte das Lied und veröffentlichte es 1780 in einer Sammlung "Lieder und Kirchengesänge -mit Melodien zum Singen bey dem Claviere". Bachs Komposition ist anspruchsvoll und nur von geübten Sängern zu singen. Immerhin ist die Vertonung des Liedes durch einen Musiker von Weltrang ein Beweis, daß das spätere Biberacher Festlied musikalisch und poetisch etwas Außergewöhnliches ist. Der Biberacher evangelische Kirchenmusikdirektor Justin Heinrich Knecht muß die Bach'sche Vertonung gekannt haben. Er hat 1797 die Melodie neu geschrieben. Knecht hat sich von Bach in einigen Passagen anregen lassen, aber er hat nicht kopiert, er hat ein eigenes Werk geschaffen. Knechts Weise ist volkstümlicher und leichter zu erlernen und zu singen.

"Rund um mich her" wurde im Jahr 1802, wenige Monate vor dem Ende der Reichsstadtherrlichkeit, im letzten Biberacher Evangelischen Gesangbuch mit allen fünf Strophen veröffentlicht. Zunächst war es also ein Choral, der im Gottesdienst gesungen wurde. Wie kam es, daß die drei schönsten Strophen zum Schützenfestlied wurden? Wir wissen es nicht! Es muß jedoch sehr rasch gegangen sein, daß auch der katholische Teil der Bürgerschaft das Lied übernommen hat. Sicher wurde es ab 1840 allgemein gesungen, wahrscheinlich schon früher.

Es brachte eine festliche Stimmung, auch ein Gefühl der Dankbarkeit zum Ausdruck, die dieses Fest auszeichnen. Das Lied wurde bald nicht nur in der Kirche, sondern bei öffentlichen Anlässen begeistert gesungen, so beim Aufmarsch des Festzuges auf dem Marktplatz. Eine besonders liebenswerte Sitte ist es, daß die Kinder im Schützentheater beim Schlußtableau zusammen mit dem Publikum zwei Strophen des Festliedes singen.

Heutzutage wird "Rund um mich her" bei vielen Gelegenheiten gesungen: Beim Jahrgänger- und beim Schülergottesdienst, bei der Heimatstunde, beim Fahnenzug auf dem Marktplatz, bei den Zunfttänzen, vor den beiden Festzügen am Montag und Dienstag und

Rund um mich her ist alles Freude,
Verschönt ist, Schöpfer, deine Welt!
Es prangt in seinem Feierkleide
Gebirg und Tal und Wald und Feld!
Wie heilig wird mir jede Stätte!
Wohin ich seh, wohin ich trete,
erblick ich Dich, o Schöpfer, Dich.
Wohin ich seh auf allen Fluren,
In allen Deinen Kreaturen,
erblick ich, aller Vater, Dich.

Das Murmeln in belaubten Bäumen
ruft: freudig müßt ihr Gott erhöhn!
Die Zeit in Schwermut zu verträumen,
ist Gottes Welt zu voll, zu schön.
Mir sagt, beglänzt vom Morgentaue,
die Flur, der Garten und die Aue:
Wie segnet unser Gott so gern!
Mir sagt das Rauschen seiner Fluten:
Gott ist der Urquell alles Guten!
Der Bach sagt lispelnd: Lobt den Herrn!

Weit um mich her ist alles Freude,
O freu auch, meine Seele, dich
in Gottes schönem Weltgebäude!
Wie reichlich segnet er auch mich!
Lasst dessen Lob umher erschallen,
der dir so wohl tut, allen, allen,
so wohl tut, der so gütig ist!
Stimmt ein in der Geschöpfe Chöre:
Dir Gott sei Preis, Dir Dank und Ehre,
der Du der Ewiggute bist!

RUND UMS SCHÜTZENFEST

Silhouette und Notenbuch Justin Heinrich Knechts, Komponist des Biberacher Schützenfestliedes.

im Schützentheater. Spontan ist die Gepflogenheit entstanden, bei offiziellen Gelegenheiten zum Singen des Liedes aufzustehen.

In einer alkoholgeschwängerten Atmosphäre sollte das Festlied nicht gegrölt werden, dazu ist es zu schade. Es gehört nicht ins Bierzelt und nur mit großer Zurückhaltung in die Biergärten. Das Lied ist ein kostbarer Schatz der Biberacher, der gepflegt und gehütet werden muß. Das Biberacher Schützenfest hat einen geistlichen Ursprung, und der kommt durch das Festlied zum Ausdruck.

Immer wieder hört man es von ehemaligen Biberachern, die heute in fernen Ländern leben, daß sie zu Tränen gerührt sind, wenn sie das Lied ihrer Jugend wieder hören und mitsingen können. Auch ortsansässige Biberacher empfinden den Gesang von "Rund um mich her" als einen Höhepunkt des Festes, ein Zeichen für die tiefen Gefühle, die manchen sonst ganz nüchternen Biberacher mit seinem Schützenfest verbinden.

Schützenrösle und Schützenschätzle.

*N*iemand weiß, seit wann es ein Schützenrösle gibt, auf jeden Fall seit unvordenklichen Zeiten. Die liebenswürdige Sitte gehört zur Atmosphäre jener Tage, zur Stimmung des Schützenfestes, das auf dem Höhepunkt des Jahres stattfindet, wenn die Rosen blühen.

Keine Blume ist so viel bedichtet worden wie die Rose, von jeher wurde ihr Symbolkraft zugeschrieben. Rosen gibt es in tausend Farbnuancen, aber die dominierende Farbe der Schützenrose ist rot.

Schon die kleinsten Buben, die Schützentrommler haben ein Rösle an der Mütze, selbstverständlich tragen es auch die größeren Jugendlichen bei den Spielmannszügen. Auch die wilde Bande des Schwarzen Veri hat sich ein Rösle an den Räuberhut gesteckt.

Und was machen die Festbesucher in Zivil? An allen Haupttesttagen tragen sie ein Schützenrösle, die Männer neben dem Festabzeichen am Revers oder an der Hemdenbrust, die Frauen am Schützenkleid oder am Gürtel der Jeans.

*A*n den Haupttagen des Schützenfestes gibt vor dem jeweiligen Festzug der Oberbürgermeister einen Empfang für auswärtige Gäste. Von einigen Damen der Stadtverwaltung in traditioneller Biberacher Tracht wird jedem Gast ein Schützenrösle angeheftet als freundliche Geste der Begrüßung, aber auch als Zeichen der Schützenfeststimmung. Diese Symbolik der Rose ist eine Biberacher Besonderheit, von anderen Festen nicht bekannt.

Nun gibt es beim Schützenrösle auch einen geheimen Code, der allerdings nicht jedem Festbesucher bekannt ist. Trägt jemand die Rose nach oben, dann bedeutet das: Ich bin -leider- schon vergeben. Hat er sie aber so angesteckt, daß die Blüte nach unten zeigt, dann bedeutet das: Ich bin noch frei, ich bin noch zu haben.

Man sieht daraus, zwischen Schützenrösle und Schützenschätzle besteht ein enger Zusammenhang. Das Schützenfest findet Anfang Juli statt, in der Regel heiße Tage und laue Nächte, die zum Träumen anregen. Neue Bekanntschaften macht man leichter als das Jahr über. Fröhliche Stimmung herrscht überall, Musik, Tanz, Vergnügungspark, Hockete. Es ist also ganz einfach, daß aus Einzelgängern Pärchen werden.

In früheren Zeiten hatte man bekanntlich über das Verhältnis der Geschlechter sehr viel strengere Ansichten als heutzutage. Der Verfasser erinnert sich, daß vor rund 50 Jahren an Schützen das Auge der Mütter nicht ganz so streng über den Töchtern wachte wie im übrigen Jahr. Schließlich hatten sie nichts dagegen, daß ihr wohlerzogenes Töchterlein einen Schützenschatz hatte, vorausgesetzt, es blieb alles in schicklichen Grenzen.

*D*ieses Schützenschätzle vor 50 Jahren trug ein braves geblümtes Baumwollkleid und hatte seine Haare zu einer schön gewellten Innenrolle frisiert. War man sich mit einem Freund einig, daß gerade ein ganz besonderes Wesen vorüberschreite, dann hieß es: "Tolle Frau". Und dieser Ausdruck war damals schon sehr kühn und weitgehend.

25 Jahre später sahen die Schützenschätzle ganz anders aus. Die 68iger Revolution hatte stattgefunden, die jungen Damen hatten sich emanzipiert. Man trug eine hauteng Jeans, ein T-Shirt mit Spaghetti-Trägern und schulterlange Haare. Die Verständigung mit dem Freund lautete jetzt: "Steiler Zahn".

In der Gegenwart steht hautnah gegeneinander gedrückt, was sich sympathisch ist. Ort der Handlung vor einer Szenekneipe in der Consulentengasse. Eine kesse 19jährige ist dabei. Plateausohlen, Minirock, stark modellierendes Bustier. Die Freunde verständigen sich: "Geile Alte". Kein galanter Ausdruck, ein bißchen ordinär, aber allgemein üblich.

Wie ist das heute mit dem Schützenschätzle? Reifere Herren verschiedenster Altersgruppen schwärmen davon. Treffen sie beim Schützenfest zufällig eine Bekannte aus früheren Jahrzehnten, dann schwelgen sie in romantischen Erinnerungen und schließen das "alte" Mädchen mit jugendlichem Elan in die Arme. Und wie steht es mit der jungen Generation? Es hat sich gewaltig viel geändert. Die Kommunikation unterscheidet sich radikal von den früheren Zeiten. In der Unterhaltung kommt oft mehr amerikanisch-englisch vor als schwäbisch. Das sind die Umgangsformen, das ist die Fassade. Die Gefühle, die Sympathien und Antipathien, die sind zeitlos. Und sie sind ganz bestimmt an den Schützenfesttagen noch ein bißchen virulenter als zu gewöhnlichen Zeiten.

Schreitet man per Zufall einmal durch einen weniger belebten, nachtdunklen Bereich des Gigelbergs, kann man möglicherweise ein Pärchen beobachten, das traumverloren in innigem Schützenkuß versunken ist. Das Schützenschätzle ist nicht ausgestorben. Das Schützenschätzle lebt.

*M*it dem Wachsen des Vergnügungsparks auf dem Gigelberg gab es einen gewissen Druck der Schausteller, immer früher mit der Eröffnung der Betriebe zu beginnen. Die Schützendirektion wünschte jedoch eine einheitliche Eröffnungszeit, mit einem Schlag sollten alle Vergnügungsbetriebe und alle Verkaufsstände anfangen. 1970 kam man auf die Idee, den Vergnügungspark mit einem offiziellen Akt zu eröffnen. Als Zeitpunkt wurde dafür der Schützensamstag gewählt. Punkt 14.00 Uhr krachten die ersten Böllerschüsse des Jahres. Die gesamte Schützendirektion marschierte mit Musik und Trommelklang über den Berg. Die Runde endete im Bierzelt. Für die Festbesucher wirkten die Böllerschläge und die Musik wie ein Signal: Jetzt geht's los, Schützen hat begonnen!

Zwei Jahre später, 1972 verband man die Eröffnung des Vergnügungsparks mit einer altergebrachten Sitte des Schützenfestes, der "Abnahme". Abnahme bedeu-

Abnahme der Trommlerkorps und Spielmannszüge. Eröffnung des Vergnügungsparks.

tet: Ein Spielmannszug, ein Trommlerkorps, eine Musikkapelle hat vor einer fachkundigen Kommission ein Zeugnis ihres Könnens abzulegen. Diese Abnahme erfolgte früher für jede Gruppe einzeln, meist in einem Bierkeller. Mit der Ausdehnung des Festes war das schließlich nicht mehr möglich.

*n*ach der neuen Regelung ziehen alle musikalischen Jugendgruppen des Schützenfestes mit wenigen Minuten Abstand auf den Sportplatz Gigelberg ein. Auf der Tribüne hat sich die Schützendirekion plaziert, welche die Rolle der früheren Kommission übernommen hat. Jede Gruppe musiziert und marschiert auf dem Platz mit Front zur Tribüne auf. Auf dem Abhang zum Sportplatz wimmelt es inzwischen von Zuschauern. Bei den kleinen Trommlern und Pfeifern ist natürlich die ganze Familie anwesend, voll Freude und Stolz über die Mitwirkung des jungen Vertreters. Bei den Größeren sind die "Fans" zahlreich vorhanden, die ihre Lieblingstruppe mit Beifall und lautem Jubel begrüßen. So ist aus der Abnahme auch eine Großveranstaltung geworden.

Der schon beschriebene Rundmarsch über den Berg erfolgt nun mit allen Jungmusikern. Beim Einzug in das Bierzelt schließen sich die meisten musikalischen Gruppen an. Dort nimmt der Erste Vorsitzende der Schützendirektion eine feierliche Handlung vor: Er zapft das erste Bierfaß an, ein riesiges Holzfaß von über 100 Litern. Zuerst hält er eine kurze Rede oder spricht ein paar markige Verse. Dann schlägt er den Spunden ein, eine Kunst, die gelernt sein will. Den ersten Krug, zum größten Teil mit Schaum gefüllt, trinkt er auf das Wohl des Schützenfestes. Jedes Musikkorps präsentiert sich nun im Bierzelt. Die Stimmung ist großartig, der Lärm ist ohrenbetäubend. Das Schützenfest hat begonnen.

*e*s gibt ein paar Veranstaltungen während der Schützenfestwoche, die nicht von der Schützendirektion geplant und geleitet werden. Die Jahrgänger-Feiern gehören dazu. Alles, was später selbstverständlich erscheint, fing einmal ganz bescheiden an. Heinrich Sembinelli wurde im Jahr 1949 50 Jahre alt und veranstaltete mit seinem Jahrgang 1899 eine unvergeßliche Jahrgänger-Feier im damaligen Hotel "Zum goldenen Rad". Bereits 1951 folgten auch die 60er nach; die Jahrgänger-Feiern wurden offiziell im Festprogramm des Schützenfestes aufgeführt.

Seit 1963 gibt es Jahrgänger-Treffen der 70er, 60er und 50er mit einem ökumenischen Gottesdienst in der Stadtpfarrkirche St. Martin, die nur selten so voll sein dürfte wie an diesem Tag; 1969 waren dann auch die 65er und 75er dabei, während die 40er, 80er und 85er erst wesentlich später folgten. Der Jahrgänger-Festzug schließlich wurde erst 1970 eingeführt. Man kann sich das heute schon fast gar nicht mehr vorstellen, denn dieser Umzug voll Humor und Temperament zieht jetzt alljährlich Tausende von Zuschauern und Gratulanten auf den Marktplatz und an die übrigen Festzugstraßen. Zwischen Gottesdienst und Festzug werden die Jahrgänger an ihren Aufstellungsplätzen von Verwandten und Freunden mit Blumen und Geschenken überhäuft, so daß manche die Last kaum mehr schleppen können.

Bei den ersten Jahrgänger-Feiern gab es skeptische Stimmen: Was hatte man miteinander zu tun, nur weil man zufällig im gleichen Jahr geboren war? Aber Heinrich Sembinelli hatte hier eine Lücke erspürt, und seine Anregung wurde ein Riesenerfolg. Nicht nur eingesessene "alte Biber" trafen sich mit Schul- und Jugendfreunden, die jetzt in aller Welt lebten. Vor allem die

Die Jahrgänger.

Heimatvertriebenen und Flüchtlinge und die zahlreichen Menschen, die durch die starke Industrialisierung nach Biberach gekommen waren, hatten nun Gelegenheit, Anschluß und Freundschaft zu finden, sich nicht nur beruflich, sondern auch privat zu integrieren. Es entstanden neue Verbindungen und Freundschaften, die oft die Jahrgänger-Feiern weit überdauerten.

Die Schützendirektion organisiert lediglich das Rahmenprogramm: Gedenken an Gefallene und Verstorbene, feierlicher Festgottesdienst, Jahrgänger-Zug von der Kirche zu den Festlokalen, begleitet von Jugendmusikkorps und Spielmannszügen. Der weitere Verlauf des Abends bleibt völlig den Jahrgänger-Vereinigungen überlassen: Saalschmuck, Ansprachen, Festessen, Unterhaltungsprogramm, Tanz, Gemeinschaftsfoto, Festschrift und vieles andere. Dabei hat es sich herauskristallisiert, daß das Programm des Abends weitgehend von den eigenen Kräften des Jahrgangs gestaltet wird, was den Zusammenhalt maßgeblich beeinflußt. Der Oberbürgermeister, der Erste Vorsitzende der Schützendirektion und die beiden ersten Geistlichen der katholischen und evangelischen Gemeinde oder deren Stellvertreter schauen im Laufe des Abends bei den einzelnen Jahrgängen vorbei und sprechen ein Grußwort. Auch der Schwarze Veri macht einen meist stürmischen Besuch.

Bei den Jahrgängern bis mindestens zu den 60ern kehrt kaum irgend jemand vor den frühen Morgenstunden nach Hause zurück. Häufig nimmt man noch irgendwo ein gemeinschaftliches Frühstück ein und erst um die Mittagszeit des Schützensonntags zielt der Kurs wieder zur eigenen Häuslichkeit. Das läßt darauf schließen, daß die Jahrgänger-Feier ein schönes Erlebnis und ein gemeinschaftsbildendes Ereignis gewesen ist.

Die "Kleine Schützenmusik".

Im Jahr 1996 konnte die "Kleine Schützenmusik" ihr 175jähriges Jubiläum feiern. Sie gehört damit zu den ältesten Jugendmusikkorps Deutschlands, wahrscheinlich ist sie sogar das älteste überhaupt.

Die "Kleine Schützenmusik" hat in Biberach eine große Bedeutung. Die Biberacher, die Alten wie die Jungen, mögen ihre "Kleine Musik" und sind stolz auf sie. Sie ist eine Art Symbol für das Schützenfest geworden und vertritt wie keine andere Gruppe die Stadt bei vielen auswärtigen Großveranstaltungen und Festen.

Zum ersten Mal nahm am evangelischen Schützenfest von 1821 eine aus Jugendlichen bestehende "Türkische Musik" teil, nachdem schon beim katholischen Schützenfest von 1819 drei waldhornblasende Knaben aufgetreten waren. Die heutigen Blaskapellen - so typisch deutsch erscheinend - sind tatsächlich aus der Musik türkischer Janitscharen entstanden, welche erstmals in Mitteleuropa bei der Belagerung von Wien ertönte.

1825 wurden die vorher getrennt gefeierten konfessionellen Schützenfeste zusammengelegt, und es gab in der Folge nur noch eine Knabenmusik. Die Leiter dieser Musik waren Kirchenmusikdirektoren, abwechselnd der evangelische und der katholische. Ab 1842 galt die Bezeichnung "Kleine Musik", aber nicht etwa, weil die Knaben so klein gewachsen waren, sondern weil es sich insgesamt nur um ein zahlenmäßig kleines Ensemble handelte. Auch als die "Kleine Schützenmusik" später sehr viel größer war, blieb die alte Bezeichnung aus Gründen der Tradition erhalten.

Nicht weniger als 93 Jahre lang marschierten die Schützenmusikanten in ihren Straßenanzügen mit den damals üblichen Hüten, "Kreissägen" und Filzhüten, im Festzug mit. Erst für das Schützenfest 1914 schuf Professor Christian Weiß, Zeichenlehrer am Gymnasium und erster Leiter des Braith-Mali-Museums, den Entwurf für eine Uniform. Er orientierte sich an den Gewändern von Landsknechten aus der Zeit des Dreißigjährigen Krieges. Diese seinerzeit sehr beliebte Uniform ist sicher allen älteren Biberachern noch in guter Erinnerung. Sie wurde insgesamt 50 Jahre lang getragen.

*D*urch die beiden Weltkriege gab es jeweils eine sechsjährige Pause mit einem schwierigen Neuanfang. Ferner gab es nach Zeiten großen Andrangs auch immer wieder Perioden mit Nachwuchssorgen und mit der Schwierigkeit, einzelne Register ausreichend zu besetzen. Die Beliebtheit der "Kleinen Schützenmusik" war letzten Endes immer groß genug, um musikalische junge Leute in ausreichender Zahl zu gewinnen.

Nach 50 Jahren war die Erneuerung der alten Landknechtsuniform sehr dringend. Schützendirektor Willy Witzgall schuf 1964 den Entwurf, der sich an einer mittelalterlichen Spielmannstracht orientierte. Die Farben dunkelrot und oliv für das Wams und schwarz-gelb gestreift für die Strümpfe wurden beibehalten. Dieses Kostüm wurde bis 1989 getragen, es ist also genau 25 Jahre alt geworden.

Im Jahr 1966 wurde der "Kleinen Schützenmusik" ein Spielmannszug angegliedert, bestehend aus Trommlern und Pfeifern. In großem Rahmen wurde 1971 das 150jährige Jubiläum der "Kleinen Schützenmusik" gefeiert. Bundespräsident Dr. Gustav Heinemann verlieh der "Kleinen Schützenmusik" die "Pro Musica-Plakette", eine sehr seltene Auszeichnung für alte und verdiente Musikensembles. Bei der Jubiläumskapelle zählte der Musikzug 60 und der Spielmannszug 25 Jungmusiker.

Um das musikalische Niveau zu heben, führte Musikdirektor Peter Marx 1979 als Dauereinrichtung das Jahreskonzert der "Kleinen Schützenmusik" ein. Bei dieser Gelegenheit wird, unter der Stabführung von Günter Rützel, nicht nur traditionelle Marschmusik geboten, sondern auch konzertante Musik von klassisch bis modern mit teilweise sehr anspruchsvollen Stücken. Schon seit dem Schützenfest 1976 wirkt die "Kleine Musik" auch beim Schülergottesdienst am Schützenmontag im Chor der Stadtpfarrkirche St. Martin mit.

*E*in Zeichen für die Beliebtheit der "Kleinen Schützenmusik" sind die zahlreichen auswärtigen Engagements über Jahrzehnte hinweg. Es sollen hier nur einige herausragende Auftritte genannt werden: Eidgenössisches Knabenmusikfest in St. Gallen sowie vielfältiges Zusammentreffen mit der befreundeten Knabenmusik St. Gallen; Mitwirkung beim 500jährigen Jubiläum der Eberhard-Karls-Universität in Tübingen; Teilnahme am internationalen Blumenkorso von Locarno; zahlreiche Auftritte beim Cannstatter Volksfest und bei der Ostalb-Woche in Heidenheim; enge Beziehungen mit den Schäferläufen in Bad Urach, Wildberg und Markgröningen; Auftritte bei den befreundeten Kinder- und Heimatfesten in Saulgau, Göppingen, Ravensburg, Tettnang, Weingarten.

Im Jahre 1981 ließ der "Hospital" die alte Schützenkellerhalle am Fuße des Gigelbergs sanieren. Die Schützendirektion erhielt dieses Gebäude pachtweise überlassen, und damit wurde auch endlich für die "Kleine

Schützenmusik" eine Heimat geschaffen. Einzel-, Register-, und Gesamtproben konnten nun in diesem Hause stattfinden.

Um das Nachwuchsproblem besser bewältigen zu können, wurde beschlossen, die Altersgrenze für die Jungmusiker von 18 auf 20 Lebensjahre anzuheben. Nachdem die "Kleine Schützenmusik" 167 Jahre lang ein reines Knabenmusikkorps gewesen war, wurden seit 1988 auch Mädchen aufgenommen. Das hat sich sehr bewährt, der Anteil der weiblichen Musiker steigt von Jahr zu Jahr.

Die Kleidung der "Kleinen Schützenmusik" bedurfte 1989 nach 25 Jahren wieder einmal der Erneuerung. Nach intensiven Nachforschungen fiel schließlich die Wahl auf die Uniform der "Brandenburgischen Dragoner", nicht zuletzt auch, weil sich die Jugendlichen selbst aus mehreren Vorschlägen dafür ausgesprochen haben. Es handelt sich um eine Parade-Kleidung für Fronleichnamsprozessionen und Blutritte, den Uniformen der Truppen des schwäbischen Kreises und des Reichsheeres nachgebildet. Die neue Montur der "Kleinen Schützenmusik" ist inzwischen bei den Musikern und bei der Bevölkerung sehr beliebt.

*D*ie Schützendirektion hat erhebliche Mittel für die "Kleine Schützenmusik" aufgewendet. In den letzten 25 Jahren waren es mehr als 350.000.--DM, die für Ausbildung, Instrumente, Noten und Uniformen ausgegeben wurden. Die "Kleine Schützenmusik" wurde dadurch eine Ausbildungsinstitution für junge Musiker weit über den Rahmen des eigenen Korps hinaus. Sowohl die Stadtkapelle Biberach als auch die Musikvereine des Umlandes haben von den gut ausgebildeten Musikern profitiert.

Eine Reihe von hochbegabten Jungmusikern haben sich entschlossen, die Musik als Berufsweg einzuschlagen. Bedeutende und gefeierte Musiker sind daraus hervorgegangen.

Im Jahr 1996 konnte die "Kleine Schützenmusik" ihr 175jähriges Jubiläum feiern. Sie ist nicht nur ein bedeutender Teil des Biberacher Schützenfestes, sondern auch ein Symbol des jungen musikalischen Biberach.

Die Schützendirektion.

*S*olange Biberach Reichsstadt war, wurden nahezu alle öffentlichen Lebensäußerungen durch die geistliche und weltliche Obrigkeit angeordnet und gelenkt. Das blieb auch noch eine Zeitlang so unter badischer und württembergischer Herrschaft.

Zu Beginn des 19. Jahrhunderts taucht dann plötzlich der Begriff Schützendirektor auf. Der erste Biberacher Bürger mit diesem Titel war im Jahr 1808 der Ratskonsulent Eben. Ihm folgte 1810 - 1825 der Apotheker Stecher als Schützendirektor für das evangelische Fest. 1818 - 1824 war Senator Kloos Schützendirektor für das katholische Fest. Apotheker Georg Friedrich Stecher war ein Glücksfall für Biberach. Gleich 1810 führte er die heute noch bestehende "Ziehung" ein. Er legte auch großen Wert auf Spiele, Schaukeln und ähnliche Belustigungen. 1819 rief Stecher auch das "Schützentheater" ins Leben, eine wirkliche Großtat, wenn man bedenkt, was daraus in den nächsten zwei Jahrhunderten geworden ist. Kurz darauf entstand die "Kleine Schützenmusik", eine der ältesten Knabenkapellen Deutschlands. Auch das sogenannte "Bieten" dürfte in seinen Anfängen unter Stecher entstanden sein. Ab 1825 wurde endlich das Schützenfest gemeinschaftlich für beide Konfessionen gefeiert. Nachfolger von Apotheker Stecher als Schützendirektoren waren die Devisenfabrikanten Johann Gottlieb und Friedrich Goll. Letzterer hat die Gigelberganlagen geschaffen. Schließlich ab 1832 wurde aus der Schützendirektion ein kollegiales Gremium, das zunächst aus drei Mitgliedern bestand. Sie wurden alljährlich vom gemeinschaftlichen Stiftungsrat eingesetzt, dem die Abrechnung vorzulegen war und der das Defizit der evangelischen und katholischen Kasse zur Deckung anwies. Anfangs gab es einen sehr häufigen Wechsel der Direktoren, was darin seinen Grund haben mag, daß sich fast in jedem Jahr ein Defizit ergab, das vom Stiftungsrat abgemahnt wurde.

Erst ab Mitte des 19. Jahrhunderts verringerte sich die Einmischung des Stiftungsrats, deswegen gab es nun Schützendirektoren, die 15, 20 und 30 Jahre lang im Amt waren. Als Beispiele für langjährige Tätigkeit in der zweiten Hälfte des 19. Jahrhunderts seien genannt: Ferdinand Mauer, Kaufmann; Eduard Enderlin, Kaufmann; Albert Diederich, Apotheker und Karl Bredelin, Kaufmann; letzterer mit 30 Dienstjahren der Langjährigste.

*a*us welchen Bevölkerungsgruppen rekrutierte sich nun die Schützendirektion?
Es waren fast ausschließlich Vertreter des gehobenen Mittelstandes, in erster Linie Kaufleute und Handwerker, daneben Fabrikanten, Apotheker und Buchdrucker. Erst zu Beginn des 20. Jahrhunderts kamen einige Lehrer dazu, die die Verbindung zu den Schulen herstellen sollten.

Seit 1873 war die Schützendirektion selbständig und wurde nicht mehr durch den Stiftungsrat eingesetzt. Sie ergänzte sich von da an selbst durch Zuwahl, und so ist es bis zum heutigen Tage geblieben.

Im Jahr 1900 bestand die Schützendirektion erst aus 5 Mitgliedern, die die ganze Last der Planung und Organisation des Festes trugen. Im Jahr 1905 wurde die Leitung des Schützentheaters der Direktion einverleibt; 1907 hat sich die Zahl der Schützendirektoren auf 10 erhöht, was für ein starkes Anwachsen des Festumfanges spricht. Während bisher alle Schützendirektoren gleichberechtigt und für alles zuständig waren, schuf man nun differenzierte Ämter und Zuständigkeiten. Es wurden erstmals ein Vorsitzender, ein Schriftführer und ein Kassier bestellt, es gab einen Festzugsleiter und einen Verantwortlichen für die "Ziehung". Der erste Vorsitzende in der Geschichte der Schützendirektion war Bäckermeister Jakob Wanner (Bretschenbäck). Er war seit 1897 Mitglied der Schützendirektion, wurde 1907 zum Vorsitzenden gewählt und blieb es bis 1928. Danach wurde er als Ehrenvorsitzender verabschiedet.

*d*ie Schützendirektion von der Jahrhundertwende bis zum Beginn des Zweiten Weltkrieges war ein Gremium von höchst angesehenen und bedeutenden Männern. Es sollen nur einige Wenige beispielhaft erwähnt werden: Fritz Mayer, genannt "Engelmayer", 48 Jahre lang Leiter des Schützentheaters; Professor Christian Weiß, Zeichenlehrer und erster Leiter des Braith-Mali-Museums; Fritz Montag, Glasermeister, einige Jahre Vorsitzender der Schützendirektion; Emil Pfeffer, Inhaber eines Polster- und Möbelgeschäftes, Festzugsleiter; Julius Mühlschlegel, Mühlenbesitzer, Festzugsleiter; Heinrich Sembinelli, Techniker und Humorist, Schöpfer der Heimatstunde. Unter vielen gewichtigen Biberachern war der Bedeutendste: Oberreallehrer Otto Fries, 33 Jahre Mitglied der Schützendirektion und 21 Jahre ihr Vorsitzender. Er prägte den modernen Stil des Biberacher Schützenfestes, machte aus ihm erst eigentlich daraus ein historisches Fest. Er rettete das Schützenfest über das Hitlerreich und die Besatzungszeit hinweg und führte es in eine neue bedeutende Zukunft.

*e*s ist klar, daß die Machtübernahme durch Hitler auch das Schützenfest in manche Anfechtungen führte. 1934 wurde die Schützendirektion gezwungen, Vertreter der Parteiorganisationen der NSDAP aufzunehmen. Kampfbund, Hitlerjugend und SA sollten in der Schützendirektion vertreten sein. Die Suppe wurde aber dann nicht ganz so heiß gegessen, wie sie gekocht war, Kampfbund und SA schieden nach kurzer Frist wieder aus; der Vertreter der Hitlerjugend war ein eingefleischter Biberacher und arbeitete ganz intensiv auf der Schützenbühne mit. Allerdings mußten auf Druck der Partei mehrere langjährige Schützendirektoren das Gremium verlassen, weil von ihnen bekannt war, daß sie Gegner des Nationalsozialismus waren: Verleger Hermann Diederich, Stadtbaurat Matthäus Rupf und Albert Hirschmann, Inhaber eines Butter- und Käsegeschäfts. Auch der damalige Vorsitzende, Fabrikant Otto Gerster, erklärte Hals über Kopf seinen Austritt. Es ist mündlich überliefert, daß er am Wirtshaustisch eine sehr despektierliche Bemerkung über den Kreisleiter Ernst Norbert Müller gemacht hatte. Das wurde dem Kreisleiter zugetragen. Unter den damaligen Verhältnissen war Otto Gerster für die Stellung eines Vorsitzenden damit untragbar geworden. Fries selbst konnte sich halten, obwohl er nicht Mitglied der NSDAP war. Seine bedeutenden diplomatischen Fähigkeiten dürften dazu beigetragen haben.

17 Schützendirektoren gingen unmittelbar nach dem Krieg daran, das Biberacher Schützenfest ab dem Jahre 1946 wieder aufzubauen. Zehn Männer stammten noch aus der Vorkriegsmannschaft, sieben wurden neu dazu gewählt. Es gehörte neben der Kinder- und Heimatliebe ein unglaubliches Maß an Mut und Optimismus dazu, alle Hindernisse aus dem Weg zu räumen, die sich durch das Besatzungsregime und durch die Knappheit an allen Dingen des täglichen Lebens ergaben. Die Nachkriegsmannschaft der Schützendirektion war auch deswegen so erfolgreich, weil die Biberacher Bevölkerung in ihrer ganz überwiegenden Mehrheit hinter ihr stand und die Wiederbelebung des Schützenfestes dringend wünschte.

*a*lsbald nach der Währungsreform von 1948, mit der auch der Mangel an Gütern aller Art entfiel, begann eine stürmische Aufwärtsentwicklung des Schützenfestes auf allen Gebieten. Biberach wuchs innerhalb weniger Jahrzehnte von 10 000 auf über 30 000 Einwohner. Der Zustrom von Heimatvertriebenen und Flüchtlingen, die Entwicklung Biberachs zu einer potenten Industriestadt, der Ausbau des Schulsystems auf allen Gebieten, die Zuwanderung von Ausländern, Asylanten und Aussiedlern, das alles trug zur raschen Vergrößerung Biberachs bei. Es ist mehr als erstaunlich, daß es gelungen ist, diese große Zahl von Neubürgern, die ja sehr rasch eine Mehrheit in der Bevölkerung darstellten, völlig in das Schützenfest zu integrieren. Das war der klugen und überlegten Arbeit der damaligen Schützendirektion zu verdanken, der es gelang, auch die Neubürger in das Fest einzubeziehen und sie dafür zu begeistern. Über die Kinder, die als erste mitmachen wollten, wurden schließlich auch die Eltern und die ganze Familie mit in das Festgeschehen einbezogen.

Die immer größer werdende Zahl von mitwirkenden

Das Abzeichen der Schützendirektionsmitglieder.

und zuschauenden Menschen erforderte natürlicherweise auch eine breitere organisatorische Basis. Der jeweilige Bürgermeister, später der Oberbürgermeister, wurde kraft Amts Mitglied der Schützendirektion. Daraus ergab sich ein enger Kontakt und die direkte Ansprechmöglichkeit mit dem Oberhaupt der Stadt. Andererseits konnte auch die Stadt ihre Vorstellungen und Wünsche unmittelbar an die Schützendirektion herantragen. In späteren Jahrzehnten beschloß der Gemeinderat, als Stellvertreter des Oberbürgermeisters einen Ersten Bürgermeister einzusetzen, der zugleich das Finanz- und Wirtschaftsdezernat leitete. Wieder einige Zeit später wurde auch das Baudezernat von einem Bürgermeister geleitet. Beide wurden ebenfalls kraft Amts Mitglieder der Schützendirektion.

Neben den Bürgermeistern wurden eine Reihe von wichtigen städtischen Amtsleitern in die Schützendirektion zugewählt. Sie alle haben weit über ihre dienstlichen Obliegenheiten hinaus zahlreiche Aufgaben für das Schützenfest übernommen.

Nur der Oberbürgermeister und die beiden Bürgermeister gehören kraft Amts der Schützendirektion an. Alle übrigen Mitglieder müssen gewählt werden. Dabei gilt ein verhältnismäßig kompliziertes Wahlverfahren. Bei Anwesenheit von mindestens zwei Dritteln der Mitglieder muß der Kandidat drei Viertel der Stimmen erhalten. Damit ist gewährleistet, daß ein neuer Schützendirektor das Vertrauen einer überwältigenden Mehrheit, möglicherweise des ganzen Gremiums besitzt.

*D*a das Biberacher Schützenfest, bis heute ganz wesentlich ein Kinderfest und ein Schülerfest ist, bedeutet das, daß ein enger Kontakt zu den Schulen unabdingbar wurde. In den ersten Jahrzehnten nach dem Krieg entstanden unablässig neue Schulen, wurden große Schulgebäude errichtet, hat sich die Zahl der Schüler vervielfacht. In der Regel wurde der Schulleiter oder die Schulleiterin in die Schützendirektion zugewählt, in besonderen Fällen deren Stellvertreter.

*S*chließlich wurde aber auch Wert darauf gelegt, Menschen aus der Bürgerschaft zu gewinnen, sei es, daß sie besondere künstlerische oder handwerkliche Fähigkeiten besaßen, oder daß man sich einfach ihr großes Engagement für das Fest zu Nutze machen wollte. Künstlerische Begabung war unabdingbar notwendig in leitender Funktion beim Schützentheater. Mit Otto Herzog, Helmut Gehring, Christa Graupner und Ingrid Hellgoth, ist es gelungen, Mitarbeiter mit hoher Befähigung für das Theater zu gewinnen. Die langjährigen künstlerischen Festzugsleiter Willy Witzgall und Peter Geiwitz haben dem Historischen Festzug ihr ganz persönliches Gepräge gegeben. Die Festzugsleiter der Nachkriegszeit Julius Mühlschlegel, Emil Pfeffer, Fritz Thierer, Robert Pfender, Gerhard Rothenbacher und Wolfgang Ocker haben Meisterarbeit geleistet, um den immer umfangreicher gewordenen historischen Festzug in der gewohnten Präzision und Vollendung vorzuführen. Im kunsthandwerklichen Bereich waren für den Festzug tätig: Freddy Lutz, Helmut Blos und Herbert Vollmar, Männer im Hintergrund, ohne die das Schützenfest nicht existieren könnte. Nach dem frühen Tod von Heinrich Sembinelli hat Otto Herzog die Gestaltung der Heimatstunde übernommen. Sein Nachfolger war Dieter Buttschardt. Ein Vierteljahrhundert war er der Verfasser und der Initiator der Heimatstunde, der er ein völlig neues, von Themen der Stadtgeschichte geprägtes Gesicht gab. Buttschardt verstarb viel zu früh; die schwierige Aufgabe erhielten Edeltraud Garlin und Dr. Kurt Diemer übertragen. Auch für andere wichtige Spezialaufgaben werden Mitarbeiter gebraucht: Für Reiter, Fahrer und Pferde waren und sind Lorenz Hagel, Bernd Reichle und Heinrich Koch tätig. Für Musikkapellen, Trommlerkorps und Fanfarenzüge gibt es spezielle Betreuer; Zunfttänze und historische Tänze müssen in mühevoller Arbeit eingeübt werden. Das weite Feld der Organisation bei einer so riesigen Veranstaltung wie dem Schützenfest, muß durch viele Leute abgedeckt werden. Der Bereich Finanzen und Kassenwesen wird vom Schatzmeister und seinen Helfern präzise betreut. Werbung und Öffentlichkeitsarbeit bilden ein weites Feld. Die historische Beratung und die Betreuung aller historischen Unterlagen im Archiv der Schützendirektion bilden eine wichtige Aufgabe. Bunter Festzug, Ziehung, Biberschießen, Vergnügungspark, Lagerleben, Tanz auf dem Marktplatz, viele andere Veranstaltungen: dafür ist jeweils ein Schützendirektor verantwortlich, der mit seinem Mitarbeiterstab – Kommission genannt – dieses Aufgabengebiet erledigt.

Eine besondere Eigentümlichkeit der Schützendirektion war es, daß sie bis 1955 ein reines Männergremium war. Emma Witzgall, die langjährige Assistentin des legendären "Engelmayer", später die Leiterin des Schützentheaters, war nie Mitglied der Schützendirektion. Lediglich ihr Ehemann Willy Witzgall gehörte von 1951-1968 der Schützendirektion an. Margret Breimer war schließlich im Jahre 1955 die erste Frau, die in das Gremium gewählt wurde. Inzwischen ist es selbstverständlich, daß Frauen der Schützendirektion angehören.

Das rasche Wachstum des Schützenfestes brachte es mit sich, daß immer wieder neue Mitarbeiter gebraucht wurden. Manche hatten auch schon Jahre und Jahrzehnte lang treu ihre Arbeit gleistet, ohne jemals im Rampenlicht der Öffentlichkeit zu stehen. 1969 wurde deswegen eine neue Institution geschaffen, die "Schützenbeiräte". Wichtige Mitarbeiter für spezielle Aufgaben können zu Schützenbeiräten ernannt werden. Sie werden den ihren Funktionen entsprechenden Kommissionen und Arbeitsgruppen als gleichberechtigte Mitglieder zugeordnet. Damit sind meist in der Stille tätige unentbehrliche Mitarbeiter öffentlich ausgezeichnet. Sie tragen ein spezielles Abzeichen und haben einen offiziellen Status. Bei der Einführung des Titels "Schützenbeirat" wurden 25 Männer und Frauen in diese neue Institution berufen. In der Zwischenzeit sind es ungefähr 35 Schützenbeiräte.

Die Schützendirektion selbst wuchs in der Nachkriegszeit sehr rasch an. Ende der 70iger Jahre waren es ca. 40 Schützendirektoren. Seitdem ist die Zahl etwa konstant, mit nur leichten Schwankungen. Mit dieser Zahl läßt sich gerade noch leben. Hier kann noch wirklich diskutiert werden, während bei einem weiteren Anwachsen des Gremiums erhebliche Schwierigkeiten entstünden. Es wird daher angestrebt, die Mitgliederzahl bei etwa 40 zu belassen.

Das Biberacher Schützenfest hat sich in der Nachkriegszeit in atemberaubendem Tempo vergrössert. Das war zum Teil gar nicht die Absicht der Schützendirektion. Der Anklang in der Öffentlichkeit hat diese Vergrößerung fast zwangsläufig mit sich gebracht. Die Zahl der aktiv mitwirkenden Kinder und Erwachsenen beträgt ca. 7 000, die Zahl der Besucher im Verlaufe der Festwoche wird auf 100 000 bis 200 000 geschätzt. Ebenso ist die Zahl der Einzelveranstaltungen während der Schützenwoche wesentlich größer geworden; auch der finanzielle Umfang des Festes in Einnahmen und Ausgaben ist sehr stark angestiegen. Man sah daher in der Schützendirektion die Notwendigkeit, die Organisation den neuen Gegebenheiten anzupassen. Nach gründlichen Vorberatungen verabschiedete man am 17. Januar 1989 eine neue Geschäftsordnung. Die Arbeit innerhalb des Schützenfestes wurde in acht Bereiche aufgeteilt. A Verwaltung, B Festzüge, C Schützentheater, D Finanzen, E Technik, F Öffentlichkeitsarbeit, G Schulische Veranstaltungen, H Spezielle Veranstaltungen. Nach einigen Jahren wurde der Bereich H dem Bereich G angegliedert.

Der Erste Vorsitzende und die Bereichsleiter bilden den Vorstand der Schützendirektion, der die laufenden Angelegenheiten entscheidet und die wesentlichen Punkte für die Plenarsitzungen vorbereitet. Alle wichtigen Angelegenheiten des Schützenfestes und alle Gegenstände von grundsätzlicher Bedeutung werden von der Plenarversammlung beraten und entschieden. Durch diese Neuregelung ist nun eine klare Verteilung der Kompetenzen getroffen und die Verantwortung auf mehrere Schultern verteilt worden.

Trotz aller Aufteilung der Verantwortung ist es nach wie vor so, daß der Erste Vorsitzende eine richtungsweisende Position innehat. Er vertritt die Schützendirektion nach außen, er leitet die Plenar- und Vorstandssitzungen, er ist der Verbindungsmann zur Stadt, zu Behörden und zur örtlichen Wirtschaft. Er muß im Einverständnis mit der Direktion den Kurs des Festes bestimmen. Er muß neue Ideen einbringen und auch bremsend wirken, wenn eine Sache schief gelaufen ist. In personellen Angelegenheiten muß er die Weichen stellen, er muß sehen, wo man das gute Alte bewahren soll und wo Neuerungen notwendig sind. Kurz gesagt, er ist die Gallionsfigur des Schützenfestes, er trägt deswegen auch die Hauptverantwortung.

Vorsitzende der Schützendirektion waren bisher:
Jakob Wanner, Bäckermeister, 1907-1928
Fritz Montag, Glasermeister, 1928-1931
Otto Fries, Oberreallehrer, 1931-1933 und 1936-1954
Otto Gerster, Fabrikant, 1933-1936
Adolf Ebinger, Kaufmann, 1954-1957
Heinrich Sembinelli, Techniker, 1957-1961
Fritz Thierer, Oberstudiendirektor, 1961-1969
Fritz Kolesch, Kaufmann, 1969-1994
Gerhard Rothenbacher, Apotheker, 1994-1998
Klaus Bott, Schulleiter, ab 1999

Es ist eine verhältnismäßig kleine Zahl von Frauen und Männern, die das Schützenfest vorbereiten und durchführen. Neben der Schützendirektion und den Schützenbeiräten sind das die Mitarbeiter des Schützentheaters, die Frauen der Schützenbühne und der Nähstuben, die Ausbilder der Tanzgruppen, die Mitarbeiter vom Wagenbau, vom Baudezernat und von anderen städtischen Ämtern. An den Schulen sind es vor allem die Kunsterzieher und Sportlehrer, aber auch die Klassenlehrer der Grundschulen. Dazu kommen die Ausbilder der "Kleinen Schützenmusik" und der Trommlerkorps und Spielmannszüge. Das dürfte eine Zahl von etwa 300 Menschen ergeben, die zusammen ein Fest organisieren, das weit über 100 000 Besucher in Bewegung setzt. Die Schützendirektion selbst leistet ihre Arbeit in vollem Maße ehrenamtlich. Lediglich einige wenige Mitglieder, deren Zeitaufwand weit überdurchschnittlich ist, erhalten eine bescheidene Aufwandsentschädigung, die jedoch niemals einer Bezahlung gleichkommt. Alle übrigen haben lediglich Anspruch auf Ersatz ihrer Kosten für Fahrten, Porto, Telefon und dergleichen. Die meisten machen davon jedoch keinen Gebrauch, sondern betrachten das als zusätzlichen Beitrag für die Kasse des Schützenfestes.

Was ist nun eigentlich diese Schützendirektion? In der Geschäftsordnung heißt es: Die Schützendirektion ist ein Gremium von Bürgern zur Vorbereitung und Durchführung des Schützenfestes im Auftrag der Stadt Biberach an der Riß. In ihren Anfängen existiert die Schützendirektion nun seit nahezu 200 Jahren; seit 1873 ist sie unabhängig und nicht weisungsgebunden. Ein eingetragener Verein ist die Schützendirektion nie gewesen und ist es auch bis zum heutigen Tage nicht. Das bringt ein erhöhtes Risiko in der Haftung mit sich; man versucht dieses Risiko durch perfekte Versicherung abzudecken. Die Unabhängigkeit vom Vereinsrecht erlaubt es der Schützendirektion auch, sich durch Zuwahl zu ergänzen. Wir wissen nun, was die Schützendirektion nicht ist. Was aber ist sie dann? Mit einem modernen Begriff würde man wohl am besten sagen: eine Bürgerinitiative. Und sie war das schon, als es diesen modernen Begriff noch gar nicht gab. Sie ist auf jeden Fall ein sehr effektiv arbeitendes, handlungsfähiges und jederzeit einsatzbereites Gremium. Hinter dieser Tatsache tritt wohl die Frage der Rechtsform an Bedeutung zurück. Bei vielen Bürgern genießt die Schützendirektion ein hohes Ansehen, weil man doch wenigstens ahnt, was an Zeitaufwand und Arbeitseinsatz dahinter steckt, was an Kreativität investiert wird. Wenn Schützen heute ein so hohes Niveau und eine so enorme Anziehungskraft erreicht hat, so ist das der Schützendirektion und ihren vorerwähnten Weggenossen zu verdanken.

Das Schützenfest ist ein kulturelles Ereignis mit dem Charakter eines Historischen Kinder- und Heimatfestes. Die Schützendirektion hat zu allen Zeiten nachdrücklich betont, daß man das Fest nicht ein als auf Gewinnerzielung ausgerichtetes Wirtschaftsunternehmen ansehen darf. Trotzdem braucht eine Großveranstaltung wie das Schützenfest eine solide finanzielle Grundlage. Darüber hat der Schatzmeister zu wachen, der Vorstandsmitglied ist und eine besondere Stellung innerhalb der Schützendirektion einnimmt.

Schatzmeister ab den 20iger Jahren waren:
Adolf Ebinger,
Albert Kremmler,
Willi Blessing,
Christoph Funk,
Robert Wölfle.

Aus diesen wenigen Namen ist zu entnehmen, daß die Amtsinhaber in rund 80 Jahren ihre Aufgaben sehr lange wahrgenommen haben.
Früher wurden die Einnahmen und Ausgaben in Kassenjournalen festgehalten. Christoph Funk ging daran, das gesamte Finanz- und Kassenwesen auf EDV umzustellen. Ohne diesen elektronischen Gehilfen wäre heutzutage der wirtschaftliche Bereich des Schützenfestes nicht mehr denkbar.
Der Schatzmeister braucht eine beachtliche Zahl von Mitarbeitern, die Teil- und Hilfskassen führen und während des Festes selbständig agieren. Sie sind ihm aber zu detaillierter Abrechnung verpflichtet und haben seine Anweisungen zu befolgen. Der Schatzmeister erstellt zu Beginn des neuen Geschäftsjahres einen umfangreichen Kassenbericht, der von den Kassenrevisoren sehr genau geprüft wird und der von der Plenarver-

Der Schatzmeister.

sammlung genehmigt werden muß. Gleichzeitig stellt er für das kommende Schützenfest einen Haushaltplan auf, der auf den Zahlen der Vorjahre und auf den Anforderungen der Bereiche beruht.

*d*ie wichtigsten Quellen der Einnahmenseite für das Biberacher Schützenfest sind:
- Spenden und Stiftungen
- Festabzeichen
- Kartenverkauf Schützentheater
- Beiträge der Festplatzbetriebe, des Bierzeltes und der Bierkeller
- Zuweisungen von Stadt und Hospital
- Eintrittsgelder Heimatstunde und Tanz durch die Jahrhunderte
- Karten für Tribünen- und Sitzbänke

Die Ausgaben bestehen aus Hunderten von Einzelposten. Große Vorhaben müssen über mehrere Jahre anfinanziert werden, z.B. Bau oder Erweiterung der Requisitenhalle, Ausbau der Schützenbühne und des Kostümateliers, Aufstellung neuer Gruppen. Wegen des hohen Wetterrisikos und wegen unvorhersehbarer Ereignisse muß der Schatzmeister auch dafür sorgen, daß stets eine ausreichende Rücklage auf seinen Konten ausgewiesen ist. Die Einnahmen und Ausgaben des Schützenfestes haben sich in den letzten 30 Jahren mehr als verzehnfacht. Die Millionengrenze ist deutlich überschritten. Dabei wurden die Eintrittsgelder im Schützentheater und die Preise für das Festabzeichen nur sehr mäßig angehoben. Das Schützenfest soll ein Volksfest bleiben, dessen Besuch für jedermann erschwinglich ist. Dieses Ziel ist nur erreichbar, weil die Arbeit ganz überwiegend ehrenamtlich oder zu sehr moderaten Sätzen geleistet wird.

*i*m Juni 1948 wurde mit der Währungsreform die D-Mark eingeführt. Die drei westlichen Besatzungszonen Deutschlands hatten wieder solides Geld. Aber dieses Geld war in den ersten Jahren sehr knapp, auch bei der Schützendirektion. Die Stadt Biberach brauchte ihre damals recht bescheidenen Mittel für Wohnungsbau, Straßenbau, Schulhausbau und andere dringende Zwecke. Um den Biberacher Kindern trotzdem ein schönes Schützenfest anbieten zu können, führte die Schützendirektion alljährlich eine Haussammlung durch. Sammler waren die Mitglieder der Schützendirektion persönlich.

Der Verfasser erinnert sich, daß er mit einem Geldmäppchen und einer Sammelliste die ihm zugeteilten Straßen und Häuser abklapperte. Zu seinem Sammelgebiet gehörte der Kappenzipfel, also bestimmt nicht das Stadtgebiet, wo Biberachs reiche Leute wohnten. Er wurde fast immer freundlich empfangen, mußte oft mit älteren Leuten ein "Schwätzle" machen. Dann erhielt er 1.-, 2.- oder sogar 5.-DM. "Ha, wenn's fier d'-Schitza ischt, no geit mas gern." Es war manchmal geradezu rührend. Man war an die biblische Geschichte vom Scherflein der armen Witwe erinnert. Auf diese Weise kamen die nötigen Mittel für ein bescheidenes Fest zusammen, in teilweise sehr kleinen Summen. Natürlich haben außerhalb der Haussammlung auch schon damals die Firmen gespendet.

*b*is Ende der 50er, Anfang der 60er Jahre hatte das "Wirtschaftswunder" stattgefunden. Der Wohlstand war beträchtlich gewachsen. Außerdem hatte die Stadt sich nach allen Seiten ausgedehnt, so daß eine Sammlung zu Fuß von Haus zu Haus nicht mehr zumutbar war. Die Haussammlung wurde daher

Spenden für das Kinderfest.

eingestellt. Man verschickt seither einen sogenannten "Bettelbrief" an alle Industrie-, Handels-, Handwerks- und Gewerbebetriebe, an Banken, Dienstleistungsbetriebe, freie Berufe und auch an Privatpersonen, von denen man annehmen kann, daß sie finanziell eher auf der Sonnenseite des Daseins angesiedelt sind. Spendenaufrufe in der Presse ergänzen diese Maßnahme.

*h*underte von Biberacher Firmen und Privatpersonen tragen alljährlich mit ihren Spenden zur Durchführung des Festes bei. Darunter sind eine Reihe von sehr bedeutenden Beträgen, aber auch mittlere und kleinere Spenden. Mancher Bezieher eines bescheidenen Einkommens und mancher Rentner trägt auf diese Weise zum Gelingen des Kinder- und Heimatfestes bei.

Nicht vergessen werden soll, daß zahlreiche Handwerks-, Handels- und Industriebetriebe auch durch Sachleistungen zum Gelingen von "Schützen" beitragen. Waren werden geliefert, handwerkliche Reparaturen werden durchgeführt; die Herstellung historischer Gegenstände wird als Sonderanfertigung, oft von Ausbildungswerkstätten, als reines Entgegenkommen betrieben. Dafür wird dann entweder gar nichts oder ein sehr bescheidener Preis in Rechnung gestellt. Auf diese Weise wird dazu beigetragen, die finanziellen Grundlagen für ein schönes und hochwertiges Fest zu schaffen.

Der Schützenbatzen und andere Stiftungen.

*d*er Charakter des Schützenfestes als Kinderfest wird dadurch unterstrichen, daß es eine ganze Reihe von bedeutenden Stiftungen Biberacher Bürger oder ehemaliger Biberacher für die Kinder dieser Stadt gibt. Schon im 18. Jahrhundert ist verbürgt, daß arme Kinder aus der evangelischen oder katholischen Kasse kleine Zuwendungen erhielten, allerdings in unregelmäßigen Abständen auf jeweiligen Beschluß des Rates.

Anno 1779 kam während des evangelischen Schützenfestes Christoph Jakob Heiß in seine alte Heimatstadt. Er lebte im niederländischen Gravenhag, dem heutigen Den Haag, wo er als Weißgerber und Kaufmann zu beachtlichem Wohlstand gelangt war. Er machte aus seinem Vermögen eine Stiftung von 800 Gulden, die verzinslich angelegt wurden. 800 Gulden waren damals sehr viel Geld, man hätte damit ein stattliches Haus kaufen können. Mit dem Ertrag des Stiftungsvermögens sollte alljährlich eine Kinderpredigt gehalten werden, außerdem erhielt jedes evangelische Schulkind einen Schützenbatzen. Die katholische Kasse mußte natürlich nachziehen, so daß auch jedes katholische Kind einen Schützenbatzen bekam. Jedes Biberacher Schulkind hatte damit am Schützenfest frei verfügbares Geld in der Hand, was in ärmeren Zeiten zur Glücksstimmung am Fest maßgeblich beitrug.

*a*uch schon damals hat das Geld im Laufe der Zeit an Wert verloren, wenn auch wesentlich langsamer als heutzutage. Außerdem hat Biberach im Laufe des 19. Jahrhunderts stark an Einwohnern zugenommen. Im Jahre 1901 machte daher Julius Heiß, der Ur-Großneffe des ursprünglichen Stifters, eine Ergänzungsstiftung von 50 engl. Pfund Sterling. Julius Heiß war Chef einer bedeutenden Firma in Nottingham in England und Ehrenkonsul von Cuba. Die Stiftung hieß nun "Stiftung des Christoph Jakob Heiß in Gravenhag und des Julius Heiß in Nottingham".

Durch den ersten Weltkrieg und die anschließende Inflation wurde das Kapital der Heiß'schen Stiftung vernichtet. In dieser Situation sprang Kommerzienrat

Gustav Gerster (1856-1936) zugunsten der Biberacher Schüler ein. Er war der Gründer der Posamentenfabrik Gerster und seit 1931 Biberacher Ehrenbürger. Schon seit 1921 hatte er bedeutende Zahlungen geleistet und erneuerte ab 1924 nach der Inflation die Stiftung des Schützenbatzens. Seine Söhne und Enkel haben diese Gepflogenheit in ununterbrochener Folge seither beibehalten, obwohl sich die Schülerzahlen vervielfacht haben. Ab 1924 erhielt jeder Schüler 50 Pfennig.

Das hört sich heute sehr bescheiden an, damals aber war es ein wirklicher Schatz. Mit 50 Pfennig konnte man auf einem Einfach-Karussell zehnmal fahren, auf einem komfortableren Karussell fünfmal. Nach dem zweiten Weltkrieg und der Währungsreform wählten die Gesellschafter der Firma Gerster den Weg, kein Stiftungskapital mehr anzulegen, sondern alljährlich den Betrag zur Verfügung zu stellen, der bei der entsprechenden Schülerzahl gebraucht wurde.

$d$er Schützenbatzen wuchs stufenweise auf 1.-- DM, auf 1.50 DM und schließlich 1975 auf 2.-- DM, wobei er gleichzeitig auf die schulpflichtigen Jahrgänge beschränkt wurde. 1990 schließlich wurde der Schützenbatzen in einem kräftigen Sprung auf 5.-- DM erhöht, ab 1998 sogar auf 6.-- DM. Dies geschah auch in Erinnerung an den früheren Senior-Gesellschafter Otto Gerster (1890-1967), der 1990 hundert Jahre alt geworden wäre. Er war Mitglied der Schützendirektion, einige Jahre sogar deren Vorsitzender gewesen. 1964 wurde er Ehrenmitglied der Schützendirektion, 1965 Biberacher Ehrenbürger. Die derzeitigen Aufwendungen der Gesellschafter der Gardinen- und Posamentenfabrik Gustav Gerster für den Schützenbatzen betragen alljährlich rund 30.000.-- DM.

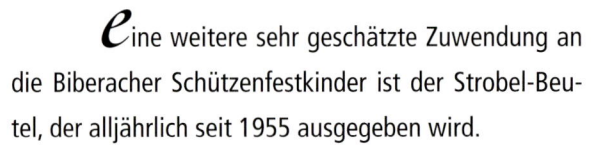

Kommerzienrat Gustav Gerster setzte nach der inflationären Vernichtung der Heiß'schen Stiftung die Tradition des Schützenbatzens fort.

$e$ine weitere sehr geschätzte Zuwendung an die Biberacher Schützenfestkinder ist der Strobel-Beutel, der alljährlich seit 1955 ausgegeben wird.
Apotheker Hanns Strobel war maßgeblich am Aufbau der Thomae-Mutterfirma Boehringer-Ingelheim beteiligt. Zusammen mit Dr. Ernst Boehringer rief er 1946 die Biberacher Firma Dr. Karl Thomae ins Leben, um neben Boehringer-Ingelheim eine zweite Produktlinie aufzubauen. Häufige Besuche in Biberach führten zu engen persönlichen Kontakten mit der Stadt und ihrem Schützenfest. Strobel war nicht nur ein arbeitsfreudiger und energischer Manager, sondern auch ein Mann von großer Lebensfreude.
Dem Biberacher Schützenfest gehörte seine ganze Sympathie. Als er am zweiten Weihnachtsfeiertag im Jahre 1954 in Biberach starb, "verewigte" ihn der Firmenverband Boehringer-Thomae durch die Stiftung, die auch dazu beitrug, den Namen der aufstrebenden Pharma-Firma in Biberach und seiner Umgebung weiter ins Bewußtsein zu rücken.

Der Strobel-Beutel, auch "Thomae Gutsle" genannt, zeichnet sich in doppelter Weise aus: Der Inhalt besteht aus hochwertigen Süßigkeiten, die bei den Kindern äußerst beliebt sind. Man läßt sich auch fast jedes Jahr wieder etwas Neues einfallen, die Überraschung trägt zur Attraktivität bei. Phantasie und Kreativität walten auch bei den Behältnissen für das Strobel-Gutsle. Aus den ursprünglichen Beuteln, die auch schon sehr hübsch und nützlich waren, wurden später künstlerisch gestaltete Dosen, die man zum Aufbewahren von allerlei kleineren Gegenständen benutzen konnte. Neuestens wurden daraus nun Mäppchen aus umweltfreundlichem Leinenmaterial, die sehr großen Anklang fanden. Das Thomae-Gutsle wird mit den Preisen der "Zie-

Apotheker Hanns Strobel, erfreut jedes Jahr Tausende von Kindern durch die Stiftung des 'Thomae-Gutsle'.

Prof. Dr. Hugo Rupf, großer Spender und Förderer des Biberacher Schützenfestes.

hung" und des Biberschießens als zusätzliches Geschenk ausgegeben. Die derzeitige Auflage beträgt 8000 Stück pro Jahr.

𝑉on außerordentlicher Bedeutung für das Schützenfest ist die Hugo-Rupf-Stiftung. Professor Dr. h.c. Hugo Rupf ist in Poppenweiler bei Ludwigsburg geboren, kam aber schon als kleiner Bub nach Biberach, wo sein Vater Matthäus Rupf jahrzehntelang Stadtbaurat und gleichzeitig Schützendirektor war. Rupf verbrachte also fast seine ganze Kinder- und Jugendzeit in Biberach. Hier ging er aufs Gymnasium, das heutige Wieland-Gymnasium, und machte anschließend eine Lehre bei der Gewerbebank, der jetzigen Volksbank Biberach. Nach dem Studium der Volkswirtschaft in Frankfurt trat er in die Dienste der Firma Voith in Heidenheim. Dort erlebte er einen atemberaubenden Aufstieg zum Mitglied der Geschäftsführung und wurde -nach dem Ausscheiden von Dr. Hans Voith - für Jahrzehnte zum maßgebenden Mann der Voith-Gruppe, die er zu einem weltweiten Konzern ausbaute. Der erfolgreiche Unternehmer, führend tätig in zahlreichen Wirtschaftsgremien und Aufsichtsräten, dekoriert mit hohen und höchsten Auszeichnungen, vergaß jedoch nie seine Heimatstadt Biberach.

Anläßlich seines 70. Geburtstages im Jahre 1978 errichtete er aus seinem privaten Vermögen eine sehr bedeutende Stiftung, die seinen Namen trägt. Die Stiftung hat drei Zielrichtungen: Die Förderung des Sport- und Kulturlebens der Stadt Heidenheim (50 % der Ausschüttung), die Förderung des Managernachwuchses (25 %) und die Förderung von kulturellen Vorhaben der Stadt Biberach, insbesondere des Schützenfestes. Schon vor Errichtung der Stiftung hat Hugo Rupf einige sehr namhafte Spenden für das Schützenfest gemacht. Seit Bestehen der Stiftung kann die Schützendirektion alljährlich mit einem sehr hohen Betrag rechnen, der ihr aus den Erträgen des Stiftungskapitals zufließt. Investitionen, die für das langfristige Florieren des Schützenfestes notwendig waren, und besonders kostspielige historische Gruppen wären ohne die Mittel der Hugo-Rupf-Stiftung nicht möglich gewesen. Das Fest verdankt also der Anhänglichkeit eines erfolgreichen ehemaligen Biberachers außerordentlich viel, mehr als für den normalen Festbesucher sichtbar wird.

Die Schützendirektion hat versucht, dem Stifter ihre Dankbarkeit zu erweisen, indem sie ihn alsbald nach Errichtung der Stiftung zum Ehrenmitglied der Schützendirektion ernannte. Die Stadt Biberach verlieh dem hochherzigen Gönner zum 75. Geburtstag im Jahr 1983 den Titel eines Ehrenbürgers.

𝑎ls Beispiel für großzügige Stifter aus der Bürgerschaft sei genannt: Frau Oberstudiendirektorin Hilde Frey, langjähriges aktives Mitglied der Schützendirektion, danach deren Ehrenmitglied. Als Direktorin des Frauenberuflichen Gymnasiums, heute Matthias-Erzberger-Schule, hat sie sowohl die Renaissance-Gruppe als auch den Fanfarenzug an ihrer Schule ins Leben gerufen. Sie hat mit mehreren hohen Spenden aus ihrem persönlichen Vermögen dafür gesorgt, daß diese Gruppen verschönert und auf ein sehr hohes Niveau gebracht wurden.

Stiftungen von beträchtlicher Höhe sind besondere Kennzeichen des Biberacher Schützenfestes. Sie zeigen den bedeutenden Rang in der großen Zahl der Kinder- und Heimatfeste.

Oberstudiendirektorin Hilde Frey Gründerin und Spenderin der Renaissance-Gruppe und des Fanfarenzugs.

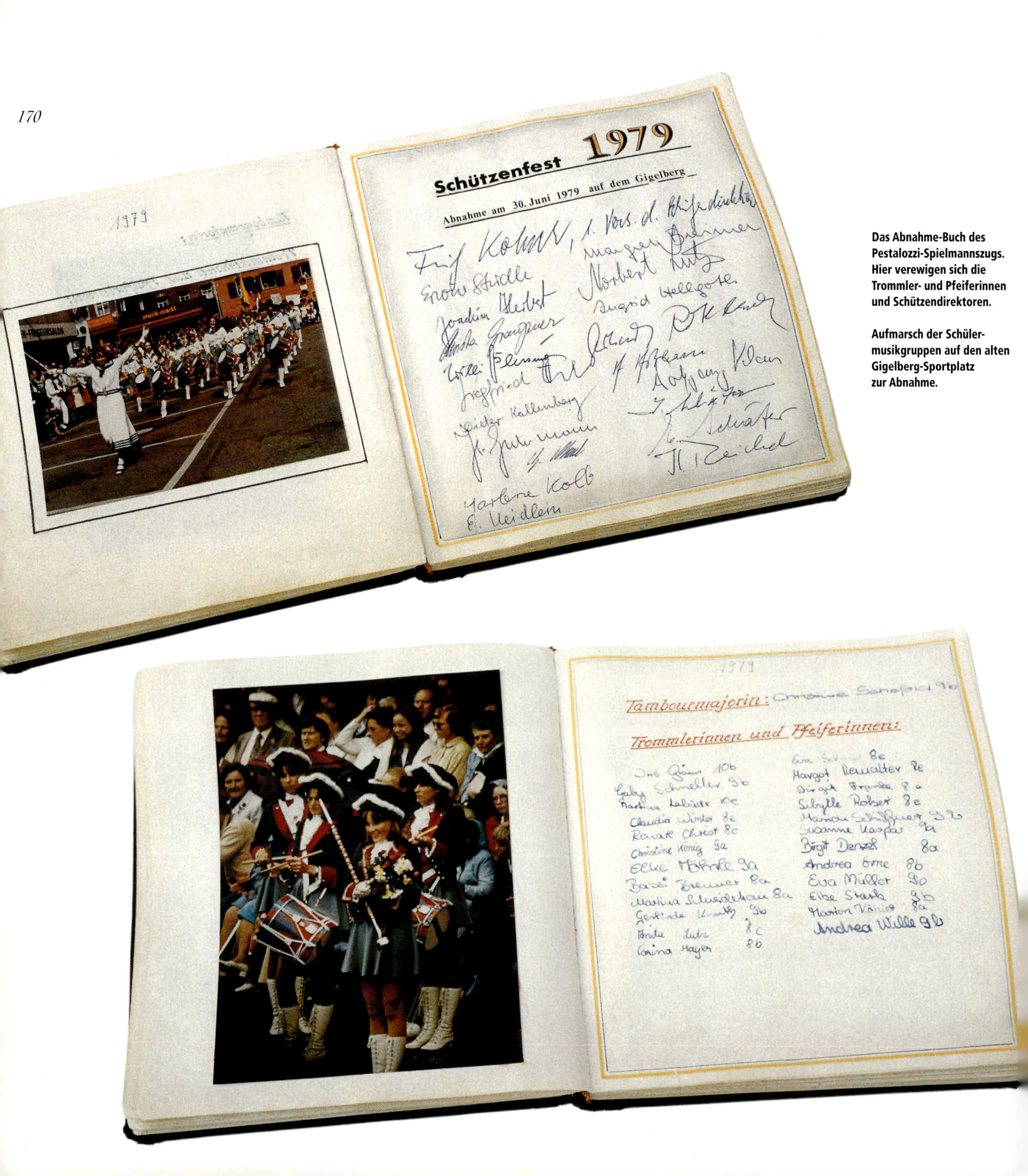

Das Abnahme-Buch des Pestalozzi-Spielmannszugs. Hier verewigen sich die Trommler- und Pfeiferinnen und Schützendirektoren.

Aufmarsch der Schülermusikgruppen auf den alten Gigelberg-Sportplatz zur Abnahme.

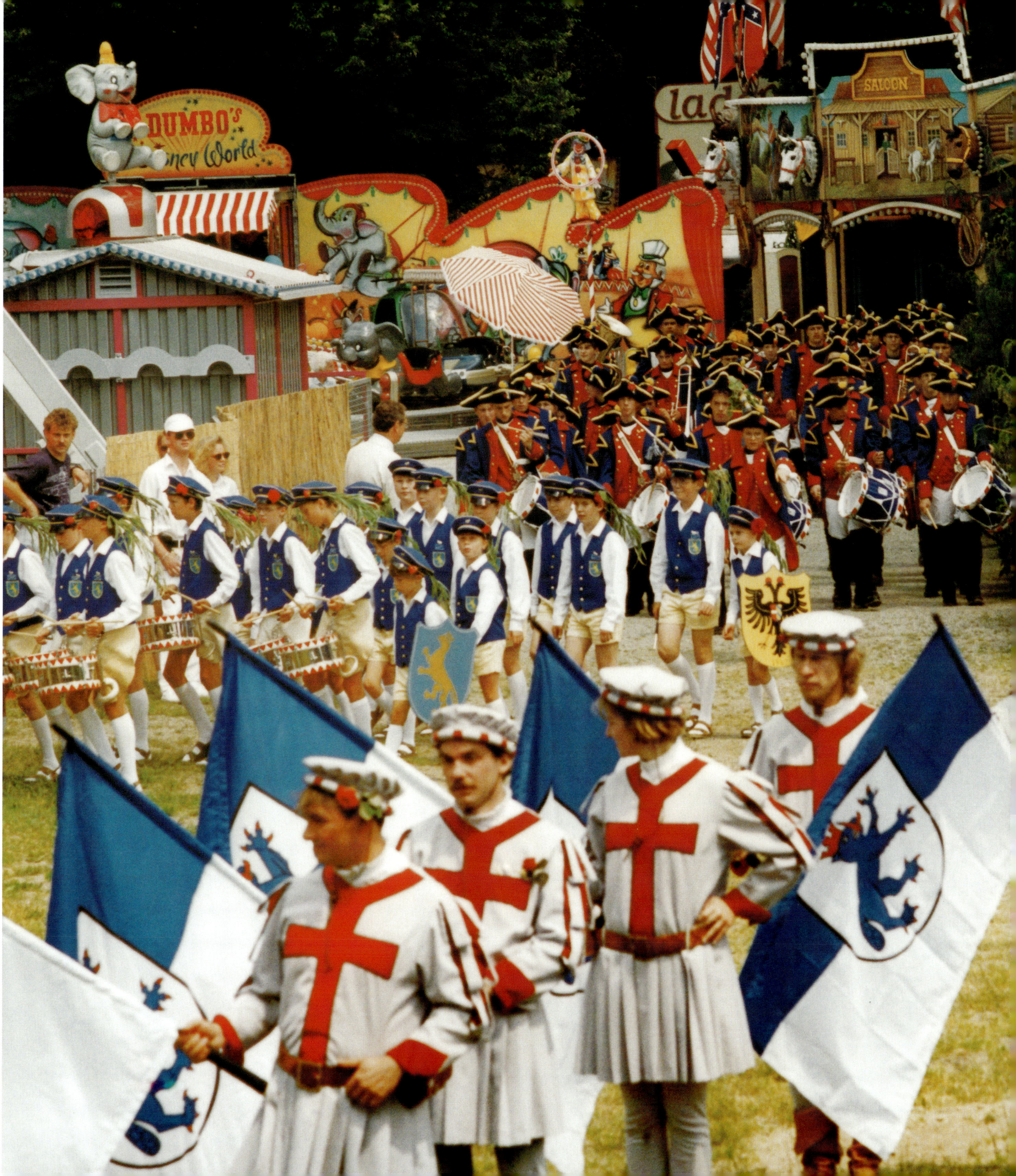
DUMBO's
SALOON

Die einzelnen Musikgruppen reihen sich nach dem Vorspielen nebeneinander auf.

RUND UMS SCHÜTZENFEST

Nach der Abnahme ziehen sie mit den Schützendirektoren über den Berg. Der Vergnügungspark ist eröffnet. Erst jetzt dürfen die Schausteller und Fahrbetriebe mit lauter Musik und flotten Sprüchen ihre Fahrgäste willkommen heißen.

Ein Prosit auf das Schützenfest: Bieranstich im Festzelt durch den Ersten Vorsitzenden der Schützendirektion (1998).

Die verrücktesten Dekorationen mit alten Schützenfestgewändern und Lifestyle-Produkten sind in den Schaufenstern der Biberacher Geschäfte zu entdecken.

In den privaten Gärten werden blau-gelbe Fahnen gehisst. Kinder malen mit Begeisterung Schützenfestmotive.

Die ganze Stadt ist in Festtagsstimmung.

Die Kleine Schützenmusik ist eines der ältesten Jugend-Musikkorps Deutschlands. Durch ihre schon fast professionelle musikalische Ausbildung ist sie ein beliebter Gast in anderen Städten und Ländern.

RUND UMS SCHÜTZENFEST

178

RUND UMS SCHÜTZENFEST

Die Jahrgänger sammeln sich nach dem Gottesdienst auf dem Kirchplatz, wo sie mit Blumen und allerlei Spaßigem in Bezug auf ihr Alter und Hobby beschenkt werden.

Bis ins hohe Alter haben die Biberacher, die einen runden Geburtstag feiern können, Freude daran, mit ihren Altersgenossen im Jahrgängerfestzug "mitzulaufen".

180

RUND UMS SCHÜTZENFEST

Die Schützendirektoren und -direktorinnen 1999.

Es ist fast unmöglich alle zu einem Gruppenbild zusammen zu bekommen. Gerade am Schützenfest hat jeder einzelne seine zusätzlichen Aufgaben zu erledigen um ein gelingen des Festes zu gewährleisten. Und natürlich vor und nach der Festwoche muß jeder und jede seinem eigentlichen Beruf nachgehen.

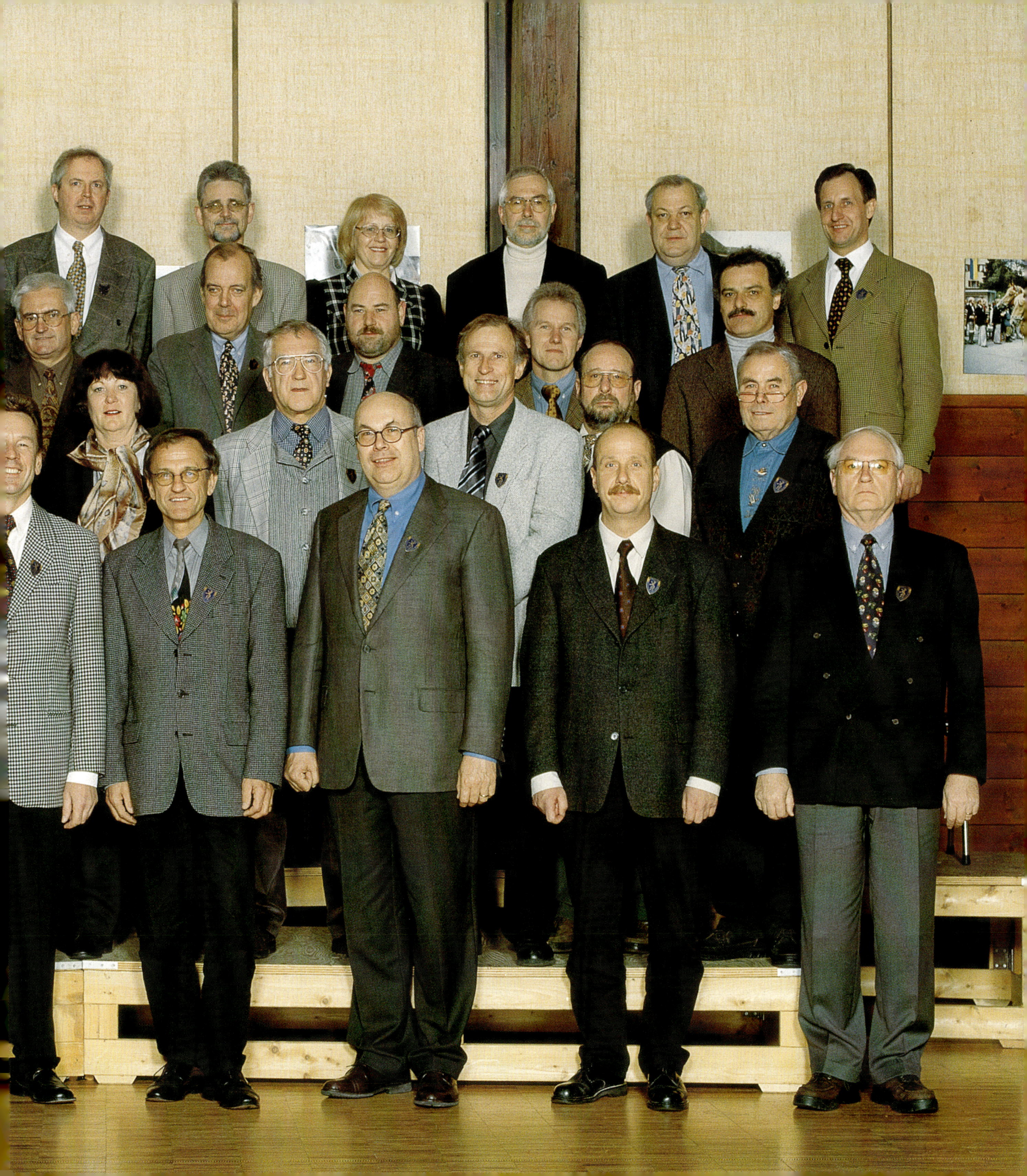

Die Mitglieder der Schützendirektion von 1900 bis 1999.

Hörnle, Xaver	Bierbrauereibesitzer,	1897-1924
Wanner, Jakob	Bäckermeister,	1897-1928, (1907-1928 Vorsitzender, 1928 Ehrenvorsitzender)
Rupp, Jakob	Rotgerbermeister,	1899-1921, (1921EM)
Kolesch, Robert	Weißgerbermeister,	1904-1907
Riedlinger, Alfred	Fabrikant,	1904-1908
Mayer, Fritz	gen. "Engelmayer", Kaufmann,	1905-1938, (Leiter des Schützentheaters 1897-1938, 1938EM)
Werner, Robert	Drechslermeister,	1905-1925, (1925 EM)
Weiß, Christian	Professor und Zeichnungslehrer,	1905-1917
Kuhn, Adam	Oberlehrer,	1907-1930, (Schriftführer, 1930 EM)
Diederich, Hermann	Fabrikant,	1908-1936, (Kassier)
Montag, Fritz	Glasermeister,	1908-1931, (1928-1931 Vorsitzender, 1931 EM)
Rosenstock, Josef	Rektor	1908-1921, (1921 EM)
Baur, Julius	Fabrikant	1920-1931, (1931 EM)
Bendel, Josef	Uhrmachermeister	1921-1938, (1938 EM)
Fries, Otto	Oberreallehrer	1921-1954, (1931-1933 und 1936-1954 Vorsitzender, 1921-1946 Schriftführer, 1954 Ehrenvorsitzender)
Hepp, Josef	Rektor	1921-1927
Graf, Otto	Kaufmann	1922-1938
Rupf, Matthäus	Stadtbaurat	1922-1936, (1946 EM)
Kegel, Jakob	Rektor	1926-1932
Pfeffer, Emil	Tapezier-, Polster- und Dekorationsmeister	1924-1959, (1953-1959 Festzugsleiter, 1957-1959 erster stellv. Vorsitzender, 1959 EM)
Nothelfer, Konrad	Oberreallehrer	1925-1937
Schlichte, Franz	Rektor	1928-1938
Gerster, Otto	Fabrikant	1929-1936, (1933-1936 Vorsitzender, 1964 EM)
Kuhn, Fritz	Kaufmann	1930-1936
Hirschmann, Albert	Käser	1931-1937
Schutz, Max	Kaufmann	1930-1936
Hohl, Otto	Rektor	1933-1939 und 1951-1956 (1936-1939 stellv. Vorsitzender)
Müller, Otto	Sattler	1934-1939
Hammer, Josef	Bürgermeister	1936-1939
Bruder, Erhard	Verlagsbuchhändler	1937-1939

MITGLIEDER DER SCHÜTZENDIREKTION

Ebinger, Adolf	Kaufmann	1937-1957, (1937-1964 Kassier, 1954-1957 Erster Vorsitzender, 1957 EM)
Gröner, Heinrich	Lehrer	1937
Müller, Karl	Stadtbaumeister	1937-1956, (1956 EM)
Streitlein, Franz	Gärtner	1937-1939
Buttschardt, Friedrich	Rektor	1938-1947, 1949, 1956-1959 (1959 EM)
Stuber, Josef	Rektor	1938-1939
Lumpp, Gustav	Zahntechniker	1938
Schilling, Otto	Uhrmachermeister	1938-1952
Krais, Hermann	Landwirt	1938-1939
Schmid, Julius	Kunstmaler	1938-1951
Mühlschlegel, Julius	Mühlebesitzer	1938-1953, (1946-1953 Festzugsleiter)
Sembinelli, Heinrich	Techniker	1939-1961, (1954-1957 Zweiter Vorsitzender, 1957-1961 Erster Vorsitzender)
Müller, Gustav	Reallehrer	1939-1950
Leger, Wilhelm	Oberbürgermeister	1946-1964
Diederich, Max	Verlagsinhaber	1946-1974, (1974 EM)
Fliegauf, Heribert	Verwaltungsangestellter	1946-1976, (1976 EM)
Härle, Karl	Zimmermeister	1946-1959, (1959 EM)
Kuhn, Eugen	Oberlehrer	1946-1961, (1961 EM)
Schelle, Eugen	Kaufmann	1946-1961, (1946-1954 Schriftführer und stellv. Vorsitzender, 1961 EM)
Kolesch, Fritz (sen.)	Kaufmann	1946-1953
Hauff, Heinz	Rektor	1948-1967, (1954-1967 Schriftführer)
Herzog, Otto	Kaufmann	1948-1966, (1949-1966 Leiter des Schützentheaters, 1986 EM)
Thierer, Fritz	Oberstudiendirektor	1949-1969, (1957-1959 2. stellv. Vorsitzender, 1959 Zweiter Vorsitzender und Festzugsleiter, 1961-1969 Erster Vorsitzender, 1969 Ehrenvorsitzender)
Dr. Kick, Hans	Studiendirektor	1950-1968, (1968 EM)
Klaus, Alois	Gartenbauamtmann	1950-1968, (1968 EM)
Oelmaier, Eugen	Stadtbaumeister	1950-1964, (1964 EM)
Heckmann, Karl	Studiendirektor	1951-1953
Nägele, Richard	Rektor	1951-1954
Zimmerer, August	Oberstudiendirektor	1961

Witzgall, Willi	Regierungsinspektor	1951-1968, (1961-1968 Zweiter Vorsitzender, 1968 EM)
Dr. Wenk, Franz	Oberstudiendirektor	1952-1964, (1964 EM)
Schilling, Hugo	Uhrmachermeister	1953-1968, (1968 EM)
Gutermann, Werner	Kaufmann	1953-1954
Kolesch, Fritz	Kaufmann	1953-1994, (1969-1994 Erster Vorsitzender, 1994 Ehrenvorsitzender)
Gerster, August	Landwirtschaftsmeister	1954-1962
Hagel, Lorenz	Bürgermeister und Ortsvorsteher in Sulmingen	1954-1982, (1982 EM)
Kremmler, Albert	Bankvorstand	1954-1971, (Kassier, 1971 EM)
Mildner, Hans	Rektor	1954-1957
Pfender, Robert	Prokurist	1954-1989, (1961-1973 Festzugsleiter, 1989 EM)
Rieger, Hans	Rektor	1954-1968, (1967-1968 Schriftführer, 1968 EM)
Maier, Erwin	Rektor	1955-1964
Breimer, Margret	Oberlehrerin (HHT)	1955-1983, (1983 EM)
Erne, Hans	Elektromonteur	1955-1969
Schefold, Dieter	Kaufmann	1955-1971
Lutz, Moritz	Oberstudienrat	1958-1979, (1979 EM)
Härle, Hugo	Dipl. Ing. (FH)	1960-1989, (1989 EM)
Holzhauer, Hanns	Zahnarzt	1960-1979, (1979 EM)
Dr. Kautt, Wilhelm	Oberstudienrat	1960-1965
Schilling, Richard sen.	Oberingenieur	1960-1974
Dr. Sänger, Carl-Ernst	Arzt	1960-1966
Dr. Pirrung, Adolf	Professor, Generaldirektor	1963-1965, (Ehrenmitglied)
Hauschild, Max	Stadtoberbaudirektor	1964-1982, (1982 EM)
Benz, Eugen	Gerbermeister	1964-1982, (1982 EM)
Gutermann, Horst	Kaufmann	1964-1990, (1969-1988 Schriftführer, 1990 EM)
Dr. Hofele, Hermann	Oberstudiendirektor	1964-1971
Gehring, Helmut	Realoberlehrer	1964-1980, (1966-1980 Leiter des Schützentheaters)
Lesehr, Alfons	Rektor	1964-1984, (1984 EM)
Schäfer, Josef	Redakteur	1965-1974, (1974 EM)
Frey, Hilde	Oberstudiendirektorin	1965-1978, (1978 EM)
Ries, Ernst	Rektor	1965-1975, (1975 EM)
Tillmanns, Margot	Rektorin	1966-1976, (1976 EM)
Hoffmann, Claus-Wilhelm	Oberbürgermeister	1966-1994, (1994 EM)

MITGLIEDER DER SCHÜTZENDIREKTION

Rothenbacher, Gerhard	Apotheker und Pharmazierat	1966-1998, (1969-1994 Zweiter Vorsitzender, 1973-1994 Festzugsleiter, 1994-1998 Erster Vorsitzender, 1999 Ehrenvorsitzender)
Graupner, Christa	Rektorin	1966- , (seit 1980- Leiterin des Schützentheaters)
Hellgoth, Ingrid	Kauffrau	1966-
Otto, Erich	Schreinermeister	1967-1980, (1981 EM)
Rack, Alfred	Erster Bürgermeister	1967-1986, (1986 EM)
Achberger, Paul	Realschulrektor	1967-1978, (1978 EM)
Hermann, Jakob	Rektor	1967-1973
Buttschardt, Dieter	Studiendirektor	1968-1992
Zimmerer, Otto	Sonderschulrektor	1968-1989, (1989 EM)
Klaus, Wolfgang	Gartenbauingenieur	1968-
Blessing, Wilhelm	Geschäftsführer	1970-1989, (1971-1988 Schatzmeister, 1989 EM)
Herbst, Joachim	Oberstudiendirektor	1971-1988, (1989 EM)
Kallenberg, Dieter	Geschäftsführer	1972-
Geiwitz, Peter	Realschullehrer	1972-
Dr. Hauchler Siegfried	Dipl. Volkswirt, Geschäftsführer	1973-
Broch, Helmut	Redakteur	1974-1984
Sonntag, Luise	Fachoberlehrerin	1974-1980
Erl, Siegfried	Stadtbauamtsrat	1975-1992, (1992 EM)
Maul, Gunter	Fachoberlehrer	1975-
Kolb, Herbert	Rektor	1975-1983
Fritz, Hans	Rektor	1976-1992, (1992 EM)
Reichle, Bernd	Zahnarzt	1976-
Lutz, Alfred	Zimmermeister, techn. Oberlehrer	1976-
Fleisch, Dieter	Augenoptikermeister	1978-1993
Blum, Erwin	Rektor	1978-1989, (1989 EM)
Schmuck, Wolfram	Amtsrat	1978-1986, (1987 EM)
Steidle, Erwin	Studiendirektor	1978-
Lutz, Norbert	Realschulrektor	1978-
Dr. Rupf, Hugo	Professor, Senator	1978- (Ehrenmitglied)
Eibofner, Lothar	Studienrat	1980-1982
Thomann, Gerhard	Oberstudiendirektor	1980-1986

Kramer, Karl-Heinz	Baubürgermeister	1981-1996, (1996 EM)
Weidelener, Karl	Stadtoberverwaltungsrat	1981-1995, (1996 EM)
Ocker, Wolfgang	Verwaltungsangestellter	1982- , (1994 Festzugsleiter, 1999 Zweiter Vorsitzender)
Blos, Helmut	Techn. Angestellter	1982-
Dr. Diemer, Kurt	Kreisarchivdirektor	1982-
Dr. Flechtner, Ferdinand	Arzt	1982-
Vollmar, Herbert	Schmiedemeister	1982-
Ludwig, Helga	Rektorin	1983-1988
Adams, Dieter	Oberstudienrat	1983-1999, (1999 EM)
Bucher, Rita	Hauswirtschaftslehrerin	1983-1990
Vogel, Günter	Betriebswirt	1984-1992
Reiche, Ursula	Rektorin	1984-1990
Funk, Christoph	Dipl. Kaufmann	1986-1998, (1989-1994 Schatzmeister, 1999 EM)
Loth, Martin	Erster Bürgermeister	1986-
Handtmann, Thomas	Dipl. Ing. (ETH)	1989-
Koch, Heinrich	Lehrer	1989-
Krug, Werner	Sonderschulrektor	1989-
Lang, Gerhard	Kaufmann	1989-1998, (1999 EM)
Zinser, Heinrich	Dipl. Ing. (FH)	1989-
Etzinger, Rainer	Sonderschullehrer	1989-
Richter, Helga	Rektorin	1989-
Schley, Karl	Rektor	1989-
Steinhauser, Karl	Stadtoberamtsrat	1989-
Schilling, Richard (jun.)	Industriekaufmann	1991-
Schmid, Rolf	Rektor	1991-
Wölfle, Robert	Sparkassenbetriebswirt	1991- , (1994- Schatzmeister)
Zachay, Ignaz	Rektor i.K.	1991-
Dr. Wulz, Hanno	Oberstudiendirektor	1993-
Brugger, Siegfried	Stadtbauamtsrat	1993-
Bott, Klaus	Rektor	1993- , (1999 Erster Vorsitzender)
Fettback, Thomas	Oberbürgermeister	1994-
Gerster, Gustav E.	Textilingenieur	1995- (Ehrenmitglied)
Hummler, Reinhold	Oberstudiendirektor	1995-
Ogertschnig, Julius	Baubürgermeister	1996-
Hiller, Wolfgang	Versicherungs-Generalvertr.	1996-

MITGLIEDER DER SCHÜTZENDIREKTION

Garlin, Edeltraud	Verwaltungsangestellte	1996-
von Borstel, Yvonne	Lehrerin	1998-
Weber, Hermann	Bankkaufmann	1998-

Schützenbeiräte:

Allgaier, Berta	Hausfrau	1969-1977
Angele, Karl	techn. Angestellter	1969-1973
Blessing, Wilhelm	kaufm. Angestellter	1969-1970
Blos, Helmut	techn. Angestellter	1969-1982
Büchele, Willy	Elektromeister	1969-1982
Dannhäuser, Hans	techn. Angestellter	1969-1988
Ehrhart, Josef	Landwirt	1969-1976
Gadinger, Amalie	Verwaltungsangestellte	1969-1984
Gartner, Gustav	Handelsvertreter	1969-1994
Gerster, Albert	Angestellter	1969-1975
Hillebrand, Maria	Hausfrau	1969-1980
Kallenberg, Dieter	Industriekaufmann	1969-1972
Kipfer, Mathilde	Hausfrau	1969-1983
Köhle, Ernst	Schreiner	1969-1994
König, Hans	techn. Angestellter	1969-1984
Leupolt, Hans	kaufm. Angestellter	1969-1974
Mack, Adolf	Posthauptschaffner	1969-1977
Maul, Gunter	Fachlehrer	1969-1975
Mayer, Walter	Schreiner	1969-1977
Mohr, Fritz	Dr. med. vet. Tierarzt	1969-
Nusser, Otto	Verwaltungsangestellter	1969-1984
Schmid, Inge	Verwaltungsangestellte	1969-1996
Steinhauser, Karl	Stadtoberamtsrat	1969-1989
Vilmain, Inge	Hausfrau	1969-
Vollmar, Anton	Schmiedemeister	1969-1974
Schrader, Holger	Mechanikermeister	1971-1991
Erl, Siegfried	Stadtbauamtmann	1972-1975
Lutz, Alfred	Zimmermeister	1973-1976
Schmid, Anna	Verwaltungsangestellte	1973-1988
Bopp, Karl	Sachbearbeiter	1973-1991

Die Schützenbeiräte – Frauen und Männer, die Ihren speziellen Beitrag zum Gelingen des Festes leisten.

Strayle, Jakob	Textiltechniker	1974-1985
Gutermann, Werner	Fernmeldetechniker	1974-1985
Weith, Fritz	Versandleiter	1974-
Kopp, Franz	Stadtoberverwaltungsrat	1975-1999
Dr. Diemer, Kurt	Kreisarchivoberrat	1977-1982
Loos, Werner	Hausmeister	1978-
Müller, Rudolf	Gutsverwalter	1978-1997
Sinz, Josef	Verwaltungsangestellter	1978-
Weidelener, Karl	Stadtverwaltungsrat	1978-1981
Lutz, Richard	Verwaltungsangestellter	1980-1992
Pfender, Eleonore	Hausfrau	1980-1998
Vollmar, Herbert	Schmiedemeister	1980-1982
Adrian, Willi	Regierungsbauamtsrat	1981-1992
Ocker, Wolfgang	Verwaltungsangestellter	1981-1982
Schneider, Karl	Formenbauer	1981-
Maier, Hermann	Beleuchtungsmeister	1982-
Roth, Erich	Zimmermann	1982-
Ottenbacher-Hopf, Anne	Kauffrau	1982-
Weith, Lore	Hausfrau	1982-1992
Brühl, Eckhard	Theatermeister	1984-1992
Mehre, Klaus	Lehrer	1984-1985
Mohr, Reinhard	Verwaltungsangestellter	1984-1993
Schilling, Richard (jun.)	Industriekaufmann	1984-1991
Walser, Erich	städt. Vorarbeiter	1984-
Maurer, Franz	Landwirt	1986-
Wölfle, Robert	Sparkassenbetriebswirt	1986-1991
Kammerer, Maja	Schneidermeisterin	1986-1996
Schmucker, Maria	Hausfrau	1986-1993
Rützel, Günter	Musiklehrer	1988-
Rösler, Martin	Studienrat	1989-
Saalmüller, Heidrun	Hausfrau	1989-1994
von Borstel, Yvonne	Fremdsprachen-Korrespondentin	1989-1998
Zimmermann, Rolf	techn. Angestellter	1989-
Beck, Andreas	Bankkaufmann	1992-1997

MITGLIEDER DER SCHÜTZENDIREKTION

Brugger, Siegfried	Stadtamtsrat	1992-1993
Dobert, Gabi	Hausfrau	1992-
Rilling, Hannelore	Hausfrau	1992-1993
Kick-Weinhart Ursula	Konrektorin	1992-
Lumpp, Alfons	Steueroberinspektor	1993-
Roser, Helga	Hausfrau	1993-1998
Bader, Klaus	Schlossermeister	1993-
Hiller, Wolfgang	Versicherungskaufmann	1993-1996
Kühnle, Uschi	Hausfrau	1993-
Held, Herbert	Sanitärinstallateur	1993-
Amann, Renate	Sekretärin	1996-
Aßfalg, Klaus	Rektor	1996-
Denz, Maria	Schneiderin	1996-
Grimm, Sonja	Sekretärin	1996-
Holzhauer, Jochen	Zahnarzt	1996-
Hubrich, Irmgard	Hausfrau	1996-
Kaspar, Klaus	Rektor	1996-1997
Klawitter, Wolfgang	Dipl. Betriebswirt	1996-
Mattes, Dieter	Rektor	1996-
Rabatscher, Hans-Peter	Schauwerbegestalter	1996-
Veeser, Gerhard	Kaufmann	1996-1999
Wamsler, Heinz	Stadtverwaltungsrat	1996-
Weber, Hermann	Bankkaufmann	1996-1998
Hofmeister, Franz	Rektor	1997-
Baur, Paul	Maschinenbautechniker	1998-
Kolesch, Michael	Maschinenschlosser	1998-
Richter, Wolfgang	Rektor	1998-
Dr. Brickl, Rolf	Dipl. Chemiker	1999-
Lessmeister, Monika	Rektorin	1999-
Vöhringer, Peter	Maschinenbauingenieur	1999-

Die Heimatstunde.
Das Böllerschießen.
Der Fahnenzug.
Der Tanz auf dem Marktplatz.
Der Schülergottesdienst am Schützenfest.
Der Bunte Festzug.
Das Biberschießen.
Althergebrachte Lieder im Schützenkeller.

LASST SORGENLOS DIE K

Das Trommlerkorps des Wieland Gymnasiums.
Der Spielmannszug des Pestalozzi-Gymnasiums.
Der Trommler- und Fanfarenzug der Dollinger-Realschule.
Der Trommler- und Fanfarenzug der Matthias Erzberger-Schule.
Der Spielmannszug der Freiwilligen Feuerwehr.
Marschmusik am Schützenfest.

DER SPIELEN, ...

Die Heimatstunde.

Heinrich Sembinelli hat 1937 die Heimatstunde aus der Taufe gehoben. Heute ist sie eine der wichtigsten und hochrangigsten Veranstaltungen des ganzen Schützenfestes.

Welche Gedanken lagen der Heimatstunde zugrunde? Alljährlich kamen zahlreiche ehemalige Biberacher aus ganz Deutschland, aus allen europäischen Ländern, aber auch aus Übersee in ihre alte Heimat zurück. Ihnen wollte man ein Willkommen entbieten und die Stadt ihrer Väter von der besten Seite zeigen.
Gleichzeitig sollten auch die Biberacher selbst erkennen, wie schön und liebenswert ihre Heimat doch sei. Mancher hatte damals, am Vorabend des Zweiten Weltkriegs das dumpfe Gefühl, daß die schönen Zeiten bald zu Ende gehen würden.

Die Heimatstunde fand von Anfang an am Schützensonntagmorgen statt. Mit Rücksicht auf das Schützentheater konnte ein komplettes Bühnenbild nicht geschaffen werden. Die Silhouette des Gigelbergs, geschmückt mit üppiger Blumenpracht, dazu einige bewegliche Requisiten, das blieb seit über 60 Jahren der Hintergrund.
Nach der festlichen Begrüßungsmusik aus dem Orchestergraben sprach der Bürgermeister, später der Oberbürgermeister, ein Grußwort, dem er Gedanken über aktuelle Biberacher Fragen oder allgemeine Betrachtungen politischen, kulturellen oder philosophischen Inhalts anfügte.
Gedichtvorträge, kammermusikalische Darbietungen, Sologesänge, Trachtenquartett, Chormusik, immer von Biberacher Kräften dargeboten, das war der Auftakt. Auch die Kompositionen stammten überwiegend von Biberacher Musikern: Christoph Braun, Ferdinand Buttschardt, Justin Heinrich Knecht, Jakob Friedrich Kick, Adolf Keim.

Nach der musikalisch-poetischen Eröffnung erschien durch das Tor der Hochwacht Heinrich Sembinelli in seiner oberschwäbischen Tracht, in der ihn jeder Biberacher kannte. Nun erfolgte sein Auftritt nach einigen Stichworten auf einem kleinen Zettel. Keine der Heimatstunden Sembinellis ist festgehalten, weil er frei sprach, teils schwäbisch, teils hochdeutsch. Seine Darbietungen gingen vom Humorvollen und Heiteren bis zum Ernsten und Besinnlichen.
Für jeden, der es noch persönlich miterlebt hat, sind unvergessen die Heimatstunden der ersten Nachkriegsjahre. Sembinelli verstand es meisterhaft, die Stimmung jener Zeit einzufangen und in Worte zu fassen. Viele Menschen weinten, sogar erwachsene Männer, die Krieg und Gefangenschaft überstanden hatten, vergossen Tränen. Aber Sembinelli machte auch Mut und erweckte Hoffnung. Es war nicht nur Trauer über Leid und Tod, sondern die Freude an dem, was uns geblieben war: Die Heimat Biberach.
Musikalische Einlagen lockerten den Vortrag auf. Schließlich fand Sembinelli ein zusammenfassendes Schlußwort, alle Mitwirkenden sammelten sich auf der Bühne, Akteure und Publikum sangen gemeinsam das Festlied: "Rund um mich her ist alles Freude". Diese Sembinellische Grundkonzeption der Heimatstunde hat bis heute ihre Gültigkeit behalten.

Nach dem frühen Tod Sembinellis übernahm Otto Herzog die Leitung der Heimatstunde. In

Der 'Stadtbauer' Dieter Buttschardt in der Heimatstunde 1973 -Jo, onsre Baure!

Themenprospekte der Heimatstunde.

den Jahren 1962 bis 65 schuf er einige sehr qualitätvolle Heimatstunden. 1966 lagen Leitung und Verantwortung bei Christa Kürth.

*D*ie Ära Buttschardt begann 1967. Dieter Buttschardt war Historiker von Neigung und Profession, ebenso bewandert in der Weltgeschichte wie in der Lokalhistorie. Es ist kein Wunder, daß bei Buttschardt die Heimatstunde ein völlig anderes Gesicht bekam. Ein wesentliches Element blieb immer die Musik, aber daneben wurde die szenische Darstellung ein Schwerpunkt der Heimatstunde. Der Dramatische Verein engagierte sich dabei in hervorragender Weise. 25 Jahre lang wählte Dieter Buttschardt jeweils ein wichtiges und wissenswertes Stück der Stadtgeschichte aus, dramatisierte es, belehrend, unterhaltsam, humorvoll, zuweilen ironisch, immer aber auf einem sehr hohen Niveau. Das war eine enorme Leistung, die Heimatstunde wurde zu einem Kernstück des Schützenfestes. 1992 verstarb Dieter Buttschardt viel zu früh. Eine große Zahl von Heimatstunden hat seine Frau in einem sehr schönen Bildband herausgegeben unter dem Titel "Am Gestade der Riß". Auf dieses wertvolle Buch kann verwiesen werden, eine detailliertere Darstellung erübrigt sich an dieser Stelle.

Wer würde das schwierige Erbe Buttschardts antreten? 1984 war das 175jährige Jubiläum des Schützentheaters. Christa Graupner schrieb dazu eine Heimatstunde, die den Geist und die Atmosphäre dieses einmaligen Kindertheaters in hervorragender Weise wiedergab. Edeltraud Garlin, langjährige Aktive des Dramatischen Vereins, und Kreisarchivdirektor Dr. Kurt Diemer wurden nun beauftragt, die Heimatstunde zu gestalten, erstmals 1993 und dann wieder ab 1995. Man blieb bei dem Konzept, ein Stück Geschichte der Stadt und ihres Umlandes darzustellen. Es gelang Edeltraud Garlin ausgezeichnet, Biberachs Geschichte in dramatische Szenen zu transponieren, so daß die Heimatstunde auf dem bisherigen hohen Niveau weitergeführt werden konnte.

*h*in und wieder wird man gefragt, warum denn bei einem Kinderfest geschossen werden müsse. Seit Jahrhunderten ist das Schießen mit Kanonen, die nicht scharf geladen sind, ein Zeichen der Freude. Trifft beispielsweise ein Staatsoberhaupt mit dem Schiff in einem fremden Land ein, so wird in nahezu allen Staaten der Erde Salut geschossen.

Auch bei Festen ließ man seit unvordenklicher Zeit die Böller krachen. Vom Maientag in Göppingen ist vor über 300 Jahren verbürgt: "Man hat den Stuck geschossen". Für das Biberacher Schützenfest ist vom Jahr 1842 belegt, daß man mit dem Mörser geschossen hat, dem Vorläufer des Böllers. Kommerzienrat Gustav Baur hat 1911 eine neue Schallkanone gestiftet.
Wenn der Böllerschuß vom Gigelberg über das Rißtal kracht, wenn es hinterher noch zwitschert, dann weiß der Biberacher, jetzt ist beim Schützenfest etwas los. Geschossen wird nach einem genauen Schießplan. Zur Eröffnung des Festes am Schützensamstag werden 10 Schuß abgegeben; ebenso zur Tagwache am Schützenmontag und -dienstag. Je nach Bedeutung des Ereignisses geht es von 3 bis zu 10 Schuß. Man hat in den letzten Jahren die Zahl der Böllerschüsse stark reduziert, einerseits wegen unruhiger Pferde, andererseits um die Anlieger des Gigelbergs nicht allzusehr zu

Das Böllerschießen.

stören. Früher wurden 25 kg Böllerpulver verschossen, in den letzten Jahren wurde die Menge auf 10 kg reduziert. Die Sicherheitsauflagen sind sehr hoch. Die Männer, welche die Kanone bedienen, müssen einen Böllerschützenlehrgang beim Gewerbeaufsichtsamt in Sigmaringen absolvieren. Alle 5 Jahre muß die Schallkanone zum Beschußamt in Ulm zur Überprüfung gebracht werden. Das Böllerpulver, mit dem geschossen wird, ist dem Schwarzpulver ähnlich. Die Kartuschen waren früher aus Messing und sind heute aus Stahl.

Das Böllerschießen ist ein Ausdruck der Schützenfestfreude und verkündet das mit lautem Knall.

Der Fahnenzug.

Seit dem Jahr 1909 war der Fahnenzug die Auftaktveranstaltung des Schützenfestes. 1937 wurde die Heimatstunde begründet, zum Anfang der 70iger Jahre kam die Abnahme der Trommlerkorps und Spielmannszüge dazu. Der Fahnenzug lag seither nicht mehr am Anfang, sondern mitten drin in der Schützenwoche. Er war aber eine so beliebte Veranstaltung, daß er stets beibehalten wurde.

Punkt 14.00 Uhr am Nachmittag des Schützensonntags ertönen Böllerschüsse vom Gigelberg, der Fahnenzug zieht von der Pflugschule zum Marktplatz, wo er vor der Haupttribüne aufmarschiert. Die Spitze bilden immer die Kleinen Schützentrommler, es folgen die ganzen Jugendmusikkorps: Mali-Hauptschule, Wieland-Gymnasium, Dollinger-Realschule, Pestalozzi-Gymnasium, Matthias-Erzberger-Schule, Kleine Schützenmusikum Fahnenschwingergruppe, Biberacher Volkstrachten, in jüngster Zeit auch die Scharwächter. Dazwischen sieht man Fahnengruppen mit Zunft- und Innungsfahnen, Schulfahnen, Bundes-, Landes-, und Stadtfahnen.

In früheren Zeiten zog man vor die Häuser der Honoratioren, um ihnen Reverenz zu erweisen. Heute läßt die Entfernung das nicht mehr zu, alle Betroffenen werden gemeinsam geehrt: Ehrenbürger, Landrat, Oberbürgermeister, die beiden ersten Geistlichen der katholischen und evangelischen Gemeinde. Ein Ständchen von zwei Musikgruppen und die Vorführung der Fahnenschwinger werden unterbrochen durch die Ehrung der inzwischen reiferen Herren, die vor 25 bzw. 50 Jahren Tambourmajore waren. Die Damen der Honoratioren bekommen durch die Trachtengruppe einen Blumenstrauß überreicht. Der gemeinsame Gesang des Festliedes beschließt den kurzen Festakt. Über den Eselsberg geht es nun mit der Schützendirektion hinaus zu der Posamentenfabrik Gerster, deren Gesellschafter seit 1920 den beliebten "Schützenbatzen" stiften. Der Dank der Biberacher Jugend wird ihnen überbracht. Der ganze Fahnenzug marschiert im Fabrikhof auf, wo ein besonders starker Widerhall die Trommeln, Pfeifen und Fanfaren doppelt hell erklingen läßt. Dann beginnt ein besonders beliebter Teil des Fahnenzugs. Die Familie Gerster lädt ein zu einem erfrischenden Getränk. Die Stimmung bei allen Altersgruppen ist phantastisch, schließlich wird zum Aufbruch geblasen. Am Postamt trennen sich die Gruppen, der Fahnenzug ist zu Ende.

Der Tanz auf dem Marktplatz.

Zur Jahreswende 1968/1969 hatte an der Spitze der Schützendirektion ein Generationswechsel stattgefunden. Fritz Kolesch und Gerhard Rothenbacher waren Erster und Zweiter Vorsitzender geworden, die junge Mannschaft war naturgemäß experimentierfreudiger. Gleichzeitig geriet aber das Schiff des Schützenfestes in ein sehr stürmisches Fahrwasser. Die 68er Jahre blieben auch für Biberach nicht ohne Auswirkungen. Kritik an der Tradition, an der "Heimattümelei", an den alten Zöpfen wurde laut. Die Schützendirektion bewahrte Ruhe und Besonnenheit, überlegte sich aber gleichzeitig, wie sie dem Fest-Verständnis der jungen Generation entgegenkommen könnte.

*r*obert Pfender war in Frankreich gewesen und hatte den Straßentanz beim französischen Nationalfeiertag miterlebt. Fritz Kolesch hatte in München-Schwabing einen überdimensionalen Beat-Schuppen aufgesucht, einen Vorläufer der heutigen Diskotheken. Über diese Schlüsselerlebnisse berichteten sie in der Schützendirektion. In der Diskussion fiel der Groschen. Man kam auf den riesigen Biberacher Marktplatz, den man am Rande mit Tischen und Bänken versehen wollte. Der Name "Tanz auf dem Marktplatz" wurde geboren. Es sollte aber nicht nur ein Tanz für junge Leute sein, sondern für alle Generationen. Deswegen wurde am unteren Marktplatz eine flotte Tanzkapelle für jung bis alt engagiert, für den oberen Marktplatz eine solche, die dem Musikverständnis junger Leute entsprach.

Sofort am anderen Morgen ging man an die Verwirklichung des Projekts. Man suchte nach zwei geeigneten Kapellen. Man schloß Verträge mit Speisen- und Getränkefirmen, man sorgte für Absperrung und Reinigung, für die technischen Einrichtungen. Stadtoberbaudirektor Max Hauschild ging mit ungeheuerem Elan an die konkrete Durchführung der neuen Veranstaltung. Man hatte beschlossen, für den "Tanz auf dem Marktplatz" keinen eigenen Eintritt zu verlangen, das Schützenfestabzeichen, das man ohnehin brauchte, genügte für den Zugang. Trotzdem blieb es ein großes Risiko, denn niemand wußte im voraus, wie die neue Einrichtung beim Publikum ankommen würde. Der "Tanz auf dem Marktplatz" schlug ein wie eine Bombe. Die Leute kamen etwas zögernd, sie wollten zunächst einmal sehen, was sich auf dem Marktplatz abspielen sollte. Um 20.00 Uhr war der Marktplatz schwarz von Menschen, die Schätzungen gingen auf weit über fünftausend Teilnehmer. Die Stimmung war großartig, jedermann war begeistert.

Die Besucherzahlen stiegen von Jahr zu Jahr, der Platz mußte wesentlich ausgeweitet werden. Der Kapellenplatz wurde fast vollkommen miteinbezogen, ebenso der Bereich vor dem Rathaus. Trotzdem ist der größte Marktplatz Oberschwabens inzwischen zu klein geworden, für das Tanzen bleibt nur noch ein kleiner Bereich. Fotos- aus der Luft oder vom Kirchturm herunter aufgenommen- beweisen, daß der Marktplatz fast keinen freien Quadratmeter aufweist. Die Zahl der Besucher wird auf mindestens 15000 geschätzt. Es handelt sich dabei keineswegs nur um Biberacher, sondern um Besucher weit über das Kreisgebiet hinaus. Der große Andrang hat zur Folge, daß das Tanzen nicht mehr so sehr im Vordergrund steht, wie in den ersten Jahren. Der "Tanz auf dem Marktplatz" hat sich mehr zu einer "Hockete" mit Musik entwickelt, die jedoch genau so beliebt ist, wie in den ersten Jahren.

Die Veranstaltung ist übrigens noch nie ausgefallen (außer im Jahr des großen Flugzeugunglücks). Sie mußte jedoch wegen einsetzenden Regens schon vorzeitig abgebrochen werden.

Inzwischen haben auch andere Städte ähnliche Veranstaltungen eingeführt, es ist jedoch unbestritten, daß Biberach in sehr weitem Umkreis hier Schrittmacher-

Der Schülergottesdienst am Schützenfest.

dienste geleistet hat. Der "Tanz auf dem Marktplatz" ist heute ein nicht mehr wegzudenkender Bestandteil des Schützenfestprogramms.

*e*s besteht kein Zweifel, das Biberacher Schützenfest hat einen religiösen Urgrund. In früheren Jahrhunderten war ein großes Fest ohne Gottesdienst gar nicht denkbar. Deshalb gehört der Schülergottesdienst mit Sicherheit zu den ältesten Teilen unserer Schützen.

Entsprechend den damaligen Übungen wurden die Schülergottesdienste selbstverständlich getrennt nach katholischer und evangelischer Konfession gefeiert. Der Besuch war sehr gut, weil die Schulen ein strenges Auge darauf hatten, daß die Schüler auch tatsächlich zur Kirche gingen. Lange Zeit herrschte die Gepflogenheit, daß der Schützenbatzen am Schluß des Gottesdienstes ausgeteilt wurde. War jemand nicht anwesend, dann erhielt er auch das begehrte Geldstück nicht.

In der Zeit unmittelbar nach dem Zweiten Weltkrieg gab es immer wieder Ansätze für gemeinsame überkonfessionelle Gottesdienste. Leider scheiterten die Versuche an altüberkommenen Vorbehalten. Erst 1969 gelang es, die Schülergottesdienste in ökumenischer Form abzuhalten. Seit nunmehr 30 Jahren sind sie eine Dauereinrichtung geworden. Eine Zeitlang war der Besuch der Schülergottesdienste sehr schwach geworden. Da hatte Pfarrer Otto Schlichte 1977 eine sehr gute Idee, er bat die Kleine Schützenmusik, den Gottesdienst zu umrahmen, und siehe da, schon gewann der Gottesdienst an Attraktivität. Unter dem Geläute der Glocken von St. Martin ziehen Schüler und Erwachsene in das geräumige Kirchenschiff ein, während die Kleine Schützenmusik in voller Montur im Chorraum Platz nimmt.

Zu Beginn spielt die Kleine Schützenmusik einen Marsch, ein ungewöhnlicher Klang in einer Kirche. Aber warum soll nicht auch die Festesfreude in den Gottesdienst hineingetragen werden? Nach Begrüßung und Gebet durch die beiden Pfarrer spielt die Kleine Musik eine feierliche Intrada. Auch die Choralverse werden von der Jugendkapelle begleitet, es sind ausschließlich Lieder, die beiden Konfessionen in Text und Melodie geläufig sind. Nun hält einer der beiden Geistlichen eine Schützenfestpredigt nach einem Bibeltext. Sie soll den Kindern aller Altersgruppen verständlich sein, auf der anderen Seite aber den Text der Heiligen Schrift nicht unzulässig verniedlichen, auch für geübte Prediger keine einfache Aufgabe. Nach der Predigt wird gemeinsam das Vater Unser gebetet, dann singt die ganze Gemeinde nach den Klängen der Kleinen Schützenmusik das Festlied "Rund um mich her ist alles Freude". Dieses Lied paßt wunderbar in einen Gottesdienst hinein, denn es war von Anfang an ein Choral, ein geistliches Lied. Die Pfarrer sprechen zum Abschluß den Segen, während des Auszugs schmettert die Kleine Schützenmusik den Bürgermeistermarsch oder den Bozener Bergsteigermarsch. Der Gottesdienstbesuch hat sich in den letzten Jahren sehr stark verbessert. Es kommen viele Erwachsene, die sich auf die Schützenwoche einstimmen wollen. Der Montag ist ja vor allem der Schülertag, an dem der Bunte Festzug, die Ziehung und das Biberschießen stattfinden. Selbstverständlich dürfen alle Kinder in ihren Kostümen erscheinen. Obwohl der Schülergottesdienst nur eine halbe Stunde dauert, ist keine Zeit mehr zum Umziehen, es wird alsbald zu den Aufstellungsplätzen abgerückt. Außer in der Stadtpfarrkirche St. Martin finden Schülergottesdienste auch in der Dreifaltigkeitskirche und in St. Josef in Birkendorf statt.

Der Schülergottesdienst ist ein schöner traditionsreicher Auftakt zu einer langen Festwoche.

Der Bunte Festzug.

Wie die Festzüge des 17. und 18. Jahrhunderts ausgesehen haben, wissen wir nicht. Aus dem 19. Jahrhundert gibt es schon genauere Beschreibungen. Ab 1816 gab es Trommler, ab 1821 die "Kleine Schützenmusik", beides allerdings in sehr bescheidenen Anfängen. Fein gekleidete Kinder paradierten im Sonntagsstaat. Die kleinen Mädchen hatten Kränze im Haar, die größeren trugen repräsentative Strohhüte. Auch die Buben waren mit Hüten oder Mützen ausgestattet, sie trugen einen hochgeschlossenen steifen Kragen. Viele Fahnen wurden mitgetragen, vor jeder Klasse auch das "Täfele" mit dem Namen des Lehrers. Fahnen- oder Täfelesträger zu sein, war eine ganz besondere Ehre. In Füllhörnern trug man Blumen mit, der Ausdruck Fahnen- und Blumenkorso war also durchaus berechtigt. Außerdem wurden auf Tragegestellen die Ziehungspreise mitgeführt, die ja in der damaligen sehr bescheidenen Zeit eine ganz große Rolle für die Kinder spielten. Erst gegen Ende des 19. Jahrhunderts kamen Musikkapellen dazu und die ersten Festwagen wurden mitgeführt. Ab 1908 war auch das Schützentheater in den Festzug integriert.

So ging das bis zum Ersten Weltkrieg. Nach der Wiederaufnahme des Festes legte man großen Wert auf einheitliches Auftreten der Klassen. Die kleineren Buben trugen kurze weiße Hosen und offene weiße Hemden (Schillerkragen). Ab der Klassenstufe 9 hatte man lange dunkle Hosen an und trug ein weißes Hemd mit Krawatte. Die Mädchen aller Altersstufen schmückten sich mit hellgrundigen bunten Sommer- oder weißen Stickereikleidern. Die Gymnasiasten trugen ihre farbigen Klassenmützen, das gehörte damals als Zeichen der besonderen Würde dazu.

Das Hitlerreich hatte auch hier seine Auswirkungen. In den letzten Jahren vor dem Zweiten Weltkrieg mußten die Schüler ab Klasse 5 die Uniformen des Jungvolks und der Hitler-Jugend, der Jungmädel und des BDM tragen. Hätte man diese Anweisungen der Partei nicht befolgt, wäre das Schützenfest verboten worden.

Ab 1946 ging es ungefähr so weiter wie es bis Anfang der 30iger Jahre gewesen war. Es bestand ein ganz starkes Bedürfnis, sich im Klassenverband zu präsentieren. Vielleicht war das noch ein Nachklang der Kriegsjahre, wo man bei Fliegeralarm und allen möglichen Einsätzen sehr viel stärker aufeinander angewiesen war als in friedlichen Zeiten. So hatten sich in den ersten Nachkriegsjahren alle Schüler einer Klasse eine bestimmte Blume als Kennzeichen angesteckt.

Bis 1948 war das Fest im wesentlichen auf einen Tag reduziert, deshalb fand natürlich auch nur ein Festzug statt. Aber auch danach blieben die Festzüge am Montag und Dienstag noch ein buntes Gemisch von historischen Darstellungen, Märchen und allerhand bunten Kostümen. Man empfand in der Schützendirektion diesen Mangel, hatte aber zunächst nicht den Mut, daraus Konsequenzen zu ziehen. Endlich 1958 wurde der Montag ganz dem "Bunten Zug" gewidmet, der Dienstag sollte für den "Historischen Festzug" vorgesehen sein. Es gab jedoch im ersten Drittel des Dienstagfestzugs noch einen Teil "Welt des Kindes", in dem Märchengruppen und Märchenwagen mitwirkten, die aber nicht von den Kindern selbst hergestellt, sondern von der Schützendirektion geplant und zur Verfügung gestellt waren. Außerdem präsentierten sich in diesem Festzugsteil die mitspielenden Kinder des jeweiligen Schützentheaterstückes auf großen Festwagen.

*D*er "Bunte Zug" der ersten Jahre war zum großen Teil noch sehr bescheiden, kein Vergleich zu den aufwendigen Darstellungen von heute. Es fehlte noch die langjährige Erfahrung, teilweise auch das Engagement. Ein hervorragendes Beispiel gab dann die Realschule unter der Leitung ihres Kunsterziehers Helmut Gehring. Er schuf mit seinen Schülern in mehrjähriger Arbeit einen kompletten Zirkus mit lebensgroßen Tieren: Elefanten, Kamele, Löwen, Tiger, Affen. Die Schüler stellten Dompteure, Akrobaten, Zauberer, Jongleure und dergleichen dar. Dieser Zirkus "Mischubi" (Mittelschule Biberach), später in "Reschubi" (Realschule Biberach) umgetauft, hatte soviel Ausstrahlung, daß er dem ganzen "Bunten Zug" einen Schub nach vorne gab.

Die Zeiten hatten sich gewandelt. Die 68er Revolution an den Universitäten hatte auch bis an die Biberacher Schulen Wellen geschlagen. Im Gegensatz zu der Schülergeneration, die noch Krieg- und Nachkriegszeit erlebt hatte, waren die jetzigen jungen Leute keineswegs mehr für einheitliche Kleidung und gleichmäßiges Auftreten zu begeistern. Im Gegenteil, jeder wollte ein ganz eigener Typ sein. Lange, häufig ungepflegte Haare, zerschlissene Jeans und Lederfransenjacken sollten die eigene Individualität und die Protesthaltung gegen Tradition und Establishment demonstrieren. So wurden Anfang der 70iger Jahre die "Zivilisten" sowohl am Montag als am Dienstag aus dem Festzug eliminiert. Dies war auch die Zeit, wo die Bevölkerung und damit auch die Schülerzahlen in Biberach explosionsartig anwuchsen. Man mußte daher den "Bunten Zug" zahlenmäßig beschränken, nur noch die Klassen 1, 3, 5, 6 und 7 sollten mitwirken.

Die Historischen Festzüge am Dienstag und an Bauernschützen hatten sich zu monumentalen Veranstaltungen entwickelt. Die Zahl der Gruppen, Festwagen, der Reiter und Musikkapellen hatte sich gewaltig vergrößert. Man ging also nun den konsequenten Schritt, die Stadtgeschichte von den Motiven und Darstellungen der unteren und mittleren Schulklassen zu trennen. Sowohl die Märchenwagen des jeweiligen Schützentheaters als auch Märchengruppen wie die "Schildbürger", "Max und Moritz", "Heinzelmännchen", "Ali Baba" wurden dem Montagsfestzug zugeschlagen, der nun den Namen "Bunter Festzug" erhielt.

*W*as war der Grund für die immer größere Eigenständigkeit und für das wachsende Schwergewicht des "Bunten Festzuges?"

Der historische Teil des Schützenfestes hatte einen gewaltigen Umfang angenommen. Man besann sich nun darauf, daß der Untertitel des Festes "Historisches Kinder- und Heimatfest" hieß. Sollte das Kinderfest nicht nur ein papierener Titel sein, sondern mit wirklichem Leben erfüllt werden, so mußte dafür etwas getan werden. Man holte sich Anregungen bei anderen Festen, die bunte Festzüge oder Festzugsteile hatten und die mehr Erfahrung auf diesem Gebiet besaßen. Es muß auch gesagt werden, daß die Ergebnisse der Bemühungen um den "Bunten Festzug" sehr weitgehend vom Einsatz der Schulleiter, der Lehrerschaft, vor allem der Fachlehrer für Kunst und Werken abhängen. Die Schüler selbst sind mit Begeisterung dabei, wenn sie von ihren Lehrern entsprechend motiviert werden. Das hat nach oben allerdings seine Grenze. Die größte Freude und Begeisterung legen die Kinder im Grundschulalter an den Tag, während an den weiterführenden Schulen oft andere Interessen vorherrschen. Aber auch hier gibt es teilweise beachtliche Ergebnisse.

Es hat sich eingebürgert, daß in einer gemeinsamen Besprechung der Schulen die Themen festgelegt und abgegrenzt werden, um nicht ein und dieselbe Darstellung in vielfachen Varianten wiederzusehen. Das Publikum an den Festzugsstraßen erwartet Vielfalt und Abwechslung. Innerhalb der einzelnen Schulen werden nun Teilbereiche auf die Klassen verteilt, wobei in diesem Stadium auch bereits die Schüler befragt werden und ein Mitspracherecht besitzen. Entscheidet man sich etwa für das Thema "Tiere", so können sich die einzelnen Klassen die Bereiche Vögel, Käfer, Libellen, Bienen, Fische und anderes aussuchen. Dann kann aus dem Bereich der Pflanzen etwas herbeigezaubert werden: Blumen, Pilze, Bäume, Sträucher. Dinos und andere Urtiere sind ein beliebtes Thema. Eine Teilortschule stellte Steinzeitmenschen dar, die ein Mammut erlegen, das Mammut in wirklicher Lebensgröße. Häufig werden andere Völkerschaften in ihren typischen Nationaltrachten dargestellt, mit ihren Symbolen und Fahnen. Exotische Völker sind dabei natürlich besonders beliebt. Ich erinnere mich beispielsweise an eine Darstellung der Inkas, die wirklich großartig war. Ein anderes Thema sind die "Handwerker" mit der zugehörigen Berufskleidung und dem richtigen Handwerkszeug. Schließlich können die Bereiche: Wandern, Baden, Skifahren, Gärtnern, Radfahren phantasievoll dargestellt werden.

*b*esondere Ereignisse wie die Olympiade oder eine Fußballweltmeisterschaft finden selbstverständlich ihren Niederschlag im "Bunten Festzug". In den oberen Klassen werden auch sozialkritische und allgemein politische Themen behandelt, wobei allerdings zu beachten ist, daß keine Parteipolitik betrieben und daß niemand persönlich beleidigt wird.

Die Zahl der angesprochenen Themen ist fast unendlich. Schützenfest einst und jetzt läßt sich in vielfältiger Weise darstellen. Schuljubiläen und Schulsanierungen finden ihren Widerhall. "Räuber und Piraten von der Riß", "die Vogelhochzeit", "Arche Noah", "wir spielen bis zum Umfallen"(Mikado), "Musik in allen Gassen", die "Vier Jahreszeiten", "Dollymiage", von der Dollinger-Schule dargestellt, "Zeitreise"; also eine ganz weite Spielwiese für die Phantasie.

Es soll noch erwähnt werden, daß auch die Musikkapellen und Spielmannszüge sich etwas einfallen lassen, wobei das Trommlerkorps des Wieland-Gymnasiums durch besonders originelle Ideen hervorragt.

Was ist nun das Besondere am "Bunten Festzug"?
Es ist ein Festzug nicht nur für die Kinder, sondern durch die Kinder. Sie wirken bei der Gestaltung des "Bunten Festzugs" aktiv mit. Sie können ihre eigene Phantasie und ihre Ideen einbringen, tragen nicht nur ein Kostüm oder ein Symbol durch die Stadt, das ihnen von Erwachsenen zugeteilt wurde, sondern sie haben selbst die Möglichkeit der Mitwirkung. Natürlich muß der jeweils zuständige Lehrer die Richtung weisen, hel-

fend und korrigierend eingreifen, motivieren und vormachen. Nicht jedes Kind ist handwerklich und künstlerisch gleich begabt; viele brauchen das Beispiel, je jünger, desto mehr. Bei größeren Unternehmungen haben oft auch schon die Eltern mitgewirkt. Das darf man positiv sehen, denn wenn die Familie mitgeholfen hat, dann ist das Kind sich sicher, daß das Ergebnis auch respektabel ist.

es liegt also ein hoher pädagogischer Wert in der Vorarbeit für den "Bunten Festzug". In den meisten Fällen kann man diese Arbeit auch in den offiziellen Lehrplan miteinbauen, so daß auch gestrenge Schulmänner nichts gegen die dafür zur Verfügung gestellte Zeit einwenden können.

Ist nun der Schützenmontag herangerückt, so sammeln sich die Kinder bei ihren Schulen und nehmen dort Kostüme und selbst gebastelte Kunstwerke in Empfang. Sie werden zum Aufstellungsplatz geleitet. Pünktlich um 9.00 Uhr beginnt der "Bunte Festzug", der ca. 4 Kilometer durch die Straßen von Biberach führt. Tausende von Festzugsbesuchern säumen diese Straßen. Obwohl Schwaben mit Beifall traditionsgemäß sehr sparsam sind, werden sie von den fröhlichen Kindern und den zur Schau gestellten Arbeiten doch zu Beifall angeregt. Ganz wichtig ist für die Kinder die Anwesenheit der Eltern, Geschwister, Großeltern und sonstiger Verwandter, die mit Fotoapparaten und Videokameras das Ergebnis der Bemühungen festhalten. Das stärkt den Stolz und das Selbstbewußtsein der kleinen Persönlichkeiten, die sich damit ernst genommen fühlen.
Nach Ende des "Bunten Festzugs" werden die Utensilien in der Schule abgestellt. Die Großen gehen zum "Biberschießen", die Jüngeren nachmittags zur Ziehung.

Der Schützenmontag mit seinen verschiedenen Ereignissen ist der Haupttag der Kinder innerhalb der Schützenwoche. Befragungen haben ergeben, daß sie sowohl bei den Vorbereitungsarbeiten, als auch beim "Bunten Festzug" mit großer Begeisterung dabei sind. Beim "Schützenbasteln" ist ihre Vorfreude auf das Schützenfest unverkennbar, es ist für sie immer noch etwas Besonders, für das es sich lohnt zu arbeiten. Die Kinder können ihre Kreativität frei entfalten, es entstehen lauter echte Unikate. Es ist den Schülern sehr wichtig, schöne Dinge herzustellen. Sie alle wollen im Umzug gefallen und strengen sich entsprechend an. Die Kinder gehen auch sensibler als sonst aufeinander zu. Die kameradschaftliche Hilfe, die sie weniger Begabten angedeihen lassen, scheint das Zeichen einer besonderen Schützenfeststimmung zu sein. Die Schüler fühlen sich in das Schützenfest miteinbezogen, es ist ein Stück weit ihr Fest und das merken sie. Die Schüler identifizieren sich mit diesem Fest, sie entwickeln dafür ihre Kreativität und sie fühlen sich mit ihrer Heimatstadt Biberach verbunden.

$d$as Biberacher Schützenfest enthält das Wort "Schießen", warum das so ist, wird im historischen Teil erläutert. Es ist also kein Wunder, wenn im achtzehnten und dann verstärkt im neunzehnten Jahrhundert wieder versucht wurde, das Schießen als einen Bestandteil des Festes einzuführen. Scheibenschießen, Schießen auf Wildtiere und jagdbare Vögel, die als Ziele aufgestellt waren, oft dauerten diese Experimente nur eine verhältnismäßig kurze Zeit. Paradoxerweise nimmt das Schießen beim Ravensburger Rutenfest eine weitaus dominierendere Rolle ein als in Biberach. Das

Das Biberschießen.

Adlerschießen in Ravensburg ist ein wirkliches Volksfest. Man schießt auf den Reichsadler, dessen Einzelteile herunterfallen, z.B. Zepter, Krone, Herz. Wer den Reichsapfel herunterholt, ist Schützenkönig, ein wahrhafter König, der von seinem Volk frenetisch gefeiert wird.

Obwohl keine Unterlagen darüber zu finden sind, darf mit Sicherheit davon ausgegangen werden, daß im Jahr 1910 nach Ravensburger Vorbild in Biberach ein Adlerschießen eingeführt wurde, das einige Jahrzehnte Bestand hatte. Während des Dritten Reiches (1936-1939) wurde nicht mehr mit der Armbrust geschossen, sondern mit dem Luftgewehr, ein Bestandteil der sogenannten vormilitärischen Ausbildung.

*N*ach dem Zweiten Weltkrieg machte man einen Versuch, erneut das Adlerschießen nach Ravensburger Vorbild in Biberach einzuführen. Es hat sich aber nach Meinung der zuständigen Schützendirektoren nicht bewährt. Man beschloß 1950 daher, das Biberschießen mit einer Armbrust auf eine Zwölferringscheibe einzuführen. Jeder Schütze hat zwei Schuß, deren Ergebnis zusammengezählt wird. Die höchste Ringzahl zählt. Die Pfeile bleiben in der Regel in der hölzernen Zielscheibe stecken, manche prallen ab. Die schlecht gezielten fliegen vorbei, weshalb der Hintergrund sorgfältig abgesperrt werden muß.

Zunächst war das Biberschießen nur für die jungen Männer von Klasse 8 bis hinauf zum Abitur gedacht, für Mädchen hielt man Schießen nicht für angebracht. Für sie wurde ein Ballwurf-Wettbewerb eingerichtet, an dem sie jedoch von Anfang an keinen Gefallen fanden. Es wurden ausführliche Besprechungen anberaumt, viele Vorschläge gemacht. Die Mädchen kamen immer zu derselben Forderung: "Wir möchten schießen wie die Buben". Nachdrücklich und energisch bestanden die Mädchen darauf und ab 1976 wurden sie in das nun viel umfangreichere Biberschießen eingereiht. Also gab es jetzt neben dem Schützenkönig auch eine Schützenkönigin. Als erste errang Heidi Thaldorfer von der Realschule diese Würde.

*D*as Biberschießen für ca. 2300 Schüler wickelt sich außerordentlich rasch ab. Dazu tragen die Mitglieder der Schützengilde bei, die als Experten die Armbrüste spannen und die Pfeile auflegen. Sie kontrollieren auch mit einem Fernglas, welcher Ring tatsächlich getroffen wurde. Die Lehrerschaft führt die Listen und gibt die Geldgutscheine aus.

Natürlich erreicht eine Armbrust niemals die Präzision eines Gewehrs. Trotzdem ist es erstaunlich, daß eine sichere Hand und einige Übung doch zu hohen Trefferraten führen. So wie die Kinder bei der Ziehung erhält auch jeder Teilnehmer am Biberschießen einen Preis, selbst wenn er eine "Fahrkarte" geschossen hat. In den ersten Nachkriegsjahrzehnten (bis 1975) wurden Sachpreise ausgegeben, wobei die guten Schützen den ersten Zugriff hatten. Nach Zulassung der Mädchen zum Schießen im Jahr 1976 wurde die Preisvergabe mit Sachpreisen zu zeitraubend und man ging auf Gutscheine als Preise über, die noch während des immer umfangreicher gewordenen Schießens an der Schießkasse gegen "Bares" eingelöst werden konnten. Der ausbezahlte Betrag richtet sich nach der geschossenen Ringzahl. Die schlechtesten Schützen bekommen heute 5.-- DM, die besten über 50.--DM. Natürlich gibt es auch hier noch das Thomaeschützengutsle. Bei den Meisterschützen findet am Schluß ein Ausscheidungsschießen um den Rang des Schützenkönigs und der

Schützenkönigin statt. In der Regel müssen im ersten Durchgang 23 oder 24 Ringe geschossen werden, wenn man dieses Ziel erreichen will. Als Würdigungsakt für die beiden Könige tritt das Trommlerkorps des Wieland-Gymnasiums und der Spielmannszug des Pestalozzi-Gymnasiums an, um die Sieger in besonderer Weise zu ehren. Der Vorsitzende der Kommission Biberschießen überreicht dem Schützenkönig einen Erinnerungswimpel, der Schützenkönigin eine blau-gelbe Schärpe (seit 1982) mit Inschrift. Von der Schützengilde erhalten beide einen Schützenkönigstaler, von der Schützendirektion eine Anstecknadel. Darüber hinaus erhalten sie einen hochwertigen ersten Preis. Für die beiden Sieger kommen so jeweils ca. 500.--DM oder mehr zusammen. Mit Trommlern werden sie über den Berg getrommelt, von kräftigen Klassenkameraden auf die Schultern genommen. Am darauffolgenden Dienstag steht für die beiden Sieger eine Kutsche bereit, mit der sie im Festzug mitfahren dürfen.

Kommissionsvorsitzende des Biberschießens waren: Fritz Thierer 1950 - 1959, Moritz Lutz 1960 - 1974, Max Hauschild 1975 - 1979 und Erwin Steidle 1980 - heute.

Die Ziehung.

Die Ziehung ist eine der ältesten Einrichtungen des Schützenfestes. Man verdankt sie dem Apotheker Georg Friedrich Stecher, einem der hervorragenden Männer des Biberacher Kinderfestes. Unter ihm wurden das Schützentheater, die Schützentrommler und die Kleine Schützenmusik ins Leben gerufen.

Was bedeutet das Wort Ziehung? Jedes Kind zieht eine Nummer aus einem Säckle und jedes Los gewinnt. Also im modernen Sprachgebrauch: Eine Lotterie ohne Einsatz. Stecher sammelte Sachpreise und Geld unter den wohlhabenden Bürgern. Das blieb lange Zeit so, dann wurde die Zahl der Schüler so groß, daß man Preise zukaufen mußte. Bis zur Zeit unserer Großeltern, ja sogar unserer Eltern, lag der Schwerpunkt auf lebenspraktischen Dingen. Die Mädchen erhielten etwas für die Aussteuer: Blumentöpfe, Pfannen, Schmalzhäfen, Bettwäsche und Ähnliches. Auch die Buben erhielten Gegenstände für den Alltag: Schuhputzzeug, Zahnbürste und Waschlappen, Turnhosen, Mützen und dergleichen. In damaligen Zeiten, wo die meisten Leute wenig Geld hatten, waren solche Ziehungspreise durchaus willkommen. Der Hauptgewinn für die Mädchen war ein Schäfle, natürlich ein lebendiges, für die Buben ein Böckle (kleiner Geißbock). In den früheren, landwirtschaftsnaheren Zeiten waren solche Preise das ganze Entzücken der Kinder. Dann mußte man einsehen, daß man z.B. im elften Stockwerk eines Hochhauses keinen Geißbock aufziehen kann.

Heute leben wir in einer Zeit, in der die meisten Kinder alles haben, manche haben mehr als ihnen gut tut. Die Schützendirektion ist längst davon abgekommen, irgendwelche praktischen Dinge als Preise anzubieten. Spiel, Sport, Unterhaltung, Basteln, Heimschmuck stehen im Vordergrund. Auf guten Geschmack wird sorgfältig geachtet.

Bei der Ziehung beteiligt sind die Klassen 1 bis 7 aller Biberacher Schulen, einschließlich der Grund- und Hauptschule Mittelbiberach. Die größeren Schüler sind beim Biberschießen. Für jede Klassenstufe gibt es eine eigene Gruppe, aufgeteilt in Mädchen und Buben, insgesamt also 14 Ausgabestellen, jeweils mit einem

Damals genauso beliebt wie heute: Die Schützengutsle. Der Inhalt und die Verpackung haben sich dem heutigen Geschmack angepasst. Mehrzweckdose und Gummibärchen.

Hauptpreis versehen. Die Hauptpreise sind hochwertige Gegenstände: Armbanduhr, Goldkollier, Fernglas, Fahrrad, Fotoapparat, Campingzelt, Legopuppenhaus. Der Durchschnittswert der Preise liegt gegenwärtig bei 15.-- DM und soll demnächst erhöht werden; die Hauptpreise haben einen Wert von durchschnittlich 300.-- DM. Jährlich werden ca. DM 55.000.-- bis 60.000.-- für die Ziehung ausgegeben, der größte Einzelposten im Haushalt der Schützendirektion.

Seit unvordenklichen Zeiten findet die Ziehung am Schützenmontag nachmittags um 14 Uhr in der Gigelbergturnhalle statt. Die Vorbereitungen sind mit Hilfe der EDV getroffen worden, die Preise wurden von den Frauen der Schützendirektion sorgfältig ausgesucht, sortiert und kontrolliert. Fast alle Schützendirektoren und deren Ehefrauen, dazu die einsatzfähigen Ehrenmitglieder sind am Platz. Dank straffer Organisation ist die Lotterie für nahezu 4000 Kinder um 15.30 Uhr bereits zu Ende. Die wilde Schar strömt hinaus, den Ziehungspreis unter dem Arm. Am Ausgang erwartet sie eine weitere Überraschung: Sie erhalten das Schützengutsle aus der Hanns-Strobel-Stiftung der Firma Dr. Karl Thomae mit einem wohlschmeckenden Inhalt in einer geschmackvollen Verpackung.

Vortrag der althergebrachten Lieder im Schützenkeller.

*e*ines der liebenswürdigsten Ereignisse des Schützenfestes ist das Liedersingen am Schützenmontag um 11.00 Uhr im Schützenkeller. Diese Veranstaltung nach dem "Bunten Festzug" gehört zu den weniger spektakulären, bei der die Besucher nicht nach Tausenden zählen. Meist sind es alte Biberacher, die hier im Schatten der großen alten Bäume sitzen und genüßlich ihr Bier durch die Kehle rinnen lassen. Bis in die jüngste Zeit konnte man hier den Biberacher Ehrenbürger Prof. Dr. Hugo Rupf alljährlich mit seinem Familien- und Freundeskreis antreffen.

*j*ahrzehntelang hat der Liederkranz diese Gesangsveranstaltung getragen, nach dessen Auflösung ist sofort der Sängerbund eingesprungen. Ein gemischter Chor singt von den Stufen der Schützenkellerhalle, Musikdirektor Peter Marx dirigiert.

Ein paar von den Liedern seien genannt, die den Biberachern so ans Gemüt gehen:
"Morgengruß" von Ferdinand Buttschardt;
"Ach du klarblauer Himmel" von Friedrich Silcher;
"Erlaube mir feins Mädchen" von Johannes Brahms;
"Liabs Veiale am Wiesaroi" und
"s'Kübale rinnt" von Christoph Braun;
"Auf wack're Dirnen, munt're Brüder"
von Justin Heinrich Knecht;
"Was hant dia Biber am liabsta"
von Ferdinand Buttschardt;
nach den Sätzen von Peter Marx werden gesungen:
"Dreimal ums Städele", " Oi Deng" u.a.;
krönender Abschluß ist schließlich das Festlied
"Rund um mich her".

Beeinträchtigt ist das Liedersingen leider vom hohen Lärmpegel, der durch die Vielzahl der Besucher des Bergs und durch die elektronischen Verstärkungen entstanden ist. Man muß also ziemlich nahe bei den Sängern sitzen, wenn man alles mitbekommen will. Eine Verlagerung des Liedersingens an einen anderen Ort verbietet aber die ehrwürdige Tradition und der genius loci.

Szenen aus der Heimatstunde 'Lazarus von Schwendi' aufgeführt vom Dramatischen Verein unter der Leitung von Edeltraud Garlin und Dr. Kurt Diemer.

LASST SORGENLOS DIE KINDER SPIELEN,...

Szene und Schlußbild der Heimatstunde 1998.

LASST SORGENLOS DIE KINDER SPIELEN,...

Der Kanonier wartet auf seinen Einsatz. Von seinem Standort aus hat er eine direkte Sicht zur Kirchturmuhr. Pünktlich zum Glockenschlag wird die Kanone gezündet.

LASST SORGENLOS DIE KINDER SPIELEN,...

**Die Kanonenböller
verkünden den Beginn des
Schützenfestes und der
Festzüge.**

212

Die Damen der Biberacher-Trachtengruppe übergeben den Honorationen auf der Ehrentribüne einen Schützenstrauß.
Die Biberacher Trachtengruppe nimmt auch am Historischen Festzug teil.

Die Route des Fahnenzugs verläuft durch die schmalen Gassen am Weberberg über den Marktplatz und hinaus in die Memminger Straße zur Posamentenfabrik.

Biberacher Schüler tragen mit Blumen geschmückte Städte- und Länderfahnen.

Im Innenhof der Gardinen- und Posamentenfabrik Gustav Gerster wird der Familie Gerster als Dank für die alljährliche Schützenbatzen-Spende ein Ständchen dargeboten.

Die Fahnenschwinger zeigen eindrucksvolle Formationen.

LASST SORGENLOS DIE KINDER SPIELEN,...

Ein seltenes Zusammentreffen beim Fahnenumzug: Ehemalige Tambourmajore der Kleinen Schützentrommler ehren ihren nach Jahrzehnten ausscheidenden Ausbilder Ernst Köhle.

25 Jahre nach ihrem Amt als Tambourmajor kommt jeder Altgediente selbst zu Ehren. Ein Miniatur-Tambourstab wird ihm vom amtierenden Tambourmajor überreicht.

LASST SORGENLOS DIE KINDER SPIELEN,...

Der Tanz auf dem Marktplatz am Sonntagabend ist Treffpunkt für Alt und Jung. Auch die Jahrgänger zeigen wer zusammengehört.

Bei Einbruch der Dunkelheit werden wie zur Weihnachtszeit die Giebel des ganzen Marktplatzes beleuchtet.

Der Biberacher Marktbrunnen wird zum Schankplatz für Viertele und Schorle.

Zur vorgerückten Stunde geht auch diese Veranstaltung zu Ende.
Ein Blick zurück vom Kirchturm aus.

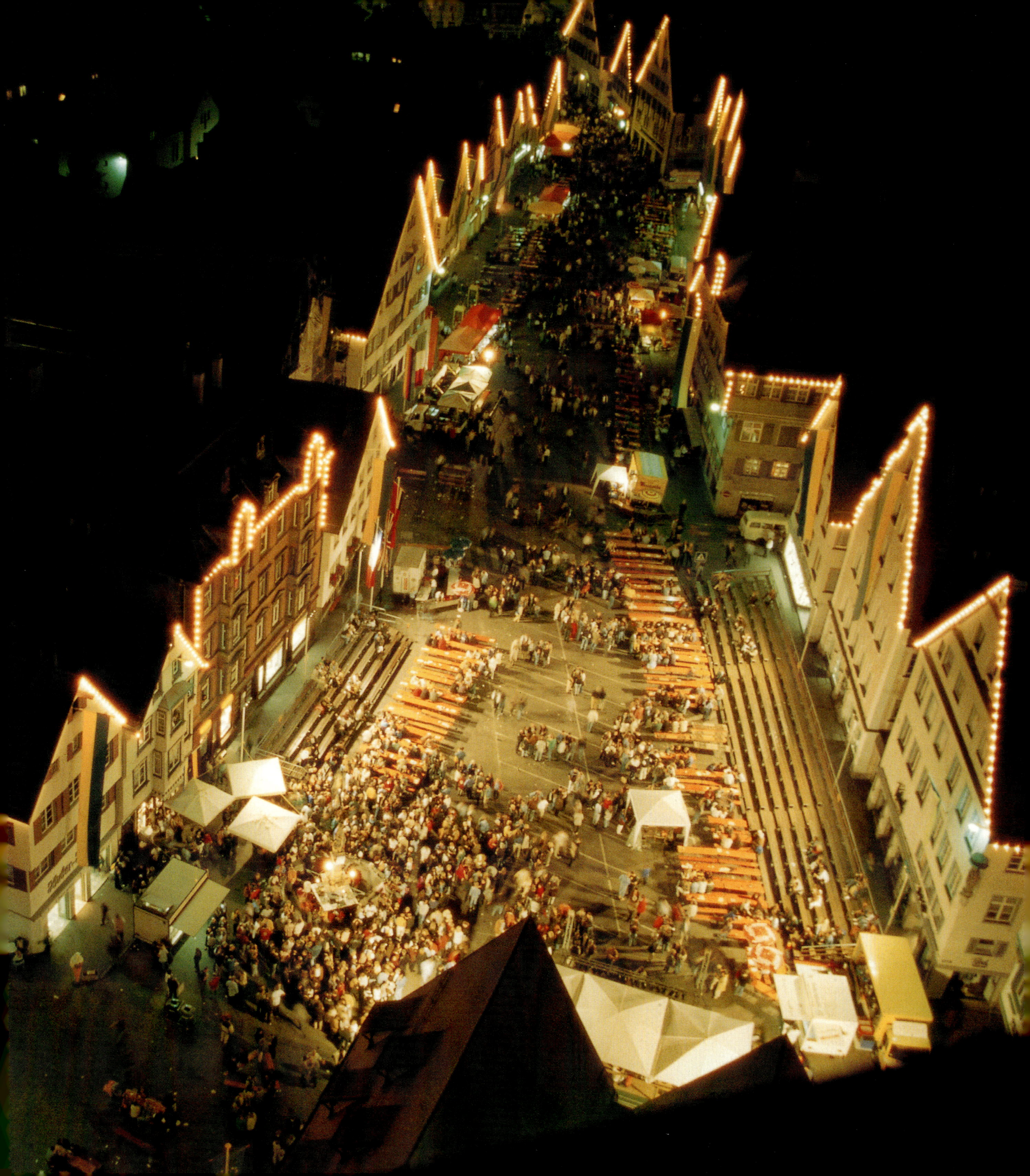

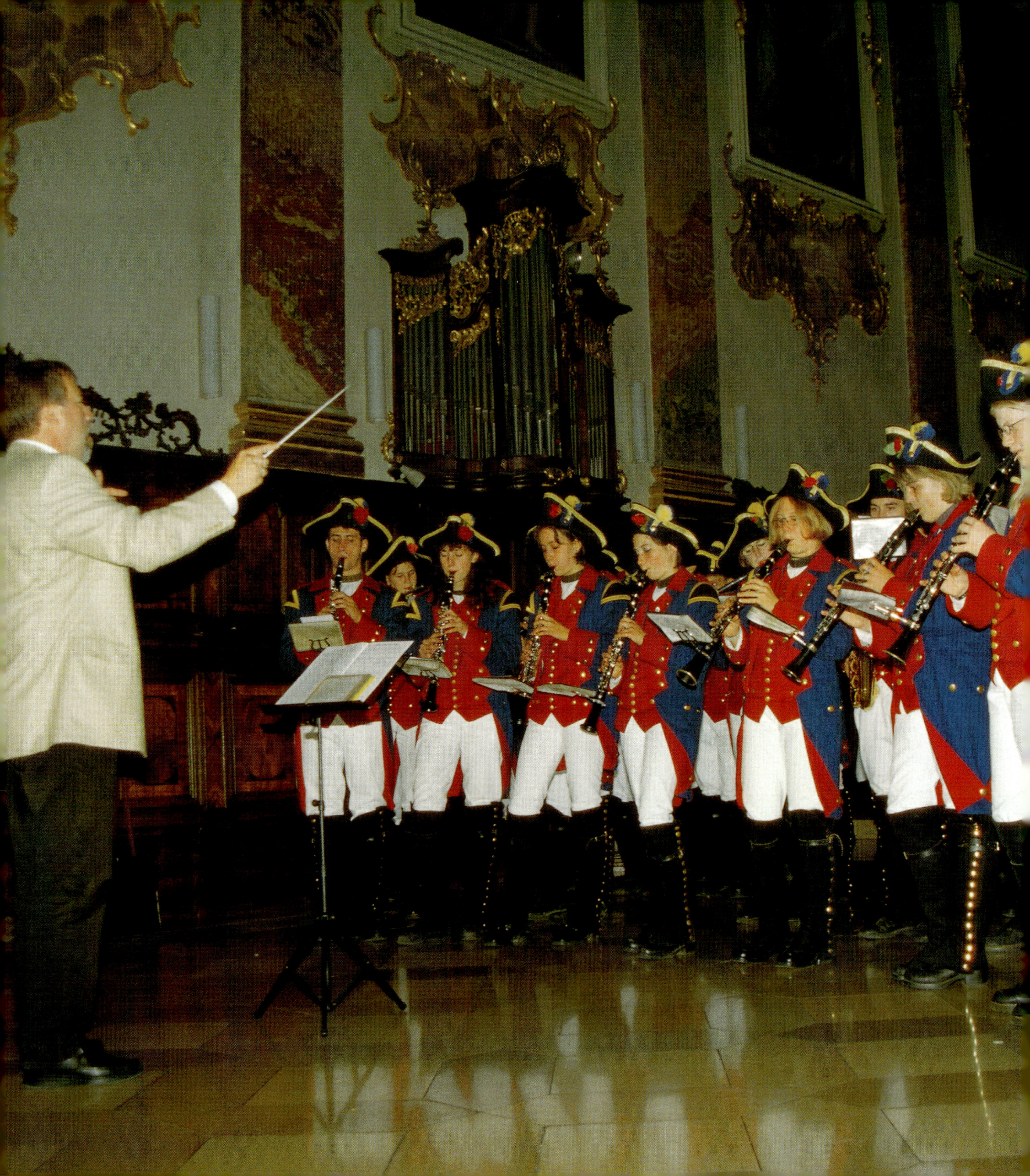

LASST SORGENLOS DIE KINDER SPIELEN,...

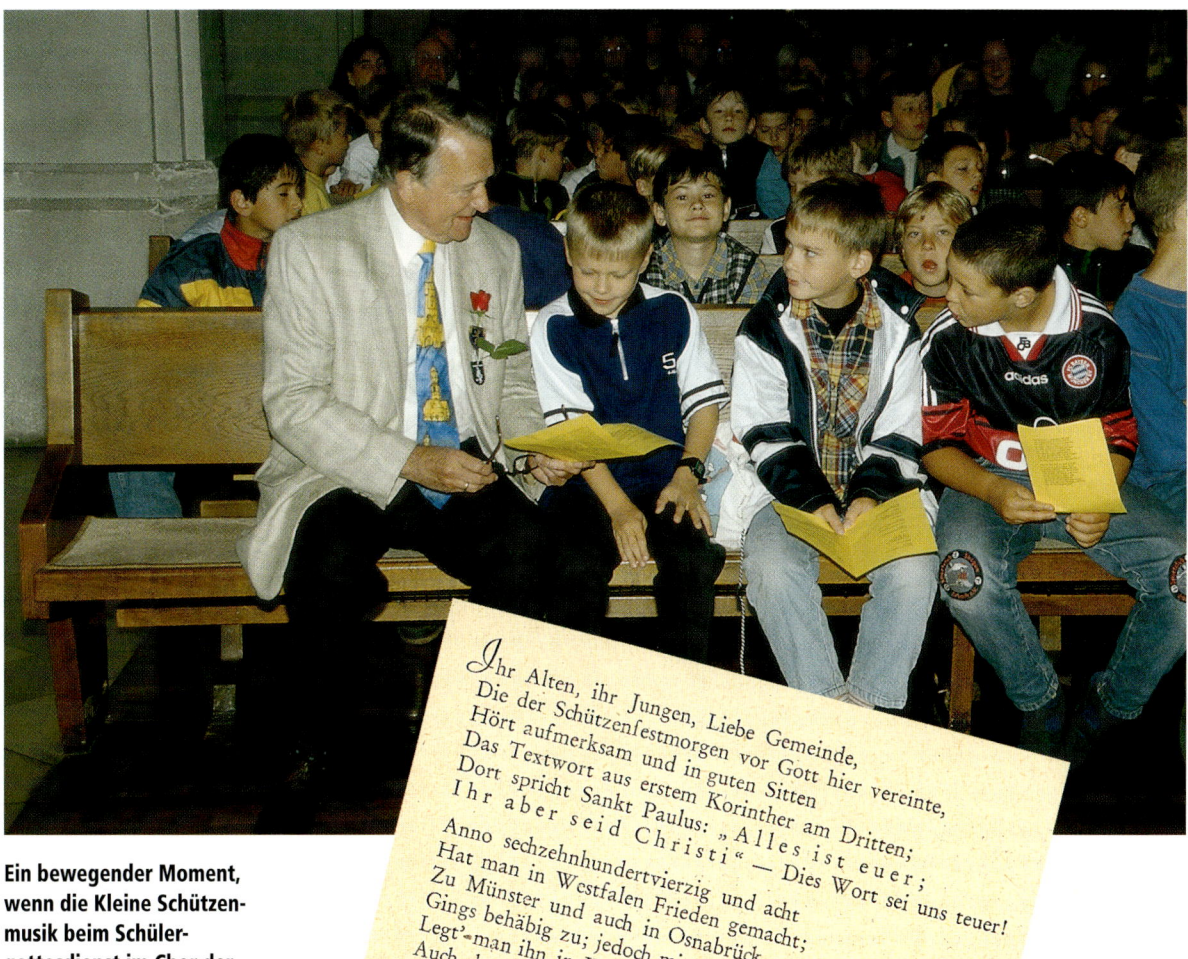

Ein bewegender Moment, wenn die Kleine Schützenmusik beim Schülergottesdienst im Chor der St. Martinskirche den Choral "Rund um mich her..." spielt.

1949 dichtete Pfarrer Kirn diese Predigt für den Schülergottesdienst. Er hoffte durch diese Reime besseren Zugang zu den Kindern zu erreichen.

Ihr Alten, ihr Jungen, Liebe Gemeinde,
Die der Schützenfestmorgen vor Gott hier vereinte,
Hört aufmerksam und in guten Sitten
Das Textwort aus erstem Korinther am Dritten;
Dort spricht Sankt Paulus: „Alles ist euer;
Ihr aber seid Christi" — Dies Wort sei uns teuer!
Anno sechzehnhundertvierzig und acht
Hat man in Westfalen Frieden gemacht;
Zu Münster und auch in Osnabrück
Gings behäbig zu; jedoch mit Geschick
Legt'-man ihn in Ketten, den bösen Krieg —
Auch dem Sieger ist Krieg stets verlorener Sieg —;
Nach dreißig bitterbösen Jahren,
Nach Angst und Pest und Todesgefahren,
Nach Kriegsgeschrei und Rotem Hahn —
Der Teufel mag sein Freud dran han —
Nach Feuerrohr- Kartaunenkrachen
Darf man sich freun am Kinderlachen,
Muß man sich freun am Kinderlachen,
Ob man am Morgen auch erwacht,
Ob Schnapphähn' nicht in böser Ruh
Zieh'n Biberach, der Reichsstadt zu,
Ob man verlieren soll alles geschwind,
Den Hof und das Haus, die Mutter, das Kind. —
Wer hält unser Leben in seinen Händen?
Er ist's, der den Krieg zum Frieden kann wenden;
Er ist's, der uns Menschen zum ewigen Leben,
Den Sohn, den Herrn Christus, zum Heiland gegeben.
Ihm laßt uns danken Jahr für Jahr,
Dem helfenden Retter immerdar!
So hat man nach bösem Weh und Ach
Beschlossen im Rathaus zu Biberach:
„Es wäre ab Dato das Allerbest'
Zu feiern ein Kinder- und Schützenfest,
Weil sich des süßen Friedens jetzt freu'n
Die Alten, die Jungen, die Kinderlein;
Am Gigelberg gibt's spie Schützenwurst,
Und auch den Lab'trunk für den Durst,
Dort findest du Freude, dort dreht sich schnell

Schüler und Schülerinnen der Braith-Grundschule bei der Vorbereitung und Aufstellungsprobe zum Bunten Zug.

LASST SORGENLOS DIE KINDER SPIELEN,...

Der Standartenreiter und die Fanfarenbläser belustigen das Publikum mit ihren Steckenpferdchen.

LASST SORGENLOS DIE KINDER SPIELEN,...

Grundschüler zeigen, wie früher die Schüler beim Schützenfest-Umzug aussahen.

Die Kleinen Schützentrommler scheinen nichts von dem Spruch zu halten: Viele Köche verderben den Brei.

Ob Winter- oder Sommerzeit, ob Euro oder Asien, die Biberacher Schüler lassen sich immer aufs Neue tolle Ideen einfallen.

LASST SORGENLOS DIE KINDER SPIELEN,...

Der Max- und Moritz-Wagen nimmt jedes Jahr am Bunten Zug teil.

Die 'Birkendorf-Indianer' mit Totempfahl.

Unseren Schildbürgern ist die Sonne ins Gesicht geschrieben.

LASST SORGENLOS DIE KINDER SPIELEN,...

230

LASST SORGENLOS DIE KINDER SPIELEN,...

Die Spielmannszüge suchen sich immer die passenden Kostüme zu den Themen der Schulen.

Die Heinzelmännchen.   **Die Goldene Gans.**

Die Kinder sind besonders stolz, wenn sie bei den Märchengruppen mit machen dürfen, die mit solide geschneiderten Kostümen ausgestattet sind.

Die Arche Noah.

Auch kommunale Themen werden gerne im Bunten Zug dargestellt und auf die Schippe genommen. Hier die Diskussion über das Kunstwerk 'Des Esels Schatten".

Eine sehr beliebte Gruppe: Die Sieben Schwaben.

LASST SORGENLOS DIE KINDER SPIELEN,...

**Eine beschlossene Sache:
Der Gemeinderat läuft mit
beim Bunten Zug.**

Immer besonders einfallsreich stellen sich die WG-Trommler dar.

LASST SORGENLOS DIE KINDER SPIELEN,...

257

Die Wagen des Schützentheaters (hier Peterchens Mondfahrt) sind im Bunten Zug, außerdem im Historischen Festzug an Bauernschützen vertreten.

So haben auch die Kinder der Gruppe 2 die Möglichkeit an einem Umzug teilzunehmen.

Es gehört auch viel Glück dazu, denn die meist ungeübten Schützen müssen trotz Wind und Wetter die Biberscheiben treffen.

LASST SORGENLOS DIE KINDER SPIELEN,...

Sieger-Ehrung der Biberschützen.

Das Schützenkönigpaar darf beim Historischen Festzug in einer Kutsche fahren.

LASST SORGENLOS DIE KINDER SPIELEN,...

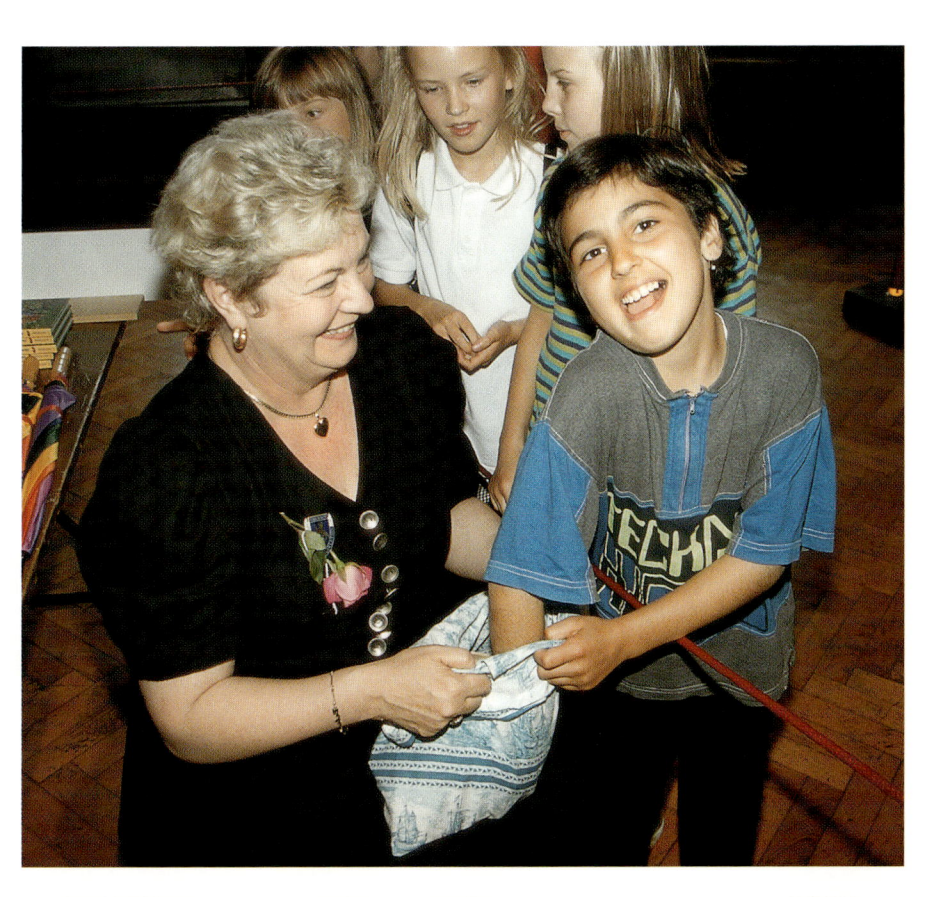

Auf einem Schild steht die Schule und Klasse, die jetzt dran ist. Dann geht es das Seil entlang. Dunkel ist es in der Gigelberg-Turnhalle. Und kühl, wenn es draußen heiß ist. Dann greift man in ein Säcklein mit Nummern. Zieht eine davon. Und – hat entweder den Hauptgewinn oder sonst etwas Schönes gezogen. Die Kinder freuen sich, denn jedes Los gewinnt.
Am Ausgang bekommt jedes noch das Thomae-Gutsle.

242

Das Trommlerkorps des Wieland-Gymnasiums.

Wenn der Tambourmajor der WG-Trommler mitten auf dem Marktplatz seinen Tambourstab hoch in die Luft schleudert und geschickt wieder auffängt, wenn das Trommlerkorps gemessenen Schrittes und in strammem Takt den "Schlegel-Marsch" spielt, dann versteht man, warum dieser Traditionsgruppe die Herzen der Biberacher, ganz besonders die Herzen der holden jungen Weiblichkeit, zufliegen.

Von 1816 - 1921 gab es in Biberach nur ein einziges Trommlerkorps, die Schützentrommler. 1921 marschierten bei Progymnasium und Realschule, welche die Keimzelle des späteren Wieland-Gymnasiums bildeten, zwei Trommler voraus: Heinrich Stehrer und Erwin Biedermann. Die schweren Trommeln waren grau angestrichen und stammten aus Heeresbeständen. 1928 erweiterte Otto Fries, der Turnlehrer der Schule und spätere Vorsitzende der Schützendirektion, das Trommlerkorps auf vier, 1930 auf sechs und schließlich auf neun Trommler. Das Korps trug zunächst noch keine Einheitskleidung, es marschierte hinter der Schulfahne in Zivil an der Spitze der Oberrealschule mit Realgymnasium, wie es in den dreißiger Jahren hieß.

Nach dem zweiten Weltkrieg konnte die Gruppe erst 1949 wiederbelebt werden, vorher hatte die Besatzungsmacht das Trommeln verboten. Man fürchtete ein Aufleben des Militarismus. 1952 bekam die Truppe einen Tambourmajor, zuvor hatte der linke Flügelmann die Einsätze gegeben. Das Trommlerkorps war laufend vergrößert worden und erhielt ebenfalls 1952 eine Einheitskleidung, bestehend aus blauen Schlappmützen, weißem Hemd, blau-gelber Schärpe, Schurzfell mit Adlerhaken, schwarzer Hose und schwarzen Schuhen. Das 50jährige Jubiläum der WG-Trommler wurde im "Biberkeller" in lockerer Atmosphäre begangen. Tambourmajor war Berthold Stehrer, der Sohn des Ur-Trommlers Heinrich Stehrer. Das Trommlerkorps war inzwischen auf 16 Trommler und einen Tambourmajor erweitert worden.

Heute rekrutieren sich die WG-Trommler aus den Klassen 10 - 13. Es sind immer genügend Bewerber vorhanden, die nach einem sehr strengen Verfahren ausgewählt werden. Am Schluß steht das sogenannte "Austrommeln", bei dem endgültig festgelegt wird, wer in diesem Jahr teilnehmen darf.

Zum 75jährigen Jubiläum der WG-Trommler im Jahr 1996 wurde bei schönstem Wetter im Schulhof eine zünftige Feier abgehalten.

Der Gründungstrommler Heinrich Stehrer konnte im Alter von 89 Jahren anwesend sein. Eine Truppe von Ehemaligen im Alter von ungefähr 75 Jahren trommelte mit Begeisterung wie die Jungen. Es war besonders bemerkenswert, daß frühere WG-Trommler aus aller Welt gekommen waren. Wiedersehensfreude und Begeisterung waren ihnen deutlich ins Gesicht geschrieben. Es waren Menschen aus allen Lebensaltern. Die Erinnerungen an einen besonderen Höhepunkt ihrer Jugendzeit hatte sie zum Jubiläumsfest gezogen, wahrlich ein Beispiel für die gemeinschaftsbildende Kraft des Schützenfestes.

Der Spielmannszug des Pestalozzi-Gymnasiums.

Auf Anregung des damaligen Schulleiters und vormaligen Vorsitzenden der Schützendirektion, Fritz Thierer, entstand 1970 am Pestalozzi-Gymnasium ein Trommlerkorps mit 12 Trommlerinnen. Als Vertreterin der Elternschaft hatte Frau Doris Schiffner das Protektorat über die Gruppe übernommen. Bis 1971 war das Pestalozzi-Progymnasium noch eine reine Mäd-

Linke Seite:
Der Sängerbund unter der Leitung des Musikdirektors Peter Marx singt am Schützenmontag im Schützenkeller 'Althergebrachte Lieder'.

chenschule, erst danach wurde es, beginnend mit Klasse 5, zur koedukativen Vollanstalt ausgebaut. Es war kein Wunder, daß dieses Trommlerkorps die erste musikalische Gruppe des Schützenfestes war, die nur aus Mädchen bestand. Hier begann also ein Kapitel der Gleichberechtigung, ein Stück Schützenfestgeschichte wurde geschrieben.

Zu den 12 Trommlerinnen mit Landsknechttrommeln kamen ab 1973 noch 12 Pfeiferinnen dazu; samt der Tambourmajorin also ein Spielmannszug von 25 weiblichen Mitwirkenden.

Bei den Uniformen gab es keine historischen Vorbilder. In früheren Jahrhunderten war es undenkbar, daß Frauen Musik außerhalb des Hauses machten. So kam dann nur eine Phantasieuniform in Frage. Die Kunsterzieherin, Frau Elsbeth Berg, legte verschiedene attraktive Entwürfe vor, die Mädchen selbst entschieden sich für eine Kleidung, die sich an friderizianische Soldatenuniformen und an rheinische Gardekostüme anlehnte. Das Trommlerkorps sah sehr hübsch aus, aber im gleichen Jahr beteiligten sich Majorettes aus der Partnerstadt Valence beim Schützenfest. Sie waren aufgemacht in französischer Raffinesse und Eleganz und stachen eindeutig die Biberacher Mädchen aus. Das war die Katastrophe! Nach heftigen Protesten seitens der Mädchen erhielten sie schon ein Jahr später statt etwas schwerfällig wirkender schwarzer Halbschuhe mit Gamaschen adrette weiße Stiefel und statt der weißen Strumpfhosen Perlonstrümpfe. Seitdem ist Friede eingekehrt und Biberach hat einen Spielmannszug mit weiblichem Charme. Die musikalische Ausbildung der Schülerinnen beginnt im Januar und dauert bis zum Schützenfest. Der Spielmannszug des Pestalozzi-Gymnasiums wirkt bei allen Festzügen mit, daneben spielen die Ständchen eine wichtige Rolle. Lehrer des PG, verdiente Mitbürger, aber auch besondere Gönner und Freunde des Spielmannszugs werden durch ein Ständchen geehrt. Besonders gerne gesehen werden die Mädchen im Bürgerheim, wenn sie den alten Biberachern einen musikalischen Schützenfestgruß überbringen.

Seit etwa 1979 ist es üblich geworden, daß sich die Mädchen für den Bunten Festzug am Schützenmontag selbst originelle witzige Kleider nähen, die vom Publikum stets mit Beifall bedacht werden. Dem Bedürfnis der Jugend nach Spaß und Umtrieb wird auf diese Weise Rechnung getragen.

Schulleiter und Schützendirektor Paul Achberger und Schützendirektor Hanns Holzhauer wollten für die junge Dollinger-Realschule einen eigenen Spielmannszug ins Leben rufen. Es gab einen Vorläufer, das Trommlerkorps der früheren Handelsschule. Zum Start der neuen Gruppe standen somit Kostüme und Trommeln zur Verfügung. Ein schwarz-gelbes Landsknechtgewand ermöglichte die ersten Auftritte.

Für die neue Gruppierung wollte man allerdings nicht nur Trommeln, sondern auch Fanfaren haben. Am Schützenfest 1968 trat der Spielmannszug zum ersten Mal in Erscheinung, zunächst in bescheidener Größe; aber mit dem Wachstum der Schule und mit der Begeisterung der jungen Fanfarenbläser und Trommler entwickelte die Sache eine gewisse Eigendynamik. Es gab von Jahr zu Jahr mehr Mitwirkende, zu den Jungen kamen die Mädchen, die heute in der Regel über 50 Prozent der Teilnehmer stellen.

Es wurden sukzessive neue Monturen geschaffen. Man erinnerte sich daran, daß Landsknechte etwa unter dem legendären Landsknechtführer Frundsberg oder im

Der Trommler- und Fanfarenzug der Dollinger-Realschule.

Dreißigjährigen Krieg keinesfalls einheitliche Uniformen getragen haben wie das moderne Militär. Es waren Söldner, ein bunter Haufen, bei dem jeder etwas anderes anhatte, teilweise zerlumpt und abgerissen. Es gab aber gewisse einheitliche Stilmerkmale, die für die neue Gruppe übernommen wurden: Geschlitzte Ärmel, Pluderhosen, Barette, helle Leinenhemden mit unterschiedlichen Kragenformen. Sonst aber herrscht die totale Vielfalt der Farben und Formen. Der Strumpf am linken Bein ist andersfarbig als der am rechten, teils sind die Strümpfe mehrfarbig gestreift. Die geschlitzten Hosen sind bei manchen Kostümen an einem Bein kurz, am anderen lang. Jede Montur ist ein Unikat, von der Schützennähstube mit großer Sorgfalt und Liebe hergestellt. Die Gruppe, die heute bis zu 50 junge Musiker umfasst, bietet ein äußerst buntes, sehr attraktives Bild. Die heutigen Landsknechte, das soll um der Wahrheit Willen gesagt sein, sind sicher sehr viel schöner und sauberer, als ihre Vorgänger aus dem 16. und 17. Jahrhundert.

Das spielerische Niveau hat sich deutlich nach oben bewegt. Die Proben beginnen für die Fanfarenbläser im September des Vorjahres, für die Trommler im November. Die Bläser benötigen bis zu 100 Proben, die Trommler etwa 70. Das Alter beträgt 14 bis 17 Jahre, Bewerbungen sind aus Gründen der Kondition erst ab Klasse 8 möglich. Der Probenaufwand und der Schützenfest-Einsatz sind beträchtlich. Dazu kommen die zahlreichen Ständchen, die von den Aktiven aber gerade als besondere Höhepunkte empfunden werden. Das Kameradschaftserlebnis ist so groß, daß die älteren Mitwirkenden oft kaum zu bewegen sind, nun Jüngere nachrücken zu lassen. Sie wollen spielen, auch wenn sie keine Schüler der Dollinger-Realschule mehr sind.

*D*ie Gründerin des Trommler- und Fanfarenzugs war Oberstudiendirektorin Hilde Frey, damals Leiterin des Frauenberuflichen Gymnasiums, das heute den Namen Matthias-Erzberger-Schule trägt. Die Gruppe existiert seit 1972. Den Anstoß mag der Spielmannszug des Pestalozzi-Gymnasiums, vielleicht auch der Besuch mehrerer Majorettes-Formationen aus der Partnerstadt Valence gegeben haben. Hilde Frey war von 1965 bis 1978 Mitglied der Schützendirektion. Aus einer alten Biberacher Familie stammend, war sie eine begeisterte Anhängerin des Schützenfestes und ein besonders aktives Mitglied des Gremiums. Bei ihrem Ausscheiden 1978 wurde sie zum Ehrenmitglied der Schützendirektion ernannt.

Der Fanfarenzug besteht aus 13 Fanfarenbläserinnen und 8 Trommlerinnen, insgesamt also 21 Schülerinnen. Eine Tambourmajorin gibt es nicht, die Einsätze werden durch die erste Fanfarenbläserin gegeben. Die Matthias-Erzberger-Schule besteht aus Schülerinnen des ganzen nördlichen Oberschwabens. Deswegen ist das Problem der Proben und der Ausbildung nicht einfach zu lösen. Von einer Schülerin aus Ehingen oder Bad Waldsee kann man nicht erwarten, daß sie bis zu einer abendlichen Probe in Biberach bleibt. Tagsüber aber ist es schwierig, geeignete Ausbilder zu bekommen. Die Proben beginnen schon im Herbst und werden dann mit zunehmender Nähe zum Schützenfest intensiver. Immer etwa die Hälfte der Schülerinnen wechselt pro Jahr, so daß in der Regel für jede Musikerin eine zweijährige Mitwirkung üblich ist. Hilde Frey konnte zur Gründung bei verschiedenen großen Firmen Spenden für die Erstausstattung des Trommler- und Fanfarenzugs erbitten. Da der Landkreis der Träger der Schule ist, konnte sie auch Landrat Dr. Steuer zu einem Zuschuß des Landkreises veranlassen. Man entschloß sich

Der Trommler- und Fanfarenzug der Matthias- Erzberger- Schule.

zu einem roten Samtkostüm mit Barett und cremefarbener Bluse, die von Willy Witzgall entworfen und vom Kostümatelier der Schützendirektion hergestellt wurden. Rote Lederstiefel ergänzten die Ausrüstung. Einige Jahre später stiftete dazu der Landrat rot-gelbe Fanfarenbehänge mit dem Kreiswappen.

Die Trommlerinnen und Fanfarenbläserinnen waren wegen ihres sympathischen Auftretens sehr rasch beliebt. Außer zu den offiziellen Schützenfestterminen wurden sie daher schon zu zahlreichen Auftritten eingeladen, so beim Besuch der Ministerpräsidenten Späth und Teufel und anderer prominenter Persönlichkeiten.

Die Gründerin Hilde Frey, inzwischen längst im Ruhestand, kam eines Tages auf den Ersten Vorsitzenden der Schützendirektion zu. Die Kostüme des Fanfarenzugs seien zwar sehr kleidsam, aber sie seien eigentlich nicht für historische Festzüge geeignet. Sie habe sich daher entschlossen, eine Spende aus ihrem privaten Vermögen für entsprechende Kostüme zu machen.

Ein so großzügiges Angebot konnte man sich nicht entgehen lassen. Aber nun war guter Rat teuer, denn im Mittelalter haben eben Frauen nicht öffentlich musiziert; Vorlagen für Bekleidung gab es also nicht. Peter Geiwitz, der künstlerische Festzugsleiter, erarbeitete mehrere Vorschläge, und schließlich fand man die salomonische Lösung: ein spätmittelalterliches Pagenkostüm. Die Pagen waren zwar Knaben oder junge Männer, aber die Bekleidung war so, daß sie ohne Schwierigkeiten auch von Mädchen getragen werden konnte. Es entstanden bemerkenswert schöne historische Gewänder, mit denen sich auch die jungen Damen begeistert identifizierten. 1994 haben die Frauen der Nähstube die neue Kleidung fertiggestellt in den Farben des Landkreises: roter Hut, gelb-rotes Wams, schwarze Strumpfhosen.

Dank Hilde Frey ist der Trommler- und Fanfarenzug der Matthias-Erzberger-Schule die einzige Festzugsgruppe, die während des Schützenfestes zwei grundverschiedene Kostüme tragen kann.

*D*ie Freiwillige Feuerwehr wurde 1849 gegründet aus Mitgliedern der Turngemeinde Biberach. Man brauchte gewandte und entsprechend ausgebildete Bürger. Die Stadt beschaffte die notwendigen Geräte nach dem jeweiligen Stand der technischen Entwicklung. Die Biberacher Feuerwehr gehörte zu den ältesten Feuerwehren in Württemberg. Bereits im Jahr 1867 umfaßte sie 800 Männer.

Eine besondere Rolle für die Freiwillige Feuerwehr spielte sicher die Feuerwehrgerätefabrik J.G. Lieb, die von 1873 bis in die 20er Jahre in Biberach existiert hat und die zu den weltweit bedeutendsten Unternehmen ihrer Branche zählte. Der Ingenieur Paul Schmahl erfand die Mehrfach-Auszugleiter, auf die die Firma Lieb das Patent besaß. 1962 gründete die Freiwillige Feuerwehr einen Spielmannszug, der sich rasch vergrößerte. Man entschied sich für die Tradtionsinstrumente Trommeln und Pfeifen. Bereits im Gründungsjahr 1962 nahm der Spielmannszug am Schützenfest teil.

Zunächst trugen die Spielleute die normale blaue Feuerwehr-Uniform. Das war im Historischen Festzug ein Fremdkörper. Die Schützendirektion kam daher mit der Feuerwehr überein, eine historische Uniform für den Spielmannszug zu suchen. Nach intensivem Quellenstudium durch Peter Geiwitz und Fritz Kolesch entschied man sich für eine Feuerwehr-Uniform aus der Zeit um etwa 1890, also immerhin schon mehr als 100

Der Spielmannszug der Freiwilligen Feuerwehr.

Jahre alt. Die Uniformen konnte man in einer Spezialfabrik anfertigen lassen. Schwieriger war es mit den Lederhelmen. Bis man einen Sattler fand, der sich noch auf diese Kunst verstand, mußte man lange suchen. Die Firma KaVo ließ in ihrer Lehrlingswerkstatt die Messingkämme herstellen. Die Mannschaft trägt zu den Uniformröcken Koppeln, der Tambourmajor trägt über seinem langen Rock eine quergestreifte Leibbinde. Als Kopfbedeckung hat er eine Pickelhaube, den Helm aus der Kaiserzeit. Diese wurde auf dem Militaria-Markt beschafft. 1992 trat der Spielmannszug erstmals in der neuen Montur an Schützen auf und fand großen Anklang. Auch bei Feuerwehrfesten ragt der Biberacher Spielmannszug aus dem Einheitsblau der normalen Uniformen heraus.

Marschmusik am Schützenfest.

Ein Festzug ohne musikalische Begleitung ist nicht denkbar. Trommeln, Pfeifen, Fanfaren, Blechblasinstrumente müssen erklingen, sie geben dem Festzug Atmosphäre und schlagen den Mitwirkenden den Takt. Was an schönen und interessanten Dingen für das Auge angeboten wird, soll ergänzt werden durch den Klang für das Ohr. Die Kleine Schützenmusik und alle Trommlerkorps und Spielmannszüge der Biberacher Jugend sind schon einzeln beschrieben worden.

Nun sollen auch die Musikkapellen lobend erwähnt werden, die das Schützenfest verschönern. Das sind in erster Linie die Volksmusikkapellen aus den Stadtteilen von Biberach: Bergerhausen, Mettenberg, Ringschnait, Ris- segg-Rindenmoos, Stafflangen. Eine herausragende Rolle spielt natürlich die Stadtkapelle Biberach unter Musikdirektor Peter Marx, ein Musikkorps, das in der höchsten Klasse spielt.

Der Spielmannszug der Turngemeinde Biberach ist ein sehr großes musikalisches Ensemble mit starkem weiblichem Element. Er präsentiert sich im traditionellen weißen Habit der Deutschen Turnvereine, ist also keine historische Gruppe im eigentlichen Sinn. Der Spielmannszug wurde 1959 gegründet und wirkt seit 1960 bei den Festzügen mit. Die TG hat heute rund 6000 Mitglieder und ist mit Abstand der größte Verein Biberachs, einer der ältesten dazu. Für den Bunten Festzug am Montag läßt sich der Spielmannszug immer etwas Besonderes einfallen. Mit einer phantasievollen Maskerade erfreut er das Publikum.

Die Musikkapelle der Bereitschaftspolizei Biberach wirkt regelmäßig beim Historischen und beim Bunten Festzug mit. Eine alte Freundschaft besteht zum Harmonika-Orchester Glöggler, auch der Fanfarenzug Biber, der sich aus ehemaligen Trommlern und Bläsern der Schulen gebildet hat, ist regelmäßig dabei.

Diese zahlreichen musikalischen Gruppierungen aus Biberach samt seinen Teilorten reichen jedoch nicht aus, um die drei großen Festzüge ausreichend mit Musik auszustatten. Das Schützenfest ist hier in einer sehr glücklichen Lage. Der Kreis Biberach hat die größte Dichte an Volksmusikern im ganzen Bundesgebiet. Drei Prozent der Kreisbewohner sind aktive Volksmusiker. So ist es nicht sehr schwierig, weitere zwanzig Musikkapellen für das Schützenfest anzuwerben. Schon im November des Vorjahres findet die "Kapellensitzung" statt. Es gilt unter den Musikern nach wie vor als Ehre, beim Biberacher Schützenfest auftreten zu können. Musik der verschiedenen Stilarten und Geschmacksrichtungen erfüllt die Stadt über die Festtage. Gerade bei der Volksmusik wird durch die aktive Mitwirkung vieler Vereine die herzliche Verbindung der Stadt zum Umland sichtbar.

Der Spielmannszug des Pestalozzi-Gymnasiums, kurz gesagt die PG-Mädchen, geben im Pflugkeller im pausenlosen Wechsel mit der Ranzengarde und dem Fanfarenzug "Biber" ein Ständchen.

Mit großen gemessenen Schritten marschieren die WG-Trommler im Fahnenumzug. Schwungvoll schlagen sie die Trommeln und Schlegel.

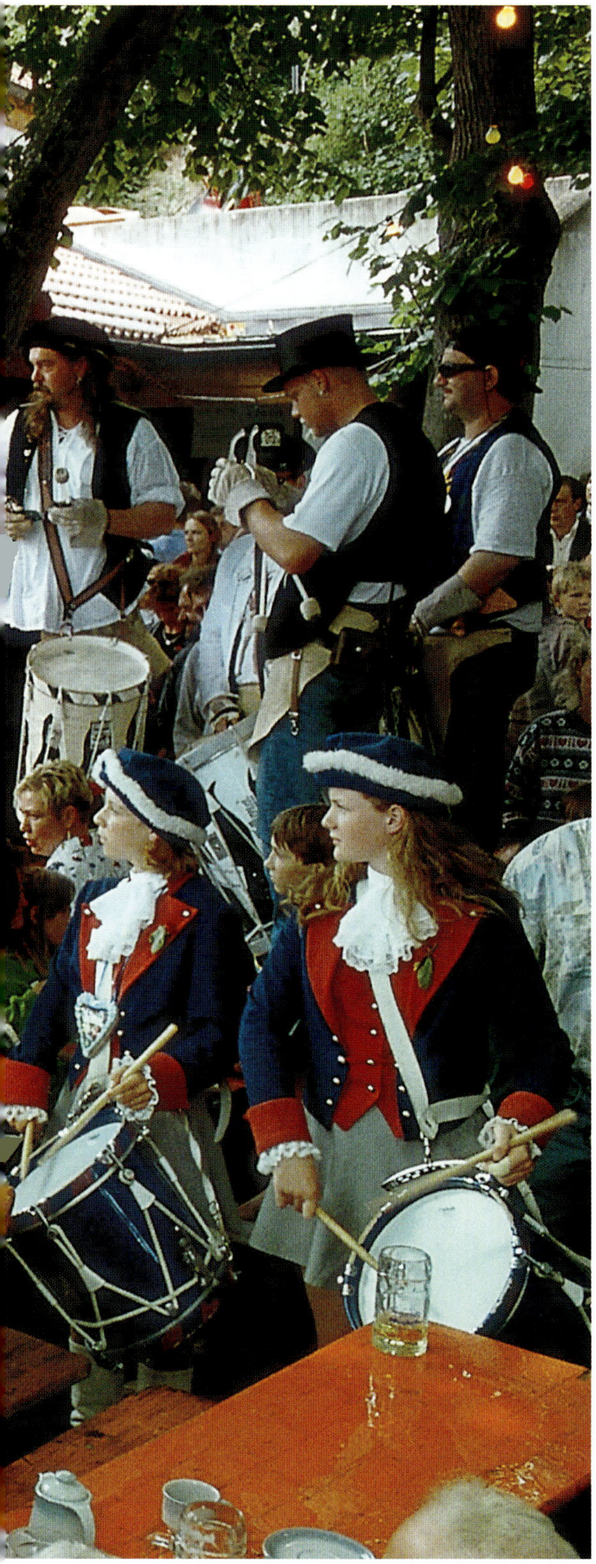

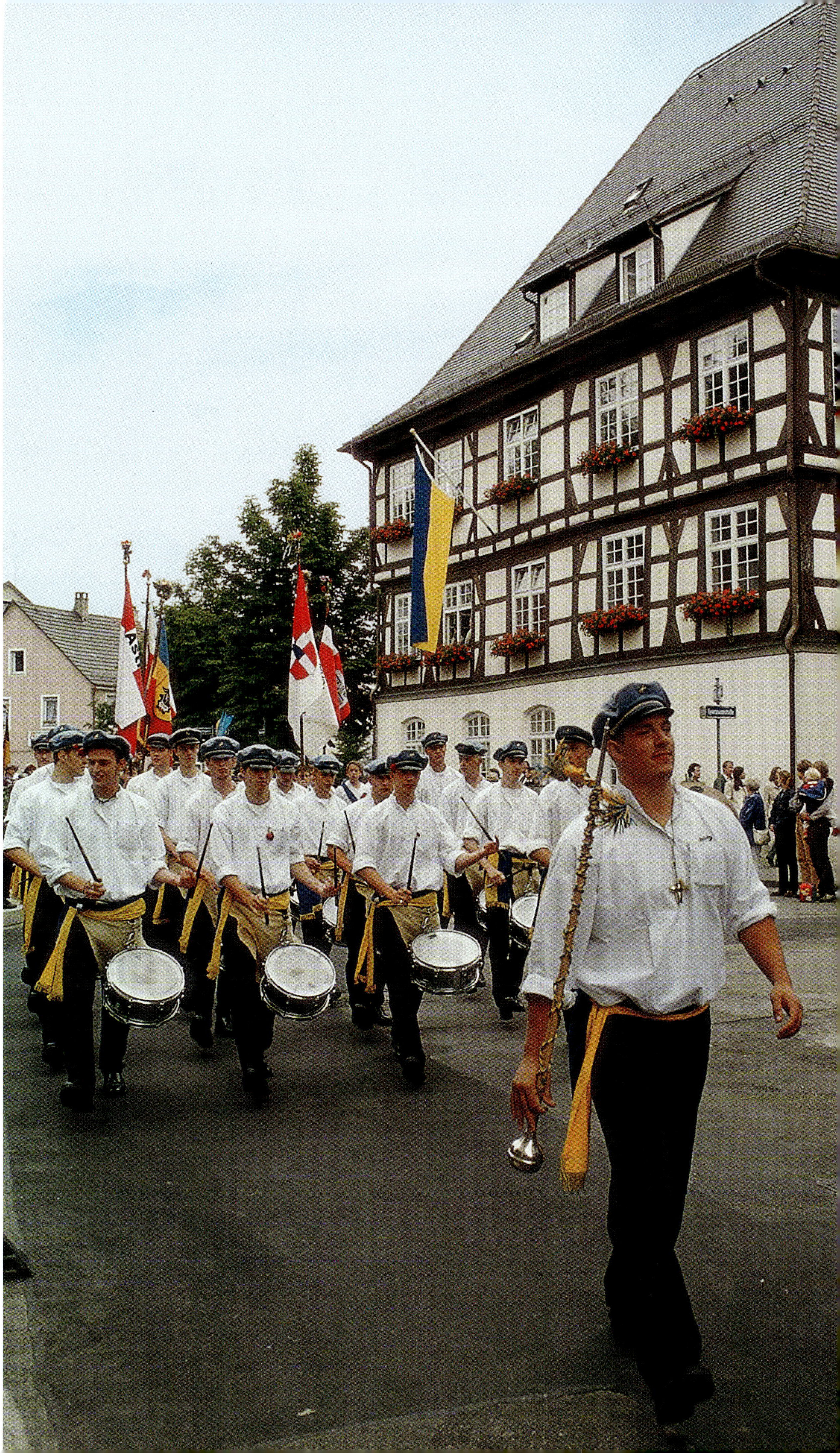

Der Trommler- und Fanfarenzug der Matthias-Erzberger-Schule ist die einzige Gruppe, die in verschiedenen Kostümen am Schützenfest teilnimmt.

LASST SORGENLOS DIE KINDER SPIELEN,...

Der Klang der kraftvoll geschlagenen Trommeln kündigt den Trommler- und Fanfarenzug der Dollinger-Realschule an.

252

LASST SORGENLOS DIE KINDER SPIELEN,...

**Ein Kinder- und Heimatfest ohne Musik wäre absolut undenkbar.
Sie gibt dem ganzen Festzug die Atmosphäre und schlägt den Mitwirkenden den Takt.**

Der Spielmannszug der Freiwilligen Feuerwehr in historischen Uniformen von 1898.

**Rechts:
Der Fanfarenzug "Biber".**

LASST SORGENLOS DIE KINDER SPIELEN,...

Die Stadtkapelle Biberach mit Musikdirektor Peter Marx.

Musikkapellen aus Biberach und Umgebung begleiten die Festzüge und bringen auch Schützenstimmung in die Bierkeller.

256

LASST SORGENLOS DIE KINDER SPIELEN,...

Und tschüß. Die Schwedenmusik fährt zum Ständchen.

FAHRER, REITER, REQU

Pferde, Wagen und Geschirre beim Schützenfest.
Kostümausgabe an Reiter und Fahrer.
Der Bauernabend.
Die eigene Ponyzucht für das Schützemfest.
Die Requisitenhalle.
Die Schützenbühne.
Die Nähstube für den Historischen Festzug.
Die Schützenkellerhalle.
Die Geschäftsstelle der Schützendirektion.

ITEN

Pferde, Wagen und Geschirre beim Schützenfest.

In der Zeit vor dem Zweiten Weltkrieg war die Zahl der Festwagen recht bescheiden. Die Gespanne wurden von den Mühlen und Brauereien, von Spediteuren und Lebensmittelgroßhändlern sowie von den Stadtbauern gestellt. Reiter gab es nur ganz vereinzelt.

Nach dem Krieg wurde in rascher Folge der Historische Festzug aufgebaut. Dazu brauchte man in erster Linie Reit- und Zugpferde, Fahrer und Reiter. Der damalige Festzugleiter, Julius Mühlschlegel Zur Oberen Mühle, holte sich als Pferdefachleute 1949 den Mondbauern August Gerster und den ehemaligen Artillerieoffizier Lorenz Hagel aus Sulmingen. Hagel hatte durch seine militärische Ausbildung überragende Kenntnisse in der Reiterei und im Fahrwesen. Sein Mitstreiter August Gerster starb leider allzu früh im besten Mannesalter. Lorenz Hagel wurde 1954 Mitglied der Schützendirektion und blieb bis 1982 Chef des Pferdewesens. 28 Jahre lang trug er die volle Verantwortung, dazu war er schon 5 Jahre vorher ohne offiziellen Status tätig gewesen. Es ist Lorenz Hagel gelungen, die Gespanne so auszustatten, daß sie weit und breit als vorbildlich, als die schönsten gelten. Die meisten der großen Wagen sind mit schweren Kaltblutpferden bespannt, Zweispänner, Vierspänner, Sechsspänner. Die massigen Pferde, bis zu einer Tonne schwer, sind seltene Exemplare, werden von Kennern und Laien gleichermaßen bewundert. Die Fahrer müssen mit ihren stämmigen Riesen umgehen können, die in aller Regel vom Sattel aus gefahren werden. Beispielhaft seien einige der großen Wagen genannt, die von Kaltblutrossen gezogen werden: Die beiden Glockenwagen, der historische Handelszug, Kanone, Pulverwagen, Marketenderwagen der Schwedengruppe. Andere Fahrzeuge werden mit leichteren, eleganteren Pferden bespannt. Als außergewöhnliches Gefährt gilt die prachtvolle Stadion'sche Karosse, die von sechs edlen Rassepferden gezogen wird. Schließlich gibt es auch Kleingespanne, die von Norwegischen Fjordpferden, von Haflingern, oder von verschiedenen Ponyrassen gezogen werden. Beispiel: Die Thurn- und Taxis'sche Postkutsche und die zahlreichen Kutschen der Trachtengruppen. Auch die Bergerhauser Bauerngruppe hat mehrere Ponyfuhrwerke.

Von großer Bedeutung sind bei den Fahrpferden die Geschirre. Bei Geschirr- und Sattelzeug kommen echte Raritäten zur Vorführung, die teilweise ein Alter von über hundert Jahren haben, die aber durch erstklassige Pflege in einem neuwertigen Zustand sind. Ein historisches Geschirr besteht aus zahlreichen Einzelstücken. Zu den funktionellen Lederteilen kommen Schmuckelemente wie Messingkämme, Messingbeschläge, Faulenzer, Schalhalter und Schals, Dachshäute, Fahrsättel und dergleichen hinzu.

Die Schützendirektion hat rechtzeitig angefangen, historische Geschirre von Bauern aufzukaufen, die die Pferdehaltung endgültig aufgegeben haben. Dieser wertvolle Besitz kann alljährlich an Fahrer leihweise abgegeben werden, die selbst nicht über eigene Geschirre verfügen. Damensättel konnten aus Adelsbesitz, teilweise aus England, erworben werden. Geschirr- und Sattelzeug wird von Spezialisten betreut und gepflegt, die im Auftrag der Schützendirektion tätig sind.

Besonders hingewiesen sei noch auf das Prunkgeschirr der Stadion'schen Berline. Es wurde nach einem zweihundert Jahre alten Originalgeschirr aus dem Bayerischen Königshaus aus feinstem rotem Rindleder mit prachtvollen silbrigen Beschlägen nachgearbeitet.

Wie im Laufe der Jahrzehnte Wagen und Kutschen samt Bespannung entstanden, so wurden Reitergrup-

FAHRER, REITER, REQUISITEN

pen neu aufgestellt. Mit 35 Reitern sind die Kaiserlichen Kürassiere nach der Kopfzahl die stärkste Gruppe. Es erscheint kaum mehr glaubhaft, daß Lorenz Hagel 1955 die größte Mühe hatte, die damals 20 Mann zusammenzubringen, die für die neue Gruppe erforderlich waren. In der Gegenwart wäre es mit Sicherheit keine Schwierigkeit, hundert Kaiserliche Reiter anzuwerben, die längst als eine der Elite-Gruppen des Festes gelten. Auch bei der Staufer-Gruppe, der Spital-Gruppe, beim Handelswagen sind Reiterinnen und Reiter in größerer Zahl dabei, die Damen meist im Damensattel. Außer den größeren Reitergruppen gibt es natürlich auch eine ganze Reihe von Einzelreitern. Nach derzeitigem Stand sind es ca. 220 Pferde, die im Historischen Festzug mitgehen. Die Auswahl der Reitpferde erfolgt nach Rittigkeit, Exterieur und vor allem nach Charakter, denn die Sicherheit der Zuschauer und der Reiter spielt eine entscheidende Rolle.

*W*as haben die Nachfolger Lorenz Hagels, Bernd Reichle und Heiner Koch, bei der Anwerbung der Gespanne zu tun?

Es genügt auf keinen Fall, die Pferdebesitzer einfach durch ein vervielfältigtes Schreiben zu benachrichtigen. Jeder einzelne Fahrer muß persönlich aufgesucht werden. Es ergeben sich manchmal lange Gespräche, ein Besuch des Roßstalls gehört dazu. Oft wird noch ein Krug Most oder ein Glas Bier aufgefahren, zuweilen sogar ein Vesper. Von entscheidender Bedeutung ist die Zustimmung der Bäuerin. Sie muß während des Schützenfestes 2 Tage lang auf den Mann verzichten oder aber sie fährt selbst mit in die Stadt, um ihrem Mann beim Herrichten der Pferde und beim Einspannen zu helfen. Außerdem muß sie meist wichtige Vorarbeit leisten: Geschirre putzen, einfetten, schwärzen, Messingteile polieren. Der Bauer ist inzwischen beim Schmied, um seine Pferde beschlagen zu lassen.

Zwischen den Pferdebesitzern und den zuständigen Schützendirektoren muß ein enges Vertrauensverhältnis herrschen. Nur so funktioniert die Zusammenarbeit oft über sehr lange Zeiträume. Es gibt Fahrer und Reiter, die seit 20, ja sogar seit 30 oder 40 Jahren aktiv beim Schützenfest mitwirken. Bei den Kaiserlichen Reitern sitzt heute mancher Sohn anstelle seines Vaters im Sattel, eine Reihe von Jungbauern fahren das Gespann, das vormals von den Vätern geführt wurde.

Es soll nicht vergessen sein, daß auch beim "Bunten Zug" große Gespanne mitwirken, meist Vierspänner. Neben den Theaterwagen mit den kostümierten Kindern des Schützentheaters sind es eine ganze Anzahl von Märchenwagen.

Pferde waren bis weit in das 20. Jahrhundert hinein das wichtigste Transportmittel. Ein Historischer Festzug kann also -will er authentisch sein- ohne Pferde gar nicht auskommen. Darüber hinaus sind die Pferde ein besonderer Schmuck des Defilées. Reiter und Fahrer präsentieren sich auf ihren Rössern mit sichtbarem Stolz, weil sie wissen, daß die Tausende von Zuschauern ihre Augen ganz bevorzugt auf die schönen und edlen Pferde richten.

*D*as Aufstellen des Historischen Festzugs mit über 4000 Meter Länge, Tausenden von Kindern und Erwachsenen, 220 Pferden und einer Reihe von anderen Tieren setzt eine generalstabsmäßige Planung voraus. Zentrum des Aufmarsches ist die Bleicherstraße mit ihren Nebenstraßen.

Schon im Morgengrauen ziehen die Mitarbeiter des

Der Antransport der Pferde. Das Aufstellen des Historischen Festzugs.

Bauhofs mit einem Unimog die Wagen aus der Requisitenhalle und bringen sie zu ihrem genau bezeichneten Aufstellplatz. Inzwischen treffen die ersten Pferde auf dem großen Platz bei der Requisitenhalle ein. Früher sind viele Reiter und Fahrer auch über größere Strecken zum Aufstellplatz geritten; das hatte den großen Vorteil, daß sich die Rösser bereits abreagiert und gelöst hatten, bis der Festzug begann. Heute hat nahezu jeder Pferdebesitzer einen Anhänger, in dem er ein oder zwei Pferde transportieren kann.

Schon am Vorabend hat man zu Hause eine gründliche Reinigung vorgenommen: Waschen des Schweifes und der Mähne, manchmal Schampunieren des ganzen Pferdes; ist das Tier wieder trocken, erfolgt das Putzen und das Kämmen, Hufpflege, letztes Glänzen des Geschirres und des Sattelzeugs. Am frühen Morgen des Festes wird diese Prozedur nochmals in Kurzform wiederholt. Ganz eifrige Reiter flechten die Mähne ein oder frisieren ihrem Pferd ein Schachbrettmuster auf die Kruppe. In aller Eile wird verladen, wobei die aufgeregten Pferde manchmal auch Schwierigkeiten machen.

Die Fahrt Richtung Biberach beginnt. Bei den Reitern ist Begleitung nicht notwendig, bei den Fahrern sind Helfer dringend erforderlich. Die Ehefrau, der Sohn, ein Freund, jeder ist willkommen. Man erreicht die Untere Bleicherstraße, wo scheinbar das Chaos herrscht. Die Luft ist von Lärm erfüllt: Geschrei, Wiedersehensfreude, Kampf um den Platz, Scharren und Schnauben der Pferde, Fluchen, Schimpfen. Nach dem Ausladen müssen Wagen und Hänger ordnungsgemäß in Reih' und Glied aufgestellt werden, sonst ist auch der größte Platz im Nu zugestellt. Nun beginnt das Fertigmachen der Pferde, letztes Saubermachen mit Striegel und Kardätsche, Nachpolieren mit dem Lappen. Mit Hufschwärze werden die Hufe eingestrichen, mit Silberbronze die Hufeisen. Durch diese saubere Aufmachung entsteht dann ein sehr festliches Gesamtbild.

– Da passiert schnell ein Unheil. Ein Pferd tritt rückwärts in die Büchse mit der Hufschwärze. Die schwarze Brühe läuft aus und verspritzt der emsigen Ehefrau auch noch das Festkleid. Ein Pech, wie es bei so vielen Menschen und Tieren einmal passieren kann.–

Die Geschirre werden aufgelegt, eine Arbeit, die genaue Sachkenntnis und viel Geduld erfordert. Manche Fahrer haben ihre Kostüme schon zu Hause angezogen und sich beim Fertigmachen durch einen Berufsmantel geschützt. Andere sind in eigener Kleidung gekommen und ziehen jetzt erst ihr wertvolles Kostüm an. Nun folgt das Ausrücken aus dem großen Hof, Vorrücken zum zugehörigen Wagen. Das Anspannen, vor allem bei vier- und sechsspännigen Fahrzeugen ist eine komplizierte Angelegenheit. Große Vorsicht ist geboten, denn es wimmelt von Kindern, die völlig arglos überall herumtollen und klettern.

Inzwischen werden auf dem ehemaligen Viehmarktgelände die Reitergruppen zusammengestellt. Mit den Kaiserlichen wird noch ein Brigadeexerzieren veranstaltet: Hauptmann, Standartenträger, Paukenschläger, Fanfarenbläser, Truppe. Haltung, Zügelführung, enges Zusammenrücken wird allen noch einmal eingeschärft. Zwischen Porterhouse und KaVo steht die Festzugsleitung. Die zuständigen Schützendirektoren sorgen bei den einzelnen Festzugsblöcken dafür, daß die Kinder auf den Wagen Platz nehmen, die 'Gruppen zu Fuß' aus allen Winkeln aufgescheucht werden, sich nun richtig einzureihen. Mit dem Glockenschlag 9.00 Uhr setzt sich die Festzugsspitze in Bewegung. Kapellen und Spielmannszüge werden eingereiht. Vorsicht ist geboten beim Anfahren der Wagen, beim ersten Ruck könnte leicht ein Kind herunterfallen. Aus dem scheinbaren Tohuwabohu der Aufstellung ist nach wenigen Metern in Bewegung eine mustergültige Ordnung geworden. Wenn die letzte Gruppe aus der Bleicherstraße zum Alten Postplatz marschiert, ist von der EVS her schon wieder der Standartenreiter von der Festzugsspitze sichtbar.

An Bauernschützen vollzieht sich dasselbe noch einmal. Doch dann geht alles mit mehr Gelassenheit. Jeder weiß, wo er hingehört und was er zu tun hat, und die Pferde wissen es auch.

Kostümausgabe an Reiter und Fahrer.

*e*twa zwei Wochen vor Beginn des Schützenfestes werden an die Reiter und Fahrer die historischen Kostüme ausgegeben. Die Schulen haben inzwischen ihre Ausrüstung längst erhalten, die Ausgabe an die Pferdeleute erfolgt möglichst spät. An diesem Abend strömt es von allen Seiten zur Schützenkellerhalle. Die meisten sind nicht zum ersten Mal dabei, es sind alte Hasen, die Bescheid wissen. Sie kommen gleich auf den richtigen Stapel von Gewändern zu und suchen sich das Passende aus. Erhebliches Gedränge herrscht immer wieder bei den Stiefeln und bei den Helmen. Wenn während des Festzuges der Stiefel zu klein, der Helm zu eng ist, dann gibt es Schwierigkeiten, Blasen oder Kopfweh.

Die Frauen der Schützenbühne und der Nähstube haben alles sauber und ordentlich hergerichtet. Kragen und Manschetten sind frisch gebügelt und gestärkt, Schuhe und Stiefel gefettet, gewichst und geglänzt, die herrschaftlichen Gewänder der Staufergruppe und der Spitalgruppe sind säuberlich gereinigt.

*b*evor es zur eigentlichen Kostümausgabe geht, muß jeder sich bei Bernd Reichle und Heiner Koch melden, wo die endgültige Einteilung getroffen wird, zu welcher Gruppe der Einzelne gehört. Bei den meisten ist es schon im Vorfeld geklärt, bei manchen wird aber noch heftig um den Platz gerungen. Hin und wieder sind mehr Bewerber vorhanden als Kostüme. Dann werden immer noch Möglichkeiten gesucht, für junge Leute, die ums Leben gern mitreiten möchten, auch tatsächlich einen Platz zu finden. Eine Schriftführerin führt eine genaue Liste und läßt Verpflichtungsscheine unterschreiben. Jeder Teilnehmer und jede Teilnehmerin muß unterschriftlich bestätigen, was sie erhalten haben, denn eine komplette Ausrüstung kann aus bis zu zehn Einzelteilen bestehen. Bei den Fahrern wird noch mit Karl Schneider geklärt, ob die Geschirre vollständig sind und richtig passen.

Jeder bringt nun sein Kostüm zum Pkw. Anschließend gibt es noch einen gemütlichen "Hock" bei Wurst, Wecken und Getränken, der schon eine Einstimmung auf das Schützenfest bringt.

Am Spätnachmittag von Bauernschützen findet die Kostümabgabe statt, und zwar in der Requisitenhalle an der Bleicherstraße. Einige kommen direkt nach Ende des Festzuges, die große Masse kommt nach dem Abschluß des Lagerlebens auf dem Gigelberg. Die tüchtigen Frauen von der Schützenbühne haben schon wieder ihre Schrannen aufgeschlagen und nehmen die Kostüme in Empfang. Es riecht nach dem Schweiß kräftiger Männer, nach Leder und Pferdedunst. Falls es unerwarteterweise in den Festzug oder das Lager hineingeregnet hat, so sind die Kostüme nicht nur von innen, sondern auch noch von außen naß. Trotz dem scheinbaren Chaos, das herrscht, wird genauestens Buch geführt, damit kein Kostümteil fehlt. Dann erst gibt es Geld, das seit vielen Jahren Dr. Ferdinand Flechtner auszahlt, der dabei auf strengste Korrektheit und Gerechtigkeit achtet. Die Bezahlung ist keine Entlohnung im eigentlichen Sinn, sondern lediglich ein Kostenersatz für den Transport, Beschlag, die große Mühe beim Putzen der Pferde und der Geschirre und für den Aufwand im Vorfeld. Obwohl es für die bäuerlichen Mitwirkenden nun höchste Zeit für die abendliche Stallarbeit ist, wird ein letzter kurzer Umtrunk noch mit Genuß absolviert.

Der Bauernabend.

*A*n anderer Stelle wurde schon über die Bedeutung von Reitern und Fahrern, von Pferden und Wagen beim Schützenfest berichtet. Lorenz Hagel und Mondbauer August Gerster waren die beiden Männer, die diesen überaus wichtigen Bereich des Festes in der Nachkriegszeit betreuten und zu einem glänzenden Höhepunkt ausbauten.

1959 haben August Gerster und Lorenz Hagel eine Institution gegründet, die heute nicht mehr wegzudenken ist: Das gemütliche Beisammensein für Reiter, Fahrer und Pferdebesitzer, das aber von Anfang an den griffigeren Namen "Bauernabend" erhielt.
Es begann im Saal der Brauerei "zum Biber" mit 80 bis 100 Teilnehmern; heute trifft man sich in einer der Festhallen der Biberacher Stadtteile, auch im benachbarten Warthausen, wobei die Teilnehmerzahl bis auf über 300 angestiegen ist. Der Ablauf ist immer etwa derselbe: Musikalische Umrahmung durch die örtliche Musikkapelle, Begrüßung durch den Ersten Vorsitzenden der Schützendirektion, der gleichzeitig auch herzliche Worte der Anerkennung und des Dankes ausspricht. Der Idealismus und die Einsatzbereitschaft der Reiter und Fahrer werden mit Recht gelobt. Danach gibt es ein kräftiges Vesper und entsprechende Getränke. Dias oder Filme vom Biberacher Schützenfest oder von anderen Historischen Festen werden vorgeführt. Alle Fahrer und Reiter, die wenigstens fünfmal teilgenommen haben, erhalten ein spezielles Abzeichen.

– Die Pferdeleute kommen zum Bauernabend aus sehr großen Entfernungen, aus allen Teilen des Kreises Biberach, aber auch aus den Kreisen Ravensburg, Sigmaringen und dem Alb-Donaukreis.–

Das Geheimnis des legendären Bauernabends ist wohl, daß die Menschen spüren, daß man sie schätzt, daß man sich um sie bemüht, daß man ihre Mitwirkung nicht als Selbstverständlichkeit ansieht. Sie werden von der Schützendirektion mit großer Herzlichkeit empfangen, denn jedes Mitglied weiß, ohne die prachtvollen Zweier-, Vierer- und Sechserzüge wäre der Historische Festzug nur ein Torso. Inzwischen haben viele andere Feste ähnliche Zusammenkünfte eingerichtet. Das Biberacher Schützenfest hat hier einen Anstoß gegeben, der immer von hoher Bedeutung sein wird. August Gerster und Lorenz Hagel haben aus ihrer großen Menschenkenntnis heraus einen fröhlich kameradschaftlichen Abend geschaffen, der den Menschen, die dazu eingeladen sind, das "Wir-Gefühl" einer Elitegruppe gibt.

FAHRER, REITER, REQUISITEN

Die eigene Ponyzucht für das Schützenfest.

Die Schützendirektion hatte seit 1950 eine eigene Ponyzucht eingerichtet. Man wählte dazu nicht eine der größeren Ponyrassen, sondern entschied sich für die verhältnismäßig kleinen Shetland-Ponys. Zunächst waren sie beim damaligen Festzugsleiter Julius Mühlschlegel in der Oberen Mühle untergebracht. Auf der ehemaligen Schlittschuh-Bahn, direkt an der Riß, hatten sie eine Weide. Die Ponys wurden in die kleinen Kinderkutschen mit Trachtenpaaren eingespannt, später auch in die Thurn und Taxis'sche Kutsche, eine Postkutsche en miniature, die von einem Pony-Vierer-Gespann gezogen wird. Nachdem die Obere Mühle die Landwirtschaft aufgegeben hatte, kam die Ponyherde in die Reitanlage im Gaisental. Die Stadt Biberach stellte das Wiesengelände nördlich der Reithalle als Pony-Weide zur Verfügung und baute in die Heu-Scheuer einen Stall für die kleinen Pferde ein.

Die Reitervereinigung übernahm vertraglich die Verpflichtung zur Fütterung und Pflege der Ponys. Zunächst verrichtete diese Arbeit der Pferdepfleger des Vereins unter Aufsicht des Reitlehrers. Doch mit dem Wachstum des Vereins konnte diese Tätigkeit nicht mehr mit der linken Hand verrichtet werden. Lorenz Hagel und Fritz Kolesch gewannen den pensionierten Gutsverwalter Rudolf Müller als Betreuer der Ponys. 19 Jahre lang hat er diese Aufgabe gewissenhaft wahrgenommen. Er überwachte die Fütterung, leitete seine Ponymädchen an, die sich liebevoll um die Tiere kümmerten, er überwachte das Kinderreiten mit den Ponys, sorgte für das Einfahren der Kutschen vor dem Schützenfest. Die Schützendirektion hatte inzwischen auch einen hochwertigen Zuchthengst angeschafft, um für qualifizierten Nachwuchs aus der Stutenherde zu sorgen. Müller überwachte die Zucht, führte die Zuchtbücher und sorgte für den Absatz überzähliger oder zuchtungeeigneter Jungtiere. 1978 wurde Rudolf Müller zum Schützenbeirat ernannt. Er gab sein mit viel Opferbereitschaft geführtes Amt erst auf, als ihn Alter und Gesundheit dazu zwangen.

Von allem Anfang an hatte Dr. med. vet. Fritz Mohr aus Moosbeuren die tierärztliche Betreuung der Herde übernommen. Er besorgte die allfälligen Impfungen und war in der Zucht beratend tätig. Dr. Mohr wurde 1969 zum Schützenbeirat ernannt.

Helga Roser übernahm von Rudolf Müller die Ponybetreuung und brachte mit fast wissenschaftlicher Akribie die Zucht auf eine solche Höhe, daß sie heute zu den besten in Süddeutschland gehört. Bis zu 15 Stuten und Fohlen waren für die Schützendirektion zu betreuen. Als in jüngster Zeit Helga Roser sich aus beruflichen Gründen zurückziehen mußte, übernahm Paul Baur die Betreuung der Shetland-Ponys.

Die Requisitenhalle.

Mit dem Ausbau des Bunten und des Historischen Festzugs wurde die Zahl der Wagen und Kutschen immer größer. In den ersten Jahrzehnten der Nachkriegszeit standen dafür drei Unterstellmöglichkeiten zur Verfügung: Der "Schützenschuppen", an dessen Stelle jetzt die Turnhalle der Pflugschule steht, die "Obere Schranne" (heute VHS) und das Erdgeschoß des ehemaligen "Zeughauses" (neben dem Ochsenhauser Hof, heute abgebrochen).
Zuletzt war überall der Platz so beengt, daß man keinen Finger mehr dazwischen brachte. Beim Aus- und Einparken wurden mehrmals Fahrzeuge beschädigt.

1974 bekam die Schützendirektion von der Stadt ein Stück Gelände im Nordosten des sehr großen Viehmarktplatzes an der Unteren Bleicherstraße überlassen und erstellte dort eine Requisitenhalle 30 x 50 m, die schon 1982 auf 30 x 81 m verlängert wurde. Siegfried Erl vom städtischen Baudezernat hatte die Planung und Bauleitung in Händen. Im Augenblick überlegt man sich eine abermalige Vergrößerung, da bereits wieder drangvolle Enge herrscht.

Die Halle besteht aus einem Holz-Leimbinder-Gerippe mit Wänden und Dach aus Alublech. Aus Gründen der Einbruch- und Feuersicherheit wurden die Wände nachträglich hintermauert.

In der einfachen großen Halle stehen 35 bis 40 Wagen und Kutschen sowie 15 Ponychaisen und handgezogene Wagen. Außerdem findet man dort Absperrgitter, Schilderhäuschen, Tribünen, Hinweisschilder, Holzgatter, Futterkrippen, Spielgeräte, Theaterkulissen und dergleichen. Von Anfang an wurde eine Werkstatt mit Maschinen und Werkzeugausstattung eingebaut, um den Wagenbauern die Arbeit zu erleichtern. Separate Räume erhielt das Schützentheater; ferner wurde eine Geschirr- und eine Waffenkammer geschaffen.

In den Räumlichkeiten der Requisitenhalle ist das auf mehrere Millionen geschätzte Inventar des Schützenfestes sicher und sachgemäß untergebracht. Es handelt sich zwar nicht um Originale, aber um Nachbildungen von höchster Qualität. Die ehrenamtliche künstlerische und handwerkliche Arbeit von Jahrzehnten steckt in den aufbewahrten Gegenständen. Sie müssen laufend gereinigt und gepflegt werden, um jeweils am Schützenfest einsatzbereit zu sein.

Die Schützenbühne.

Schon in der Zeit zwischen den beiden Weltkriegen gab es eine Schützenbühne, in der alle Kostüme und Requisiten des Schützenfestes aufbewahrt wurden. Damals war das allerdings nur ein Bruchteil der heutigen Mengen. Gegenwärtig benötigt man für den Historischen Festzug rund 3000 komplette Kostüme, davon sind gut 2000 auf der Schützenbühne aufbewahrt. Einige Musikgruppen dürfen Gewänder und Instrumente das ganze Jahr über behalten, besondere Erwachsenengruppen haben einen sogenannten Leih- und Verwahr-Vertrag, nach dem sie in eigener Verantwortung ihre Bekleidung bis zum Ausscheiden persönlich aufbewahren.

Auf der Schützenbühne waltete viele Jahre Frau Maria Schmucker mit ihren Mitarbeiterinnen. Derzeit wird die Schützenbühne von fünf Frauen unter Leitung von Irmgard Hubrich betreut, die jede der zahlreichen Festzugsgruppen genau kennt. Für den nicht Eingeweihten ist es fast unvorstellbar, was sich unmittelbar nach dem Schützenfest auf der Schützenbühne abspielt. Berge von Strümpfen und Strumpfhosen, Schuhen und Stiefeln, Gewändern, Helmen, Rüstungen und Schwertern stapeln sich überall. Die Bekleidung der Reiter und Fahrer ist naturgemäß besonders mitgenommen. Die Pferde schwitzen in der prallen Sonne, manche sind auch wegen der vielen Menschen sehr aufgeregt. Oft ist ein Pferd schaumbedeckt, die Gewänder sind so durchnäßt, daß sie tagelang zum Trocknen aufgehängt werden müssen.

Die Schulen liefern in der Woche nach Bauernschützen ihre Kostüme und Instrumente ab. Anhand der Listen wird genau kontrolliert, ob alles vollzählig abgegeben wurde. Bei Schlamperei muß nachgehakt werden. Alle waschbaren Teile kommen in die Waschmaschine. Nur die besonders wertvollen Kleidungsstücke werden in die Reinigung gegeben. Das Schuhwerk wird gewaschen, eingefettet, gebürstet und poliert. Nun beginnt das Einsortieren in die Dutzende von Schränken, wo jede Gruppe ihren Platz hat. Diese ganze Arbeit dauert bis in den Oktober hinein.

*I*m März fangen die Vorbereitungen für Schützen dann schon wieder an: Ausbessern, Ergänzen, Abändern, Knöpfe, Manschetten und Kragen annähen, Bügeln, Zusammenstellen. Das Ausgeben der Bekleidung nimmt mehrere Wochen in Anspruch. Jeder Junge, jedes Mädchen, jeder Musiker, jeder Reiter, bekommt mit Sicherheit ein Kostüm, das sauber und appetitlich ist.

Die Stadt Biberach und die Schützendirektion haben in mehreren Schritten von 1990 - 1992 das Dachgeschoß der Pflugschule ausgebaut. Mit einer abgehängten Decke wurde der große Raum isoliert, das Dach regen- und staubdicht gemacht. Direkt neben der Schützenbühne entstand die Nähstube, sehr praktisch durch die unmittelbar räumliche Nähe. Alles erhielt einen glatten Industrieboden, Heizungs-, Sanitär- und Elektroanlagen. Die tüchtigen Frauen der Schützenbühne betreuen einen kostbaren Schatz, der einen Wert von mehreren Millionen darstellt. Ohne ihren Einsatz und ihr Wissen wäre das Schützenfest nicht denkbar.

Die Nähstube für den Historischen Festzug.

*I*n den ersten Nachkriegsjahren, als der Historische Festzug stufenweise aufgebaut wurde, ließ man die Kostüme bei Herrenschneidern und Damenschneiderinnen herstellen. Diese Berufsgruppe schmolz aber sehr rasch dahin, so daß Willi Witzgall als künstlerischer Festzugsleiter ein eigenes Kostümatelier gründete. Er warb dafür gelernte Schneiderinnen an, nur ab und zu war einmal eine gewandte Hobby-Schneiderin dabei. Die Nähstube war in den ersten Jahren auf ständiger Wanderschaft. Überall, wo bei der Stadt ein Raum frei war, schlüpften die Näherinnen unter. Längere Zeit waren sie dann in der Alten Riedmühle, Zeppelinring 45, untergebracht. Schließlich erhielten sie ein dauerhaftes Domizil, als das Dachgeschoß der Pflugschule ausgebaut wurde. Endlich war ein genügend großer Raum vorhanden.

Die Schneiderinnen sind in der Regel Hausfrauen, die gleichzeitig eine Familie zu versorgen haben. Sie arbeiten daher von Januar bis zum Fest in den Vormittagsstunden. Kurz vor Schützen werden auch einmal Überstunden gemacht, damit alles ganz gewiß fertig wird.

Der Leiterin der Nähstube kommt eine große Bedeutung zu. Mit dem künstlerischen Festzugsleiter bespricht sie die Gewänder, die anzufertigen sind. Sie erhält von ihm Figurinen und Zeichnungen mit Farbangabe. Mit ihm wählt sie die Stoffe und die Zutaten aus, sie macht Muster und Zuschnitt, teilt die Arbeit ein und schaut auf rationellen Fortgang.

Als Beispiel sei genannt: Frau Maja Kammerer, lange Zeit Obermeisterin der Schneiderinnung, die mehr als ein Jahrzehnt Leiterin des Kostümateliers war. Ihr Gespür für historische Gewänder war bewundernswert. Nachfolgerin in ihren Fußstapfen ist Frau Maria Denz.

Die Nähstube ist maschinell sehr gut ausgestattet, weil man weiß, wie kostbar Arbeitskraft ist. Große Industrie-Nähmaschinen, eine komplette Dampfbügelanlage, ein Saumautomat, eine Overlock (Drei-Faden-Überwendlingsmaschine) und eine Knopflochmaschine wurden

angeschafft. Mit letzterer können zeitsparend viele hundert Knopflöcher pro Jahr gefertigt werden. Geräumige Zuschneidetische erleichtern das Arbeiten.
Seit mehr Platz vorhanden ist, konnte man auch ein Lager mit den häufiger gebrauchten Stoffen einrichten. Auch Zubehör-Artikel sind in gewisser Menge vorhanden.

*I*n den letzten Jahren wurden nur noch selten ganz neue Gruppen aufgestellt; denn der Festzug kann nicht mehr wesentlich verlängert werden. Ausnahmen bilden die Scharwächter oder der Fanfarenzug der Matthias-Erzberger-Schule. So beschränkt sich die Aufgabe der Frauen heutzutage vor allem darauf, ältere Kostüme, die durch Sonne und Regen ausgebleicht, durch Schweiß und Schmutz unansehnlich geworden sind, zu erneuern. Dabei haben die Frauen den Ehrgeiz, das neue Kostüm noch schöner, noch stilechter zu machen als das alte: Reiche Stickereien, Pelzbesatz, Spitzen und Borten, bis zum letzten Knopf muß alles stimmen. Nahezu sämtliche Kostüme des Schützenfestes sind im eigenen Atelier hergestellt worden. Nur Kleidung aus schweren Stoffen und im Uniform-Stil werden nach auswärts vergeben. Eine Tübinger Spezialfirma erhielt den Auftrag, für die Herrenkleidung des Bürgerballs, für die Kleine Schützenmusik, für die Bürgerschützen und den Spielmannszug der Freiwilligen Feuerwehr Uniformen anzufertigen.
Die Frauen der Nähstube stellen nicht nur die Kleidung im engeren Sinn her, sie fertigen auch Hüte, Kappen, Hauben und Taschen. Sogar Kettenhemden stricken sie aus silbergrauer Schnur, die so echt aussehen, als seien sie geschmiedet. Nur Schuhwerk, Strümpfe und Strumpfhosen sowie alle Gegenstände aus Metall müssen zugekauft werden.

Bei den aufwendigen Gewändern werden die Träger zur Zwischen- und zur Fertigprobe auf die Nähstube bestellt. Sie folgen diesem Ruf gerne, denn so prunkvolle Kleidung werden sie nur selten in ihrem Leben tragen. Nicht nur die Frauen der Nähstube können stolz auf ihr Werk sein, auch die Festzugsteilnehmer dürfen sich von Zehntausenden von Zuschauern bewundern lassen.

*D*ie Schützenkellerhalle wurde um 1907 als Sommergaststätte erbaut und war von einer schattigen Gartenwirtschaft umgeben. Sie ist an den nördlichen Steilhang des Gigelbergs angelehnt und steht am Urplatz des Schützenfestes.

Während des Krieges diente die Halle als HJ-Heim und Unterkunft für den Volkssturm. In der ersten Nachkriegszeit waren UNRRA-Leute 1) aus aller Herren Länder dort untergebracht. Es läßt sich denken, daß sich das Gebäude in einem heruntergekommenen Zustand befand, als wieder friedliche Zeiten einkehrten. Auf der Bergseite hatte die Halle eine mangelhafte Isolierung, die Wände trieften von Feuchtigkeit. Die Sanitäranlagen waren geradezu schauerlich. Eigentümer des ganzen Geländes ist der Hospital zum Heiligen Geist. Er entschloß sich 1980/81 zu einer Generalsanierung, wobei die äußere, sehr typische und wohlgelungene Form des Gebäudes erhalten blieb.

Schon seit langem suchte die Schützendirektion geeignete Übungsräume für unterschiedliche Gruppen. Vor allem die Kleine Schützenmusik brauchte für Einzel-, Register-, und Vollproben Räumlichkeiten. Trommler-

Die Schützenkellerhalle, viel benützte Heimstatt des Schützenfestes.

1) UNRRA = 1945 von den Vereint. Nationen übernommene Hilfsorganisation zur Unterstützung der Flüchtlinge und Verschleppten in den von den Alliierten besetzten Gebieten.

korps benötigten eine Unterkunft, in erster Linie bei schlechtem Wetter. Eine ganze Reihe von Tänzen waren einzuüben. Plenar-, Vorstands- und Kommissionssitzungen der Schützendirektion konnten hier abgehalten werden.

Gesellige Veranstaltungen hatten nun Räumlichkeiten, so der traditionsreiche Nikolausabend der Schützendirektion, besondere Ehrungen und runde Geburtstage verdienter Persönlichkeiten. Die Kostümausgabe an Reiter und Fahrer, das Abtrommeln der Kleinen Schützentrommler, der Schaustellerbegrüßungsabend, Partnerschaftsfeste, das alles trägt zur optimalen Nutzung der Schützenkellerhalle bei. Alljährlich werden Tausende von Schützenfestprospekten eingelagert und von dort aus an die Schulen und die Verkaufsorganisationen verteilt. Die Festwoche "900 Jahre Biberach" wäre ohne die Schützenkellerhalle nicht möglich gewesen.

Der Hospital entschloß sich, nach der Renovierung mit der Schützendirektion einen Mietvertrag abzuschließen. Sie bekam das Gebäude mietfrei, mußte sich aber verpflichten, die Kosten für Heizung, Reinigung, Wasser, Entwässerung und Müllgebühren sowie Schönheitsreparaturen selbst zu übernehmen. Außerdem mußte sie sich verpflichten, an 20 Wochenenden im Jahr für Jugendgruppen den großen Saal zur Verfügung zu stellen.

Am 9. September 1981 wurde die renovierte Schützenkellerhalle mit einem bemerkenswerten Fest eingeweiht. Seither ist die größte Raumnot beendet, die Schützendirektion hat nun ganzjährig ein Zentrum und eine Heimat.

*D*ie wachsende Größe des Schützenfestes machte den Einsatz moderner EDV-Technik und die Einrichtung einer Geschäftsstelle notwendig. In das Untergeschoß der Schützenkellerhalle war ein Geschäftszimmer eingebaut worden, in dem nun die Geschäftsstelle der Schützendirektion eingerichtet werden konnte.

Schützendirektor Wolfram Schmuck übernahm als erster die Arbeit, zahlreiche Personaldateien zu erstellen und ständig auf dem laufenden zu halten: Schützendirektion, Schützenbeiräte, sonstige Mitarbeiter, Reiter und Fahrer, Ehrengäste, Spender und Gönner, befreundete auswärtige Feste. Schmuck beschaffte zu diesem Zweck einen gebrauchten Computer, damals noch eine riesige Apparatur, der ihm half, seine Arbeit rationell zu verrichten.

Wolfram Schmuck übernahm gleichzeitig die Verwaltung und den Belegungsplan für die Schützenkellerhalle, ein sehr aufwendiges Arbeitsgebiet. Er erledigte die schwierige Kartenverteilung für Theaterpremière und Heimatstunde. 1986 mußte Wolfram Schmuck aus gesundheitlichen Gründen sein Amt aufgeben. An seiner Stelle übernahmen Erwin und Adelinde Steidle diese Aufgaben, die sie seither mit großer Gewissenhaftigkeit erfüllen. Adelinde Steidle übernahm zusätzlich den Schriftverkehr des Ersten Vorsitzenden. Sie erledigt seitdem für die Schützendirektion den Telefondienst und schreibt Einladungen und Protokolle für die zahlreichen Sitzungen. Die uralten EDV-Geräte wurden inzwischen natürlich durch eine moderne Computergeneration ersetzt. Um nicht immer im kühlen Untergeschoß der Schützenkellerhalle sitzen zu müssen, hat das Ehepaar Steidle einen Teil seiner privaten Wohnung geopfert und zum dienstlichen Büroraum umfunktioniert mit Telefon, Faxgerät, Computer, Drucker und Kopierer. So

Die Geschäftsstelle der Schützendirektion.

werden heute die meisten Telefonanrufe zu Hause entgegengenommen und auch schriftliche Arbeiten sowie die umfangreiche Dateienpflege können zu Hause erledigt werden. Adelinde Steidle ist das Mädchen für alles in Sachen telefonischer Auskünfte, sei es über das Biberacher Schützenfest, bezüglich der Hallenbelegung oder der Kartenverteilung und vielem anderen mehr.

Neben der Arbeit für die Schützendirektion erledigt Adelinde Steidle auch die Schriftarbeit für ihren langjährigen Chef in der Schützendirektion, Fritz Kolesch, der sich als Präsident der "Arbeitsgemeinschaft Historischer Heimat- und Kinderfeste Süddeutschlands" ihrer Hilfe immer noch gerne bedient.

In der Hitze des Gefechts mit Brustpanzer und Helm gibt es schnell rote Backen.

Doch für eine kleine Abkühlung ist auch hier gesorgt. Nach der Anprobe gibts einen Umtrunk für Reiter und Fahrer.

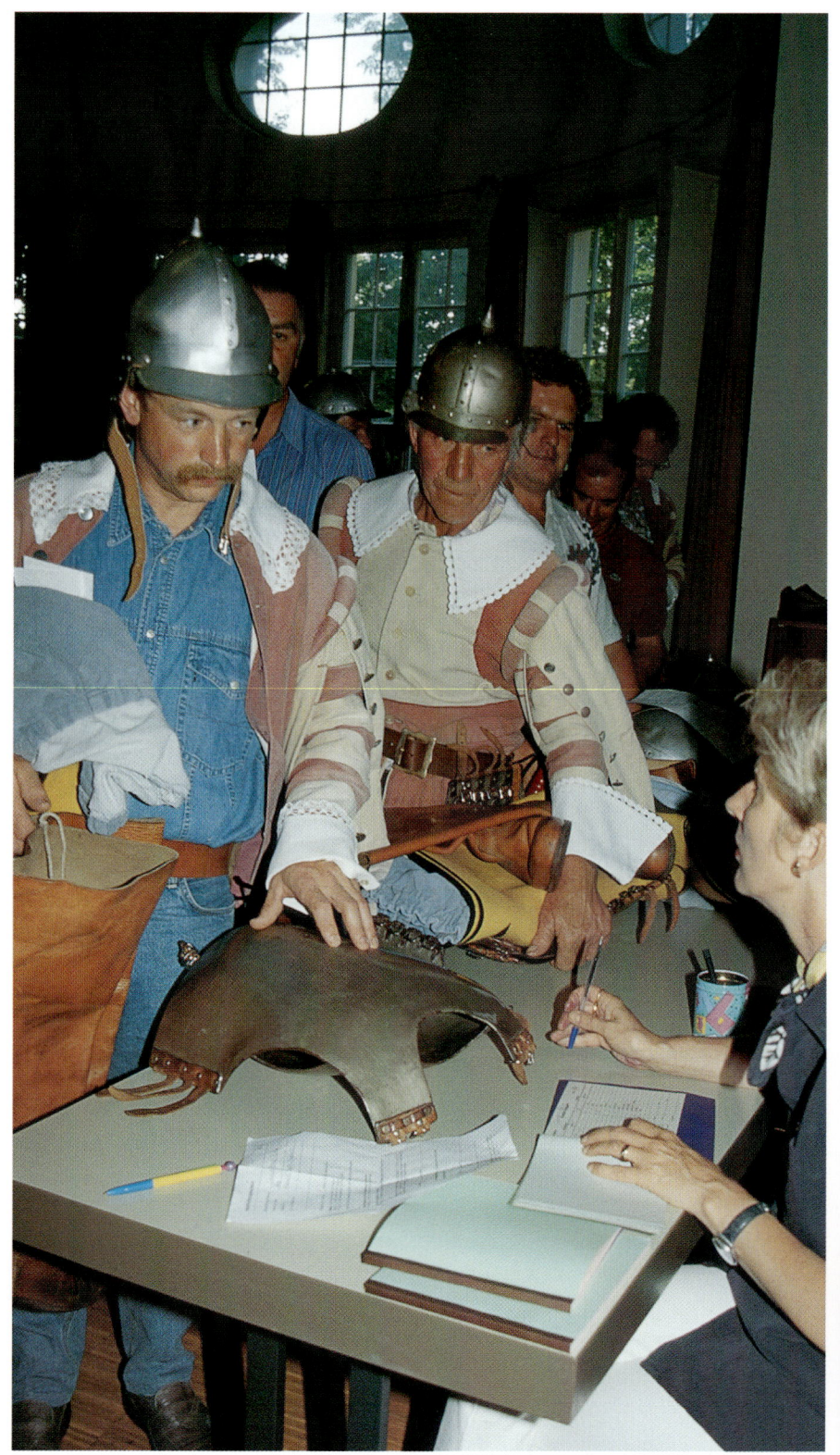

FAHRER, REITER, REQUISITEN

Die Reiter und Fahrer werden auf 'Schützen' eingestimmt und eingekleidet.

Wenn's hoch zu Rosse kneift und zwickt, kann das sehr unangenehm für den Reiter sein, denn der Umzug ist ganz schön lang. Darum müssen die Rüstungen sorgfältig ausgewählt und anprobiert werden.

Sattlermeister Karl Raufeisen aus Ummendorf in seinem Reich.

Die edlen historischen Geschirre und Sättel bedürfen einer besonders guten Pflege und Ordnung.

Ein schweres Kaltblutpferd trägt diesen prachtvollen Schmuck von Julius Mühlschlegel Zur Oberen Mühle, Festzugsleiter 1946-1953.

Es handelt sich um einen sogenannten "Faulenzer", ursprünglich ein notwendiges Geschirrteil aus zahlreichen Riemen, später ein Zierstück des stolzen Fuhrmanns für sein Prunkgeschirr.

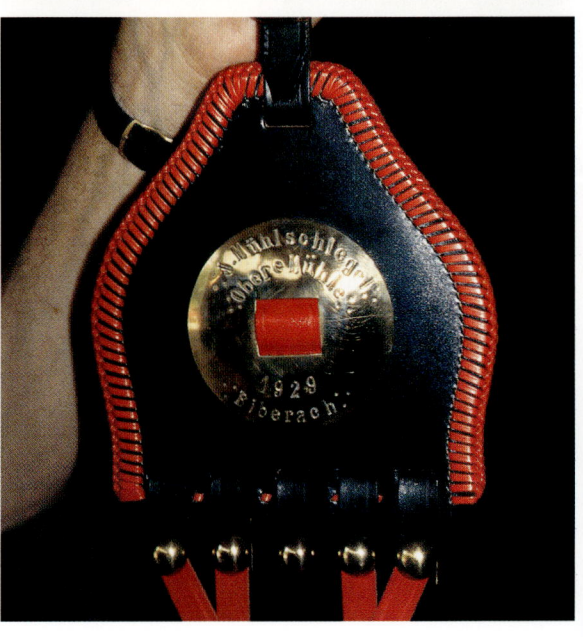

FAHRER, REITER, REQUISITEN

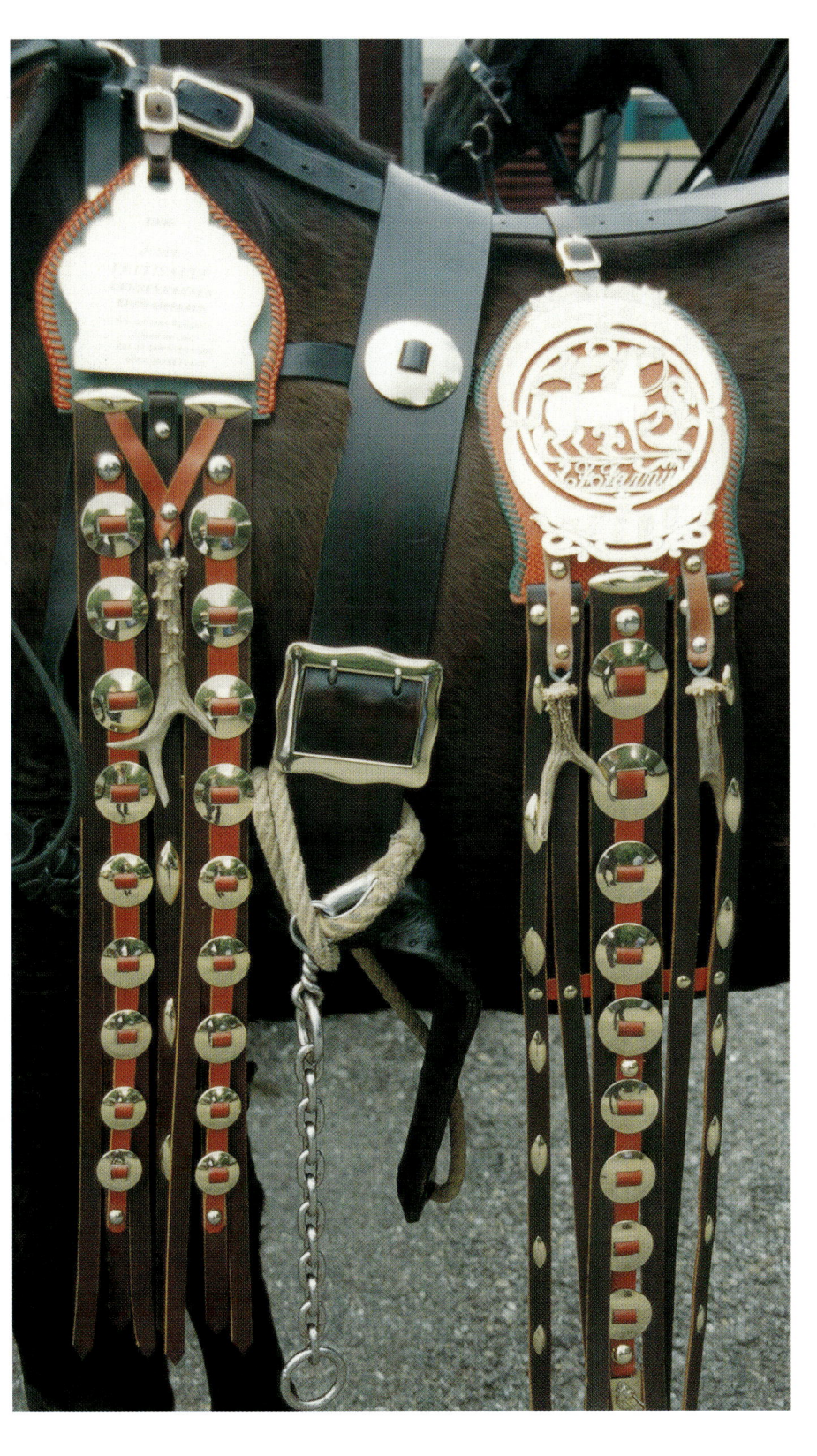

Idealisten und Spezialisten
sind hier gefragt.
Die Sattlermeister Raufeisen
und Vogel aus Reinstetten
in voller Aktion.

Links: Zwei besonders
schöne "Faulenzer" mit
reichen Messingbeschlägen
und Rehgehörn.

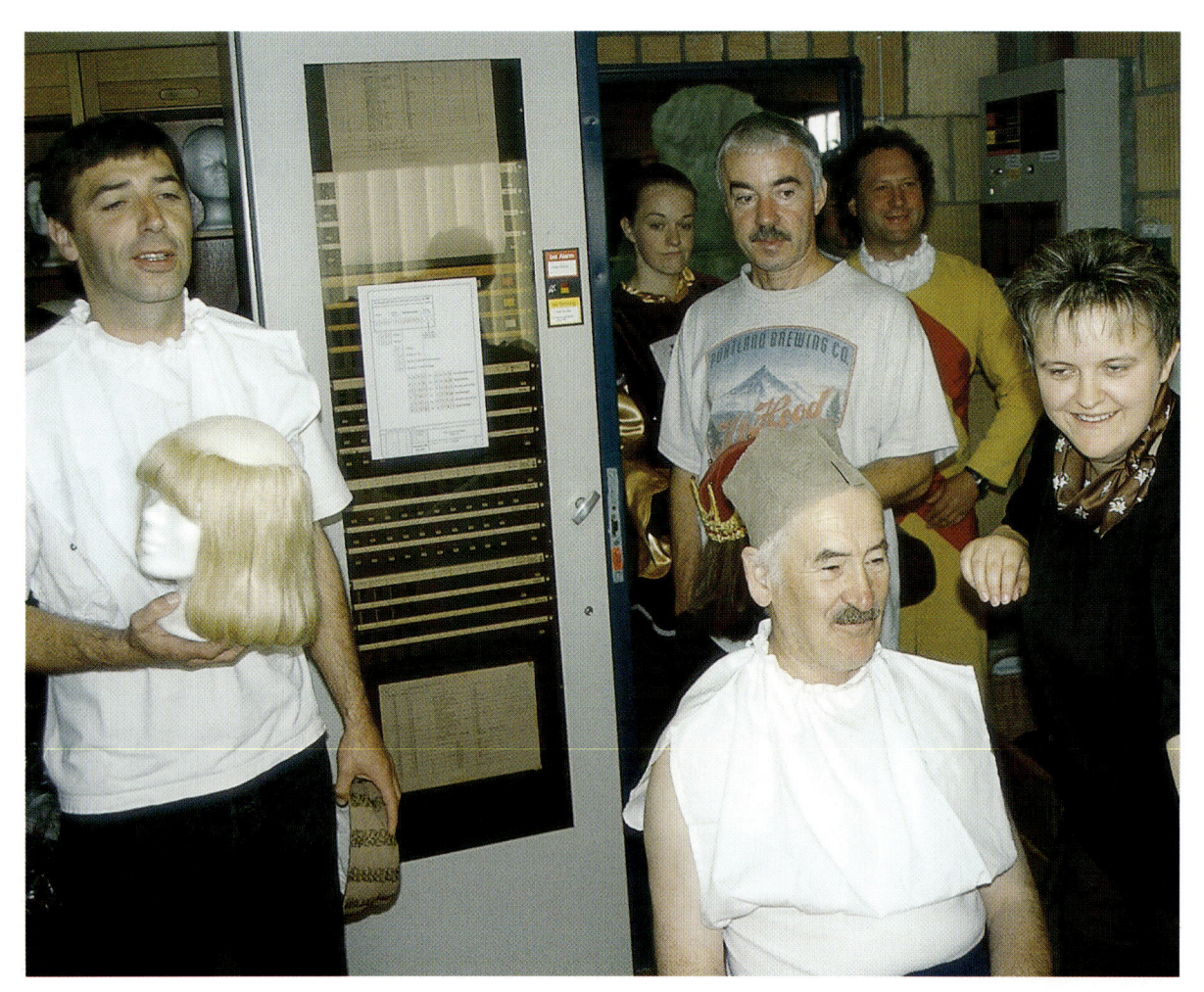

Die Reiter aus den mittelalterlichen Gruppen erhalten stilechte Frisuren.

Während die Reiter und Fahrer ihre passende Haartracht bekommen, verziert meist die Ehefrau die Kostüme mit einer Schützenrose.

FAHRER, REITER, REQUISITEN

Unter dem historischen
Kopfputz kann es ganz schön
heiß werden. Da behält
man den luftigen Blaumann
gerne noch etwas länger an.

Alle Zug- und Reittiere werden vor dem Festzug geputzt und gestriegelt. Mähne und Schweif werden gekämmt, die Hufe geschwärzt, die Hufeisen mit Silberbronze verschönert.

Hier sind zwei der mächtigen Kaltblutpferde in Arbeit, die ein ganz besonderer Stolz des Historischen Festzugs sind.

Auch der Ochse vom Baltringer Haufen wird von Kopf bis Schwanz sauber gemacht.

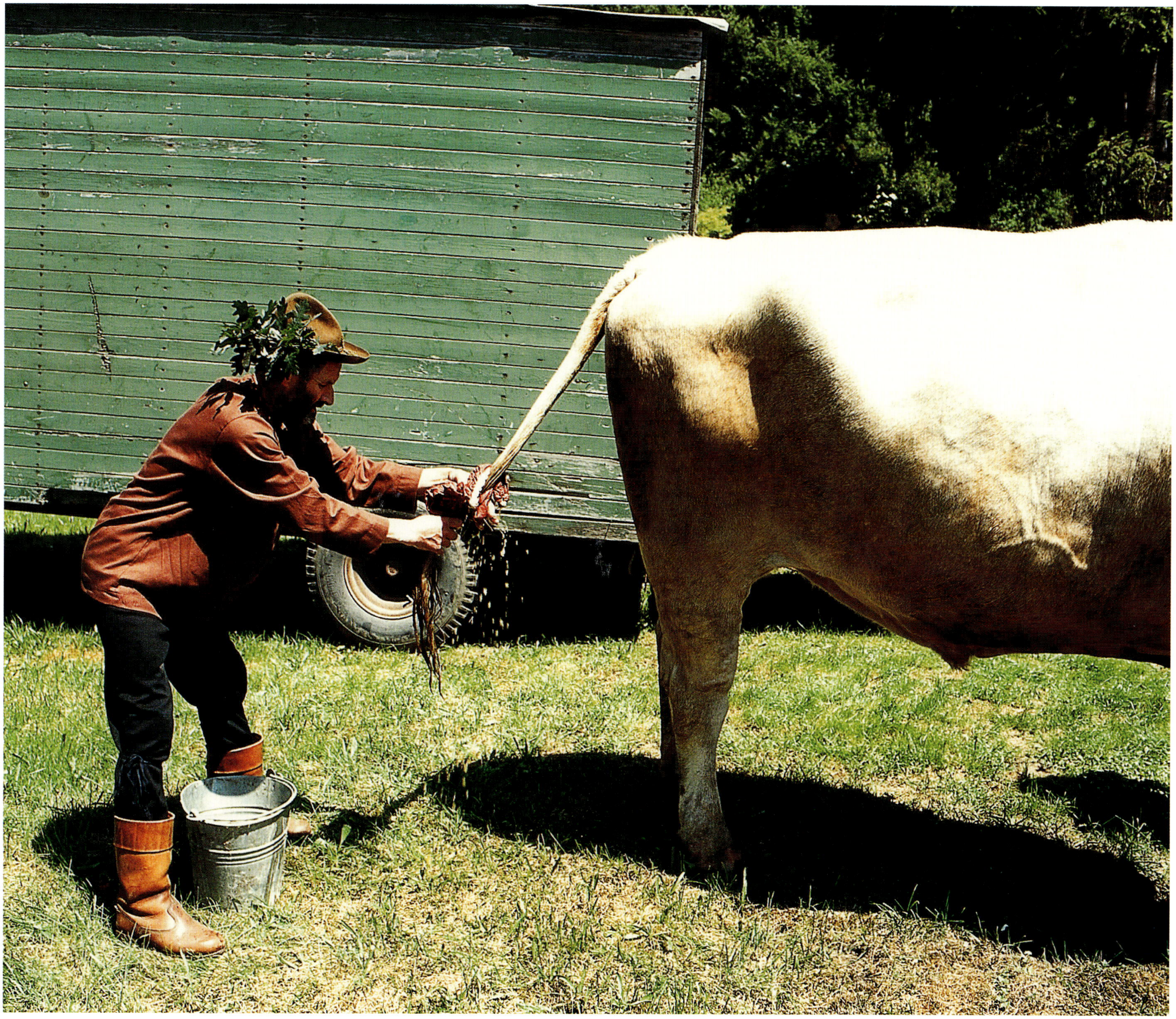

Das Schmiedewerkzeug zum Beschlagen der Hufe.

Ein Pferd, das den langen Ritt auf den Asphaltstraßen ohne Ausrutscher durchstehen soll, bedarf besonderer Hufeisen.

Glocken, Goldzierat, Borten, Blumen und Geflecht. Die Pferde und Wagen werden für den Festzug prächtig herausgeputzt.

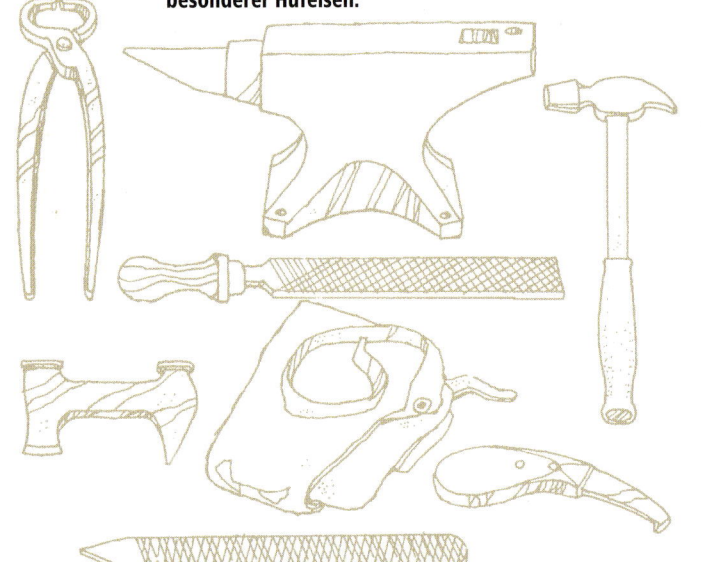

Die geschmückten Ponys mit ihren Begleiterinnen holen ihren Festwagen ab.

Und dann heißt es aufstellen und warten bis der Festzugsleiter und der Böller das Signal zum Abmarsch geben.

Die Frauen auf der Schützenbühne haben trotz der vielen Arbeit auch ihre Freude, wenn sie sehen, wie stolz die kleinen Schützentrommler ihre Uniform entgegen nehmen.

Ein Wappen der 'Kleinen Schützentrommler' zeigt den Habsburger Doppeladler.

Das Chaos scheint perfekt zu sein, wenn bei der Kostümausgabe nur noch kleine Mützen übrig bleiben. Doch die Ausbilder bewahren Ruhe – bei der nächsten Trommelprobe wird getauscht.

FAHRER, REITER, REQUISITEN

In der Nähstube sind die Kostümschneiderinnen von Januar bis Juli beschäftigt, um ältere Gewänder zu ersetzen oder neue herzustellen.

282

FAHRER, REITER, REQUISITEN

Wenn der Schützenschatz verabschiedet, das letzte Viertele verdaut, das geliebte Kostüm abgegeben ist, dann beginnt für die Helfer auf der Schützenbühne eine Riesenarbeit.

Die nach Schweiß und Pferde riechenden Uniformen und Kostüme werden gereinigt, gelüftet, wenn nötig ausgebessert und ordentlich verstaut.

Der Historische Festzug.

Die Spitze des Festzugs.

Die Kleinen Schützentrommler und -pfeifer.

Wirtschafts- und Sozialgeschichte: Weber, Gerber, Färber, Glockengießer, Bierbrauer und der Historische Handelszug.

Die Fahnenschwingergruppe.

Die Staufer.

Die Gruppe der Spitalgründung.

Der Mittelalterliche Spielmannszug.

Spielleute und Vaganten des Mittelalters.

Kaiser Friedrich III.

Bauernkrieg von 1525.

Die Gaukler.

Biberach im Dreißigjährigen Krieg.

Die Schweden.

Die Kaiserlichen Reiter.

EIN BILDERBUCH DER

Die Biberacher Stadttore.

Wieland und der Musenhof zu Warthausen. Die Rokoko-Gruppe.

Die Räuberbande des Schwarzen Veri.

Die Thurn- und Taxis'sche Postkutsche mit Biedermeier-Gruppe.

Die Biedermeiergruppe der Landes-Girokasse.

Die Biberacher Bürgerwehr von 1848.

Das Jordanbad.

Brauchtumsgruppen im Schützenfest.

Volkstrachten aus Biberach und Umgebung.

Kleine Historische Trachtengruppe.

Die Sathmargruppe und die Ulmer Schachtel.

Bergerhausen – Bauern bei der Arbeit.

Die Rißegger Bauernhochzeit.

Die Mettenberger Flachsbauerngruppe.

Das Bürgermilitärcorps und die Kleine Bürgerwehr von Mittelbiberach.

TADTGESCHICHTE

Der Historische Festzug.

Der Werdegang des Historischen Festzugs ist im geschichtlichen Kapitel dieses Buches dargestellt. Er ist ein verhältnismäßig junges Produkt, entstanden 1939, unmittelbar vor dem Beginn des Zweiten Weltkrieges.

Sieht man heute die Festwagen, die Reiter und Fahrer, die Tausende von Kindern und Erwachsenen in historischen Gewändern vom Hochmittelalter bis zur Bismarckzeit, so glaubt man kaum, daß dieses "Bilderbuch der Stadtgeschichte" erst vor verhältnismäßig kurzer Zeit entstanden ist.

Will man den Gesamteindruck des Festzuges beschreiben, so ist es zuerst einmal der Geräuschteppich, der sich ausbreitet und ans Ohr dringt, bevor der Festzug überhaupt sichtbar wird. Rhythmisches Wummern der Trommeln, Fanfarengeschmetter der Spielmannszüge und traditionelle Marschmusik der Musikkapellen kündigen das große Schauspiel an. Es ertönt das metallische Hufgetrappel der berittenen Gruppen und das laute Räderrasseln der schweren Wagen. Dampfende Roßäpfel bedecken die Straßen, der Duft nach Pferdeschweiß und altem Leder beschwört eine Atmosphäre, die uns das Biberach vergangener Jahrhunderte mit allen Sinnen nahebringt.

Dann erscheinen die historischen Gruppen. Es ist eine Orgie, ein Rausch von Farben. Stolz paradieren die Kinder und die Erwachsenen in der Pracht ihrer Gewänder. Ein Teil der Gruppen bringt Bewegung in die große Schau: Die Zünfte und die Handwerker, die emsig auf ihren Wagen werkeln und natürlich die aufständischen Bauern vom Baltringer Haufen und die Räuberbande des Schwarzen Veri. Andere Gruppen kommen leichtfüßig tänzelnd daher, wieder andere würdevoll mit hoheitsvoller Gelassenheit. So entsteht ein vielfältiges Bild, das nie Langeweile aufkommen läßt, auch dann, wenn man den Festzug schon häufig, vielleicht zwei Dutzend mal gesehen hat. Die Biberacher und ihr weiter Umkreis werden nie müde, dieses phantastische Bild erneut zu genießen. Jeder Biberacher Schüler hat mindestens einmal, viele mehrfach aktiv am Historischen Festzug teilgenommen. Das ergibt eine besondere Identifikation, eine lebenslange innere Verbindung zu diesem Ereignis.

Von rheinischer Fröhlichkeit und überschäumender Heiterkeit der Zuschauer ist dagegen nur ab und zu etwas zu spüren. Die Oberschwaben sind ein bedächtiger Menschenschlag, zu rauschenden Ovationen und donnerndem Beifall lassen sie sich kaum hinreißen. Sie freuen sich "in sich hinein", nicht "aus sich heraus". Trotzdem, aus vielen Äusserungen weiß man, wie sehr das Publikum innerlich mitgeht, wie sehr es diesen Festzug zu seiner eigenen Sache macht. Dabei ist es nicht wichtig, ob der Betrachter stärker den interessanten Ablauf der Stadtgeschichte im Vordergrund sieht, oder ob er mehr die Menschen, die Pferde und Wagen, die perfekte Aufmachung des Defilées genießt. Der Höhepunkt des vielfältigen Festes ist mit den beiden Historischen Festzügen am Dienstag und an Bauernschützen erreicht.

Die Spitze des Festzugs.

Der Historische Festzug wird von zwei königlich württembergischen Landjägern angeführt, echten amtierenden Polizeibeamten, die aber mit ihren altväterlichen Uniformen an der Spitze des Festzugs einen weniger martialischen Eindruck machen.

Es folgt der Standartenreiter mit der Biberstandarte im blau-gelben Gewand. Es muß ein besonders gewandter

Reiter sein, der nur mit der Kandare in der Linken dem Pferd die Richtung gibt, während er mit der Rechten die Standarte hält. Ähnliches gilt für die vier Fanfaren-Reiter, die mit ihren Signalen den Festzug ankündigen. Stramm müssen sie im Sattel sitzen, sauber im Takt müssen sie blasen, ihr Bild in den blau-gelben Stadtfarben bestimmt den Auftakt des Zuges. Besonders wichtig ist es, daß die vier Pferde in Größe und Farbe zusammenpassen: Vier Schimmel, vier Rappen oder vier Fuchsen, damit ist schon mit der Spitze des Festzugs die Qualität der mehr als vier Kilometer langen Darbietung angegeben.

Die Kleinen Schützentrommler und -pfeifer.

Im 17. und 18. Jahrhundert glich der Kinderfestzug eher einer Prozession als einem Festzug im heutigen Sinne. Es gab zwar schon seit unvordenklichen Zeiten Trommeln, aber diese führten Soldaten zum Angriff und in die Schlacht; sie dienten nicht zu friedlich-festlichen Zwecken.

Erst im frühen 19. Jahrhundert bildeten sich neben der "Türkischen Musik" auch kleine Trommlerkorps, die an der Spitze eines Festzugs marschierten. Sie bestimmten Takt und Marschtempo, gaben gleichzeitig auch ein Signal für die Festbesucher: Nun kommt der Festzug.

So ist es zu erklären, daß die Schützentrommler die älteste Traditionsgruppe des Biberacher Schützenfestes sind. Im Jahre 1816 treten in Biberach erstmals Buben als Trommler auf, damals die 'Kleinen Tambours' genannt. Es sind nur zwei Kinder, 1825 sind es dann fünf, 1840 acht, 1921 erst zweiundzwanzig. Im Jahr 1899 kamen zu den Trommlern acht Pfeifer hinzu. Um die Mitte des 19. Jahrhunderts, ungefähr 1860, bekamen die Schützentrommler eine einheitliche Montur, die sich zunächst sehr stark an die studentische Tracht anlehnte. Davon ist bis zum heutigen Tag die Mütze übrig geblieben. Lediglich der Tambourmajor trägt eine Uniform mit militärischem Zuschnitt, mit Offiziersrock samt Schulterstücken, Ulanka und Adjutantenschnüren, dazu Helm mit Roßschweif und einen Säbel samt Portepee.

Die Uniformen haben im Laufe der Jahrzehnte mehrfach gewechselt, bis 1962 die heutige leichtere Einheitskleidung mit blauer Weste und beiger kurzer Hose eingeführt wurde. Nur der Tambourmajor muß nach wie vor schwitzen, aber er hat dafür die Ehre, eines der begehrtesten Ämter des ganzen Schützenfestes innezuhaben.

Ehrennadeln der Kleinen Schützentrommler zum Jubiläum und für eine langjährige Teilnahme.

Nach dem Zweiten Weltkrieg wuchsen die Schützentrommler und -pfeifer sehr stark an. Heute sind es in jedem Jahr etwa 45 Trommler, 25 Pfeifer, dazu 4 - 6 Wappenträger (auch liebevoll Woppeler genannt), drei Fahnenträger und ein Tambourmajor.

Die Woppeler sind die Allerkleinsten, meist 6 Jahre alt. Zum Trommeln sind sie noch zu jung, aber sie sollen schon das Marschieren im Gleichschritt erlernen. Mit einem Wappenschild an der Seite marschieren sie voll Eifer neben den Trommlern und Pfeifern, mit steinernem Gesicht, nicht weil es nicht fröhliche Buben wären, sondern weil sie sich auf den Gleichschritt konzentrieren müssen.

In den Frühzeiten der Schützentrommler wurden nur Schüler der Latein- und Realschule zugelassen. Heute sind die Schützentrommler die einzige schulartübergreifende Jugendmusikgruppe des Schützenfestes. Jeder Biberacher Bub kann sich bewerben, vorausgesetzt er ist musikalisch und hat Takt im Blut. Außerdem darf er nicht zu klein und nicht zu groß sein, sonst gibt es

Schwierigkeiten mit dem Marschtempo. Die Mitwirkung bei den Trommlern und Pfeifern ist auf fünf Jahre beschränkt. So ist immer das Nachrücken von neuen Bewerbern gesichert. Wer drei Jahre dabei war und sich bewährt hat, wird zum Obertrommler oder Oberpfeifer ernannt. Die Obertrommler -zusammen mit einigen Ehemaligen- haben die Aufgabe, den jungen Anfängern das Trommeln beizubringen, zunächst auf einem Holzbrett. Das Üben beginnt gleich nach Weihnachten, bis zum März müssen sie einen Marsch können. Dann findet in der Schützenkellerhalle das "Antrommeln" statt. Vor einer kleinen Jury müssen sie eine Probe ihres Könnens ablegen. Von 20 möglichen Punkten müssen sie mindestens 10 erreichen; darüber gibt es dann eine Urkunde.

Dann geht es an das Einstudieren von weiteren vier Märschen, im Wolfental übt der Ausbilder mit den Buben das Marschieren im Gleichschritt mit der Trommel, was für die kleinen Burschen beileibe nicht einfach ist.

Die Pfeifer beginnen mit dem Lernen der Noten, denn heutzutage wird nach Noten gespielt. Dann lernen sie auf der Metallpfeife, die einer Querflöte ähnelt, die Griffe und das Anblasen. Im wesentlichen werden drei Lieder eingeübt, die jedermann im Ohr hat: "Das Wandern ist des Müllers Lust", "Alle Vögel sind schon da" und "Ich hab' mich ergeben". Auch bei den Pfeifern findet eine Prüfung vor den Ausbildern und den "Altgedienten" statt. Das Zusammenspiel und die Marschproben geschehen in gleicher Weise wie bei den Trommlern.

Eine Sonderstellung nimmt der Tambourmajor ein. Er gibt mit seinem Stab das Zeichen für das Aufnehmen der Instrumente, für den Rhythmus und das Marschtempo. Mit Fingern der linken Hand zeigt er an, welcher Marsch gespielt werden soll, und er hat darauf zu achten, daß ständige Abwechslung eingehalten wird. Der Tambourmajor muß sich stets nach vorne richten, er darf nicht nach rückwärts reden. Nur mit dem Stab gibt er seine Signale, und die ganze Gruppe hat sich aufmerksam danach zu richten.

Die älteste Gruppe des Schützenfestes hat die an Jahren jüngsten Mitglieder. An den Hauptfesttagen müssen die Buben früh heraus und anschließend mehrere Stunden spielen. Dabei werden nur kurze Pausen eingelegt. Diese nicht geringe Anstrengung nehmen die Trommler und Pfeifer und nicht zuletzt der Tambourmajor gerne auf sich, weil sie freiwillig und mit Begeisterung bei der Sache sind. Den Schützentrommlern wird auch mehr Betreuung zuteil, als anderen Schützenfestgruppen. Bei allen Marschproben, vor allem aber bei den öffentlichen Auftritten, ist ständig ein Schützendirektor oder ein Schützenbeirat anwesend. Vor den Festzügen ist für ein Frühstück gesorgt. In der Saison gibt es öfters mal ein Wurstessen, wobei der Vater des Tambourmajors nach altem Herkommen in den Beutel greift.

*e*ine Besonderheit der Schützentrommler sind die "Judenbändel"(oder auch Schützengras genannt). Es war nicht in Erfahrung zu bringen, woher dieser Brauch stammt. Er ist auf jeden Fall schon sehr alt. Jede Trommler- oder Pfeifer-Mutter steckt dem Buben vor dem Auftritt ein Büschel "Judenbändel" an die Mütze. "Judenbändel" sind ein langes Gras mit einem weißen Streifen in der Mitte. Dazu kommt ein rotes Schützenrösle. So geschmückt kann dann der Junior zum Einsatz eilen. Die "Judenbändel" pflanzt man entweder selbst im Garten an oder man hat Bekannte, bei

Wirtschafts- und Sozialgeschichte Biberachs.

denen man sich versorgen kann. Der Eifer der Buben, die bei dieser Traditionsgruppe mitwirken, ist so ansteckend, daß sie zu den Lieblingen des Publikums gehören. Wenn sie die Festzüge anführen -gleich hinter dem Standartenreiter, den berittenen Fanfarenbläsern- dann ist das ein Stück Schützenfreude, die bei jedem Biberacher das Herz höher schlagen läßt.

*Ü*ber Jahrhunderte waren die Quelle des Wohlstandes der Reichsstadt Handwerk und Handel. Deswegen werden die für Biberach charakteristischen Handwerksberufe auf großen Festwagen mit originalgetreuen Geräten und echtem Werkzeug dargestellt. Genaue Studien in Museen sowie eingehende Beratung mit alten Meistern, die noch Kenntnis von den früheren Techniken hatten, gingen voraus.

Die Erzeugnisse der Handwerker wurden nicht nur im engeren Umland verkauft, sondern über den Fernhandel in einem großen Teil Europas vertrieben. Der eindrucksvolle Handelszug zeigt diesen bedeutenden Wirtschaftszweig der Reichsstadt Biberach.

DIE WEBER.

*I*n Oberschwaben wurde in früheren Zeiten viel Flachs angebaut, so daß im Frühjahr die blau blühenden Felder den Eindruck eines großen blauen Sees vorspiegelten. Es war klar, daß bei dieser reichlichen Rohstoffversorgung die Leinenweberei in Biberach zu Hause war. Etwa um 1370 wurde die Barchentweberei eingeführt. Barchent war ein Gewebe, dessen Kette aus Leinen, dessen Schuß aus Baumwolle bestand. Die Baumwolle mußte über Venedig von den Türken importiert werden; sie stammte vermutlich aus Syrien. Barchent war sehr beliebt für Alltagskleidung, vor allem wurden Hosen daraus hergestellt. Während die Webstühle für Leinwand nur zwei Schäfte hatten und ganz einfach zu bedienen waren (Leinwandbindung), hatte ein Webstuhl für die Barchentweberei (Satinbindung) eine sehr viel schwierigere Technik. Die Zahl der Schäfte betrug 5, 7 oder 9. Der Weber mußte mit den Füßen treten, wie ein Orgelspieler die Pedale tritt. Der Barchent war komplizierter in der Herstellung, sehr haltbar und erzielte wesentlich bessere Preise. Es ist kein Wunder, daß die Zeit des größten Wohlstandes der Stadt Biberach zwischen 1370 und dem beginnenden Dreißigjährigen Krieg lag. Um 1500 gab es in Biberach etwa 400 Webstühle.

Das Weberhandwerk aber hatte auch seine Kehrseite, man kann es an den wenigen verbliebenen Weberdunken auf dem Weberberg heute noch sehen. Die Dunken waren schräg in den Berg hineingebaut und hatten Kelleratmosphäre. Der Webstuhl durfte nicht in der Wärme stehen, vor allem mußte das Gewebe feucht bleiben, sonst rissen die Garne beim Webvorgang. In modernen Webereien werden Temperatur und Feuchtigkeit automatisch geregelt, damals bezahlte der Weber seinen täglich zehnstündigen Aufenthalt in der feuchtkalten Dunke mit seiner Gesundheit. Die meisten Weber erreichten kein hohes Alter.

Leider hat sich kein einziges Stück von Biberacher Barchent erhalten, man kann sich also nur aus Beschreibungen vorstellen, wie er ausgesehen und wie er sich angefühlt haben mag. Er soll zu den besten Barchent-Sorten gehört haben und ist zwischen 1386 und 1640 in ganz Europa nachzuweisen, so in Antwerpen, London, Prag, Wien, Barcelona, Genf, Fribourg und Lyon. Im 17. und 18. Jahrhundert trat an die Stelle der Barchentweberei verstärkt die Woll- und Leinenweberei.

Um 1920 gab es in Biberach noch zwei Teppichweber. Sie waren der letzte Überrest der einstmals führenden Zunft. Schon 1946 entstand als erste der Handwerkergruppen die Webergruppe mit dem großen Weberwagen. Er war umrahmt von den Türmen und Toren der Stadt. Die führende Rolle der Weberei in Biberach kam damit symbolisch zum Ausdruck. Als zentrales Gerät stand ein Handwebstuhl auf dem Wagen, der 1946 aus Wurzach entliehen wurde. Auf einem mit Holzgas getriebenen Fahrzeug wurde der Webstuhl über die schlaglochübersäten Straßen nach Biberach transportiert. 1947 gelang es, durch den alten Webstuhlbauer Zimmermann in Tübingen einen Handwebstuhl anfertigen zu lassen, der heute noch in Betrieb ist. Als Begleitung des Wagens wurde eine Webergruppe in Arbeitskleidung geschaffen. Die Buben trugen eine bestickte Cerevis-Kappe, die Mädchen ein Kopftuch. Einer der Buben mußte lernen, den Webstuhl zu bedienen, was sicher nicht ganz einfach war. Die Mädchen standen oder saßen an Riffel, Breche, Hechel, Schwinge, Spulrad und Spinnrad. Die Übrigen trugen Produkte der Weberei, blau-weiß-kariertes Bettzeug (Kölsch) und rot-kariertes Metzgerleinen. An einer Stange wurden Flachszöpfe getragen, sogenannte "Schneller".

*N*achdem von den Mettenberger Flachsbauern auf zwei Wagen die Verarbeitung des Flachses vom Raufen bis zum Spinnen sehr viel genauer gezeigt werden konnte, beschränkte man sich beim Weberwagen auf die reine Weberei. Der Kranz der Türme und Tore wurde beibehalten, drei Webstühle stehen nun für das Weberhandwerk: Der zweischäftige Webstuhl von 1947, ein vierschäftiger Störwebstuhl aus dem 17. Jahrhundert, aus Südtirol stammend, und ein Vertikalwebstuhl für gemusterte Stoffe. Das Herstellen der Kette und des Kettbaumes mit Hilfe des Zettelrahmens kann leider nicht gezeigt werden, da dieser Vorgang sehr viel Platz einnimmt.

Die erste Nachkriegsschöpfung für den Historischen Festzug, die Webergruppe, ist eine wichtige Dauereinrichtung geblieben. Selbstverständlich nehmen die Weber auch an den Zunfttänzen teil. Darüber soll an anderer Stelle berichtet werden.

*N*ach den Webern war das zweitwichtigste Handwerk der Stadt Biberach die Gerberei. Die besten Voraussetzungen dafür waren gegeben durch den Wasserreichtum der Stadt. Aus den natürlichen Wasserläufen war ein ausgeklügeltes System von Wirtschaftskanälen entstanden, das nach den Bedürfnissen der Handwerker die Stadt durchzog. Der Gerberbach erinnert daran, daß die Gerberei nur an fließendem Wasser betrieben werden kann. Das Auswaschen der Häute und das Entsorgen der Fleischreste geschah durch die Bäche. Die Rotgerber hatten ihre halbfertigen Häute wochenlang an Pfählen im Bach hängen, wofür sie der Stadt pro Pfahl einen Pfahlzins zahlen mußten. Auch technische Einrichtungen wie die Walk wurden durch Wasserkraft angetrieben. Ein weiterer Grund für das hochentwickelte Gerberhandwerk waren die Rohstoffe, die unmittelbar in der Umgebung anfielen: Rind-, Roß-, Schaf- und Ziegenhäute für die Rotgerber, Hirsch- und Rehhäute sowie diverse Pelztiere für die Weißgerber.

Die Rotgerber verarbeiteten hauptsächlich Rinds- und Roßhäute. Die Rohhaut wurde "Blöße" genannt, das Gerbmittel war Lohe aus Eichen- oder Fichtenrinde. Rindshäute ergaben Sattlerleder, Sohlleder und Oberleder für Schuhe und Stiefel. Roßleder wurde zum Möbelleder verarbeitet.

DIE GERBER.

Die Weiß- oder Sämischgerberei machte aus Reh-, Hirsch-, Elch- und Renhäuten Bekleidungsleder, hauptsächlich für Lederhosen und Handschuhe. Die Abfälle wurden für Fensterleder verwendet. Daneben wurden Pelzfelle gewonnen -Fuchs, Dachs, Otter, Biber- durch Gerbung mit Alaun und Kochsalz. Die Gerbung der Wildhäute geschah durch Fischtran (Dorsch), der mit Hilfe eines Hammerwerks in die Häute gepreßt wurde. Durch das Trocknen an der frischen Luft, bei dem ein Oxydationsprozeß stattfindet, wird das Leder haltbar gemacht.

Biberach hat an der Ehinger Straße eine Gerberwalk, die 1699 gebaut wurde und die heute die einzige in Betrieb befindliche Walk Deutschlands ist. Eben diese Walk mit Hammerwerk und Wasserrad, orginalgetreu in verkleinertem Maßstab übertragen, bildet den Mittelpunkt des Gerberwagens. Willi Witzgall schuf 1951 seinen ersten großartigen Wagen zum Historischen Festzug. Seinerzeit wurden die Altmeister des Gerberhandwerks, Kolesch, Benz und Hanni zu Rate gezogen. Das Funktionieren des Hammerwerks ist eine technische Meisterleistung. Zum Wagen gehört die Gerbergruppe, die aus Rotgerbern mit orangefarbener Schürze und blauer Weste und Weißgerbern mit weißer Schürze und roter Weste besteht. Einige begleiten den Wagen, andere hantieren neben der Walk mit Scherdegen, Schabeisen, Schlichtmond, Klopfstecken und anderen historischen Werkzeugen.

Bei den Zunfttänzen treten Rot- und Sämischgerber gemeinsam auf.

DIE FÄRBER. *Die* Erzeugnisse der Weber mußten weiterverarbeitet werden. Die edleren Gewebe wurden gebleicht, die einfacheren, groberen, gefärbt. Der Name Bleicherstraße erinnert noch heute an die Jahrhunderte alte wichtige Tätigkeit des Bleichens. Die Stoffe wurden in ihrer ganzen Länge ins Gras gelegt und durch Sonnenschein und Tau gebleicht. Das sehr große Gelände zwischen Bleicherstraße und Riß war die "Bleich". Später, als das Rasenbleichen bereits im Auslaufen war, wurde die "Bleich" von der Eisenbahn durchschnitten.

Für das Färben gab es zwei Gebäude, die Stadtfärbe am Obstmarkt, die 1945 beim Fliegerangriff zerstört wurde, und die Siechenfärbe am Ehinger-Tor-Platz, heute "Haus des Handwerks". Beide Färben waren noch bis um 1870 in Betrieb.

Für die Darstellung auf dem Färberwagen wählte man die Stadtfärbe, erbaut 1531 als "Stadtmang und Färbe". Die Unterlagen für eine zunftgerechte Ausstattung lieferte Färbermeister Emil Haux aus Reutlingen, der selbst eine Chemische Reinigung und Färberei an der Echaz hatte und der in seiner Jugendzeit noch die Färberei mit echtem Indigo gelernt hatte. Trotz seines hohen Alters machte er entzückende detailgenaue Zeichnungen über die einzelnen Arbeitsgänge und kam mehrfach nach Biberach, um an Ort und Stelle korrigierend einzugreifen. So hat Biberach heute einen Färberwagen, der bis in die Einzelheiten die schwierigen Vorgänge der alten Färberei wiedergibt.

Willi Witzgall und sein Freund Zimmermeister Karl Härle machten sich 1960 an die Arbeit des Wagenbaus. Die Wände der Stadtfärbe wurden sehr transparent gehalten, sonst hätten die Zuschauer von den Arbeiten nichts gesehen. Gezeigt wird nicht das Garnfärben (Strangfärberei), sondern das Färben des fertigen Stoffes (Stückfärberei). Es beginnt mit dem Indigoreiben. Der Färber hat eine Gölte (großer Kupferkessel) vor sich auf einer Bank, dazu vier schwere Kugeln, die er in kreisende Bewegung setzt, so daß sie den Indigo zermahlen. Dieser Vorgang ist zum Wappen der Färber geworden: Die Gölte, darüber die vier Kugeln zwischen den zwei gekreuzten Schepperstöcken. Die Gölte wird mit schwach-saurem Wasser gefüllt. Durch sanftes taktmäßiges Aufschlagen der Schepper- oder Kläpperstöcke auf den Rand der Gölte kann sich der Indigo absetzen. Auf dem Wagen stehen zwei Küpen, nach unten sich erweiternde Holzfässer. Der an einem Küpenring hängende Stoff wird durch einen Seilzug in die heiße Farbflotte, den Farbsud, gehängt und dabei auf und ab bewegt. Die Blaufärberei mit Indigo war die Wichtigste, daneben wurde mit Farbhölzern und mineralischen Stoffen gefärbt. Mit dem Kühlstab wird der nasse Stoff während des Auftauchens zwischen den Bahnen auseinandergestoßen, so daß er nicht verklebt und daß die Farbe überall gleichmäßig einziehen kann. Das gefärbte Stück kommt nun in Spülgefäße (Zuber, Standen, Fässer). Schließlich wird der Stoff in einem Holzrahmen mit vielen Querstangen zum Trocknen aufgehängt.

*a*uf dem Färberwagen wird auch das Bedrucken von Stoffen gezeigt. Es sind verschiedene Model und ein Drucktisch vorhanden. Mit Spachtel und Schrakel wird die Farbe auf den Model aufgebracht. Mit Hilfe eines Holzklöpfels wird die Druckform auf den straff gespannten Stoff gedruckt. Der Stoff wird mit einem Haspel im dampfend heißen Wasser gedreht, um die Farbe zu fixieren.Die Färbergruppe, die die geschilderten Arbeiten auf dem Wagen verrichtet oder das Fahrzeug begleitet, hat ein Gewand, das stark in der Farbe blau gehalten ist. Damit soll die Rolle des Indigo unterstrichen werden. Der Färbertanz wird in dreijährigem Turnus aufgeführt. Die bunten Farben werden hier besonders hervorgehoben.

DIE GLOCKENGIESSER

*Z*ur Glockengießergruppe, die seit 1965 Bestandteil des Festzugs ist, gehören zwei große Festwagen, die stets von besonders massigen Kaltblutpferden gezogen werden. Der erste Wagen zeigt die Herstellung der Glocken nach alten Techniken, auf dem zweiten Wagen ist die große Schützenfestglocke mit zwei kleineren Glocken auf massiven hölzernen Glockenstühlen aufgehängt. Das Geläute ist in der Tonhöhe aufeinander abgestimmt. Wenn es nach alter Tradition von Hand in Schwung gebracht wird, ergibt sich ein festliches dreistimmiges Geläute, das dem Festzug ein ganz besonderes Gepräge gibt. Nachdem man sich 1965 mit einer blechernen Glockenimitation begnügt hatte, ließ man bereits 1966 bei Bachert in Heidenheim eine 270 Kilo schwere Glocke gießen.

Friedrich Schillers "Lied von der Glocke" gibt in der Sprache des Dichters eine sehr gute Beschreibung der Arbeitsgänge auf dem Wagen des Glockengusses. Die Kernform aus Lehm, die Außenform, der Ofen zum Schmelzen der Bronze und viele andere Arbeitsgänge sind hier bildhaft beschrieben, und so werden sie auch auf dem Wagen in geraffter Form dargestellt. Die Glockengießergruppe trägt schwere Lederschürzen und tief sitzende Hüte, die vor Glut und Funken schützen.

Weshalb wird ein so seltenes Handwerk wie die Glockengießerei im Historischen Festzug dargestellt? Durch fast zwei Jahrhunderte, seit Mitte des 15. Jahrhunderts bis 1624, beherrschte die Biberacher Gießhütte der Volmer (auch Volmar) und Kißling das Oberland. In sehr vielen Gemeinden des heutigen Landkreises Biberach und weit darüber hinaus hängen Glocken aus der Biberacher Gießhütte. 1520 erhielt Martin Kißling den Auftrag zum Guß von zwei Glocken für die Stuttgarter Stiftskirche. Nach dem Kirchturmbrand von 1584 goß Joachim Volmer die ältesten Glocken der Biberacher Martinskirche, "Elferin, "Fallerin" und "Sturmglocke".

Im 17. Jahrhundert gossen die Maurer und Schieber Glocken, ihnen folgten die Schmelz, später die Becker, Miller und Zoller. Noch im 20. Jahrhundert goß der Glockengießer Zoller im Kappenzipfel Glocken. Die Namen der bedeutendsten Glockengießerfamilien wurden in Straßennamen auf dem Mittelberg festgehalten.

Die Glockengießergruppe tritt bei den Zunfttänzen im dreijährigen Turnus auf.

DIE BIERBRAUER.

Das Getränk für den alltäglichen Durst war bis vor wenigen Jahrhunderten der Most. Er war billig, weil man ihn selbst herstellen konnte. Äpfel und Birnen standen jedermann zur Verfügung. An jeder Straße, an jedem Weg wuchs Mostobst.

Bei festlicheren Gelegenheiten dominierte der Wein, den man hauptsächlich vom Bodensee bezog, z.B. aus den Hospital-Weinbergen von Bermatingen. Erst im 17. und 18. Jahrhundert setzte sich allmählich das Bier durch. 1801 tranken die 4348 städtischen Bürger und die 3109 spitälischen Untertanen die beachtliche Menge von über 20 000 Hektoliter. Im Jahr 1802 sind 27 Brauereien in Biberach überliefert. Darunter gab es eine Reihe von bedeutenden Braustätten, viele waren aber sehr klein und brauten nur für den eigenen Bedarf. Es gab Wirte, die einfach in ihrem Schopf oder in einem Anbau eine Sudpfanne stehen hatten und dort fröhlich Bier brauten. Nach dem Krieg gab es in Biberach noch 5 produzierende Brauereien, inzwischen sind es noch 2, die nach alter Tradition Bier herstellen.

Nach den bereits geschilderten Handwerksgruppen wollte man auch die Kunst des Bierbrauens zeigen, die in Biberach eine besondere Bedeutung hatte. 1968 wurde mit dem Brauwagen der Anfang gemacht, 1977 wurde die Bierrolle eingeführt, 1983 kam der Bonzenwagen dazu. Der Brauwagen ist mit den Emblemen der heutigen und ehemaligen Biberacher Brauereien geschmückt. Auf dem Wagen stehen die Einrichtungen zur Bierherstellung: Eine Sudpfanne mit der zugehörigen Heizung und dem rauchenden Kamin, ein hölzernes Ausschlagsgefäß und ein Gärbottich. Durch Zusatz von Hefe setzt hier die Gärung ein, Malzzucker wird in Alkohol und Kohlensäure umgewandelt. Im Gärbottich entsteht starker kompakter Schaum, die "Kräusen". Die Gärung dauert 9 - 12 Tage.

Die Bierbrauer tragen für ihr nasses Gewerbe Lederschürzen, Lederkappen und Holzschuhe. Ihr Werkzeug besteht aus Malz-Schaufeln, Maisch-Rechen, Maisch-Scheiten, Schapfen und Abhebelöffeln zum Absetzen des "Trubs". Bei den Buben, die die Bierbrauer darstellen, aber noch nicht "im bierfähigen Alter" sind, ist es das allergrößte Schützen-Vergnügen, mit den Geräten den künstlich hergestellten Schaum zu verspritzen.

Mit den schweren Bonzenwagen wurde das halbfertige Bier vom Sudhaus in den Gärkeller transportiert. Der "Bonzen" war ein riesiges Faß, das bis zu 6000 Liter faßte. Der "Bonzen" im Festzug kann 1820 Liter aufnehmen.

Die Felsenkeller waren in die Nagelfluhformationen der Steilhänge am Rande des Rißtales hineingesprengt worden. Einige davon hatten riesige Dimensionen und sind während des Krieges als Luftschutzkeller verwendet worden. Die Felsenkeller haben das ganze Jahr hindurch ein gleichmäßig kühles Klima, die Voraussetzung für einen geregelten Gärprozeß. War das Bier ausgereift, wurde es in Bierfässer unterschiedlicher Größe abgefüllt. Flaschenabfüllung wurde erst in jüngerer Zeit üblich. Es ist nicht verwunderlich, daß sich vor den Felsenkellern im Sommer ein reges Leben entwickelte. In schattigen baumbestandenen Gärten saßen die Leute in gemütlicher Runde und tranken kühles Bier direkt aus dem Keller. In den mindestens 12 Biergärten rund um die Stadt spielte sich ein Großteil des geselligen Vereinslebens ab. Vier Keller am Hang des Gigelberges sind übriggeblieben. Sie nehmen eine wichtige Rolle als Treffpunkt ein. In ihnen spielt sich der gemütvolle Ausklang ab nach den großen Ereignissen des Schützenfestes.

Mit der "Bierrolle" wurde das Bier in Fässern oft über weite Strecken zu den Wirten, den sogenannten "Achskunden" ausgefahren und das Leergut wieder zurückgebracht. Bierbonzen und Bierrolle sind alte Originale, die von der Brauerei "Haberhäusle" gestiftet wurden.

DER HISTORISCHE HANDELSZUG.

Die Augsburger Handelshäuser der Fugger und der Welser oder die Große Ravensburger Handelsgesellschaft sind Beispiele für den bedeutenden internationalen Fernhandel, der von den oberdeutschen Reichsstädten betrieben wurde. Auch in Biberach gab es im 14. bis 16. Jahrhundert, der wirtschaftlichen Blütezeit der Stadt, den Fern- und Großhandel, allerdings zwei Nummern kleiner als in den genannten Städten. Schriftliche Unterlagen über den Biberacher Großhandel sind leider nur spärlich vorhanden.

Den Biberacher Patriziern war der Groß- und Fernhandel als standesgemäß erlaubt; so sind z.B. für die Gräter, Schad, Klockh, Brandenburg, Weißhaupt, Scherrich, Schreiber, Bruder und Datt Handelsgeschäfte vor allem mit Biberacher Barchent nachzuweisen. Exportartikel waren außer dem Barchent die Leinwand und Rohwolle. Importiert wurden Baumwolle, die für den Barchent gebraucht wurde, Gewürze, Tuche, Luxusgüter und Schmuck. Ein Schwergewicht des Handels lag bei der Schweiz. Basel, Fribourg und Sitten sowie die Messen in Genf und Zurzach sind nachgewiesen. Die deutschen Messen wurden angefahren, z.B. die seinerzeit wichtige Messe in Nördlingen. Flandern, England und Prag waren Ziele des Handels, im Süden Mailand und die Hafenstädte Venedig, Genua, Barcelona und Valencia.

Beim wichtigsten Produkt des Biberacher Handels, dem Barchent, gab es verschiedene Qualitätsstufen, wobei in Biberach vor allem eine mittlere Gebrauchsware hergestellt wurde. Auf dem Rathaus wurde sie bei einer "Beschau" nach Klassen eingeteilt und sorgfältig deklariert. Die Stücke erhielten einen Beschau-Stempel, so daß die Käufer überall wußten, daß sie korrekt bedient wurden.

Der Fernhandel war mit sehr großem Risiko verbunden und erforderte einen beträchtlichen Kapital- und Materialeinsatz. Deshalb konnte er nur von wohlhabenden Personen betrieben werden, zuerst ausschließlich von Patriziern, später auch von arrivierten Handwerkern, der Zunftaristokratie.

Auf Grund eines erhaltenen Vertrages ist in Biberach die Gründung einer Handelsgesellschaft aktenkundig zwischen Wilhelm Weißhaupt, Hans Ramminger, gen. Schreiber und dem Ulmer Valentin Dittmar (auch Detmar geschrieben). Der Vertrag wurde 1491 unterzeichnet. Er sollte zunächst bis 1495 gelten. Jeder Teilhaber hatte 1000 Gulden einzulegen. Wilhelm Weißhaupt stellte seine Behausung, vermutlich das heutige "Haus zum Kleeblatt", Marktplatz 22, mit Gewölben, Stallungen und den hinteren Stuben zur Verfügung, ferner hatte er die Knechte und Diener zu verköstigen. Wilhelm Weißhaupt geriet jedoch schon 1493 in große

EIN BILDERBUCH DER STADTGESCHICHTE

finanzielle Schwierigkeiten und mußte in die Schweiz flüchten. Trotz dieser kurzlebigen Unternehmung geben der Gesellschaftsvertrag und die Organisation einen Einblick, wie spätmittelalterliche Handelsverbindungen funktionierten.

*D*er Handelszug, der zum Stadtjubiläum 1950 vom Biberacher Einzelhandel gestiftet wurde, ist einer der eindrucksvollsten Wagen des ganzen Festzugs. Zwei Handwerker leisteten die Hauptarbeit: Wagnermeister Hagel und Schmiedemeister Anton Vollmar. Hagel schuf nach überlieferten Traditionen einen schweren Transportwagen mit Staukästen. Vollmar zog die rotglühende Eisenbereifung auf die Räder und verstärkte sie noch mit großen Nägeln. Die Beschläge, Bolzen, Verstärkungen, das Traggestell für die Plane, alles stammt von seiner Hand. Mindestens ein Dutzend weiterer Handwerker war beteiligt. So ist etwa der Kasten des Wagens aus Weidenruten geflochten. Der Handelswagen wird stets von schweren Kaltblutpferden gezogen, früher von einem Vierer-Zug, in den letzten Jahren von einem Sechser-Zug. Die Rösser tragen ausgesucht schöne Geschirre mit allen Schmuckelementen, die zu einer festlichen Anspannung gehören. Kräftige, wohl ausgestattete Fuhrknechte fahren den Planwagen vom Sattel aus. Der Historische Handelszug wird angeführt von den drei berittenen Handelsherren Weißhaupt, Schreiber und Dittmar in prachtvollen Renaissancekostümen. Auf der Plane prangen die Wappen der drei Kaufleute. Auf dem Bock des Wagens sitzen die Marketenderinnen und Diener, dann folgt reichliches Begleitpersonal: Bewaffnete Troßbuben zu Fuß und ebenfalls bewaffnete Reisige zu Pferd. In jener Zeit herrschten unvorstellbar schlechte Straßenverhältnisse. Vor der Überquerung von Alpenpässen mußte die wertvolle Ware oft auf Saumtiere umgeladen werden. Wegelagerer und gewalttätige Banden waren vor allem bei unübersichtlichen Wegestrecken stets zu gewärtigen. So mußte die Begleitmannschaft oft Hand anlegen und gegebenenfalls schützend eingreifen, damit der Handelswagen unversehrt sein Ziel erreichte. Es darf allerdings bezweifelt werden, ob die Begleitgruppe vor 500 Jahren ebenso adrett ausgesehen hat, wie heute am Schützenfest.

Aufrecht und mit sicherer Hand führt der Standartenreiter sein Pferd durch die Straßen Biberachs.

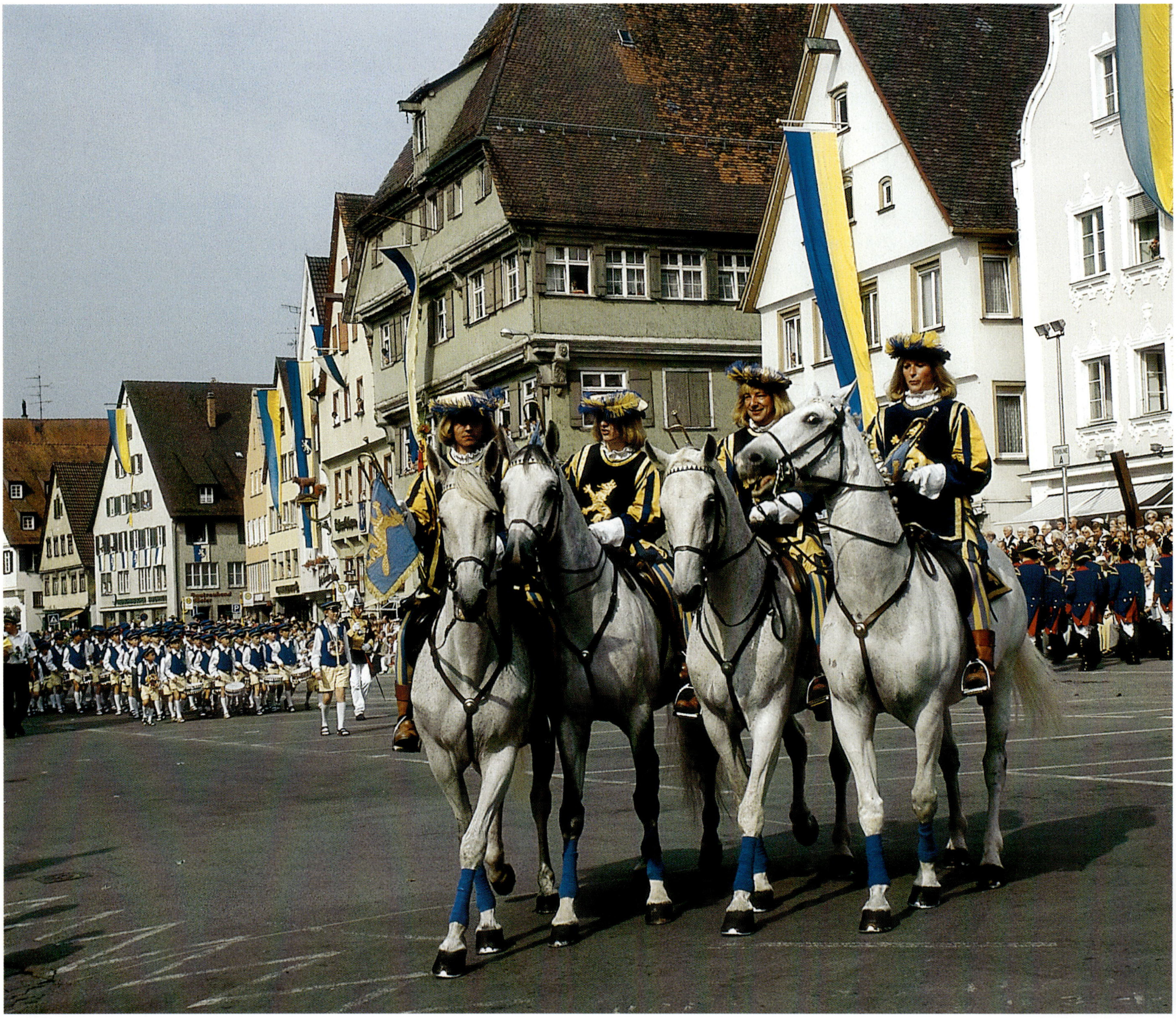

EIN BILDERBUCH DER STADTGESCHICHTE

Die Spitze des Festzugs bildet der Reiter mit der Biberstandarte, die vier Fanfarenbläser und die **Kleinen Schützentrommler.**

Mit alten Volksweisen, wie z.B. "Das Wandern ist des Müllers Lust", marschieren die Kleinen Schützenpfeifer, begleitet von den Schützentrommlern, dem Festzug voran.

EIN BILDERBUCH DER STADTGESCHICHTE

Auf dem Weberwagen präsentieren Schülerinnen und Schüler die traditionelle Biberacher Weberkunst.

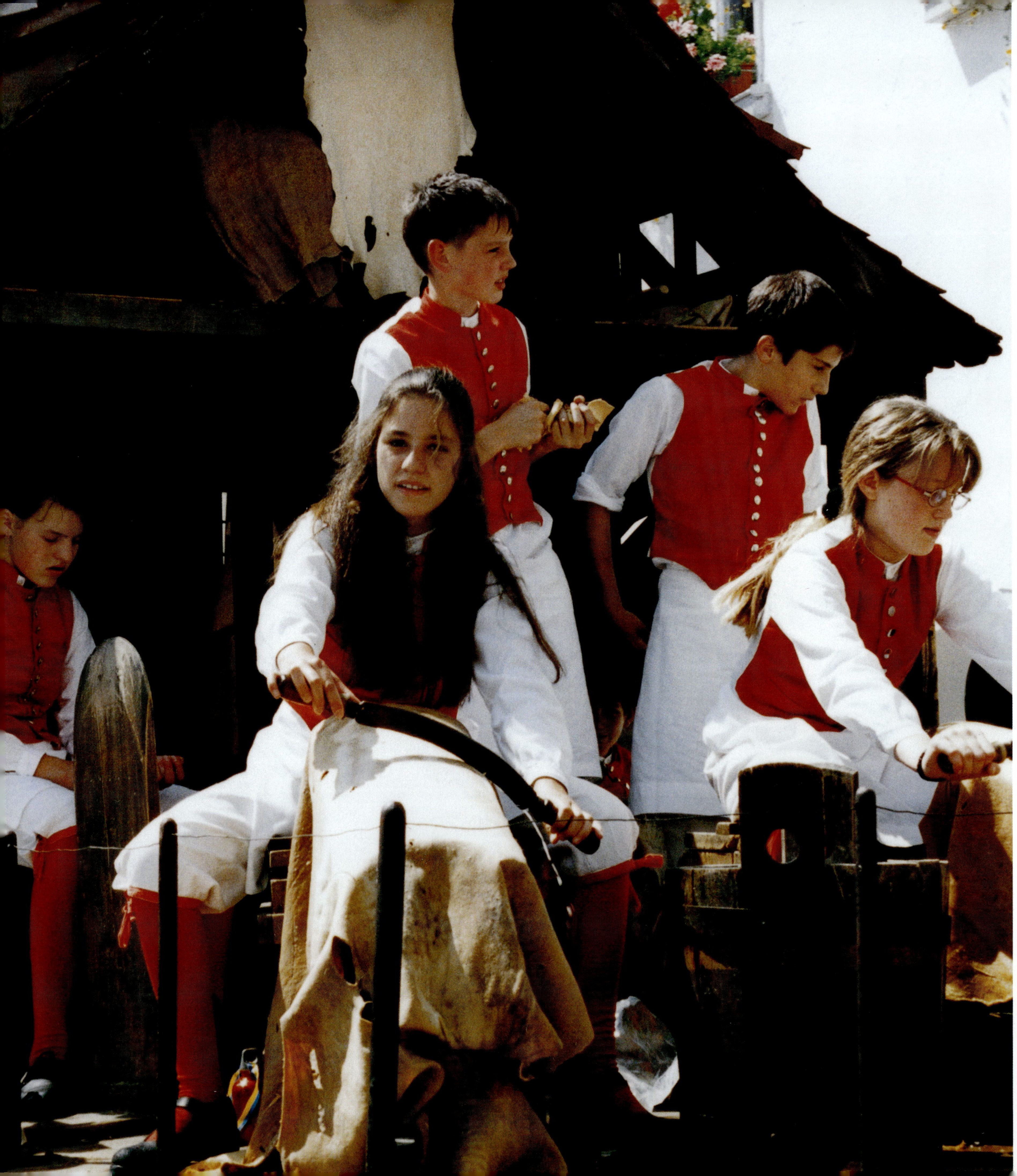

EIN BILDERBUCH DER STADTGESCHICHTE

Der Gerberwagen mit der nachgebildeten Weißgerberwalk von 1699. Weißgerber mit weißer Schürze und roter Weste und Rotgerber mit oranger Schürze und blauer Weste führen Arbeiten des Gerberhandwerks vor.

Der Färberwagen stellt die Stadtfärbe dar, die bis 1870 in Betrieb war. Die verschiedenen Arbeitsschritte von der Farbherstellung bis zum Trocknen des gefärbten Stoffs werden gezeigt.

In Biberach wurden einst 27 Brauereien verzeichnet. Dieser wichtige Gewerbezweig wird im Festzug dargestellt.
Ein riesiges Faß und der Brauwagen bezeugen die Vergangenheit.
Die größte Freude der Bierbrauer ist es, den Zuschauern den 'Bierschaum' aufs Haupt zu pusten.

Die Glocken beginnen zu schwingen. Der Glockengießerwagen stimmt sich ein für das große Geläut beim Einzug auf den Marktplatz.

Der beeindruckende schwere Handelswagen der Herren Weishaupt, Schreiber und Dittmar, eine der ersten Handelsgesellschaften in der Region, mit ihrem Tross bewaffneter Begleiter.

EIN BILDERBUCH DER STADTGESCHICHTE

Die Fahnenschwinger..

Schon sehr früh entstand unter Erich Otto, dem Vater des Volkstanzes in Biberach, eine Fahnenschwingergruppe, die erstmals beim Schützenfest 1969 auftrat.

Als die Festwoche "900 Jahre Biberach" heranrückte, die auf der ersten urkundlichen Erwähnung von Biberach im Jahre 1083 beruhte, schuf man ein mittelalterliches Gewand für die Fahnenschwinger, die sich nun aus Mitgliedern der Turngemeinde Biberach rekrutierten. Auf der Gründungs-Urkunde des Klosters St. Georgen prangten Unterschrift und Siegel eines "Luipoldus de Bibra". Auf der Frontseite der Fahnenschwingerkleidung ist deswegen das St. Georgs-Kreuz angebracht. Die Schwingerfahnen trugen ursprünglich die Wappen all derjenigen Orte, deren adlige Herren die Gründungs-Urkunde von St. Georgen mitunterzeichnet hatten. Heute wird hauptsächlich das älteste Biberacher Wappen verwendet, der blaue Biber auf weißem Grund mit roter Krone, Zunge und Krallen.

Unter der Führung von Schützendirektor Gunter Maul erreichten die Fahnenschwinger bald einen hohen Leistungsstand. Nicht nur das Fahnenschwingen, auch das Fahnenwerfen wurde ausgeübt. Später übernahm Schützendirektor Rainer Etzinger die organisatorische Leitung, die Ausbildung wurde aus der Reihe der Aktiven heraus betrieben. Michael Kolesch wurde erst jüngst zum Schützenbeirat ernannt.

Bald konnte die Gruppe es wagen, an nationalen und internationalen Wettbewerben im "Fahnenschwenken" teilzunehmen. Den Biberachern fielen dabei nicht nur hochrangige Plazierungen, sondern sogar bundesweite Siege zu, was natürlich zum Selbstbewußtsein und Stolz der Gruppe beitrug. In nächster Zukunft ist eine Reise nach Amerika mit Teilnahme an der berühmten Steuben-Parade vorgesehen. Die Fahnenschwinger sind inzwischen ein wichtiger und attraktiver Bestandteil der Historischen Festzüge und des Fahnenzugs geworden. Selbstverständlich gehören zu der Gruppe einige Trommler, die den Takt schlagen und die komplizierten Figuren durch Wirbel überhöhen. Ständchen und Ehrungen durch die Fahnenschwingergruppe gehören inzwischen zum festen Programm der Schützenfestwoche.

Das lange Zeit gänzlich ausgestorbene Fahnenschwingen ist überall zu neuem Leben erwacht. Die Biberacher Schwinger gehören ohne Übertreibung zu den Besten im Land.

Die Staufer.

Die Schützendirektion beschloß 1971, eine Gruppe aus der Frühgeschichte der Stadt in den Historischen Festzug aufzunehmen. Für das Jahr 1226 ist der erste Besuch eines Königs in Biberach nachgewiesen, dieses Ereignis sollte dargestellt werden.

Die Staufer waren für die Geschichte Biberachs von wegweisender Bedeutung. Aus der Chronik des Abtes Otto von St. Blasien wissen wir, daß Kaiser Friedrich Barbarossa zahlreiche Güter erwarb von Edlen, die keine Erben besaßen. Dadurch schuf er einen Machtschwerpunkt im nördlichen Oberschwaben und ein Gegengewicht zu den Welfen, die den Raum Ravensburg beherrschten. Zu den Neuerwerbungen gehörte auch Biberach. Nachdem Barbarossa es seinem Hausgut hinzugefügt hatte, darf angenommen werden, daß er den Platz ausgebaut und ihm die Stadtrechte verliehen hat. Auch wenn das nicht urkundlich nachweisbar ist, geht die Forschung heute davon aus, daß Biberach noch vor 1190 Stadt geworden ist. Durch Barbarossa geschah also ein entscheidender Schritt in der Stadtentwicklung. Er erhob Biberach zur Stadt bevor er zum Kreuzzug aufbrach, wo er im Fluß Saleph auf geheimnisvolle Weise das Leben verlor. Eine reichliche Generation später weilte ein Urenkel Barbarossas in Biberach. Der Besuch eines Kaisers oder Königs war kein routinemäßiges Ereignis, es war ein Meilenstein in der Geschichte der Stadt. Durch den Besuch eines Herrschers wurde das Gewicht und die Bedeutung einer Stadt vor aller Welt dokumentiert. Häufig wurden dabei auch wichtige Rechtsakte vollzogen, so auch bei dem nachstehend geschilderten Besuch Königs Heinrichs (VII.).

Der junge Heinrich, ältester Sohn des großen Kaisers Friedrich II., war noch ein Knabe von 15 Jahren, als er für einen Tag in Biberach weilte. Er hatte ein halbes Jahr vorher in Nürnberg Margarethe von Babenberg geheiratet, die Tochter Herzogs Leopold VI., des Glorreichen, von Österreich. Margarethe war doppelt so alt wie Heinrich, ihr Leben sollte eine einzige Tragödie werden. Heinrich empörte sich 1235 gegen seinen mächtigen Vater, der ihn gefangen nehmen und nach Apulien bringen ließ, wo er 1242 auf ungeklärte Weise umkam. Margarethe trat in den Dominikaner-Orden ein, kehrte aber in die Welt zurück, nachdem ihr Bruder, Herzog Friedrich II., der Streitbare, verstorben war und sie Ersterbin von Österreich geworden war. 1252, 27 Jahre nach ihrer ersten Ehe, heiratete sie den König Ottokar von Böhmen, der sie aber 1261 verstieß. Die unglückliche Frau verstarb 1267.

*h*einrich war nach Biberach gekommen, um dem Abt von Weingarten seine bisherigen Besitzungen und Rechte zu bestätigen. Die mittelalterlichen Kaiser und Könige übten ihr Herrscheramt im Umherziehen aus, deswegen wird mit der Staufer-Gruppe der Einzug des Königs und seines Gefolges in die Stadt dargestellt. Voraus reitet der Standartenträger mit dem Staufischen Wappen der drei Löwen. Dann folgt mit herrscherlichem Stolz zu Pferde das junge königliche Paar. Eine Gruppe hochrangiger Würdenträger des Reiches schließt sich an, die Kaiser Friedrich II. dem jugendlichen König beigegeben hatte, um ihn zu beraten, möglicherweise auch zu beaufsichtigen. Es waren Markgraf Hermann von Baden, Graf Hartmann von Württemberg, Truchseß Eberhard von Waldburg, Schenk Konrad von Winterstetten, ein bekannter Minnesänger, Schenk Eberhard von Winterstetten und Graf Ulrich von Ultental. Hinter diesem Gefolge von großen Vasallen folgen zu Fuß Dieto von Ravensburg und Burkard von Homburg. Sie alle waren Zeugen bei der Erneuerung der Privilegien für das Kloster Weingarten und haben die Urkunde besiegelt.

*e*s ist bekannt, daß zur Zeit der staufischen Herrscher die Beizjagd auf dem Höhepunkt war. Sie war ein Vorrecht der Fürsten und Könige, die darauf sehr viel Zeit verwendeten. Der große Kaiser Friedrich II. war ein besonderer Liebhaber der Falkenjagd. Er hat darüber ein berühmtes, reichbebildertes Buch geschrieben: "De arte venandi cum avibus", "Über die Kunst mit Vögeln zu jagen". Es ist mit Sicherheit anzunehmen, daß auch der älteste Sohn des Kaisers die Beizjagd betrieb.

Seit wenigen Jahren ist es gelungen, für die Staufer-Gruppe zwei Falkner mit echten Jagdfalken zu gewinnen. Die mächtigen Vögel sitzen auf dem Handschuh des Falkners und haben eine Lederkappe auf dem Kopf, damit sie keinen Versuch zum Entfliehen machen.

Dem festlichen Aufzug folgt nun ein Staufischer Reisewagen, ein prachtvolles königliches Gefährt, in dem die Hofdamen der Königin sitzen. Es ist ein offener Wagen, der in seiner Grundform bis auf die Römerzeit zurückgeht, der aber mit viel gotischem Maßwerk und Zierat geschmückt ist. Der Wagen, wie auch die ganze Staufer-Gruppe, waren das letzte Werk von Willi Witzgall, das er nicht lange vor seinem Tod geschaffen hat. Besondere Sorgfalt läßt man immer auch dem Gespann dieses Reisewagens angedeihen. Es sind vier edle Rassepferde, immer in Farbe und Größe passend zusammengestellt. Den Wagen begleiten zahlreiche Wappenträger mit den Wappen der genannten Adelsgeschlechter. Den Abschluß bildet der bedeutende Abt Berthold von Hainburg, der mit kleiner Begleitung von Weingarten nach Biberach gekommen war, um sich die bisherigen Privilegien bestätigen zu lassen. Berthold war einer der bedeutendsten Äbte von Weingarten, auf ihn ist die Verehrung der Heilig-Blut-Reliquie zurückzuführen. Mit großer Würde schreitet der Abt, angetan mit einer Kukulle, einem Chorgewand, mit dem Abtskreuz auf der Brust, den Krummstab mit dem Velum in der Hand, durch Biberach.

Die Gruppe der Spitalgründung.

*Ü*ber mehr als ein dreiviertel Jahrtausend spielte und spielt der "Hospital zum Heiligen Geist" eine überragende Rolle für die Stadt. In Biberach heißt es seit jeher nicht das Spital, sondern der Spital. Es war schon lange die Absicht der Schützendirektion, dieses wichtige Kapitel der Reichsstädtischen Geschichte im Festzug darzustellen. Die Erhebung Biberachs zur Grossen Kreisstadt 1962 war ein Anlaß dazu. Der Gemeinderat war bereit, einen Zuschuß von DM 30.000.– zu gewähren und schuf damit die finanzielle Grundlage für die aufwendige Gruppe.

Der Hospital wurde nach 1239 gegründet. Es war damals wie heute: Wer etwas für gemeinnützige Zwecke spendete, der wollte wenigstens einen steuerlichen Vorteil davon haben. Geistliche Stiftungen waren von Steuern und Abgaben befreit. Die Ritter Ulrich und Halwig von Essendorf und der Ammann Berthold Hupmann d.Ä. stifteten den Hospital, der zunächst auf dem Gelände des heutigen evangelischen Friedhofes stand, an der alten Straßengabelung, die mit großer Wahrscheinlichkeit noch aus der Römerzeit stammt. Die Aufgaben des Spitals waren die in der Bibel verzeichneten "Sieben Werke der Barmherzigkeit". Arme, Waisen, Kranke und Alte wurden beherbergt und gepflegt, später kamen Pfründner dazu. Lange Zeit galt in Biberach der Spruch: "Ein Drittel dem Spitel". So wurde durch einen dauernden Spendenfluß der Hospital sehr reich. Der Stadt gelang es schon bald, beherrschenden Einfluß auf ihn zu gewinnen und den Hospital zum Instrument der Reichsstädtischen Territorialpolitik zu machen. Nach dem Stadtbrand von 1516 wurde der Spital endgültig in die Stadt hinein verlegt und erhielt die heutige Gestalt eines wuchtigen spätgotischen Gebäudes. In Kriegszeiten, die Biberach an den Rand des finanziellen Ruins brachten, wurde hospitälischer Besitz veräußert, um Biberach vor dem Schlimmsten zu bewahren. So entstand auch hier ein Merkvers: »Bühl und Rot helfen Biberach aus der Not«. Trotzdem besaß 1802, am Ende der Reichstadtzeit, der Hospital noch 14 Dörfer und 8 Weiler, dazu einen beachtlichen Wald- und Immobilienbesitz. Auch in der Gegenwart sind es noch 1500 Hektar Wald mit eigener Forstverwaltung. Unter dem beachtlichen Hausbesitz sind zahlreiche historisch wertvolle Gebäude, die in den letzten Jahrzehnten restauriert wurden. Das Hospitalgebäude selbst ist der größte bauliche Komplex innerhalb der Altstadt. Mit großem Aufwand wurde in jüngster Zeit

Das Wappen des Hospitals zum Heiligen Geist.

der Museumsteil hervorragend restauriert, im Südteil ist das Baudezernat der Stadt untergebracht. Die alten Aufgaben erfüllt der Hospital noch in moderner Form: Bürgerheim, Altenwohnungen, Altenbegegnungsstätte Ochsenhauser Hof werden von ihm zum allgemeinen Wohl betrieben.

Zur Gründung des Hospitals wurden Verträge geschlossen und Urkunden übergeben, kurzum es war ein Rechtsakt. Ein Rechtsakt aber ist nicht in einem Festzug darstellbar. Schützendirektor Otto Herzog hatte die entscheidende Idee: Die Gründung sollte in einer Prozession, in einem festlichen Aufzug gezeigt werden. Willi Witzgall setzte diesen Gedanken um und schuf zahlreiche Figurinen für die Gruppe, die mit über 200 Mitwirkenden die größte des ganzen Festzugs ist. Die Kostümpracht der höfischen und der bürgerlichen Gotik gibt der Spitalgruppe den besonderen Glanz.
Voraus reitet der Zugmarschall, gefolgt von vier Fanfarenbläsern, schwarz mit weißem Kreuz auf der Brust. Der Herold trägt die symbolische Stiftungsurkunde. Ihm folgen die Spitalwaisen und die Bürgertöchter ("Jungfrauen der ehrbaren Handwerker"). Die mittelalterliche Spielmannsgruppe und die Spielleute und Vaganten umrahmen den Festzug mit zeitgenössischen Weisen. Nun erscheint hoch zu Roß als Kern des Ereignisses die Stiftergruppe: Die Ritter von Essendorf und der Amann Hupmann. Sie werden begleitet vom befreundeten Adel des nördlichen Oberschwabens und von Biberacher Patriziern, die Damen sehr zierlich im Damensattel. Historische Zäumung der Pferde vollendet das zeitgerechte Bild. Armbrustschützen, Schildträger, vornehme Bürger mit ihren Damen schließen sich an. Die Spitalbauhütte mit dem Modell des Gebäudes samt Baumeistern, Handwerkern und Künstlern bilden den Abschluß der Gründungsprozession. Die Spitalgruppe wirkt seit Jahrzehnten im Festzug mit. Abnützungserscheinungen machen sich bemerkbar. Nun werden Stück um Stück die Kostüme erneuert, auch im Detail verbessert. Peter Geiwitz hat neue Entwürfe geschaffen. Historische Ungenauigkeiten konnten ausgemerzt werden.

Die Mali-Hauptschule war die einzige weiterführende Schule Biberachs, die Mitte der 70iger Jahre noch keinen Spielmannszug hatte. So war es kein Wunder, daß Eltern, Lehrer und Schüler diesen Zustand ändern wollten. Die Schützendirektion war gerne bereit, diesen Wunsch zu erfüllen, aber es sollte kein Spielmannszug werden, wie es schon zahlreiche gab. Man stellte sich von Instrumentierung und Bekleidung her etwas Außergewöhnliches vor. Nach langen Beratungen entschied man sich für eine mittelalterliche Musikgruppe mit originalgetreuen Instrumenten aus dem 14. Jahrhundert, die sich in die Spitalgruppe eingliedern ließe.
Es war ein Glücksfall, daß man auf Rektor Gehl in Unlingen aufmerksam wurde, der eine große Sammlung solcher Instrumente besaß, der sie spielen und sogar selbst bauen konnte. Musikdirektor Marx und die Musikhochschulen Trossingen und München wurden um ihren fachmännischen Rat gebeten. So wurden die ersten Faßtrommeln unter Anleitung von Rektor Gehl von einem alten Küfermeister aus Unlingen hergestellt. Alle anderen Trommeln dieser Art baute Küfermeister Figel aus Mittelbiberach.
Die ursprüngliche Ausstattung bestand aus nachfolgenden Instrumenten: Sackpfeife, Pikkoloflöte, Tambourin, Schellentrommel und Faßtrommel. Die Sackpfeifen, auch Dudelsäcke oder Gaidas genannt, bestehen aus

Der Mittelalterliche Spielmannszug der Mali-Haupt-Schule.

einer Baßpfeife (Bourdon) und einer Flöte. Die Gaidas konnten von einem spanischen Hersteller in der Nähe von Barcelona bezogen werden.

Schützendirektor Gunter Maul, Sport - und Techniklehrer an der Mali-Hauptschule, war der Vater der Gruppe. Er motivierte die Schüler und übte die meisten Instrumente ein. Peter Geiwitz entwarf die malerischen spätmittelalterlichen Gewänder. 1976 trat der Mittelalterliche Spielmannszug zum ersten Mal beim Schützenfest auf und fand große Beachtung beim Publikum.

Leider stellte sich sehr rasch heraus, daß man mit den Instrumenten zu hoch gegriffen hatte. Die Gaida ist sehr schwer zu spielen. Wird sie über längere Zeit nicht benützt, dann trocknet das Mundstück aus und gibt falsche Töne von sich. Im Prinzip sollte sie täglich und ganzjährig gespielt werden, was man von Schülern nicht erwarten kann. Auch bei den übrigen Instrumenten war das Interesse nur gering. Durch den weit überdurchschnittlichen Einsatz von Gunter Maul gelang es, die Gruppe bis 1985 in der ursprünglichen Form aufrechtzuerhalten. Dann mußte man sich entschließen, eine reine Trommlergruppe aus dem Mittelalterlichen Spielmannszug zu machen. Es blieb aber bei den altertümlichen Faßtrommeln und bei den zeitgenössischen Gewändern.

Spielleute und Vaganten des Mittelalters.

*i*m Mittelalter zogen Musiker übers Land und durch die Städte. Sie spielten vor den Häusern und in den Straßen. Dabei lebten sie kärglich von den Münzen, die ihnen zugeworfen wurden. Ihre Musik klang für heutige Ohren fremdartig und ungewohnt. Viele der damals üblichen Instrumente werden heute nicht mehr gespielt. Es verwundert nicht, daß beim Schützenfest der Wunsch bestand, Spielleute und Vaganten den spätmittelalterlichen Gruppen anzugliedern samt der passenden musikalischen Begleitung. Man brauchte dazu musikalisch qualifizierte, einsatzbereite Kinder. Die Jugendmusikschule hatte sie, so daß 1986 die Musik des Mittelalters ertönen konnte, natürlich in historischer Spielleute-Tracht.

Einige Jahre später übernahm das Bischof-Sproll-Bildungszentrum die Aufgabe, die Vaganten zu stellen und auszubilden. Unter Leitung von Herrn Ehrmann spielen Kinder zwischen 7 und 16 Jahren nachstehende Instrumente: 6 Blockflöten, 4 Schalmeien, 1 Rauschpfeife, 1 Garkleinflöte, 3 Drehleiern, 1 Geige, dazu Dudelsäcke und Trommeln.

Die Spielleute haben es oft nicht leicht, sich mit ihren leiseren Instrumenten gegen die lauten Blechbläser und Fanfarenzüge durchzusetzen. Es ist aber eine Bereicherung, daß Originalinstrumente die Spitalgruppe begleiten.

Gruppe Kaiser Friedrich III.

*a*uf dem Wappen hatte Biberach in seinen ersten Jahrhunderten einen blauen Biber auf weißem Grund, rot waren Krone, Zunge und Krallen. Am 18. Juli 1488 verlieh Kaiser Friedrich III im Feldlager bei Buchold in Flandern der Stadt das bis heute geltende Wappen, auf blau ein aufgerichteter, gekrönter goldener Biber.

Was war der Anlaß? Im Krieg des Kaisers gegen die reichen und mächtigen flandrischen Städte war der Kaisersohn Maximilian in Gefangenschaft geraten und in Gent gefangen gesetzt worden. Die Überlieferung sagt, der Biberacher Stadthauptmann mit seinem Fähnlein sei bei der Heerschau in Köln in einer dunklen grauschwarzen Uniform erschienen zum Zeichen der Trauer und Anhänglichkeit an Maximilian, den nachmaligen römischen Kaiser und "letzten Ritter". Die Geschichte ist nicht historisch verbürgt, sie ist ein Mythos, eine schöne Legende. Ausweislich der Wappenurkunde verlieh der Kaiser den Biberachern ihr Wappen, weil sie sich in der Schlacht bei Coxyde "ritterlich und kecklich erzeiget und bewiesen haben".

Friedrich III kam 1485 anläßlich einer Reise nach Biberach. Memminger Bürger begleiteten ihn bis nach Ringschnait, wo ihn die Biberacher zahlreich erwarteten. Die Stadt überreichte ihm ein Silbergeschirr mit 200 rheinischen Gulden. Solche Willkommens-Geschenke waren gegenüber Herrschern üblich. Davon finanzierte der Kaiser seine Hofhaltung, die sich ja in ständigem Umherziehen vollzog.

Die Gruppe erinnert an diese beiden Ereignisse. Voraus reitet der Stadthauptmann, gefolgt von den Stadtsoldaten mit Hellebarden und Schwertern. Im Wagen sind das alte und das neue Biberwappen aufgestellt. Seine römisch-kaiserliche Majestät samt Gemahlin und Hofstaat grüßen huldvoll die Untertanen.

Der Bauernkrieg von 1525.

*i*m Jahr 1525 wurde im schwäbischen Oberland ein Stück Weltgeschichte geschrieben. Hier haben mit dem "Baltringer Haufen" und dem "Seehaufen", mit anderen Zusammenrottungen im Allgäu und im schwäbischen Gebiet zwischen Memmingen und Augsburg die ersten Bauernaufstände stattgefunden, die sich rasch über einen beträchtlichen Teil von Europa verbreitet haben.

Die Bauern waren die ärmste und am meisten unterdrückte Schicht der Bevölkerung. Von Fürsten und Herren, von Klöstern und Städten wurden sie ausgesaugt und zu harten Fronen und Diensten herangezogen. Die Unruhe, die mit der beginnenden Reformation die Bevölkerung ergriff, erfaßte auch die Bauern. Luthers Schrift "Von der Freiheit eines Christenmenschen" bezogen die Bauern auf sich, obwohl sie nicht politisch gemeint war.

Am Heiligen Abend 1524 trafen sich im Wirtshaus des Spitaldorfes Baltringen einige Bauern und beratschlagten "wie sie ihre Sache wollten anfangen". Schon bald waren es Tausende, die sich versammelten. Sie wählten den Hufschmied Ulrich Schmid aus Sulmingen zu ihrem Hauptmann. Er gehörte zu den friedlich Gesinnten und wollte zwischen Herren und Bauern vermitteln. In den 12 Artikeln, in Memmingen verfaßt, forderten die Bauern ihr "Göttliches Recht". Sie gaben dem Bauernkrieg seine bestimmende Richtung im Sinne biblischer Vorschriften.

Als die Verhandlungen zu einer gütlichen Übereinkunft scheiterten, erlangten die Radikalen unter den Bauern die Oberhand. Am 26. März 1525 setzten sie das Schloß Schemmerberg in Brand und gaben damit das Signal zum allgemeinen Aufstand. Mit Plünderung, Brandschatzung und Totschlag setzten sie sich selbst ins Unrecht. Die Herren reagierten mit aller Härte. Am 4. April schlug der Feldhauptmann des Schwäbischen Bundes, Truchseß Georg von Waldburg (der Bauernjörg) bei Leipheim die Bauern vernichtend. Schon am 13. April konnte der Biberacher Rat die Huldigung von Baltringen und Warthausen vermelden. Ulrich Schmid floh in die Schweiz, über sein weiteres Schicksal ist nichts bekannt.

Dieser Ereignisse wurde 1975 gedacht, als sich der Bauernkrieg zum 450. Mal jährte. Auch im Historischen Festzug sollten diese Vorgänge wiedergegeben werden. Nach dem Schwarzen Veri wurde wieder eine Gruppe von Erwachsenen angeworben.

Als Bauernführer Ulrich Schmid konnte eine markante Gestalt gewonnen werden: Vinzenz Schmid, Ortsvorsteher und früherer Bürgermeister von Mettenberg. Neben ihm schritt Robert Pfender als Prädikant Christoph Schappeler aus Memmingen, Mitverfasser der "12 Artikel". Nach vielen Jahren der Mitwirkung übergab Vinzenz Schmid das Amt des Bauernhauptmanns an Karl Baisch aus Barabein, die Rolle des Prädikanten übernahm Dr. Ferdinand Flechtner. 25 gestandene Männer, die meisten aus Warthausen, bildeten glaubhaft und lebensecht den Baltringer Haufen. Sie tragen Alltagskleidung aus dem 16. Jahrhundert und sind bewaffnet mit Spießen, Dreschflegeln, Morgensternen, Hellebarden und gerade geschmiedeten Sensen. Eine Anzahl Bauernweiber zieht mit in den Kampf. Sie schaffen vor allem Verpflegung und Getränke herbei. Mit Most und Küchle sorgen sie für die Männer, aber auch von den Zuschauern bekommt mancher ein "Versucherle". Eine ganz besondere Attraktion des Baltringer Haufens ist der Leiterwagen mit dem Kuh- bzw. Ochsengespann. Kühe, die man einspannen kann, sind heutzutage eine absolute Rarität.

Das anschließende Lagerleben der Bauern auf dem Gigelberg zieht viele Zuschauer an. Wegen seiner leckeren Spezialitäten ist es eine besondere Attraktion. Die Realität der Bauernkriegszeit war wohl, daß die Bauern von Mus und Brot leben mußten und froh waren, wenn sie davon genug bekamen.

Die jüngste Gruppe des Schützenfestes bilden die Gaukler. Sie setzen sich aus sehr sportlichen jungen Männern und Frauen zusammen, die turnerische Akrobatik betreiben. Es sind Mitglieder der Turngemeinde Biberach, die ganz spontan an den Vorstandsvorsitzenden der TG, Rainer Etzinger, herangetreten sind mit der Idee, eine eigene Gruppe zu bilden. Nachdem Etzinger die Zustimmung des Ersten Vorsitzenden der Schützendirektion eingeholt hatte, nähten sich die Gaukler ihre einfachen bunten Kleider selbst. Nun wirbeln sie bei den Historischen Festzügen barfuß durch die Straßen mit gewagten Sprüngen, mit Saltos, Handstandlaufen und Radschlagen, mit dem Bau von Pyramiden und Überschlägen.

Auch in den verschiedenen Lagern, so bei den Schweden und Kaiserlichen und beim Baltringer Haufen, treten die Gaukler auf und beleben das ohnehin schon bunte Bild.

Im ganzen Mittelalter und weit in die Neuzeit hinein hat es solche Spaßmacher und Circusleute gegeben. Das Volk, das in seiner großen Mehrheit nicht lesen und schreiben konnte, brauchte solche Unterhaltung. Die fahrenden Gesellen lebten sehr bescheiden von den paar Groschen, die sie sich nach ihren Kunststücken erbettelten. Heute sind die Gaukler eine weitere Bereicherung des Biberacher Schützenfestes.

Der Dreißigjährige Krieg bedeutete den absoluten Tiefpunkt in der Geschichte Biberachs. Zwischen 1618 und 1629 blieb die Stadt verhältnismäßig unbehelligt. Nach dem Eingreifen des Königs Gustav Adolf von Schweden, der in weniger als zwei Jahren von Pommern nach Süddeutschland vorgedrungen war,

Die Gaukler.

Biberach im Dreißigjährigen Krieg.

geriet Biberach unmittelbar ins Zentrum der Kampfhandlungen. Ulm war fest in schwedischer Hand, Bregenz und Lindau waren von den Kaiserlichen gehalten. Im strategischen Niemandsland dazwischen lag Biberach. Mehrfach wechselte nach heftigen Kämpfen die Besatzungsmacht. 1633 zog der kaiserliche Feldmarschall Graf Aldringen vor Biberach und ließ die Stadtmauer samt dem Weißen Turm vom "Kanonenberg" aus beschießen, der seither diesen Namen trägt. Der Turm fiel zwar nicht um, aber er trug tiefe Wunden davon, die bis in unserer Zeit zu sehen waren. 1634 beschossen die Schweden unter Gustav Graf Horn die schwächste Stelle der Stadtmauer und legten sie zwischen Gigelturm und Siechentor in Trümmer. Vom Gigelturm blieb nur ein Stumpf übrig.

Die Soldaten beider Seiten waren eine rohe zügellose Bande, der nichts heilig war. Die Bevölkerung wurde von ihnen mißhandelt und ausgebeutet. Handel und Wandel kamen zum Erliegen, die Stadt verarmte, das Land verödete, die hungrigen entkräfteten Menschen starben an der Pest. 2000 Bürger, mehr als ein Drittel der Bevölkerung, wurden vom schwarzen Tod dahingerafft. Bis zum Ende der Reichsunmittelbarkeit 1802 hat sich Biberach nicht mehr von dem schweren Substanzverlust erholt, der ihm durch den Dreißigjährigen Krieg zugefügt wurde.

Die Schweden.

*D*ie weitsichtige Idee des Vorsitzenden Otto Fries hat 1939 Gestalt angenommen. Die Schweden waren die erste historische Gruppe im Festzug. Der Kunstmaler Julius Schmid war in das Germanische Nationalmuseum nach Nürnberg entsandt worden, wo er in wochenlanger Arbeit Zeichnungen von Monturen, Waffen, Wagen und Geschützen anfertigte. Die Originale fielen bald darauf dem Bombenkrieg zum Opfer. Mehr als ein Dutzend Biberacher Handwerker gingen ans Werk, um die Entwürfe in die Realität umzusetzen: Schneider, Schuhmacher, Flaschner, Wagner, Schmiede, Drechsler, Schlosser, Bildhauer, Korbmacher, Glaser, Sattler, Maler. Sie alle haben sich ein Denkmal gesetzt, das ihr irdisches Dasein überdauert hat.

Besondere Schwierigkeiten machte die Kanone, die einst in Nürnberg nach niederländischem Vorbild gegossen worden war. Die Originalstücke waren später eingeschmolzen worden, es existierte nur noch ein Modell, das entsprechend vergrößert wurde, damals noch ohne Computer. Hätte man das Geschütz in Bronze gegossen, hätte es 50 - 60 Zentner gewogen. Also drechselte man die Kanone aus Holz und gab ihr durch eine Metallspritzung ein echtes Aussehen. Als nach Jahrzehnten das Holz Sprünge bekam, hat die Firma Handtmann einen Leichtmetallguß hergestellt, der wiederum durch Spritzen auf Bronze-Ton gebracht wurde.

Von Anfang an wird die Schwedengruppe von Schülern des Wieland-Gymnasiums (damals Oberschule für Jungen) gestellt. Die Biberacher haben sie ins Herz geschlossen. Die Schweden werden angeführt durch den Hauptmann zu Pferde, begleitet durch die beiden Leutnants. Zu Fuß folgt der Fähnrich mit der schwedischen Flagge, im blauen Feld die drei Kronen der Schweden, Goten und Vandalen. Die Schwedenmusik mit Landsknechtstrommeln und Querpfeifen geht mit gemessenem schwerem Schritt. Sie gibt der Truppe die originale kriegerische Melodie. Man hat sich um zeitgenössische Weisen bemüht. So werden der bekannte Finnische Reitermarsch und Schwedische Kriegsmärsche gespielt.

Jeder Biberacher kennt sie, nicht nur vom Schützenfest, sondern auch von der Übungszeit auf dem Gigelberg.

Die Pikeniere trugen bis zu 6 Meter lange Spieße. Sie wurden gegen die Kavallerie eingesetzt und bildeten aus vielen Spießen einen Igel, der auch bei einem berittenen Angriff nicht überwältigt werden konnte. Durch die Entwicklung der Waffentechnik waren die Pikeniere im Verlauf des Krieges ein eher überholter Truppenteil. Wesentlich moderner waren die Musketiere. Die schweren Musketen sind von Fabrikant Vollmer aus werkseigener Produktion gestiftet worden. Einigermaßen treffsicher schießen konnten sie nur mit Hilfe einer Auflagegabel. Hölzerne Pulverbehälter, die die Musketiere an einem ledernen Schulterriemen hängen hatten, enthielten die genau abgemessene Pulvermenge für einen Schuß.

Schließlich folgt die Artillerie: Die Kanone auf einer schweren Lafette, von sechs Kaltblutpferden gezogen, begleitet von den Kanonieren. Die Bedienung bestand aus einem Büchsenmeister und 3 bis 4 Knechten. 50 Schuß pro Tag war die höchstmögliche Leistung. Der Kartaune folgt der einspännige Pulverwagen, dessen Ladung durch eine große Plane geschützt ist.

Den Abschluß der Truppe bildet der Troß mit dem mächtigen Marketenderwagen, vier- oder sechsspännig gezogen. Das bunte Volk des Trosses machte zuweilen das 15-fache der Truppenstärke aus. 1632 umfaßte die Besatzung in Biberach 911 Soldaten, dazu 226 "Soldatenweiber" und 108 "Soldatenkinder". Bei der Schwedengruppe des Schützenfestes ist dieser Anteil durch einige Marketenderinnen und Troßbuben und den wuchtigen Marketenderwagen dargestellt.

Das Schwedenlager ist seit dem Gründungsjahr 1939 eine sehr beliebte Einrichtung. Um das Schwedenzelt herum stehen ausgespannt die Wagen und die Kanone, nahe dabei die gewaltigen Pferde von schwerem Typ, kauend im Stand. Zwischen den blutjungen Soldaten sitzen einige urige Männer vom Lande, die Hunger und Durst stillen, die Fahrer, die mit den eisenbenagelten Gefährten durch die Stadt gezogen waren. Hin und wieder ertönt ein Marsch der Schwedenmusik, die rund ums Lager zieht.

(Die adretten Schweden von heute sind wahrscheinlich sehr viel schöner und sauberer als der bunte Haufen von Söldnern aus aller Herren Länder, der in Flicken und Fetzen während des Dreißigjährigen Krieges durch die Lande zog. Einheitliche Kleidung gab es kaum mehr, je länger der Krieg dauerte, desto weiter waren die Truppen heruntergekommen.)

Schon sehr frühzeitig nach dem Zweiten Weltkrieg wurde der Gedanke erwogen, eine Gruppe von Kaiserlichen aufzustellen als Gegenspieler der Schweden, wie es ja auch der historischen Wirklichkeit entspricht. Otto Fries widersetzte sich dieser Idee. Er fürchtete ein Wiederaufbrechen alter konfessioneller Ressentiments, was sich aber dann als völlig grundlos erwies.

Der verdienstvolle Fries starb im hohen Alter 1954. Kurze Zeit darauf fing man an, einen Kordon Kaiserlicher Soldaten zu planen. Bei den Schweden waren nur die drei Offiziere beritten. Also war eine Truppe zu Pferd ein guter Kontrast.

Die Kaiserlichen Reiter.

Willy Witzgall übernahm die Aufgabe, geeignete Vorlagen zu erkunden. Ausgedehnte Fahrten zum Germanischen Nationalmuseum in Nürnberg und zum Bayerischen Nationalmuseum in München bildeten den Auftakt. Mit zahlreichen Museen wurde korrespondiert, beispielsweise mit dem Armee-Museum in Wien und dem Schwedischen Reichsmuseum in Stockholm. Waffen- und Militärhistoriker wurden um Auskunft und Hilfe gebeten. Schließlich fand man im Bayerischen Armee-Museum in München eine kolorierte Zeichnung der sehr dekorativen Uniform der Pappenheim'schen Kürassiere. Die Pappenheimer sind bekannt durch Schillers "Wallenstein", durch den sie zum Sprichwort geworden sind.

Wieder wurde eine große Zahl von Handwerkern mit der Herstellung aller Einzelteile der Ausrüstung der Kaiserlichen Reiter beauftragt. Der Helm mit Nacken- und Ohrenschutz, das prachtvolle Wams mit dem geschlitzten Doppelärmel, das Rapier mit Griff und Korb zum Handschutz, die langen Stulpenstiefel, Schabracken mit den kaiserlichen Wappen, das alles wurde in Biberach hergestellt. Schwierigkeiten gab es bei den Kürassen. Schließlich fand Witzgall einen Karosserie- und Blechbearbeitungs-Betrieb in Neu-Ulm. Er selbst schnitzte aus massivem Holz die Formen, über die der Betrieb den Brustpanzer mit der "Entenbrust" und den Rückenpanzer zog, zum Preis von sage und schreibe DM 8,20 pro Stück. In Biberach mußten nur noch die Kanten versäubert und die Teile beledert werden.

1955 traten die Kaiserlichen Reiter erstmalig auf und fanden staunende Bewunderung. Voraus ritt der Hauptmann, geschmückt mit einem wallenden Federbusch in den kaiserlichen Farben als Zeichen seiner Kommandogewalt. Ihm folgte der Standartenreiter mit dem Wappen des Habsburger Doppeladlers. Dann kamen 18 Kürassiere in geschlossener Formation. Lorenz Hagel, der verdienstvolle Pferdefachmann des Schützenfestes, hatte jüngere ländliche Reiter angeworben, was ihm, wie er sich erinnert, nicht ganz ohne Mühe gelang.

1963 kamen 10 Kaiserliche Reiter dazu, 1964 wurde die Truppe um die wappengeschmückte Kesselpauke und um 4 Fanfarenreiter erweitert. Man hatte sich natürlich bei Fachleuten erkundigt, ob die genannten Instrumente im frühen 17. Jahrhundert schon im Gebrauch waren. Der Bescheid war positiv.

Wenn heute die "Kaiserlichen" eng aufgeschlossen durch schmale Gassen oder über den weiten Marktplatz reiten, dann meint man zu spüren, daß Straßen und Mauern erzittern. Die furchterregende Wucht einer gepanzerten Reitertruppe wird nachvollziehbar. Wie war es, wenn beim Durchzug einer Armee Hunderte oder gar Tausende von Kavalleristen Schrecken verbreiteten?

Die "Kaiserlichen" ziehen direkt nach dem Festzug ins Lager, wo ein stattliches kaiserliches Zelt sie erwartet, wo Pferd und Mann die wohlverdiente Atzung finden. Die "Kaiserlichen" sind eine Elitetruppe geworden, der jeder mit Stolz angehört. Es wäre sicher keine Schwierigkeit, heute die doppelte Zahl von Reitern anzuwerben. Mancher, der vor Jahrzehnten mitgeritten ist, hat inzwischen einen grauen Kopf und konnte seine Rolle dem Sohn übergeben. Jeder sitzt voll Stolz im Sattel und repräsentiert eine Epoche, die für Biberach schrecklich war, die aber für uns Heutige bedenkenswert bleibt.

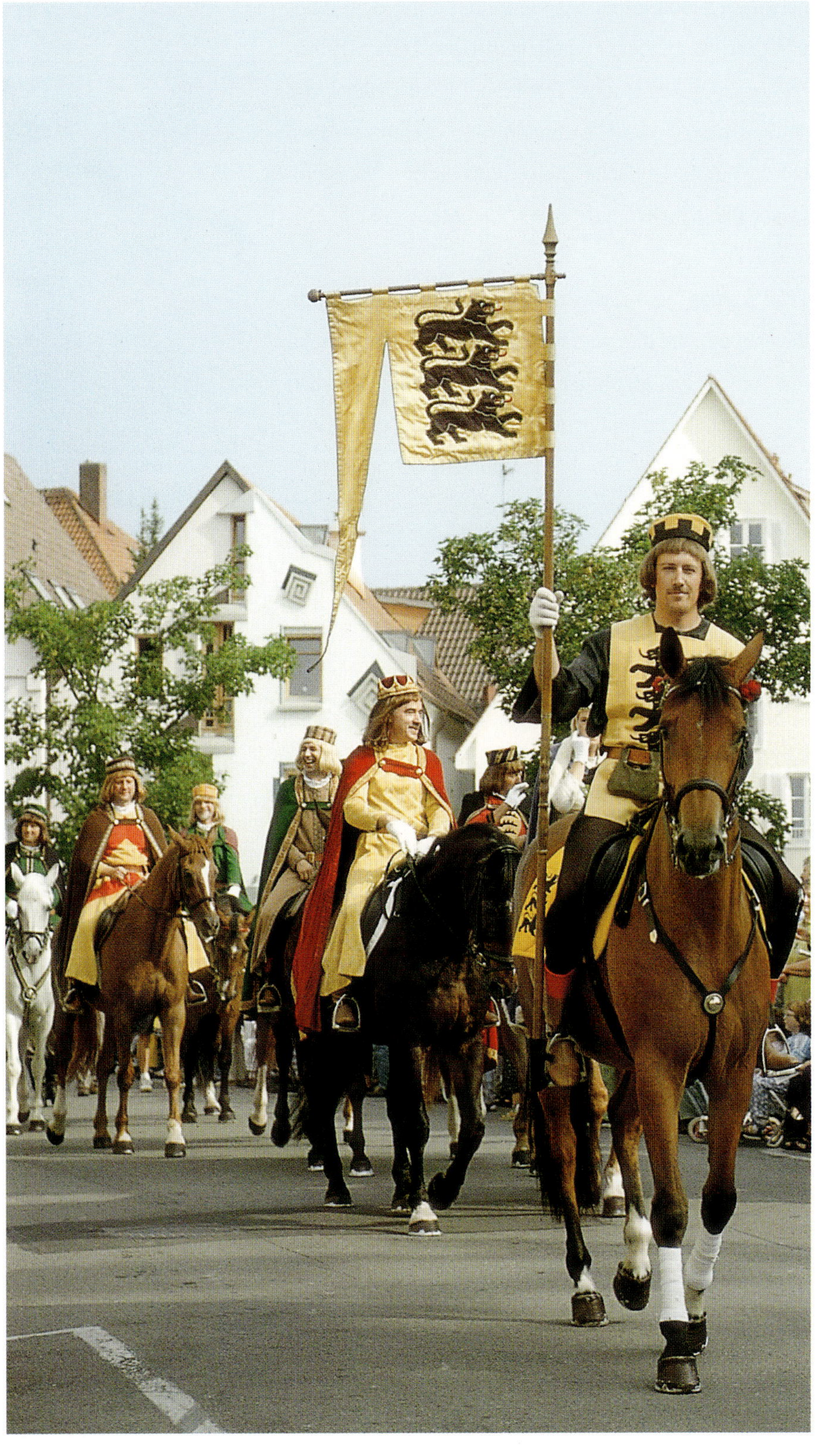

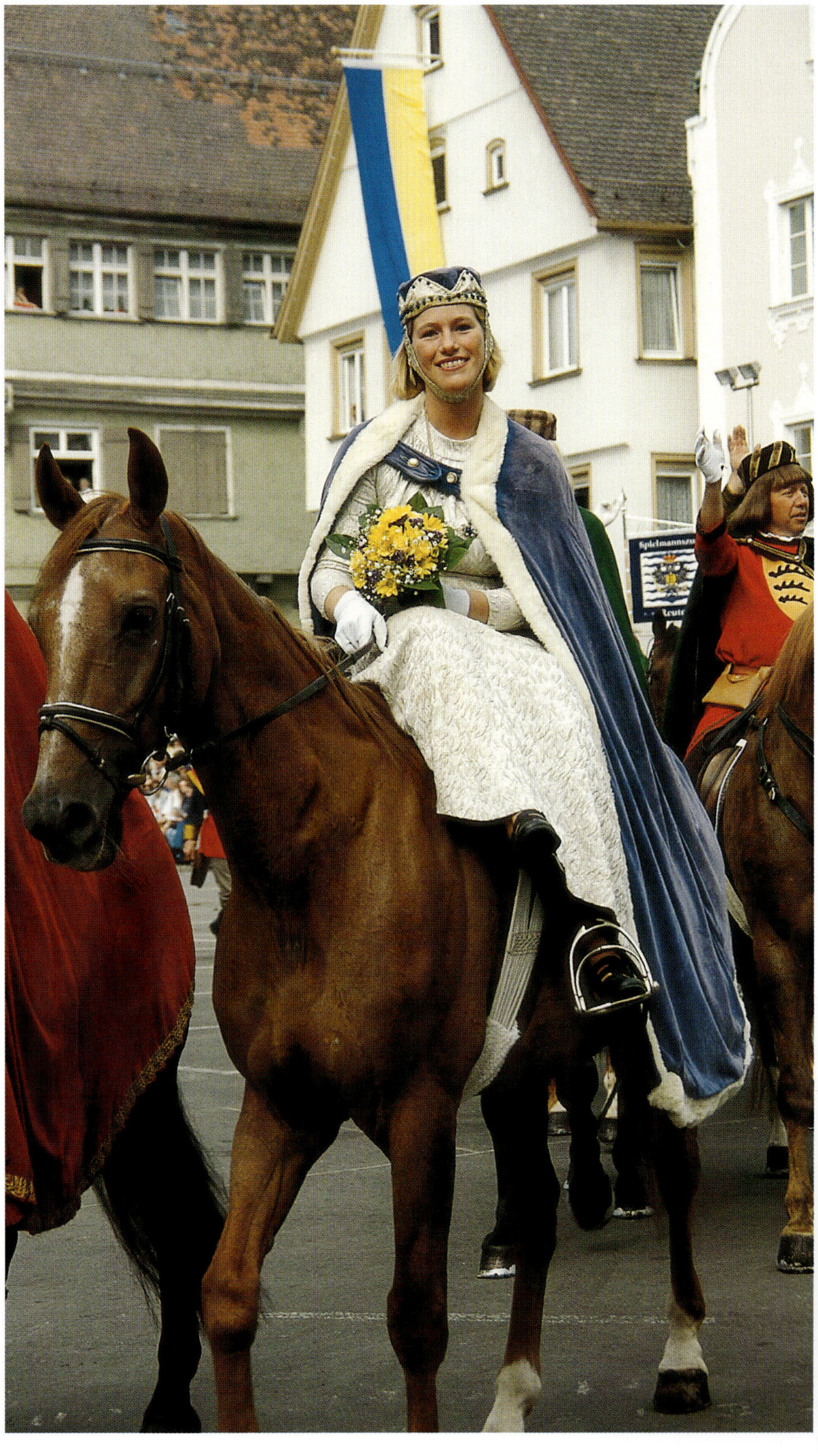

EIN BILDERBUCH DER STADTGESCHICHTE

**Die Staufergruppe wird angeführt vom Standartenträger mit den 3 staufischen Löwen.
Es folgt König Heinrich (VII.) mit den Großvasallen des hl. römischen Reiches. Im Damensattel begleitet ihn seine Gemahlin Königin Margarete von Babenberg.**

Der Abt Berthold von Hainburg erteilt würdevoll dem Volk den Segen.

Falkner begleiten die Staufer-Gruppe. Stolz thront der Jagdfalke auf dem Arm.

Der, mit viel gotischem Zierat versehene, Reisewagen der Staufer wird von Wappen- und Lanzenträgern begleitet.

In der Prozession zur Spitalgründung sind Patrizier und Adelige dabei.
Die Damen sitzen im Damensattel, die Zäumung der Pferde ist in altertümliche Weise geschmückt.

EIN BILDERBUCH DER STADTGESCHICHTE

Der Mittelalterliche Spielmannszug der Mali-Hauptschule mit dumpf schlagenden Faßtrommeln gehört seit 1976 zu der Spitalgründer-Gruppe.

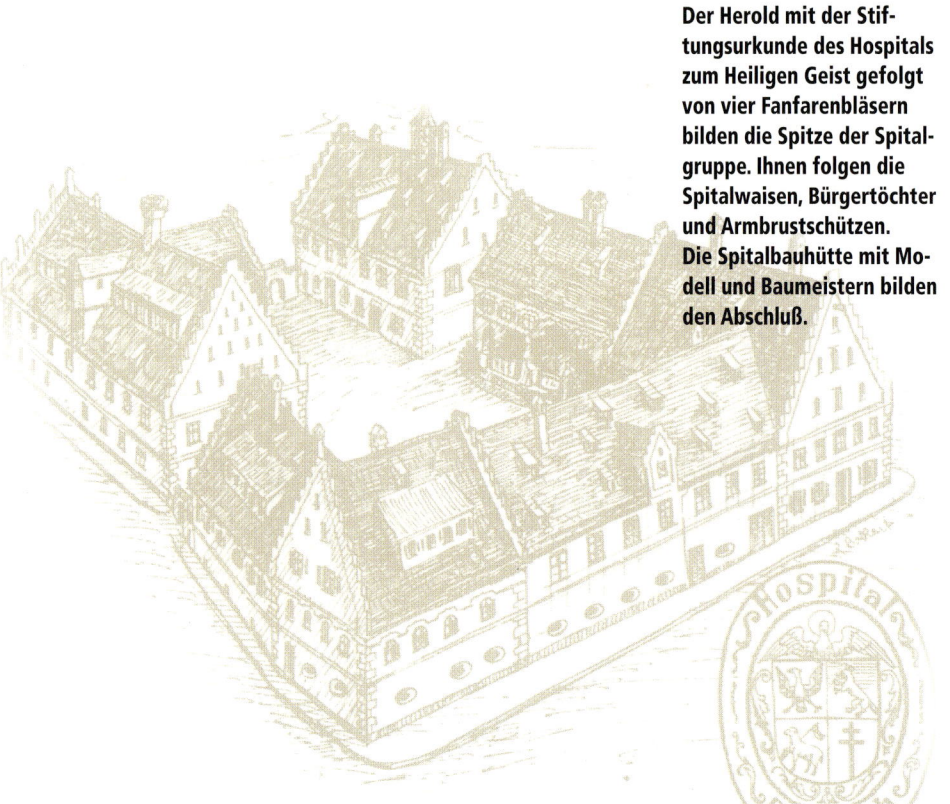

Der Herold mit der Stiftungsurkunde des Hospitals zum Heiligen Geist gefolgt von vier Fanfarenbläsern bilden die Spitze der Spitalgruppe. Ihnen folgen die Spitalwaisen, Bürgertöchter und Armbrustschützen. Die Spitalbauhütte mit Modell und Baumeistern bilden den Abschluß.

EIN BILDERBUCH DER STADTGESCHICHTE

Kaiser Friedrich III. und seine Gemahlin, die schöne Eleonore von Portugal umgeben vom Hofstaat, grüßen huldvoll ihre Biberacher Untertanen.

EIN BILDERBUCH DER STADTGESCHICHTE

Die Biberacher Fähnlein in schwarzen Uniformen zum Zeichen der Trauer um den gefangenen Kaisersohn Maximilian.

Der Baltringer Haufen stürmt mit lauten Freiheits-Parolen und Drohgebärden den Marktplatz. Im Gefolge die Bauersfrauen, Kinder und ein imposantes Ochsengespann.

EIN BILDERBUCH DER STADTGESCHICHTE

Die Schweden ziehen ein, angeführt vom Hauptmann und den Leutnants zu Pferde.

Die Schwedenmusik mit Landsknechttrommeln und Querpfeifen folgt mit gemessenem schwerem Schritt.

EIN BILDERBUCH DER STADTGESCHICHTE

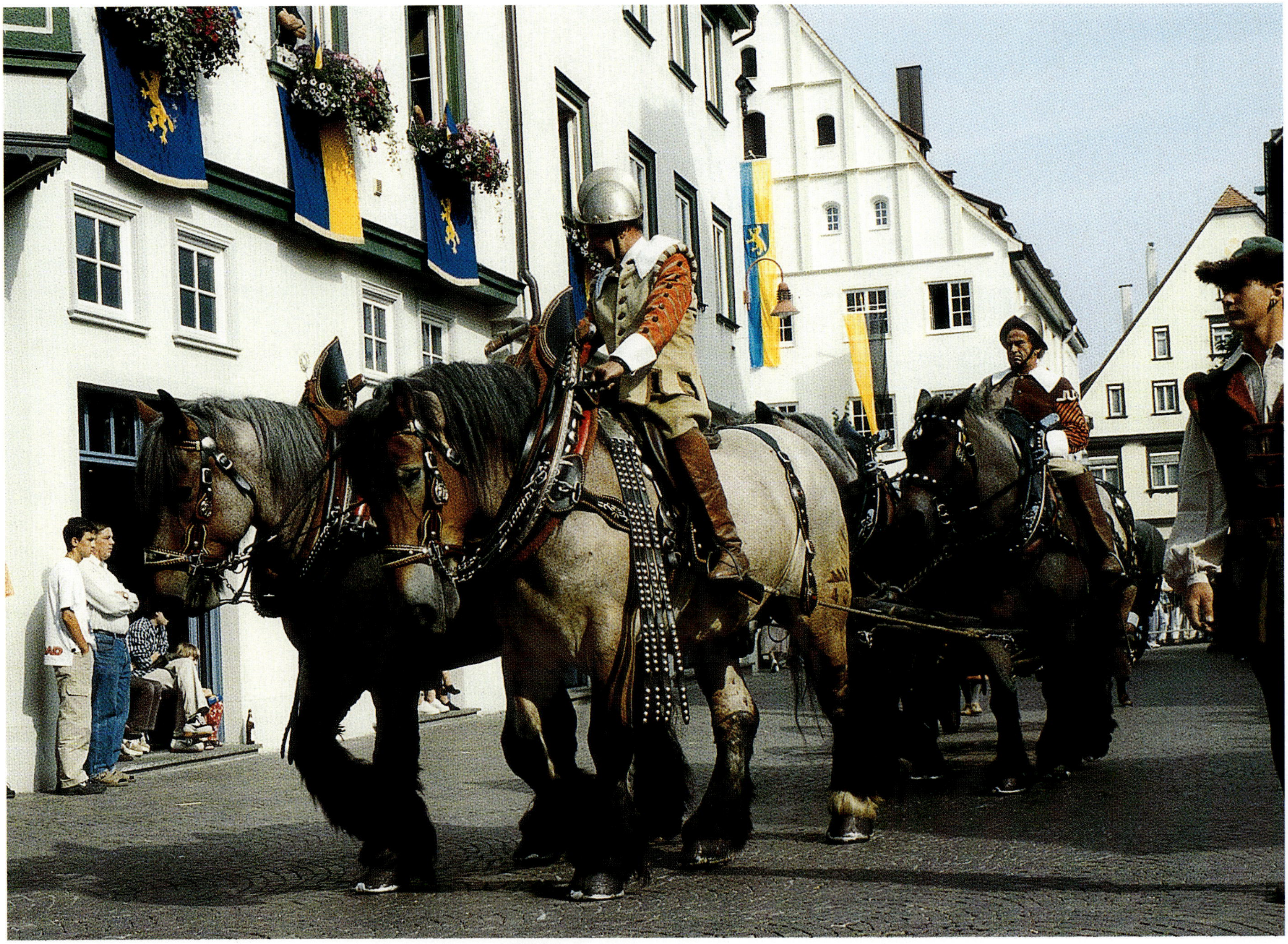

EIN BILDERBUCH DER STADTGESCHICHTE

Ein Gespann von sechs Kaltblutpferden zieht die Schwedenkanone.

Den jungen Schwedensoldaten scheint die Aussicht aus dem Marketenderwagen gut zu gefallen.

Die Musketiere mit den geschulterten Vorderladern marschieren in Reih und Glied zum Takt der Schwedenmusik.

Mancher tritt einen Schritt zurück, steht vom Bordstein auf, oder verfolgt gespannt die sich nahende Formation. Man verspürt ein Beben – die Kaiserlichen kommen.

Fünfunddreißig eng aufgeschlossene Reiter bieten den Zuschauern ein beeindruckendes Bild einer gepanzerten Armee.

Die Biberacher Stadttore.

Durch Wall und Graben, Türme und Tore unterschied sich eine Stadt im Mittelalter vom flachen Land. Biberach hatte 4 Stadttore, in jede Himmelsrichtung eines. Diese Tore werden auf 2 Wagen am Schützenfest gezeigt.

Nach Westen blickte das Riedlinger Tor. Erbaut Ende des 14. Jahrhunderts, war es das schönste der Reichsstadt, geplant und erstellt von dem Biberacher Baumeister Kuzberger. Es wurde auch "Oberes Tor" genannt und wurde leider 1870 abgebrochen. Das einzige noch erhaltene Tor ist das Ulmer Tor, welches nach dem ältesten Spital auch "Spital-Tor" genannt wurde. Dieser Spital stand beim heutigen evangelischen Friedhof. Das Tor sicherte die Reichsstadt gegen Osten. Das früher "Graben-Tor" genannte Waldseer-Tor regelte den Verkehr in Richtung Bodensee. Es wurde 1844 abgebrochen. Nach dem vor der Stadtmauer bei der Magdalenenkirche gelegenen "Siechenhaus" wurde das Ehinger-Tor früher "Siechen-Tor" genannt. Berühmtheit erlangte das Tor durch den Schwarzen Veri, der dort 1819 vom Blitz erschlagen wurde. Das Tor wurde 1877 abgebrochen.

Die Stadttor-Wagen werden begleitet von einigen Stadtsoldaten und vom Biberacher Nachtwächter des Mittelalters mit Hellebarde und Laterne.

Wieland und der Musenhof zu Warthausen.

Der Reichsgraf Friedrich von Stadion war lange Jahre erster Minister und Großhofmeister des Kurfürsten und Erzbischofs von Mainz gewesen. Er galt als ein bedeutender Staatsmann des aufgeklärten Absolutismus, der wichtige diplomatische Verhandlungen mit dem Kaiser in Wien und den Königen von Frankreich und England geführt hatte. Das Wohl der Bevölkerung lag ihm sehr am Herzen. Er führte Reformen ein, die für seine Zeit außergewöhnlich waren. Darüber hinaus versuchte er durch "Religionsvergleichung" zu vermitteln zwischen Lutheranern und Kalvinern sowie mit dem reform-katholischen Flügel.

Graf Stadion war ein weitgereister Weltmann, ein Liebhaber der Wissenschaft und der Künste, aber auch ein Verehrer schöner Frauen. Zu seinem Alterssitz wählte er das Schloß Warthausen, von ausgedehnten Parkanlagen und einer Orangerie umgeben. Es gehörte seit langem zum Besitz der Familie. Das Stadion'sche Gebiet war sehr groß, es reichte vom Federsee bis nach Mettenberg, von Mundeldingen bis Langenschemmern. Allerdings war es keine zusammenhängende Landmasse, sondern mehr ein "Fleckerlteppich". Stadion besaß Güter im Weingebiet um Heilbronn, sein Vater hatte die Grafschaft Thannhausen in Schwaben erworben, der Kurfürst von Mainz hatte den Stadions Besitzungen in Unterfranken überschrieben. Für seine Verdienste um das Habsburgische Kaiserhaus bekam Stadion 67 Ortschaften in Böhmen mit über 20 000 Untertanen. Der Schätzwert des Stadion'schen Vermögens betrug 1,43 Millionen Gulden. Es ist sehr schwirig, diese Zahl auf moderne Werte zu übertragen, es dürfte aber auf alle Fälle einem beachtlichen neuzeitlichen Industrievermögen entsprochen haben.

Nach Jahrzehnten rastloser Tätigkeit zum Wohle des Volkes zog sich Stadion zurück und begründete in Warthausen einen veritablen spätbarocken Musenhof. Diplomaten, Wissenschaftler, Maler, Dichter, Musiker verkehrten beim Grafen. Einer aus der berühmten Malerfamilie Tischbein lebte lange Zeit auf Schloß Warthausen und hinterließ dort bedeutende Gemälde. Eine große Rolle am Warthauser Musenhof spielte Sophie La

Roche geborene Gutermann, die Augsburger Arzt- und Patrizierstochter, frühere Geliebte und Verlobte Christoph Martin Wielands. Sie hatte sich inzwischen mit dem Hofmeister und Sekretär des Grafen verheiratet, Georg Michael Frank La Roche, der mit einiger Sicherheit ein natürlicher Sohn des Grafen war.

In Biberach hatte sich der junge, noch weitgehend unbekannte Schriftsteller Christoph Martin Wieland nach Ende seiner Lehr- und Wanderjahre niedergelassen. Er war mit erheblichen Schwierigkeiten "Chantzelley-Director" und Senator in Biberach geworden, wo er 1733 als Sohn des Seniors (Dekan) der evangelischen Gemeinde geboren war. Seine Ausbildung hatte Wieland an einer der berühmten sächsischen Fürstenschulen, an der Universität Tübingen und in der Schweiz im Umfeld von Bodmer, Lavater und Julie Bondeli erhalten.

Sein Verwaltungsamt empfand Wieland als langweilig und bedrückend. Hätte er nicht sein "Tusculum", sein Gartenhäuschen im Grünen am Ufer der Riß gehabt, er wäre verzweifelt. Dort übersetzte Wieland 22 Dramen von Shakespeare. Mit dieser Tat machte er den großen Engländer überhaupt erst auf dem europäischen Festland bekannt. Seine Aufführung des "Sturm" mit den Laienschauspielern der Bürgerlichen Komödiantengesellschaft im Jahr 1761 dürfte als erste Shakespeare-Aufführung in deutscher Sprache unvergessen sein.

Die Jugendfreundin Sophie La Roche führte Wieland beim Grafen Stadion ein. Wieland genoß die großzügige und universale Geistigkeit, das Leben in Warthausen mit anregenden Gesprächen, Musik, Begegnung mit interessanten Persönlichkeiten. In jener Zeit entstanden seine bekannten Werke "Abenteuer des Don Sylvio von Rosalva" "Agathon", "Musarion". Der Graf hatte eine große Bibliothek mit klassischen und zeitgenössischen Werken, die Wieland zur Verfügung stand. Als Wieland 1769 von Biberach schied, war er nicht mehr ein unbekannter Schriftsteller, sondern eine literarische Berühmtheit, der geistige Sprecher des gebildeten deutschen Adels und Bürgertums. Graf Stadion hatte ihm eine Professur an der Kur-Mainzischen Universität in Erfurt besorgt. Von dort wurde er von der Herzogin Anna Amalia an den Hof nach Weimar als Prinzenerzieher berufen. Hier begründete er jenen Kreis, der mit Goethe und Schiller den Höhepunkt klassischer deutscher Dichtkunst bedeutete.

Die Zeit Wielands und des Grafen Stadion markiert den kulturellen Höhepunkt in der Geschichte Biberachs. Diese Epoche mußte auch im Festzug vertreten sein. Aktive Laienschauspieler des Dramatischen Vereins übernahmen die Rollen des Freundeskreises um Stadion und Wieland: Sophie La Roche geborene Gutermann und Georg Michael Frank La Roche; die Buchauer Fürstäbtissin Maximiliane von Stadion, eine der Töchter des Grafen Friedrich; Christine Hagel, genannt "Bibi", die unglückliche Geliebte Wielands; der evangelische Bürgermeister Johann von Hillern und dessen Gemahlin Cateau, die Schwester der La Roche; der katholische Bürgermeister Sebastian Wunibald von Settelin; schließlich der Mundartdichter und Pfarrer von Dieterskirch, der Prämonstratenser-Chorherr Sebastian Sailer. 1977 trat die Gruppe erstmals auf, in prachtvollen Gewändern, die größtenteils nach Gemälden des Biberacher Museums angefertigt wurden. Für die Fürstäbtissin bot sich das Deckenfresko in der Buchauer Stiftskirche als Vorlage an.

Ein Staatsmann von europäischem Ruf wie der Reichsgraf Friedrich von Stadion sei wohl kaum zu Fuß durch Biberach gegangen, sondern habe sich standesgemäß

**Ein Prunkstück im Festzug.
Der Reisewagen des Grafen
Friedrich von Stadion.**

Die Stadion'sche-Berline.

*f*ür die Verwirklichung der Gala-Kutsche fand man in Helmut Blos den Chefplaner und Koordinator. Er stammt aus einer oberfränkischen Stellmacher-Familie, brachte Energie und Idealismus mit sich und war daher für diese Aufgabe prädestiniert. Intensive Nachforschungen bei zahlreichen Fürstenhäusern führten schließlich durch Dr. Kurt Diemer nach Wien zur Kaiserlichen Wagenburg in Schönbrunn, wo sich die "Berline" der tirolischen Grafen Harrach befindet. Es gibt nur noch zwei Reisewagen dieses Typs in ganz Europa, nämlich in Wien und in Lissabon. Für die Zeit um 1760 bedeutete diese Karosse etwa das gleiche wie heute ein Rolls-Royce oder ein Mercedes der obersten Klasse.

Neben Blos, der mit einem Aufriß im Maßstab 1:1 die Grundlage für die Weiterarbeit an der Kutsche schuf, gehörten die Schmiedemeister Anton und Herbert Vollmar und Zimmermeister Alfred Lutz zum Kern der Mannschaft. Darüber hinaus gewann man ein gutes Dutzend ältere, teilweise alte Handwerksmeister, die ihre Kenntnisse beim Entstehen der Karosse einbrachten, von Zwiefalten bis Gottrazhofen, von Neu-Ulm bis Meßkirch. Das Fahrgestell wurde milimetergenau dem Original nachgearbeitet, was mehrere Fahrten nach Wien erforderlich machte, um immer wieder zu vergleichen, zu messen, zu fotografieren. Der Kasten wurde einer Karosse der vornehmen Klasse bedient. Diese Meinung setzte sich bald in der Schützendirektion durch. Man suchte deshalb intensiv nach Möglichkeiten, für den Grafen ein adäquates Gefährt zu schaffen.

leicht verändert, vor allem wurden mehr Glasscheiben eingesetzt, damit die Zuschauer auch die Insassen der Stadion'schen Kutsche bewundern konnten. Als die Berline am 23. April 1983 in einer Feierstunde mit allen Beteiligten öffentlich übergeben wurde, da war nach 4 Jahren ein wahres Meisterwerk an handwerklicher und historischer Genauigkeit entstanden. Annähernd 10.000 Arbeitsstunden waren investiert worden, dazu eine nicht abzuwägende Menge an Idealismus und bürgerschaftlichem Engagement. Der 78jährige Anton Vollmar beispielsweise hat damit wahrhaft seine Lebensarbeit gekrönt. Ein Jahrhundertwerk war mit der Stadion'schen Berline entstanden, das Großartigste, woran sich das Biberacher Schützenfest bisher gewagt hatte.

*W*as nun noch fehlte, waren die Geschirre, ohne die eine Kutsche ja unbeweglich ist. Die Wagenburg in Wien hatte alle Geschirre beim Untergang der k. u. k. Monarchie verloren. Nach langen Bemühungen wurde man fündig im Marstall-Museum in München mit einem Geschirr des Kurfürsten Max Joseph. Sattlermeister Karl Raufeisen aus Ummendorf hat die Riesenarbeit für einen Sechser-Zug meisterhaft ausgeführt. Die Zierbeschläge goß die Firma Handtmann aus Aluminium. Anschließend wurden sie vernickelt. Die zugbeanspruchten Teile mußte man allerdings bei einer Spezialfirma herstellen lassen. Die Geschirre wurden in rotem Leder ausgeführt, mehr als 1500 Beschlagteile wurden dabei verarbeitet.

Die Bespannung für die Gala-Kutsche stellt in ununterbrochener Folge seit 1983 Kurt Wetzel aus Braunenweiler mit einer eingespielten fünfköpfigen Mannschaft. Sechs hochedle Warmblutpferde, adäquat der Karosse, geben diesem Prachtauftritt die letzte Vollendung.

Manchmal waren es drei Schimmel und drei Rappen, über Kreuz angespannt; ein anderes Mal sind es sechs glänzende Rappen, stets aber ein unvergleichlicher Anblick.

Die Rokoko-Gruppen.

Schon lange gab es beim Schützenfest eine Rokoko-Gruppe aus Schülerinnen und Schülern, ursprünglich wohl als ein Ableger des Schützentheaters entstanden. Die jungen Leute bildeten eine sehr anmutige und frische Gruppe. Im Laufe der Zeit konnten Kostüme und Perücken erneuert und verbessert werden; und nun passte das alles natürlich wunderbar zum Warthauser Musenhof, denn der Graf Stadion war ja ein großzügiger Gastgeber, der gerne hübsche Menschen um sich herum hatte.

Schließlich kam ab 1984 die Rokoko-Tanzgruppe dazu, die mit ihrer noblen Aufmachung vollendet zum Hofstaat des Grafen paßte. "Ball beim Grafen Stadion" hieß das Motto bei den historischen Tänzen. Das Rokoko, das tanzende Zeitalter, war nun repräsentativ im Festzug vertreten.

Die Räuberbande des Schwarzen Veri.

In der Zeit, als der Franzosenkaiser Napoleon Europa umkrempelte, als anschließend der Wiener-Kongreß eine neue Ordnung schuf, trieb sich in den dichten Wäldern und den Einöden Süddeutschlands allerlei Gesindel herum: Versprengte der Kriege, aus der Bahn Geworfene, Arbeitsscheue und Verarmte. Sie schlossen sich zu Banden zusammen, unterwarfen sich dem jeweils Stärksten und Kühnsten als Anführer. Nur eine der zahlreichen Räuberbanden blieb bis zum heutigen Tag im Bewußtsein der Bevölkerung. Der Grund war nicht in den außergewöhnlichen Taten des Schwarzen Veri zu suchen, sondern in seinem dramatischen Ende.

Franz Xaver Hohenleiter, geboren 1788 in Rommelsried bei Augsburg, war der Sohn eines Hirten. Seit 1813 trieb er sich in Süddeutschland, Österreich und der Schweiz herum. Seine Konkubine, Maria Josepha Tochtermann, genannt die "Günzburger Sephe", war eine propere Person und sorgte auch dafür, daß der Veri immer sauber daherkam.

Alle Räuber hatten Ganoven-Namen, unter denen sie beim Volk bekannt und gefürchtet waren. Einige seien beispielhaft genannt: Fidelis Gindele "Der rote Metzger"; Ulrich Hohenleiter "Urle", der Bruder Veris, als einer der gewalttätigsten Räuber bekannt; Fidelis Sohm "Der einäugige Fidele"; Friedrich Klump "Der schöne Fritz"; Josef Anton Jung "Der Condeer"; Christian Maucher "Das Bommertshauser Schneiderle"; Theresia Jeppler "Des Posamentirers Resel". Die Katharina Gebhard wurde "Dreckete Muatr" genannt. Drei ihrer Töchter waren Räuberweiber, die Creszentia, die Agathe und die Agnes Gebhard, zusammen "Die dreckete Partie" genannt.

Die Räuber lebten von Diebstählen, wobei sie es vor allem auf Lebensmittel, insbesondere auf Rauchfleisch, sowie auf Kleidung, Haushaltgerät, Zinngeschirr und Bargeld abgesehen hatten. Im allgemeinen verliefen die Einbrüche gewaltlos, gelegentlich kamen aber auch tätliche Übergriffe und Quälereien vor. Alleinstehende Bauernhöfe waren bevorzugte Ziele von Überfällen.

Aus der Rückschau späterer Zeiten wurden die "Jauner" mit der Gloriole des Heldentums umgeben. Angeblich nahmen sie den Reichen das Geld ab, halfen aber damit den kleinen Leuten. Diese Darstellung ist historisch nicht haltbar. Die Räuber waren zwar arme Hunde, die mühsam ihr Leben fristeten, sie waren aber doch Kriminelle. Kein Wunder, daß die württembergische Regierung 1818 auf 1819 Gendarmerie und Militär einsetzte, um der Malefikanten habhaft zu werden. Im Frühjahr 1819 saßen sie alle im Ehinger Tor und im Weißen Turm in Biberach in Untersuchungshaft. Der Schwarze Veri war im Ehinger Tor mit eisernen Ketten angeschmiedet. Ein gewaltiges Gewitter zog auf, ein Blitz schlug in die Ketten und verbrannte den Räuberhauptmann bis zur Unkenntlichkeit. Dieses Gottesurteil erschütterte die Bevölkerung von Grund auf. Der Tod Veris hat dazu geführt, daß seine Räuberbande nicht in Vergessenheit geriet. Der Dichter Gustav Schwab schrieb über dieses Ereignis ein sehr bekanntes Gedicht: »Anklopft das Wetter und der Sturm zu Biberach am Sünder-Turm.« Diese Verse standen früher in jedem württembergischen Lesebuch. Die Schüler mußten sie auswendig lernen.

Die Räuberbande, malerisch festgehalten von Joh. Baptist Pflug, Braith-Mali-Museum Biberach.

*g*erhard Rothenbacher, neu gewählter zweiter Vorsitzender der Schützendirektion, war der Meinung, der Historische Festzug sei zu statisch, es gehöre mehr Leben hinein. Er kam auf die Idee, die Räuberbande des Schwarzen Veri darzustellen. Um geeignete Vorbilder für die Verwirklichung dieser Sache zu finden, brauchte man nicht weit zu gehen. Man fand sie, detailgetreu von Johann Baptist Pflug gemalt, im Braith-Mali Museum. Der Genre-Maler Pflug hatte seinerzeit vom Gericht die Erlaubnis erhalten, die männlichen und weiblichen Mitglieder der Räuberbande zu zeichnen. Später setzte er diese Einzelzeichnungen in sehr lebendige Szenen um, wobei er die gesamte Bande in originalgetreuer Landschaft, z.B. vor dem Vogelhaus im Altdorfer Wald, darstellte.

Rothenbacher gewann seinen Freund Willi Witzgall dazu, aus den Gemälden Pflugs Kostümentwürfe zu kreieren. In der Nähstube der Schützendirektion wurde die Ausrüstung der Räuber peinlich genau bis zum letzten Knopf hergestellt.

*b*is dahin gab es im Festzug nur Kinder und Jugendliche. Eine Ausnahme bildeten die Musikkapellen und die Gespannfahrer. Für die Räuber aber brauchte man Erwachsene, und zwar mußten es stadtbekannte Persönlichkeiten sein: Richard Leger, Gerhard Rothenbacher, Willi Held, Jürgen Scheffold, Eberhard Koch, Michael Schaerfe und die zugehörige Schar von Weibern und Konkubinen, bildeten die Urtruppe
Es war eine Sensation, als 1969 diese Erwachsenengruppe erstmals auftrat. Sofort war klar, daß hier Leute mit Phantasie und Spontanität am Werk waren. Wie ein Sturmwind brausten die Räuber durch die Straßen und über den Marktplatz; Geschrei und Gejohle, witziger Wortwechsel, Einsteigen in Häuser im ersten und zweiten Stock und Hinauswerfen des Diebesguts, die Bande überschlug sich in originellen Ideen.

So war die Räuberbande des Schwarzen Veri ein Publikumsliebling von der ersten Stunde an. Eine Schar kleiner Kinder durfte im Gefolge der Alten mitwirken, meist eigenes "Gewächs" der Räuberdarsteller. Ein eigenes Lager, ebenfalls ein Magnet für viele Festbesucher, war für den Schwarzen Veri selbstverständlich, zunächst im alten "Bilger'schen Garten", später bei den übrigen Lagern auf dem Gigelberg.

Viele Jahre lang hat die räuberische Gründergeneration das Feld beherrscht. Dann rückte allmählich der Nachwuchs an. Der Andrang war groß, nie herrschte auch nur im Geringsten ein Mangel. Offenbar ist es für rechtschaffene Leute ein besonderes Vergnügen, einmal im Leben den Spitzbuben spielen zu dürfen.

Eine gestandene Frau hat rund 20 Jahre lang als "dreckete Muatr" die Räuberschar in besonderer Weise geprägt: Erika Amsler aus Bad Wurzach, gebürtige Schweizerin, Pferdebesitzerin, exzellente Fahrerin und eine markante, humorvolle Persönlichkeit. Wenn sie mit dem Räuberwagen, dreifach angespannt, in gestrecktem Galopp von der Schwäbischen Zeitung über den Marktplatz fuhr, um zentimetergenau vor der Tribüne durchzuparieren, hielt das Volk den Atem an, um dann in Jubel auszubrechen. Als Erika Amsler alters- und gesundheitshalber ihre geliebte Rolle als dreckete Muatr aufgeben mußte, ist Karl Laux aus Gutenzell, ebenfalls ein Original und eine allseits bekannte Gestalt, an ihre Stelle getreten. Natürlich ist der Räuberwagen eine Ausgeburt der Schützen-Phantasie. Die echten Räuber hätten es sich nie leisten können, mit einem Gespann über Land zu fahren. Aber der Wagen belebt die ohnehin bunte Szenerie.

DER MALEFIZ-SCHENK

*a*n die Bande des Schwarzen Veri schließt sich eine zweite Gruppe an, die ebenfalls mit Bösewichtern bzw. deren Bestrafung zu tun hat, der "Malefizschenk" und seine Häscher. Der Reichsgraf Franz Ludwig Schenk von Castell zu Oberdischingen hatte sich erboten, für den Ritterkanton Donau, für Fürsten, Grafen, Abteien und Reichsstädte ein Zucht- und Arbeitshaus zu errichten, um den "Jaunern" in Oberschwaben das Handwerk zu legen. Zugleich schloß er Verträge ab, die ihm das Recht gaben, Diebe und Übeltäter zu ergreifen und abzuurteilen. Zur Zeit des Schwarzen Veri war der Malefizschenk schon ein alter, grämlicher Mann. Er war eine ganze Generation früher aktiv gewesen als die "Jauner" des Veri. So passt der Schenk von Castell mit seinen Häschern, dem Gefängniswagen und dem Scharfrichter zwar nicht zeitlich zum Schwarzen Veri, aber das Thema stimmt.

Eine besondere Attraktion für die Zuschauer ist dann, wenn beim Vorbeizug des Festzugs an der Ehrentribüne ein fürwitziger Zuschauer von den Häschern in voller Montur in den Marktbrunnen geworfen wird, oder wenn hochmögende Herren in den Gefängniswagen gesperrt werden, wo sie nur gegen Lösegeld freikommen.

DAS FEST DES SCHWARZEN VERI

*d*er Gründungsvater, Gerhard Rothenbacher, hatte 1974 die Idee, ein spezielles Schwarz-Veri-Fest zu feiern unter dem Motto:" Gemütliches Beisammensein mit Räubern und Gendarmen". Es wurde ein ganz lockeres, weitgehend improvisiertes Fest, zu dem etwa 500 bis 1000 Besucher kamen, überwiegend alte Biberacher. Die Stimmung war prachtvoll, und das sprach sich herum. Die teilweise sehr deftigen Späße der Räuber, der Tanz der Konkubinen, der Ulk mit dem Publikum, das alles trug zur Beliebtheit des Festes bei. Von Jahr zu Jahr steigerte sich die Zahl der Besucher. In den ersten Jahren fand das Fest auf dem alten Viehmarkt statt, dann auf dem Ehinger-Tor-Platz, schließlich landete man auf dem Alten Postplatz. Hier lief nun die Sache leider mehr und mehr aus dem Ruder. Mit rund 8000 Besuchern war der Platz völlig überfüllt. Die Vorführungen konnten von den meisten Leuten gar nicht mehr wahrgenommen werden. Wenn man um eine

Halbe Bier 40 Minuten anstehen muß, ist das auch nicht sehr vergnüglich. Die Leute, die vor 25 Jahren bei den ersten Schwarz-Veri-Festen teilgenommen haben, sagen mit Recht, es hat sein Flair und seine Gemütlichkeit eingebüßt. Die Verantwortlichen werden sich überlegen müssen, wie sie die Entwicklung wenigstens teilweise rückgängig machen.

Die Thurn und Taxis'sche Postkutsche zur Biedermeierzeit.

Durch Kaiser Maximilian I. erhielt das Haus Thurn und Taxis das Amt des Reichsgeneralerbpostmeisters für das ganze Heilige Römische Reich übertragen. 1680 richtete die Thurn und Taxis'sche Reichspost in Biberach ein Postamt ein.

Die Postkutsche ist eine originalgetreue, verkleinerte Nachbildung einer Thurn und Taxis'schen Post im frühen 19. Jahrhundert. Die Postkutsche wurde von Willi Witzgall und seiner Mannschaft mit Hilfe von damals noch existierenden Wagnermeistern geschaffen. Sie wird von vier Ponys gezogen, die aus der eigenen Zucht der Schützendirektion stammen. Ein Mädchen oder ein Junge sitzt auf dem Kutschbock und lenkt die Ponys. Das vierspännige Fahren ist eine Kunst und muß daher eifrig geübt werden. Neben dem Kutscher sitzt der Postillion, der auf einem Horn die traditionellen Signale bläst. Beide tragen die Uniform der Thurn und Taxis'schen Post. Im Fond sitzen die niedlichen kleinen Reisenden in Biedermeiergewändern. Das alles entstand 1955.

1957 kam dazu eine Biedermeier-Gruppe zu Fuß, ebenfalls aus Grundschulklassen; die Buben mit den hohen Zylindern, die Mädchen mit den Schutenhüten, die ganze farbfrohe Kleidung, das ergibt ein sehr attraktives Bild bürgerlichen Wohlstandes und altväterlicher Wohlanständigkeit.

Einer der maßgeblichen Herren der Landesgirokasse, Herr Direktor Seiter aus Stuttgart, war über viele Jahre immer wieder ein begeisterter Besucher des Biberacher Schützenfestes. In Zusammenarbeit mit den Damen und Herren der Filiale Biberach regte er an, mit den Biberacher Mitarbeitern eine Biedermeier-Gruppe zu bilden, die in etwa so aussehen sollte, wie die ersten Sparkassenangestellten zur Zeit der Gründung des Instituts in Stuttgart.

Die LG-Stiftung für Kunst und Kultur stellte der Schützendirektion die beträchtlichen Mittel zur Verfügung. In Zusammenarbeit mit Jürgen Hohl, Eggmannsried, wurden die Entwürfe geschaffen und die Stoffe ausgewählt. Vom Lehrling und Kassenboten bis zum Direktor wurden die Damen und Herren der Landesgirokasse eingekleidet. Die fünfzehn Erwachsenen in würdiger Gewandung bildeten eine sehr gute Ergänzung zu den Biedermeier-Kindern. 1987 konnte die Gruppe erstmals auftreten und wurde mit reichem Beifall bedacht.

Die Biedermeier-Gruppe.

Im Februar und März 1848 ging - von Frankreich ausstrahlend - ein Sturm der Erregung über ganz Mitteleuropa. In revolutionären Parolen wurden bürgerliche Freiheiten und demokratische Rechte für das Volk gefordert. Wo sich die Märzrevolution zum bewaffneten Aufstand steigerte, wurde sie schließlich durch militärische Truppen niedergeschlagen.

Die Biberacher Bürgerwehr von 1848.

In Biberach trieb man es nicht zum äußersten, sondern taktierte vorsichtig. Man schickte eine Petition an König Wilhelm I. von Württemberg, in der "Volksbewaffnung mit freier Wahl der Offiziere" gefordert wurde. Die angestrebte Bürgerwehr war also keineswegs eine reaktionäre Einrichtung rückständiger Kreise, es war vielmehr ein Ergebnis des Freiheitsstrebens der Zeit. Als am 1. April 1948 ein Bürgerwehrgesetz erlassen wurde, war die Begeisterung groß. Man ging alsbald an die Aufstellung einer Bürgerschützencompagnie. Es wurden sogar zwei Formationen eingerichtet, eine mit Gewehren bewaffnete Fußtruppe und eine berittene Abteilung. Dieser große Begeisterungs-Sturm hielt allerdings nicht lange an. Weder in der nationalen Einigung, noch in den bürgerlichen Freiheitsrechten hatte es Fortschritte gegeben. So wurde die Biberacher Bürgerwehr schon 1853 wieder aufgelöst.

Was mit der Gruppe der Bürgerwehr festgehalten werden soll, ist eine Episode der Stadtgeschichte, die an die Freiheitsbewegung des 19. Jahrhunderts erinnert.

In irgendeiner Weise hat die mehr als 500 Jahre alte Schützengilde einen Zusammenhang mit der Entstehung des Schützenfestes, wenn das auch dokumentarisch nicht belegt werden kann. Nun sollte dieser älteste Verein Biberachs auch die Möglichkeit aktiver Mitwirkung am Fest bekommen.

Für die Uniformen dienten Bilder des Biberacher Malers Hermann Volz als Vorlage. Die Montur besteht aus hellgrauer Hose, grauem Rock mit blauem Besatz, hellgrauem Hut, einem Säbel für den Hauptmann und den Corporal. Die Infanteristen tragen Vorderladergewehre. Für die Aufstellung der Bürgerschützencompagnie wurde die erste große Stiftung von Professor Dr. Hugo Rupf verwendet. Fabrikant Udo Vollmer stiftete dazu aus eigener Produktion die originalen Feldstutzer (Vorderlader) sowie die Hirschfänger (eine Art aufsteckbares Seitengewehr). Die Schützen tragen ihre Waffen wie einen Schatz und sorgen gleichzeitig für die notwendige Sicherheit. Die Compagnie wird angeführt von einem Musikzug, der aus Trommlern mit Landsknechtstrommeln und aus kleinen Hörnern besteht, die den französischen Clairons der Revolutions-Armeen nahekommen. Den Musikzug stellen Schüler des Technischen Gymnasiums.

Wenn die 20 Infanteristen auf Befehl des Hauptmanns nach altertümlichen Kommandos die Büchsen laden, anlegen und feuern, dann hört man den Knall des Schusses kilometerweit. Aus den Bürgerschützen ist eine urige Truppe geworden, die aus dem Schützenfest nicht mehr wegzudenken ist.

Im Zusammenhang mit der Begründung der Bürgerwehr im März 1848 steht "der Franzosensamstag", der ebenfalls von Hermann Volz in köstlichen Zeichnungen festgehalten wurde. Das Gerücht ging um, eine gewaltige französische Armee sei geradewegs im Anmarsch von Baden auf Biberach zu, um dort entsetzlich zu wüten. Alle wehrfähigen Männer wurden zu den Waffen gerufen. Als sich herausstellte, daß das Gerücht eine pure Luftblase war, da war Biberach in die unmittelbare Nähe von Schilda und Krähwinkel gerückt.

*M*ancher mag sich fragen: Was hat ein Wagen vom Jordanbad beim Schützenfest zu suchen? Das Jordanbad geht bis auf die Römerzeit zurück. Das ganze Mittelalter hindurch hieß der Komplex "Wasa-

Das Jordanbad.

cher Hof"; vermutlich deutet das auf Wasserquellen hin. Über eine sehr lange Periode gehörte im Mittelalter das Anwesen dem Hospital zum Heiligen Geist in Biberach, der es in Zeiten der Not verkaufte. In der berühmten Chronik des Abtes Jacob Murer von Weißenau über den Bauernkrieg 1525 ist das Jordanbad ebenfalls erwähnt. Badende Patienten sind in Zubern zeichnerisch dargestellt. Nachdem der Hospital das Jordanbad aufgegeben hatte, war ein mehrfacher Wechsel der Eigentümer die Folge. Um 1880 herum plante einmal die Feuerwehrgerätefabrik J.G. Lieb, das Jordanbad zu kaufen und als Produktionsstätte auszubauen.

Der Prälat Hofele war einer der bedeutendsten katholischen Geistlichen des Oberlandes in der zweiten Hälfte des 19. Jahrhunderts. Er war ein Freund und Studienkollege des Pfarrers Sebastian Kneipp, der durch seine Wassertherapien in Wörishofen berühmt geworden war. Hofele holte Kneipp als Berater ins Jordanbad. Kneipp stellte fest, das Gelände und die Anlage seien sehr geeignet für ein zukünftiges Bad.

*n*un ging Hofele auf die Suche nach einem Kloster, welches das geplante Bad nach dem Vorbild von Wörishofen betreiben sollte. Die Franziskanerinnen von Reute waren bereit, aber es fehlte noch ein Geldgeber. Auch der fand sich in der Person des Fürsten von Waldburg-Zeil. Der Fürst machte jedoch zur Bedingung, daß die Kneipp'schen Wasserheilungen von Anfang an unter ärztlicher Leitung stehen müßten; die Sprechstunden im Pfarrhaus und die Anwendungen in der Waschküche wie in Wörishofen, das sollte im Jordanbad ausgeschlossen sein. Man gewann den Sanitätsrat Stützle, einen bekannten Mediziner, zugleich Leibarzt des Fürsten. Nun konnten 1889 die Reutener Schwestern unter Leitung von Oberin Sr. Rosina einziehen. Das Jordanbad bot die erste ärztlich geleitete Kneippkur an. Seit dem 100jährigen Jubiläum des modernen Jordanbades 1989 gibt es beim Schützenfest eine offene Kutsche, einen Landauer, in der die maßgeblichen Persönlichkeiten Platz genommen haben: Pfarrer Sebastian Kneipp, großartig dargestellt von Alban Herzog, Prälat Hofele, Sanitätsrat Stützle und Oberin Sr. Rosina.

*e*s gibt im Historischen Festzug Darstellungen von Einzelereignissen, aber auch Gruppen, die alte Bräuche, Tätigkeiten und Gerätschaften zeigen oder herkömmliche überlieferte Trachten, wie sie über lange Zeiträume in Benützung waren.

*e*s ist ein Irrtum zu glauben, daß die Tracht eine Einheitskleidung sei, ähnlich einer militärischen Uniform. Es gab zwar eine gewisse Grundrichtung für die Gewandung in der Tracht, aber es gab 1000 unterschiedliche Arten. Die Tracht war nicht so wandelbar wie die Mode, sie passte sich aber doch dem Zeitgeist und den sozialen Verhältnissen an.

Die oberschwäbische Volkstracht entstand aus den verschiedenen Kleiderordnungen, die jeden Stand zum Tragen einer bestimmten Kleidung verpflichteten. Allmählich entstanden größere Territorialstaaten und freiheitlichere Staatsformen. Damit wurde die Tracht zum frei gestaltbaren Gewand der einfacheren Volksschichten in Stadt und Land, die im Alltag und an Feiertagen in verschiedenen Abwandlungen getragen wurde. Die Werktagstracht war einfach und mußte waschbar sein, für die Feiertagstracht wählte man kostbarere Materia-

Brauchtumsgruppen beim Schützenfest.

VOLKSTRACHTEN AUS BIBERACH UND UMGEBUNG

lien. Der unterschiedliche Wohlstand war an der Tracht ablesbar: Großbauer, Kleinbauer, Knecht, Magd. Die Konfession des Trägers war aus der Tracht zu ersehen. Evangelische trugen in pietistischer Zurückhaltung einfachere und dunklere Trachten. Katholiken zeigten die Farbenfreude und Prachtentfaltung des Barock auch in ihrer Tracht.

Was im Festzug gezeigt wird, ist die Endform der Tracht etwa aus der Zeit von 1800 bis 1850. Von dieser Zeit sind noch zahlreiche Originale vorhanden, auch gelungene Imitationen. Von unschätzbarem Wert sind die detailgenauen Genre-Bilder des Biberacher Malers Johann Baptist Pflug, der Volksbräuche und Kleidung für die Nachwelt festgehalten hat. Beim Schützenfestzug sind nur noch einige Radhauben original, sonst wurden die kostbaren alten Stücke allmählich ausgewechselt und durch Kopien ersetzt, die nur ein Kenner unterscheiden kann. Volkstrachten wurden beim ersten Nachkriegsschützenfest 1946 eingeführt, fast ganz aus der privaten Trachtensammlung von Fritz Kolesch sen. und anderer Bürgerfamilien. Dann kam die erwähnte Auswechslung der Originale mit den damals zur Verfügung stehenden Mitteln. In jüngerer Zeit wurden die Trachtenpaare vervollständigt und verbessert nach den neuesten Ergebnissen der Trachtenforschung. Jürgen Hohl, der in Eggmannsried ein sehenswertes Trachtenmuseum aufgebaut hat, war hier behilflich und sorgte dafür, daß die unterschiedlichen Typen der hiesigen Trachten angemessen dargestellt wurden.

*D*ie Männertracht bestand aus einer engen knielangen Hirschlederhose in den Farben gelb, braun oder schwarz ("ma ziaht se mit dr Beißzang a") und einem Tuchrock oder Kirchenmantel mit wadenlangen Schößen, im neunzehnten Jahrhundert dunkelgrün, dunkelblau, sandgrau oder schwarz, im Jahrhundert davor bei der bäuerlichen Bevölkerung noch im gebleichten Leinen hergestellt. Anstelle des Kirchenmantels trugen jüngere Leute einen hüftlangen Kamisol oder Spenzer in dunkleren Farben. Tuchrock und Kamisol waren meist durch silberne Münzknöpfe geziert. Der Stolz des Bauern und des arrivierten Stadtbürgers war "das Leible" (die Weste), hergestellt aus Tuch, Kattun, Samt oder Seide. Das Leible war das Schmuckstück des Mannes, in kräftigen Farben oder Streifen gehalten. 13 bis 16 der dicken Duttenknöpfe hatte die Weste an der Zahl. Der Bürger trug die Weste über der Hose, der Bauer trug sie in der Hose, darüber aber dann bunte Hosenträger aus Tuch oder bestickt mit Kreuzstichen. Die Kopfbedeckung des Mannes war vielfältig: Dreispitz, Schaufelhut, Dachauer, breitrandiger Landhut mit Zylinderkopf. Im Winter wurde der Kopf mit Otter- oder Marderfellmützen geschützt. Viele Trachtenträger hatten eine Taschenuhr mit prunkvoller Uhrenkette ("Ranzenheber oder Bauchspanner") sowie eine wohlgeschmückte Tabakspfeife.

*a*uffälligstes Element der Frauentracht ist die Radhaube, mit dem fein bestickten Bödele und der Gold- oder Silberspitze des Rades sowie der Seidenbandgarnierung ist sie eine sehr kostbare Kopfbedeckung. Sie ist jedoch unbequem zu tragen, typische Endform einer sehr langen Entwicklung.

In der Stadt trugen die Frauen mehr die eng anliegende noble Bockelhaube, aus Gold- oder Silberblättchen oder aus glänzend schwarzen Blättchen hergestellt, oft auch die ähnliche Becherhaube, die Pflugs Mutter auf einem berühmten Bild des Künstlers trug. Aus dem kleinen Vierkranz der Becherhaube hat sich das riesige Sonnenrad der Radhaube entwickelt, die es übrigens als schwarze Florhaube aus Tüll und als dunkel getönte Chenillehaube für ältere Frauen oder Witwen gab.

Die evangelischen Frauen trugen im Sinne des Pietismus nur die einfache Spitz- oder Gimpenhaube mit einem goldgestickten Bödele; daneben gab es die Bendelkappe, wie man sie ähnlich von der Schwäbischen Alb kennt.

Bürgerinnen und gut situierte Bäuerinnen trugen Kleider aus Seide oder Kattun, das einfache Volks trug Wollrock, Bluse und Mieder. Das Mieder konnte, vor allem für junge Mädchen, durch das "G'schnür" (Brustkette) und durch Stickerei attraktiv verziert werden.

Unbedingt mit dazu gehört die Schürze, bei der Ausgehkleidung aus Seide mit Gold- oder Silbermuschelspitze eingefasst. Eine Biberacher Eigenart war es, die Schürzenecken durch quer aufgesetzte Spitze hervorzuheben.

*e*ine besondere Funktion hatten auch die Schultertücher, von denen die Frauen in der Regel mehrere besaßen. Sie konnten auf verschiedene Weise getragen werden: Direkt um den Hals geschlungen, stramm über die Brust gekreuzt, oder dekorativ über die Schulter gelegt. Die Tücher kamen in der Regel aus Mailand, von wo sie über einen großen Teil Europas verbreitet wurden. Es ist sehr wahrscheinlich, daß Muster und Farben durch orientalische Einflüsse geprägt waren. In der Regel hatte das Mailänder Tuch eine breite mehrfarbige Bordüre, im Kettdruckverfahren bedruckt. Die Mitte des Tuches hatte ein dezentes Muster oder war in Changeant-Farben gehalten. Vereinzelt gab es bestickte Tücher. Auf jeden Fall waren die Tücher mit Muschelspitze eingefasst.

Im Winter verwendeten die Frauen anstelle eines Mantels einen großen Wollschal, der den Körper ganz einhüllte. Zur Ausrüstung gehörte ein feingeflochtener und bemalter "Henkelkrädda" (Korb) und ein umfangreiches Regendach. Ein anderer Stolz der Frauen war -wie zu allen Zeiten- der Schmuck. Besonders beliebt war der Ulmer Schmuck aus Silber (Blättleskette in mehreren Reihen) und aus farbigen Steinen. Das eng um den Hals liegende "Kropfband" zierten große Granaten, charakteristisch war die Schurzkette; man trug die Silberkette um die Taille, am Ende hingen Maria-Theresien-Taler, die über der Schürze baumelten. Ketten, Gemmen, Zierringe, Filigranschmuck, Armbänder vollendeten den Auftritt der Trachtenträgerin.

Für Männer und Frauen gab es Kniestrümpfe in weiß, rot, blau und braun. Immer dazu gehörten Silberschnallen auf schwarzen Schuhen.

Die ständige Trachtengruppe wird von Schülerinnen und Schülern der Klassen 10 - 12 des Wieland- und Pestalozzi-Gymnasiums dargestellt. Bei der Festwoche 900 Jahre Biberach im Jahr 1984 wurde erstmals der "Jahrmarkt zu Urgroßvaters-Zeiten" aufgeführt. Die Bevölkerung wurde aufgefordert, sich aktiv zu beteiligen, vor allem Trachten und Handwerkerkleidung selbst herzustellen. Das Echo war überwältigend. Es darf angenommen werden, daß sich ca. 2000 Bürgerinnen und Bürger entsprechende Kleidung zugelegt haben. Der Jahrmarkt wurde ein riesiger Erfolg.

*e*s war immer ein gewisses Problem, beim Historischen Festzug auch die Kinder im Grundschulalter zu beteiligen. In den 60iger Jahren kam man auf die Idee, kleine Trachtengruppen zu schaffen, die farbenfroh und fröhlich aussahen und den Festzug bereicher-

KLEINE HISTORISCHE TRACHTENGRUPPE

ten. Die Schwäbische Heimat wollte man natürlich dabeihaben. Biberach war mit seinem Umland vertreten; dann kam Ulm bzw. die Ulmer Alb, deren Tracht wegen der Schafzucht stark an die Schäferkleidung angelehnt ist. Als Beispiel einer Tracht jenseits der Alb wählte man Betzingen-Reutlingen. Die bekannten Gewänder der oberhessischen Schwalm wurden gezeigt, weil sie als die Gegend Deutschlands galt, in der die Trachten bis ins 20. Jahrhundert hinein nicht nur zu besonderen Festen, sondern im Alltag getragen wurden.

Schließlich aber beschloß man, auch ausgewählte Trachten der Heimatvertriebenen darzustellen. Im Jahr 1964 war der Abstand zu Krieg und Vertreibung noch nicht so groß wie heute. Die Pflege der Kultur und des Brauchtums der ehemaligen deutschen Ostgebiete war ein wichtiges Anliegen. So lag es nahe, unter Beteiligung der Landsmannschaften auch Gruppen der Heimatvertriebenen im Rahmen der kleinen Trachtenpaare zu zeigen: Pommern, Ostpreußen, Niederschlesien, Egerland, Donauschwaben. Von allen diesen Volksgruppen wurden Beispiele der malerischen Trachten geschaffen.

Jeder der kleinen Trachtengruppen geht ein Fahnenträger mit dem Wappen der jeweiligen Region voraus, dann folgen 4 bis 10 Trachtenpärchen, wovon häufig eines in einer ponybespannten kleinen Kutsche sitzt.
Für einen Augenblick erhoben sich nach der Wende von 1990 Zweifel. Um die Wiedervereinigung mit der DDR zu ermöglichen, mußte Deutschland völkerrechtlich auf die ehemaligen Ostprovinzen verzichten. Konnte man nun noch Gruppen von Ostpreußen, Pommern und Schlesien auftreten lassen? Doch rasch setzte sich die Meinung durch, die Vertreibung aus dem Osten sei eine historische Tatsache. Es bestehe kein Grund, die Leiden der Menschen bei Kriegsende zu verschweigen. Außerdem habe die Ansiedlung zahlreicher Heimatvertriebener und Flüchtlinge nach dem Krieg auch das Geschick und die Entwicklung der Stadt Biberach nachhaltig beeinflußt.

An die kleinen Trachtengruppen schlossen sich einige Jahre später auch Gruppen ausländischer Mitbürger an. Zuerst kamen die Italiener in einer malerischen sizilianischen Tracht; ihr Auftritt war immer mit südländischem Temperament dargeboten. Jahre später schloß sich eine Gruppe türkischer Schüler an mit äußerst farbenprächtigen alt-türkischen Gewändern, von denen der Eindruck des Orients ausgeht. Eine kroatische Landsmannschaft zeigt ihre heimische Kleidung, die mit ihren reichen Stickereien eine kunsthandwerkliche Kostbarkeit ist.

*M*an mag sich fragen, was hat ein Donauschwäbisches Siedlungsgebiet und vor allem, was hat eine "Ulmer Schachtel" mit dem Biberacher Schützenfest zu tun? Bei genauerer Betrachtung ergeben sich aber unmittelbare Zusammenhänge.
Am Ende der Türken- und Kuruzzenkriege waren die Habsburgischen Donaulande fast menschenleer. Krieg, Seuchen, Hungersnot und Brandschatzung hatten das Land verwüstet, die Bevölkerung dezimiert. Ab 1712 warben die ungarischen Grafen Károlyi mit kaiserlicher Genehmigung schwäbische Bauern und Handwerker katholischer Konfession an. Die Werber versprachen ihnen kostenloses gutes Land, Hilfe beim Aufbau, Freiheit von Abgaben und Frondiensten sowie eine gewisse Selbstverwaltung. Die nachgeborenen Söhne oberschwäbischer Bauern, die keine Aussicht auf Haus und

DIE SATHMAR-
GRUPPE
UND DIE ULMER
SCHACHTEL

Hof hatten, gingen das gewaltige Wagnis ein und fuhren mit geringer Habe auf den "Zillen" von Ulm bis nach Budapest. Von dort traten sie mit irgendwelchen Karren den weiten Weg durch die Pußta in das Sathmarland am Fuße der Karpaten an. Viele starben schon hier an den fürchterlichen Strapazen. Am Ziel herrschte das Chaos, nichts war organisiert, wenig von den Versprechungen wurde eingehalten. Viele von den jungen Leuten bekamen Heimweh, liefen davon und wurden von Gaunern und Wegelagerern ausgeplündert, teilweise sogar erschlagen. Die meisten Bauernkinder jener Zeit konnten nicht schreiben, mit dem Verlassen der Heimat hatten sie also die Brücken hinter sich total abgebrochen, ein Zurück gab es nur in seltenen Ausnahmefällen.

Die ersten Auswanderer stammten aus folgenden Orten: Biberach, Ringschnait, Ochsenhausen, Steinhausen, Füramoos, Reinstetten, Maselheim, Heggbach, Gutenzell, Meßkirch, Uigendorf, Ersingen, Waldsee, Weingarten, Ravensburg. Diese frühen Aussiedler hatten es besonders schlecht getroffen, Dürre und extreme Knappheit an Nahrungsmitteln ließen viele den Hungertod sterben. Daher hat sich der erschütternde Spruch erhalten: »Den Ersten der Tod, den Zweiten die Not, den Dritten das Brot«.

Durch das ganze 18. bis weit in das 19. Jahrhundert hinein gab es weitere Wellen schwäbischer Auswanderer in die Sathmar. Sie kamen aus ganz Oberschwaben von der Donau bis zum Bodensee, später wurden auch Franken, Schweizer und Schwarzwälder angeworben. Allen Schwierigkeiten zum Trotz bauten sie blühende Dörfer und schöne Höfe auf, der Wohlstand war beträchtlich. Einige der Dörfer seien beispielhaft genannt: Schinal, Kaplau, Schamagosch, Bildegg, Terebesch, Sukunden, Scheindorf, Unterkamroth, Petrifeld und die Stadt Karol. Insgesamt umfaßte die Sathmar 22 Gemeinden, von denen heute die meisten in Rumänien, einige wenige in Ungarn liegen.

Die Oberschwaben im Comitat Sathmar (rumänisch: Satu-Mare) bewahrten treu ihr deutsches Volkstum, ihre Bräuche und ihre schwäbische Sprache. Sehr schwierig wurde das nach der Habsburgischen Reichsteilung in Österreich und Ungarn. Im ungarischen Reichsteil setzte eine massive Madjarisierungspolitik ein, die bis 1918 dauerte. Deutsch wurde aus den Schulen verbannt, auch die Kirche wirkte in diesem Sinne, so daß ein beträchtlicher Teil der Sathmarschwaben die Muttersprache verlor. Erst als die Sathmargebiete rumänisch geworden waren, gab es ab 1920 wieder deutsche Schulen und Kindergärten.

Dann kam die Katastrophe des Zweiten Weltkrieges. Zwar wurden im Herbst 1944 ca. 2500 Personen deutscher Sprache von der Wehrmacht evakuiert und konnten der Roten Armee entkommen. Davon konnten sich die meisten wieder in ihrer oberschwäbischen Urheimat niederlassen. Aber Tausende wurden nach Russland verschleppt. 1966 fand eine Volkszählung statt. Die Bevölkerung deutscher Nationalität im Kreis Sathmar betrug nur noch 4427, ein Bruchteil der Sathmarschwaben aus den Glanzzeiten.

1962 hatte der Landkreis Biberach die Schirmherrschaft über die Landsmannschaft der Sathmarer Schwaben übernommen. Landrat Dr. Steuer trug den Wunsch an die Schützendirektion heran, die Auswanderung der Sathmarschwaben als Thema in das Schützenfest einzubringen. Durch eine finanzielle Unterstützung wurde das ermöglicht. Auch die Landsmannschaft legte grossen Wert auf die Darstellung ihrer Geschichte. Dazu bot sich eine besondere Gelegenheit, 1987 waren es 275 Jahre, seit die ersten Sathmar-Auswanderer nach Südosten aufgebrochen waren.

Die neue Sathmar-Gruppe sollte also bis 1987 fertig sein. Es wurde jedoch ein Jahr später, denn ein Konzept und eine erhebliche Vorlaufzeit waren nötig. Am Anfang stand die Überlegung, daß auch eine Volkstracht sich verändert und mit der Zeit geht. Die Landsmannschaft besitzt Trachten aus der Zeit von 1920 bis 1940. Sie hat stark ungarische Stilelemente, was durch die Geschichte erklärbar ist. Die Schützendirektion wollte aber die Trachten der Auswanderungszeit, des frühen 18. Jahrhunderts darstellen. Jürgen Hohl lieferte die Entwürfe. Die sehr kleidsamen Gewänder wurden vom Kostümatelier der Schützendirektion für Kinder aus der Gaisental-Schule genäht: 2 kleinbäuerliche, 2 großbäuerliche und 2 handwerklich-städtische Paare.

*n*un brauchte man aber ein zentrales Schaustück für die Gruppe und hier bot sich das charakteristische Donauschiff an, das man Zille, Ordinarischiff oder spöttischerweise "Ulmer Schachtel" nannte.

Es traf sich sehr gut, daß man durch persönliche Bekanntschaft mit Dipl.Ing. Staudenmaier von den Ulmer Donaufreunden einen detailgenauen Konstruktionsplan des Schiffes erhielt. Die "Ulmer Schachtel" auf dem Plan war 30 m lang. Man entschloß sich, sie im Maßstab 1:4 zu bauen, 7,50 m lang, 2,50 m breit und 2,10 m hoch ohne Ruder. Freddy Lutz, Helmut Blos und Erich Walser unterzogen sich dieser großen Aufgabe. Ein solches Schiff kann nur in rein handwerklicher Arbeit erbaut werden. Keiner von den Biberacher Konstrukteuren war jemals im Schiffbau tätig gewesen, trotzdem wurde es eine wahre Meisterleistung.

Die Frage war zu lösen: Wie kann man die "Ulmer Schachtel" im Festzug durch die Straßen Biberachs ziehen? Hier war Schützendirektor Herbert Volmar der richtige Mann. Er baute einen verwindungssteifen Stahlrohrrahmen mit drei Achsen, auf die der Schiffskörper gesetzt wurde. Von dieser Konstruktion, die nur 25 cm hoch ist, sieht man fast nichts, so daß der Eindruck entsteht, ein Schiff schwimmt durch Biberach.

Das letzte Poblem war die Fortbewegung der "Ulmer Schachtel". Man entschloß sich zu einer Treidelanspannung, mit der früher Flußschiffe flußaufwärts gegen die Strömung und flußabwärts durch schwierige Stellen gezogen wurden.
Die Anspannung erfolgt mit vier Pferden im zweimal zwei Tandem-Zug ohne Deichsel, nur mit Zugseilen. Dazu benötigt man spezielle Geschirre, gehorsame Pferde und sehr geschickte Fahrer, ferner aufmerksame Steuerleute, die auf dem Dach des Schiffes stehen. Auf dem Fluß wird die Zille mit langen Rudern gelenkt. Das kann auf der Straße nur symbolisch demonstriert werden, eine aufwendige technische Hilfskonstruktion ersetzt die Ruder.

Mit der Sathmar-Gruppe wird im Festzug an die Jahrhunderte alte Auswanderung schwäbischer Bürger und Bauern in den Donauraum und nach Rußland erinnert.

Mit der "Ulmer Schachtel" hat der Historische Festzug ein ganz neues interessantes Element bekommen.

BAUERN BEI DER ARBEIT, BERGERHAUSER GRUPPE

Bergerhausen war über Jahrhunderte ein selbständiges Dorf mit einem eigenen Rathaus bis in die dreißiger Jahre hinein. Es war eine spitälische Ortschaft und ein Filial der evangelischen Kirchengemeinde Biberachs. Naturgemäß war eine engere Verbindung zur Stadt vorhanden als bei anderen Dörfern.

Die Bergerhauser Bevölkerung hatte immer ihren eigenen Stolz und gleichzeitig einen engen Zusammenhalt untereinander: Eine eigene Musikkapelle, ein florierendes Vereinsleben und viele Feste sind ein Beweis dafür, bis in die Gegenwart.

Im Jahr 1907 entstand die Bergerhauser Gruppe als älteste Darstellung ländlichen Brauchtums beim Schützenfest. In Bergerhausen gab es um die Jahrhundertwende noch viele alte Gerätschaften, wie sie im bäuerlichen Bereich über sehr lange Zeit im Gebrauch waren: Holzgabeln, Haferrechen, Dreschflegel, Sensen, Brotsack, Küchleskorb samt Kaffeehafen, Schwarzmus-Pfanne. Ein naturgetreuer Miniatur-Heuwagen samt Wiesbaum war dabei.

Die Buben trugen Arbeitskleidung in Anlehnung an die alten Trachten. Das war eine Stiftung der Alt-Wangers-Bäuerin, deren bürgerlicher Name sich offenbar nicht mehr erhalten hat. Die Mädchen trugen Arbeitstrachten, anfangs mit riesigen Strohhüten, heute sind diese durch Kopftücher ersetzt. Die Gruppe wurde später ausgebaut, Pflug und Egge, Schafe und Geißböcke kamen dazu.

Bis 1939 hatte Bergerhausen eine eigene Schule. Die Lehrer betreuten die Kinder am Schützenfest. Als die Schule aufgelöst war, bildete sich aus Bergerhauser Bürgern ein Zusammenschluß von Betreuern, die für die Kinder, für die Kleider und Geräte und Tiere sorgten. Es war eine echte Bürgerinitiative von Menschen, die sich um die eigene Gruppe ihres Ortsteils kümmerten. Die Schützendirektion anerkannte diesen Einsatz und ernannte die jeweiligen Sprecher zu Schützenbeiräten: Hans Bopp und Herbert Held.

Nach dem Krieg wurden Garbenwagen, Kartoffelwagen (Kipfenwagen) Erntekronenwagen neu eingeführt, wie der Heuwagen in Miniaturformat, so daß sie von Shetland-Ponys gezogen werden können.

Ein großer, vierspännig gezogener Wagen zeigt das Dreschen mit Dreschflegeln, eine Putz- und Blähmühle, das Sensendengeln und die Sichelhenke zum Abschluß der Erntezeit. Die Bergerhauser Hausfrauen backen selbst mehrere Hundert in Schmalz gebackene Küchle, sogenannte "Baurehocker", die die Kinder während des Festzugs an das Publikum verteilen. Auch die Prominenz bekommt Küchle und der Landrat und der Oberbürgermeister müssen einen Löffel Schwarzmus schlucken.

Die Bergerhauser Gruppe ist voller Aktivität, bäuerliches Brauchtum alter Zeit wird in lebendiger Form gezeigt.

DIE RIßEGGER BAUERNHOCHZEIT

Zeigen die Gruppen von Bergerhausen und Mettenberg den Bauern in der ländlichen Arbeit, so zeigen die Rißegger das Dorf beim Festen, und zwar beim wichtigsten Fest des ganzen Lebens, der Hochzeit. Die Gründerin der Rißegger Bauernhochzeit ist Fanny Bürker, die Frau des früheren Bürgermeisters und Landtagsabgeordneten. Sie hatte in ihrer Jugendzeit die großen Hochzeiten erlebt, an denen die gesamte Bevölkerung teilnahm. Das wollte sie späteren Generationen weitergeben. Außerdem hatte sie damit eine attraktive Rolle gefunden für die Rißegger Kinder beim Biberacher Schützenfest. Warum durfte Rißegg überhaupt in Biberach mitmachen, es war doch eine selbstständige Gemeinde? Seit jeher gehörte Rißegg als Filiale zur Biberacher Pfarrgemeinde St. Martin, daher auch diese Bevorzugung.

1931 ging Fanny Bürker an die Arbeit. Viele Kostüme wurden selbst hergestellt. Die Gruppe blieb in ihrem Grundaufbau bis zum heutigen Tag unverändert. Nur die Zahl der Kinder hat sich in dem stark wachsenden Biberacher Stadtteil Rißegg-Rindenmoos auf über Hundert vergrößert. Die meisten Gewänder wurden in den letzten Jahren vollkommen erneuert.

Dem Hochzeitszug voraus geht der Geiger, ihm folgen die Musikanten. Diesen schließen sich die weißen Mädchen mit Blumensträußen und Haarkränzchen an. Innerhalb der Festzugsordnung bewegen sich die beiden Hochzeitslader mit blumengeschmückten Stöcken. Mit gewaltigem Stimmaufwand kündigen sie die Hochzeit an und zählen die Speisenfolge in der Gastwirtschaft auf. Hinter den weißen Mädchen kommt die Hochzeitskutsche mit dem Brautpaar. Die Braut trägt eine Hochzeitsschappel (Brautkrone). Die Kutsche wurde früher von Geißen gezogen, heute sind Ponys vorgespannt. Ihr folgen die Eltern und Schwiegereltern, Verwandte, Bekannte, festfreudige Dorfgenossen im Sonntagsstaat. Am Schluß kommt der Wagen mit dem Brautgut. Man zeigt den Leuten voll Stolz "wa ma hot". In dem Wagen steht der Kasten voll sauber sortierter Aussteuer; die Bettladen sind aufgestellt, eine Truhe mit schönstem Hochzeitsgut, ein Spinnrad, eine Wiege zeigen den Weg in die Zukunft.

Vier geschmückte Tannenbäumchen geben dem pferdebespannten Brautgutwagen ein besonders festliches Aussehen. Auf dem Kutschbock sitzen der Schreiner, der die Möbel gemacht hat, die "Näh're", der die Wäsche zu verdanken ist und ein Bauer als Vertreter seines Standes.

Ein Kapitel wichtigen ländlichen Lebens und Brauchtums ist mit der Rißegger Hochzeit an Generationen weitergegeben, die davon nicht einmal mehr eine blasse Ahnung haben.

*i*m Jahre 1975 wurde das bisher selbständige Dorf Mettenberg nach Biberach eingemeindet. 1976 wurde die Schule aufgefordert, sich am Schützenfest zu beteiligen. Man suchte etwas Typisches für Mettenberg und kam schon bald auf das Thema "Flachsbauern", weil Flachs über Jahrhunderte in Mettenberg angebaut und verarbeitet wurde. Es ist daher auch nicht erstaunlich, daß sich in Mettenberg Geräte und Werkzeuge der Flachsbearbeitung im Original erhalten hatten, und auch gewisse Fingerfertigkeiten wenigstens in Anklängen bekannt waren. Franz Maurer nahm die Organisation in die Hand. Ihm gelang es, zahlreiche Alt- und Neubürger in Mettenberg für die Mitarbeit zu begeistern. Im eigenen Acker säte er Leinsamen von 1949 aus und gewann so die ersten Flachspflanzen der Nachkriegszeit in Mettenberg. Es war kein Wunder, daß bis 1979 eine komplette Flachsbauerngruppe mit zwei großen Festwagen in voller Besetzung entstand.

Der Gruppe voraus gehen zwei Säer, die Leinsamen säen. Sie werden begleitet von zwei Frauen, die ihre langen Haare offen tragen. So lang wie die Haare sollte auch der Flachs wachsen; die Mädchen tragen blühen-

METTENBERGER
FLACHSBAUERN

de Flachspflanzen, die Buben "geraupften" Flachs. Nun folgt der erste Festwagen, nach oben offen, der Flachswagen. Dieser ist dicht bestückt mit alten Gerätschaften, die von Kindern fachkundig bedient werden: Riffeln mit dem Riffelbalken, das Brechen an der Sitzpresse, Schwingen an Schwingbrettern, das Hecheln an verschieden feinen Hecheln, schließlich wird der gehechelte Flachs zu sogenannten "Knietzen" gebunden. Auf dem zweiten Festwagen, der als Haus mit Dach gebaut ist, zeigen die Mädchen mit Spinnrädern und Kunkeln das Spinnen. Die Kunkeln sind aus fein gehecheltem Flachs gebunden und mit roten Bändern zusammengehalten. Der Abfall beim Hecheln, das Werg, wird zu Sackleinen verarbeitet. In der "Hostube" unterhielten die jungen Burschen die Mädchen; es wurde gesungen und musiziert, ein Mettenberger Spinnerlied ist erhalten. Hinter dem Wagen gehen Mädchen mit Weißkörben, wie sie der "Göte" zum Wöchnerinnenbesuch gebrauchte und Buben mit originalen leinenen Maltersäcken. Den Abschluß der Flachsbauerngruppe bildet das Marktwägele oder Gaiwägele. Die Bauern fuhren damit ihre eigenen Produkte in die Stadt auf den Markt: Ferkel und Sauen, Eier, Obst, Kartoffeln, Gemüse und Blumen wurden feilgehalten. Zirka ab 1930 wurde auch Flachsgarn auf dem Markt verkauft.

Die Flachsbauern sind inzwischen ein fester Bestandteil des Gemeindelebens von Mettenberg geworden. Die Kinder üben fleißig die traditionellen Handgriffe und lassen das Spinnrädle surren, bis sie perfekt spinnen können. Die Erwachsenen betreuen die Gruppe technisch und organisatorisch. Sie haben inzwischen schöne stilgerechte Trachten bekommen, auf die sie stolz sind. Es ist kein Wunder, daß die Flachsbauern inzwischen alljährlich Einladungen zu den verschiedensten Festen bekommen. Besonders beliebt sind ihre Flachswickel oder Flachszöpfla, ein mäßig süßes Hefegebäck, das für die Flachsverarbeitung symbolisch steht.

*i*n Mittelbiberach ist bis in das 16. Jahrhundert zurück die Tradition einer "Gesellschaft des Büchsenschiessens" nachgewiesen. Im Laufe der Jahrhunderte entwickelte sich in der "Kaiserlichen Reichsvogtei" aus der Truppe mit Verteidigungsaufgaben ein Parademilitär wie in vielen anderen Gemeinden auch.
Ab 1933 wirkte die "Kleine Bürgerwehr" beim Biberacher Schützenfest mit, Schüler der Mittelbiberacher Schule. Zu Anfang waren Buben und Mädchen gleichermaßen vertreten. Die Buben trugen kleine Gewehre, alle hatten Uniformen an und bemühten sich, stramm zu marschieren. Trotzdem war es eine echt kindliche Gruppe, die nicht wie verkleidete Erwachsene aussahen. Später kam die Musikkapelle des Militärcorps dazu, die immer großen Anklang fand.
Ab 1952 war die "Kleine Bürgerwehr" wieder dabei, nun aber ohne Mädchengruppe. Nur den Hauptmann mit seiner Prachtuniform flankierten zwei hübsche Mädchen mit Blumensträußen.
Im Jahr 1991 wurde aus besonderem Anlaß auch die ganze Schützenkompagnie zur Teilnahme am Schützenfest eingeladen. Den Soldaten der Bürgerwehr aus Mittelbiberach machte das so viel Spaß, daß sie auf keinen Fall mehr auf die Mitwirkung verzichten wollten, zumal der Ehrenhauptmann, Alt-Landrat Dr. Wilfried Steuer, jeweils stramm mitmarschierte. So entstehen Traditionen manchmal aus Zufällen, und schon nach wenigen Jahren kann man sich nicht mehr vorstellen, daß es jemals anders gewesen sein sollte.

Das Bürgermilitärcorps und die Kleine Bürgerwehr von Mittelbiberach.

Der Nachtwächter und die Stadtsoldaten begleiten die beiden Wagen mit den Biberacher Stadttoren.

Gleich schlägts Neune und die Pagen müssen sich mit den Baumodellen in den Festzug einreihen.

EIN BILDERBUCH DER STADTGESCHICHTE

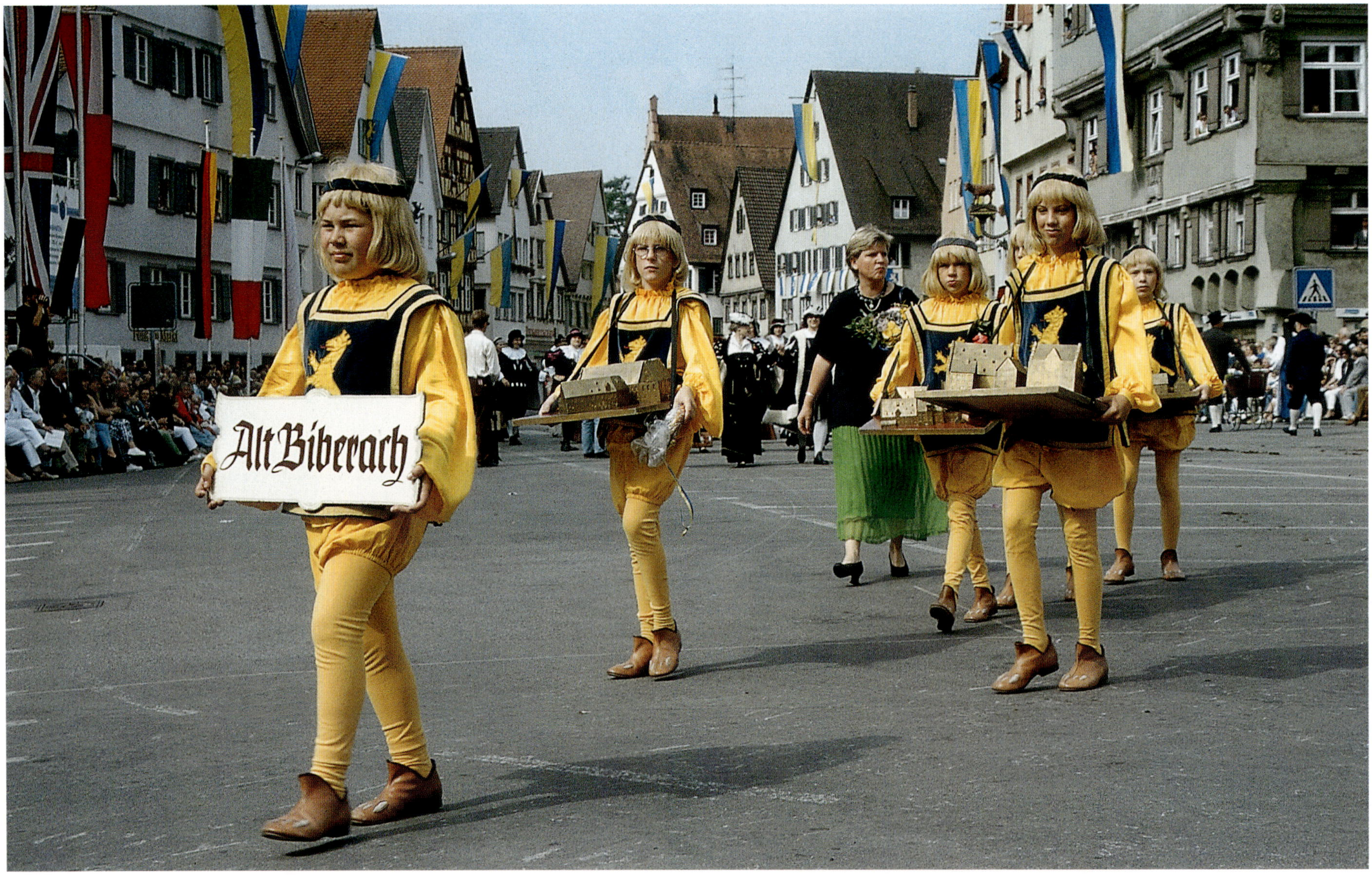
Alt Biberach

EIN BILDERBUCH DER STADTGESCHICHTE

Die Renaissance-Tanzgruppe schreitet würdevoll durch die Straßen von Biberach.

Die berühmte Stadion'sche Berline wird von einem Sechser-Gespann edelster Rassepferde gezogen.

EIN BILDERBUCH DER STADTGESCHICHTE

Ihr folgt die Rokoko-Gruppe, die an bestimmten Straßenecken von der Biberacher Jugend immer wieder zum Küssen ermuntert wird.

Fürstäbtissin Maximiliane in ihrer äußerst schwer zu manövrierenden Sänfte besuchte immer wieder das Schloß ihres Vaters in Warthausen.

Huldvoll grüßend und sehr gepflegt lassen sich Graf Stadion, Pater Sebastian Sailer und Christoph Martin Wieland durch Biberach kutschieren.

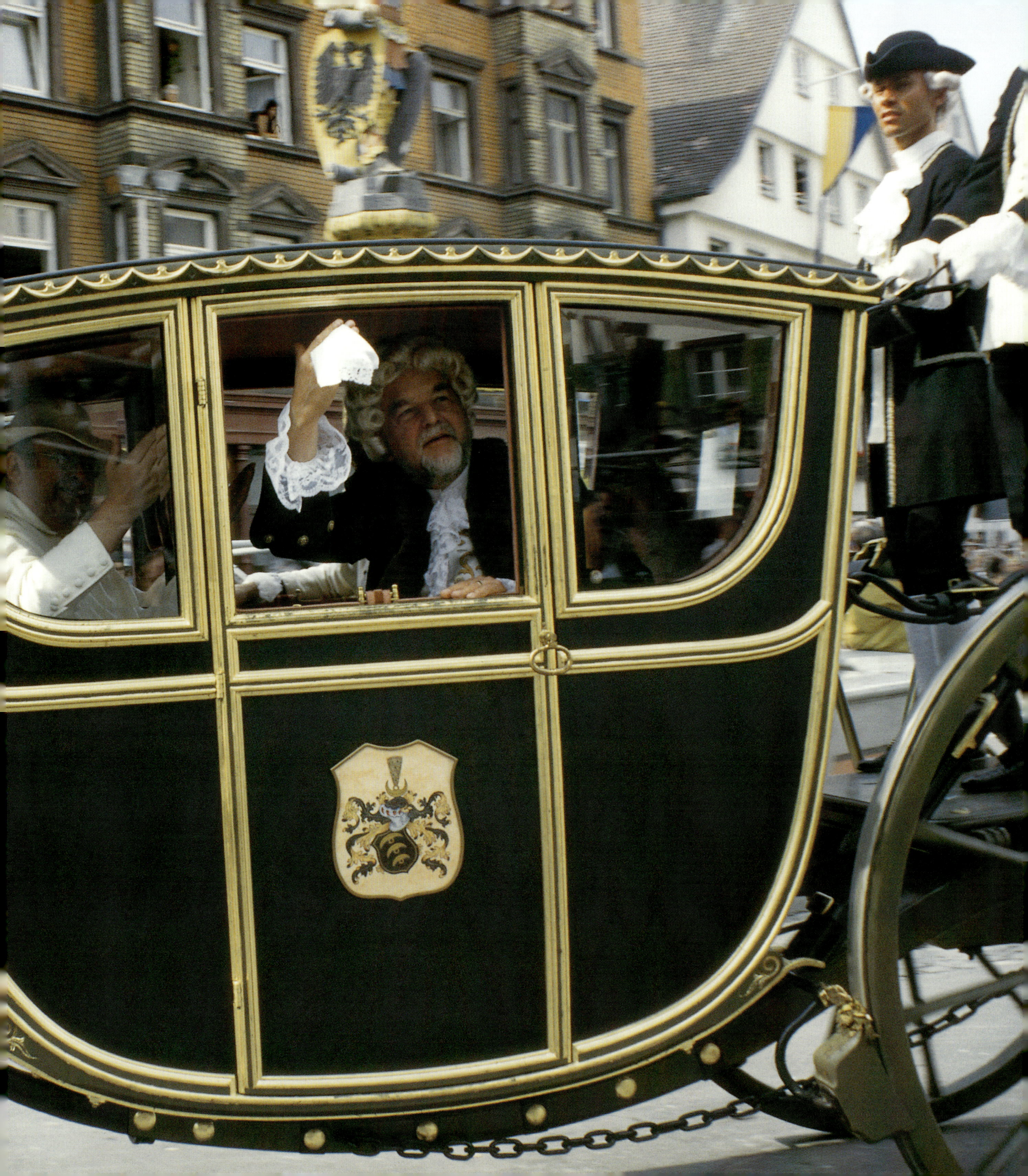

Aufruf an die Württembergische Bevölkerung

Zur Ergreifung des famösen
Tag- und Nachtdiebes

Xaver Hohenleiter
vulgo Schwarzer Veri

Haupt einer
gefährlichen Räuberbande
werden

1000 fl. Belohnung
ausgesetzt

Xaver Hohenleiter, vulgo Schwarzer Veri, 31 Jahre alt, gebürtig aus Rommelsried, königl. Landgerichts Zusmarshausen, starke Postur, feuriges Auge, prachtvolle blendend weiße Zähne, schwarze lockige Haare, die er offen trage, dicker Backen- und Kinnbart, gebe sich oft als Metzger aus und stiehlet aller Orten, sonderlich aber des Nachts. Seye ein recht gefährlicher Dieb, der gottlos seine Opfer tractiert, überhaupt aber soviel gestohlen, daß man es nicht in eine Stube bringen könne.

Ausfindig zu machen, den Betreffenden anzuhalten, und sowohl hierher, vorzüglich aber dem Reichsgräflich Schenk von Kastellischen Oberamte zu Oberdischingen die Anzeige zu erstatten.

K. K. D. D. Polizeydirektion
am 19ten Februar 1819
Hieron
königl. Untersuchungscommissär

Am Gefängniswagen prangt der Steckbrief des Xaver Hohenleiter alias 'Schwarzer Veri'.

"Fuirio!" Der Schlachtruf der Räuberbande ertönt, die Leiter wird angelegt. Und ruckzuck wird wieder ein Biberacher Geschäftsmann seiner Ware beraubt. Da hilft kein Händeringen mehr.

Die Festbesucher halten den Atem an: Die 'dreckete Muatr' (Erika Amsler) rast im gestreckten Galopp über den Biberacher Marktplatz und kommt direkt vor der Ehrentribüne zum Stehen.

EIN BILDERBUCH DER STADTGESCHICHTE

Gegen entsprechendes Lösegeld werden die gefangenen Zuschauer wieder auf freien Fuß gesetzt. Der Henker ist bei diesen geringen Straftaten noch nicht in Aktion. Er genießt die Erfurcht des jüngeren Publikums.

Der 'Malefizschenk' verfolgt würdevoll und hoch zu Roß die Räuberbande.

360

EIN BILDERBUCH DER STADTGESCHICHTE

Beim Schwarz Veri-Fest geht's meist feucht-fröhlich zu. Allerlei räuberische Späße bringen das immer zahlreicher werdende Publikum in Stimmung.

**Die knallgelbe Thurn- und Taxis'sche Postkutsche bläst zur Abfahrt.
Ihr folgt die Biedermeier-Gruppe, Symbol für Wohlstand und Anstand.**

Die Kutsche des Jordanbads mit Pfarrer Kneipp, Sanitätsrat und Oberin Sr. Rosina.

EIN BILDERBUCH DER STADTGESCHICHTE

Die Biberacher Bürgerwehr von 1848 ist entstanden aus der Freiheitsbewegung des 19. Jahrhunderts.

Das Komando lautet:
"Kompanie zum Laden fertig,
lad das Gewehr,
Zündung auf,
zum Kompaniefeuer hoch schlagt an,
Kompanie Feuer!"

Die Kleine Historische Trachtengruppe zeigt die malerische Kleidung der weiteren Umgebung Biberachs und die Provinzen der Heimatvertriebenen.

EIN BILDERBUCH DER STADTGESCHICHTE

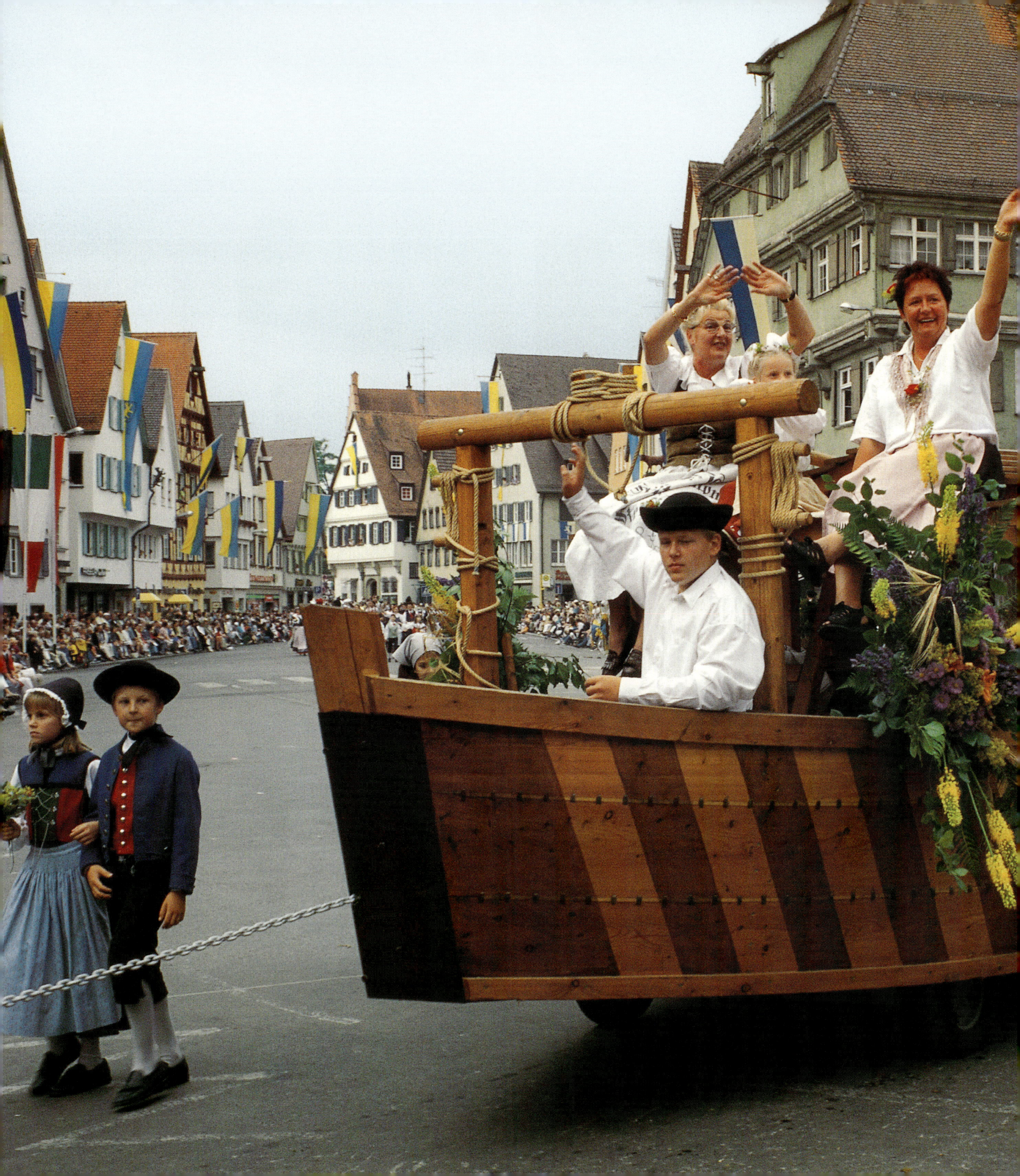

Viele Biberacher siedelten im 18. bis 19. Jahrhundert nach Sathmar aus. Die Ulmer Schachtel brachte die Auswanderer auf der Donau bis nach Budapest.

Auch die vom Ausland stammenden Biberacher Bürger nehmen mit ihren farbenfrohen Landestrachten am Festzug teil.

Das rythmische Schlagen der Dreschflegel kündigt den Festbesuchern die Bergerhauser Bauerngruppe an.

Der glückliche Ausklang der Ernte wird durch die Erntekrone angezeigt.

Die Mädchen und Buben aus der ehemaligen Landgemeinde tragen voll Stolz das Handwerkszeug ihrer Großväter.

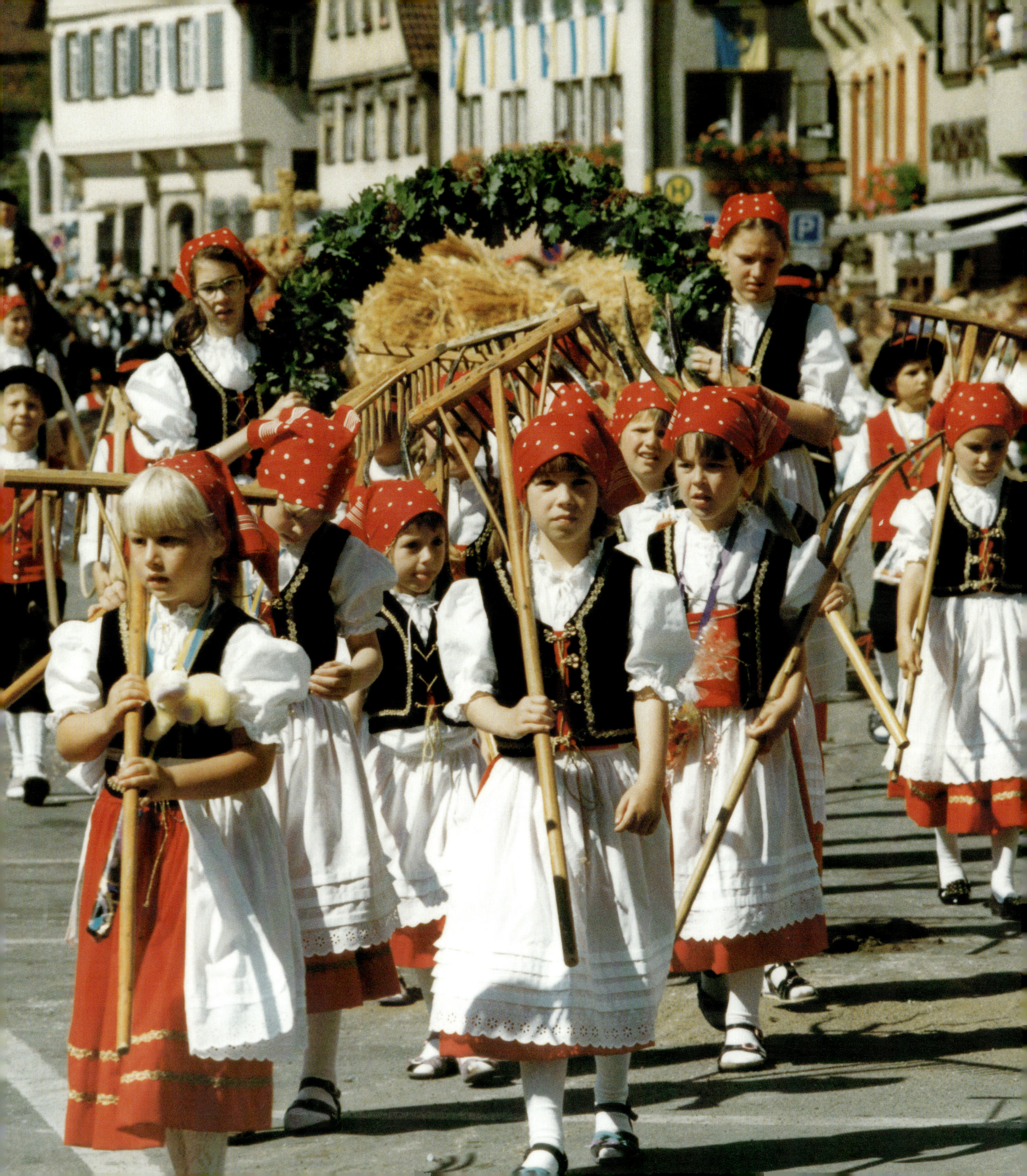
H
P

Mädchen der Bergerhauser Gruppe verteilen schmalzgebackene 'Kiachle'.

Der Hochzeitslader informiert die Hochzeitsgäste über den Umfang der Publikumspende in seinem Hut.

Der Brautwagen mit Aussteuer und Hochzeitslader.

Die Kutsche mit dem Rißegger Hochzeitspaar.

EIN BILDERBUCH DER STADTGESCHICHTE

Spruch des Rißegger Hochzeitslader:

"Send eiglada uft Hochzeit !
Om achde isch feierliche Trauung.
Om neine Frühstück,
ond om zwölfe Mittagessa.

Do geits a Geigaknödelsupp mit bachene Spätzle.
Nochher a Siedfleisch, an Schweinebroda,
a Kalbsschnitzel oder a Stuck voara Wildsau.
Drzua en Kopfsalat, en Gurkasalat, en Bohnasalat,
en Kartoffelsalat und en ganza Berg Spätzla.
Zom Nochtisch geits Pudding mit Pfirsich, Erdbeera
ond en Schlagrahm, ond Jonkersbira direkt vom Baum.

Om drui trinket mr en Bohnakaffee mitra
Haselnußtort, Erdbeertort, Himbeertort, Obstkucha
und ema Gugelhopf.
Om siebene isch Nachtessa mit soooooo dicke Bratwüscht.
Om achte isch Tanz.
Kommet au und gobet au !"

374

EIN BILDERBUCH DER STADTGESCHICHTE

In der Hostube unterhielten die jungen Mettenberger Flachsbauern die spinnenden Mädchen. Es wurde geschwatzt und gesungen. (Manchem Flachsbauern gibt dies doch zu denken, oder ist es der Traum vom anschließenden Rummelplatzbesuch?)

Auf einem Geißbockfuhrwerk werden selbstgebackene Zöpfe aus Hefeteig mitgeführt.

Die jungen Mettenberger Flachsbauern zeigen, wie der Flachs gehechelt und gebrochen wird.

Die Bürgerwehr von Mittelbiberach hat sichtlich Freude am strammen Marschieren.

EIN BILDERBUCH DER STADTGESCHICHTE

Den Abschluß des historischen Festzugs bildet meist ein wunderschöner, mit Blumen geschmückter Wagen, der von einem edlen Pferdegespann gezogen wird. Hübsche Mädchen im Gärtnerdirndl begleiten ihn.

Das Lagerleben.
Die Scharwächter.
Die Zunfttänze.
Die Festwoche "900 Jahre Biberach".
Tanz durch die Jahrhunderte:
Bauerntänze aus dem 16. Jahrhundert.
Renaissancetänze.
Rokokotänze.
Bürgerball zur Bismarckzeit.

t ANZ, VERGNÜGEN UND

Der Nachtwächter.
Das Feuerwerk.
Der Berg.
Volksbelustigungen.
Der Kleine Schützenjahrmarkt.
Schöne Schützennächte und 'Krach auf dr Gass'.
Bauernschützen, Ausklang des Festes.

NDERSPIEL

Das Lagerleben.

Jener Teil des Gigelbergs, der als Steilabfall zur Stadt und zum Rißtal jäh sich neigt, ist der schönste Platz dieses Höhenzugs, der die Stadt etwa 50 m überragt.

Friedrich Goll hat in der ersten Hälfte des 19. Jahrhunderts aus dem vorderen Gigelberg eine Parkanlage nach englischem Muster gemacht. Er ließ große Bäume anpflanzen - Schwarzpappeln, Linden, Buchen, Kastanien-, die inzwischen am Ende ihrer Lebenszeit angekommen sind.

Es ist klar, daß diese malerische Fläche im Schatten großer alter Bäume sich anbot für ein Lagerleben. Der Weiße Turm, das Gigele und die Stadtmauer grüßen von Ferne zu dieser Szenerie herüber. So kam es, daß schon im Jahr der Aufstellung der Schweden-Gruppe, 1939, ein Schwedenlager errichtet wurde, eine absolute Neuheit beim Schützenfest.

Nach dem Krieg wurde das Schwedenlager wieder neu installiert, 1955 kam mit der Aufstellung der Kaiserlichen Reiter auch ein Lager der Kaiserlichen dazu.

Inzwischen war mit den vielen Festwagen und den neuen Reitergruppen die Zahl der Pferde sehr viel größer geworden. Man richtete nun ein Fahrer- und Reiterlager ein, in dem die Pferde gefüttert und getränkt, die Mitwirkenden verpflegt werden konnten.

Die Räuberbande des Schwarzen Veri brachte ein ganz neues Element ins Lagerleben. Ab 1969 ließ sich das Räubervolk bei den anderen Lägern nieder, fand aber einige Jahre später ein ideales Terrain im alten Bilger'schen Garten an der Dinglingerstraße, bis dieses anders verwendet wurde und der Schwarze Veri zum großen Lager zurückkehrte.

1975 folgte der Baltringer Haufen samt seinem Kuhgespann. Die Baltringer taten sich von Anfang an dadurch hervor, daß kundige Frauen und eifrige Männer für exquisite Fourrage sorgten, die von allen Seiten sehr begehrt war.

Anfang der 80iger Jahre wurde das ganze Lagerleben neu geordnet. Es wurde ein Rundweg geschaffen, von dem man die einzelnen Lager bequem betrachten kann. Die Lager bilden einen geschlossenen Block, der nur durch Naturholzzäune abgeteilt ist. Das Lagerleben beginnt unmittelbar nach den beiden Historischen Festzügen am Dienstag und an Bauernschützen.

Was ist der besondere Reiz dieser sehr beliebten Einrichtung? Irgendwie spürt man den Atem der Geschichte, ein Stück damaligen Lebens, auch wenn es nur ein Abglanz dessen sein kann, was sich in früheren Jahrhunderten ereignet hat. Den wahrscheinlich dominierenden Einfluß üben dabei die ca.140 Pferde aus, die im Lager stehen. Der Bauhof hat für sie Holzstände und Futterbahren aufgebaut, sie werden getränkt und fressen in aller Ruhe ihr Heu. Man hat den Duft von Pferden und Leder in der Nase, man kann die edlen Reitpferde und die massigen Kaltblutrosse bewundern. Die prachtvollen Geschirre und Reitzäume sind eine besondere Augenweide. Immer wieder ist zu beobachten, daß sich Pferdefreunde und Pferdekenner kaum von diesem Bereich der Rosse trennen können.

Die militärischen Gruppen der Schweden und Kaiserlichen haben ihre Waffen aufgebaut, Spieße, Musketen, Rapiere; teilweise hängen Helme und Kürasse am Zaun. Wagen und Kanone sind aufgefahren. Stilechte Zelte sind ein besonderer Schmuck der Lager.

TANZ, VERGNÜGEN UND KINDERSPIEL

Die Pferde sind versorgt. Eine uralte Tradition: Zuerst das Pferd und dann der Mann. Nun werden in allen Lägern die durstigen Kehlen gelabt und die hungrigen Mägen gefüllt. Die meisten Reiter und Fahrer sind beim Morgengrauen aufgestanden, inzwischen sind 5 bis 6 Stunden vergangen. Daß der Mensch da Hunger und Durst hat, ist klar. Ordentliche Mengen an Bier werden konsumiert. Für Nichtbiertrinker gibt es natürlich auch Nicht-Alkoholisches. Ein wohliger Duft von gebratenen Würsten, deftiger Suppe, Saumagen und Spanferkel und frischen Knauzenwecken liegt über dem Ganzen.

Nachdem der erste Hunger gestillt ist - der Durst endet nie - wird es lebendig in den Lagern. Die Schwedenmusik trommelt und pfeift, die Lagerwache macht ihren Rundgang. Der Baltringer Haufen singt Lieder aus dem 16. Jahrhundert. Besonders wild geht es natürlich bei den Räubern zu. Die Weiber führen den "Tanz der Konkubinen" vor. Vom Dach der Räuberhütte aus wird das Diebesgut versteigert. Eine eigene Räubermusik unterhält ein großes Publikum. Das Abreiten der Kaiserlichen und der Schweden bedeutet das Zeichen zum Ende des Lagerlebens, am Dienstag gegen 15.30 Uhr, am Sonntag gegen 16.30 Uhr.

*e*s sind noch zwei weitere kleinere Lager zu erwähnen, die in neuerer Zeit entstanden sind: 1991 begründete die Bauerntanzgruppe ein Lager beim ehemaligen Gigelberg-Sportplatz auf der Anhöhe Richtung Dinglingerstraße. Es ist eine besonders originelle Heimstatt geworden, die sich die Gruppe hier in Eigenarbeit geschaffen hat. Zahlreiche kostümierte Kinder wuseln herum, denn unter den Tänzern sind viele junge Ehepaare. Es herrscht eine frohe gelockerte Stimmung und es wird viel getanzt zum Klang von Dudelsack und Schalmei. Most wird gereicht, Brotteig im offenen Feuer gebacken. Eine Anzahl von Tieren macht das Lager noch bunter.

Am Ende des Hirschgrabens, am Fuß des Weißen Turmes, haben die Scharwächter seit 1992 ein Lager eingerichtet, in dem viel passiert. Von allem Anfang an waren bei den Scharwächtern die Kinder mit einbezogen. Sie helfen den Erwachsenen beim Kassieren und beim Absperren. Es ist klar, daß sie auch mit großem Eifer und viel Spaß beim Lagerleben dabei sind. Eine Menge Tiere machen das Lagerleben zünftig. Reichhaltige Verpflegung wird gebrutzelt und gesotten. Den Scharwächtern ist diese Erholung nach harter Arbeit zu gönnen.

*S*eit geraumer Zeit überlegte die Schützendirektion, wie sie den Verkauf von Festabzeichen besser organisieren könne. Abgesehen vom Vorverkauf durch die Schulen klappte das meist nur mangelhaft. Es fehlte einfach an geeigneten einsatzwilligen Mitarbeitern. Schließlich wurde die Idee geboren, eine uniformierte Gruppe aufzustellen. Schützendirektor Dieter Fleisch unterzog sich ab 1990 der Aufgabe, die geeigneten Leute zu suchen.

Von vornherein war klar: Ganze Familien konnten mitwirken. Ließ man auch Kinder mitmachen, so waren die Eltern frei zum Einsatz; die Kinder waren selig, eine Aufgabe zu haben; schließlich war mit der Begeisterung der Jugend die Grundlage geschaffen für einen einstmaligen Einsatz als Erwachsene.

Es gelang Zug um Zug, geeignete Frauen und Männer zu gewinnen. Nun mußte passende Kleidung her, Klei-

Die Scharwächter

dung, die schmuck aussah, die aber trotzdem praktisch und nicht lästig war. Man entschied sich für ein Gewand, das einer Landsknechtstracht nachempfunden war. Hose und Ärmel sind blau-gelb gestreift, das Wams ist dunkelrot und hat Schulterwülste. Dunkelrote Strümpfe, ein weißer Kragen, weiße Manschetten und ein schwarzes Barett komplettieren die Montur.

*n*un galt es, einen Namen zu finden für die neue Mannschaft. Aus mehreren Vorschlägen entschied man sich für "Scharwächter", einen Namen, der in Biberach Tradition hat. "Scharwächter" aus Schar der Wächter entstanden, waren eine Art Stadtpolizei, die nächtens durch die Straßen zog, um die öffentliche Ordnung aufrechtzuerhalten.

1992 nahmen die Scharwächter die Arbeit auf, damals unter Leitung von Jürgen Sterzel, dem 1995 Karl Fürgut folgte. Sie verrichten den Kassendienst am Schützendienstag, an Bauernschützen und am Schwarz-Veri-Abend (Abzeichenverkauf) und am Freitag und Samstag beim "Tanz durch die Jahrhunderte" (Eintrittskarten). Zwei Stunden vor Beginn einer Veranstaltung müssen sie anwesend sein, hinterher müssen sie aufräumen und abrechnen.

Die Scharwächter stehen nicht im Rampenlicht, sie verrichten ihren Dienst im Hintergrund und können nicht am Festzug teilnehmen. Es sind Idealisten der besonderen Art. Dabei ist allgemein anerkannt, daß die Scharwächter den Festbesuchern mit äußerster Höflichkeit entgegentreten. Niemand wird angeschnauzt oder unter Druck gesetzt. Die weitaus überwiegende Zahl der Festbesucher bezahlt gerne und ohne Widerspruch, zumal die Eintrittssätze bescheiden sind. Es gibt aber auch hartgesottene Zeitgenossen, die es einem schwer machen, ruhig und höflich zu bleiben. Die Scharwächter schaffen das, sie genießen nicht umsonst ein sehr hohes Ansehen.

Inzwischen sind die sympathischen Scharwächter auf etwa 80 Personen angewachsen einschließlich der Kinder. Eine besondere Attraktion ist ihr malerisch gelegenes Lager am Fuß des Weißen Turms. Das Lagerleben wird von den Scharwächtern sorgfältig vorbereitet. Speis und Trank, Spiel und Musik, Pferde, Geißen, Schafe, alles wird liebevoll zusammengestellt und diese Geselligkeit bietet einen Ausgleich für alle Mühe und Arbeit. Aus den Scharwächtern ist eine verschworene Gemeinschaft geworden, die sich als große Familie empfindet.

*e*ine besonders liebenswerte Veranstaltung des Schützenfestes sind die Zunfttänze. Kinder lernen in spielerischer Art alte Handwerkskunst und Brauchtum der Vorfahren kennen. Tanz mit Symbolgehalt steht im Mittelpunkt, die Arbeitsgänge der verschiedenen Zünfte und Handwerksberufe werden in tänzerischer Form dargestellt, aber auch Zunftsprüche und Handwerkerlieder werden dargeboten. Das Auftreten vor einer großen Kulisse ist sicher für die meisten Kinder ein ganz neues Erlebnis. Die Zunfttänze sind ein farbenprächtiges historisches Schauspiel, gleichzeitig eine wichtige pädagogische Einrichtung für die Biberacher Schüler.

In der Zeit unmittelbar nach dem Zweiten Weltkrieg versuchte Schützendirektor Otto Schilling mit Hilfe von

Die Zunfttänze.

Landjugendgruppen und der TG-Jugend ein Volkstanzprogramm auf dem Gigelberg aufzustellen. Er wurde dabei vom Vorsitzenden Fries und von Heinrich Sembinelli nachdrücklich unterstützt. Man hat sich bei anderen Festen Anregung geholt und sicherlich einiges abgeguckt, so beim Kaufbeurer Tänzelfest und beim Memminger Fischertag.

1951 hatten die Zunfttänze Premiere mit dem Weber-, Gerber-, und Bauerntanz. Heinrich Sembinelli übernahm die Ansage und behielt sie bei bis zu seinem frühen Tode im Jahr 1961. Es traf sich glücklich, daß in den 50er Jahren auch die ersten Zunftwagen entstanden mit den zugehörigen Zunftgruppen. Die Kostüme waren der Arbeitskleidung nachempfunden, wobei man größten Wert auf Echtheit legte. Bloße Arbeitskleidung aber wäre zu primitiv, zu wenig attraktiv gewesen. So entstanden Gewänder, die einer veredelten Arbeitskleidung entsprachen. Rund 30 Jahre später, in den 80er Jahren, mußte die Kleidung der Zunftgruppen erneuert werden. Inzwischen hatte die Trachtenforschung neue Erkenntnisse gebracht, so daß die Gewänder im Detail originalgetreuer gemacht werden konnten.

Sehr großer Aufwand wurde getrieben, um Tänze, Zunftsprüche und Zunftlieder möglichst authentisch zu gestalten. Fritz Thierer korrespondierte mit volkskundlichen Instituten, mit Tanzfachleuten und mit Handwerkermuseen. Auf diese Weise erfuhr man viel, aber doch nicht alles. Tanzschritte und Tanzweisen mußte man aus der allgemeinen Literatur ergänzen, die Erfahrung von Volkstanzexperten ließ schließlich für einen Tanz die passende Choreographie entstehen. Wichtigstes Element eines Tanzes waren die Arbeitsgänge und der Rhythmus eines Handwerks. Am Beispiel des Webertanzes sei das hier dargestellt: Im spielerischen Tanz sieht man das Längen der Kette, das Überkreuzen der Fäden in Kette und Schuß, das Auf und Ab der Schäfte und das Durchschießen des Schiffchens im Webstuhl.

Zunftsprüche und Handwerkerlieder wurden teilweise in der volkskundlichen Literatur gefunden. Manches mußte ergänzt werden. So hat Gustaf Hetsch in den 50iger Jahren im antiken Stil mehrere Zunftsprüche geschrieben. Insgesamt entstand eine Darbietung, die einen hohen Grad von Echtheit hat und altes Brauchtum angemessen wiedergibt. In den 60er Jahren entstanden die Gruppen der Färber und Glockengießer, zwei neue Tanzgruppen mit ausdrucksvollen Tänzen waren damit verbunden.

Es hat sich eine bestimmte Reihenfolge der Zunfttänze herausgebildet: Jedes Jahr tanzt die Webergruppe, abwechslungsweise den Deutschen und den Schwedischen Webertanz, dargeboten vom Pestalozzi-Gymnasium. Alljährlich tanzen auch die Bauern, alternierend wird der Bänder- und der Erntekronentanz vorgeführt (Mali-Hauptschule). Die anderen drei Tänze werden im dreijährigen Rhythmus gezeigt; Gerbertanz (Wieland-Gymnasium), Färber- und Glockengießertanz (Dollinger-Realschule).

Zwei Persönlichkeiten haben für die Zunfttänze eine außergewöhnliche Rolle gespielt: Erich Otto und Margret Breimer. Erich Otto stammte aus dem anhaltinischen Koethen und kam auf seiner Wanderschaft als junger Handwerker durch Biberach, wo er sich in Bergerhausen niederließ. Erich Otto war ein Mann der Jugendbewegung und des Wandervogels, Volkstanz lag ihm im Blut. Er entwarf für die meisten Tänze die Choreographie und übte selbst viele Tänze ein. Als er im hohen Alter schließlich aus dem aktiven Dienst ausschied, hatte er seinen Nachfolgern viele Kenntnisse weitergegeben. Es ist nicht übertrieben, ihn als den Vater der Zunfttänze zu bezeichnen. Margret Breimer hat von 1952 bis 1983 die Webertänze einstudiert. Sie war die erste Frau in der Schützendirektion und hat ihre Aufgabe mit großem Engagement erfüllt. Die Kommissionsvorsitzenden der Schützendirektion für den Bereich Zunfttänze waren nach dem Tode Sembinellis die Rektoren Hans Rieger, Paul Achberger, Herbert Kolb, Helga Ludwig und Helga Richter.

Von 1951 bis 1990 wurden die Zunfttänze auf dem Sportplatz Gigelberg aufgeführt. Ein nicht gerade hinreißendes Tanzpodium stand zwischen Schaustellerbetrieben und dem Bierzelt. Die Lärmkulisse nahm von Jahr zu Jahr zu. Rektorin Helga Richter machte 1991 den Vorschlag, die ganze Veranstaltung auf den Marktplatz zu verlegen. Die außergewöhnliche Atmosphäre dieses zentralen Platzes der Stadt gab den Zunfttänzen ein neues Flair und hat ihre Bedeutung gehoben.
Jahrzehntelang wurde die Tanzmusik für die Zunfttänze vom Harmonikaorchester Franz Glöggler gespielt. Im letzten Jahrzehnt hat sich dieser Aufgabe ein Jugendbläserensemble unter der Leitung von Musikdirektor Peter Marx unterzogen. Wenn zum Abschluß der Zunfttänze alle Gruppen auf dem Marktplatz aufmarschieren, wenn man gemeinsam das Festlied "Rund und mich her ..." singt, dann hat man den Eindruck, unsere Biberacher Jugend hat ein Stück Tradition lebendig werden lassen, sie hat aber gleichzeitig Spaß an Musik und Bewegung gehabt.

Das Stadtjubiläum war kein unmittelbarer Bestandteil des Schützenfestes. Es gab jedoch enge personelle Verflechtungen, außerdem gingen von dem Stadtfest starke Impulse aus, die das Schützenfest befruchteten und belebten. Deswegen soll im Rahmen dieses Schützenfest-Buches in Kürze über die Festwoche berichtet werden.

Die erste, bisher bekannte urkundliche Erwähnung Biberachs stammt aus dem Jahr 1083. Es lag auf der Hand, daraus ein Stadtjubiläum zu entwickeln.
Schon im Jahr 1980 richtete die Schützendirektion ein Schreiben an den Oberbürgermeister und den Gemeinderat, in dem sie sich bereiterklärte, federführend die Planung und Organisation einer Festwoche zu übernehmen. Es bestand der Grundgedanke, soweit als irgend möglich, die gesamte Bevölkerung einzubeziehen, ein echtes Volksfest zu veranstalten. Die politischen Gremien billigten das Konzept und bewilligten die notwendigen Mittel.

Um die Finanzen von Schützendirektion und Stadtfest korrekt zu trennen, wurde der Verein "Stadtfest e.V." gegründet, zwar weitgehend personengleich mit der Schützendirektion, aber doch ein selbständiges Gebilde. Genauere Nachforschungen ergaben, daß das Jahr 1983 eigentlich durch zwei Jubiläen gekennzeichnet war. Neben der ersten urkundlichen Erwähnung Biberachs gab es das bedeutende Datum: 250 Jahre Christoph Martin Wieland. Man entschloß sich daher, 1983 als Wieland-Jahr zu feiern, die Festwoche "900 Jahre Biberach" auf 1984 zu verschieben.
Schon sehr bald ergab es sich, daß die Bürgerschaft von Biberach, bemerkenswerterweise aber auch die Bevölkerung eines sehr breiten Umlandes zur Mitarbeit

Die Festwoche "900 Jahre Biberach".

TANZ, VERGNÜGEN UND KINDERSPIEL

Kaum zu glauben, diese Aufnahme entstand erst vor 15 Jahren in der Stadtpfarrkirche St. Martin. Viele Biberacher Bürger ließen extra historische Gewänder zur 900 Jahrfeier schneidern, um ihre Geschichte hautnah mitzuerleben.

am Stadtjubiläum bereit war. Vorschläge und Ideen wurden in großer Zahl an das Leitungsgremium herangetragen. Sofern sie in das Gesamtkonzept hineinpaßten, wurden sie auch verwirklicht.

Im Jahr 1981 saß eine kleine Kommission beisammen: Fritz Kolesch, Gerhard Rothenbacher, Robert Pfender, Dieter Buttschardt, Peter Geiwitz. Das Programm der "Festwoche 900 Jahre Biberach" wurde in groben Zügen entworfen. Nach langen Beratungen kam man zu folgendem Ergebnis:

1. Vor der gewaltigen Kulisse des Biberacher Marktplatzes sollte die schlimmste und notvollste Zeit der Stadt Biberach in dramatischen Szenen dargestellt werden. Dieter Buttschardt verfaßte den Text des Historischen Spiels "Bürgerzwist und Schwedennot – Biberach im Jahr 1634". Günter Vogel führte die Regie mit Darstellern des "Dramatischen Vereins". Schwedengruppe und Kaiserliche waren in das Spiel eingebunden. Ein zahlreiches Publikum folgte bei den vier Aufführungen der Handlung.

2. "Jahrmarkt zu Urgroßvaters-Zeiten"
Das wurde die Großveranstaltung schlechthin. Rund 35.000 Zuschauer drängten sich durch die Biberacher Innenstadt an einem einzigen Tag. Ein Roß-, Vieh- und Schweinemarkt wie vor 150 Jahren begeisterte die Zuschauer. Schafe, Ziegen, Hühner, Gänse, Enten, Hasen standen wie in früheren Zeiten zum Verkauf.
Alle Arten von Händlern boten im historischen Rahmen und mit entsprechendem Gebaren ihre Ware feil, darunter auch Kleinhändler mit Krätzen auf dem Rücken; Geldwechsler waren dazwischen. Handwerker zeigten in großer Zahl alte Herstellungskunst: Bäcker mit einem historischen Backofen, Metzger, die einen ganzen Ochsen am Spieß brieten, Weißgerber, Rotgerber, Sattler, Buchbinder, Hufschmiede, Kupferschmiede, Seiler, Küfer, Zinngießer, Wagner, Rechenmacher, Kürschner, Zimmerleute, Korbmacher, Barbiere, Drechsler, Weber, Puppenmacher, Stoffdrucker.

Unter das Volk mischten sich Moritatensänger, Gaukler, Seiltänzer, Jongleure, Akrobaten, Wahrsager, Waschweiber am Stadtbach, Musiker und Sängergruppen. Sogar ein dressierter Affe trat auf. Die Bergerhauser Bauerngruppe, die Mettenberger Flachsbauerngruppe, die Rißegger Bauernhochzeit sorgten mit vielfältigen Vorführungen für Unterhaltung. Die Biberacher Stadtmünz schlug eine Jubiläumsmünze. Überall ertönte altertümliche Musik.

Der Verein "Stadtfest e.V." hatte dazu aufgerufen, alte Trachten aus den Truhen und Schränken zu holen oder aber nach alten Vorbildern solche Gewänder neu herzustellen. Für Handwerker, Bauern, Stadtleute wurden Schnittmuster angeboten. Es war außerordentlich überraschend, welchen Widerhall diese Anregung fand. Von einfachen Alltagstrachten bis zu kunstvollen und komplizierten Festtagsgewändern war alles vorhanden. Grob geschätzt dürften sich 1500 bis 2000 Trachtenträger am "Jahrmarkt zu Urgroßvaters-Zeiten" beteiligt haben, der ein unvergeßliches Ereignis bleibt.

Durch flankierende Veranstaltungen wurde das Stadtjubiläum abgerundet. Der Biberacher Einzelhandel veranstaltete einen Schaufensterwettbewerb zur Stadt- und Firmengeschichte, der sehr interessante Ergebnisse zeigte. Die Biberacher Gastronomie bemühte sich, alte

22. Juni - 29. Juni 1984
Festwoche
900 Jahre
Biberach
an der Riß

Biberacher Spezialitäten anzubieten. Es gelang allerdings nur wenigen Gastwirten, auf diesem Gebiet wirklich etwas Originelles auf den Tisch zu bringen.
Die Städtischen Sammlungen unter Leitung von Dr. Idis Hartmann veranstalteten eine Sonderaustellung zum Stadtjubiläum: 900 Jahre Biberach - Geschichte, Kunst, Kultur. Die qualitätvolle Ausstellung fand beachtlichen Zuspruch.

Der "Jahrmarkt zu Urgroßvaters-Zeiten" fand eine so hervorragende Resonanz, daß spontan die Absicht erklärt wurde, den Jahrmarkt in größeren Abständen zu wiederholen. Leider geschah das dann nur ein einziges Mal. Durch den großen Einsatz von Robert Pfender wurde im Jahr 1990 die Veranstaltung wiederholt. Seitdem hat sich leider niemand mehr gefunden, der als Vater eines Jahrmarkts die Verantwortung tragen will.

3. Als drittes Großereignis bei der Festwoche wollte man historische Tänze zur Aufführung bringen, Tänze unterschiedlicher Stände und verschiedener Zeitalter. Einen Titel hatte man für dieses Ereignis zunächst nicht.

*M*an hatte damals nur eine historische Tanzgruppe, die Renaissancegruppe von Schülerinnen und Schülern des Frauenberuflichen Gymnasiums. Drei weitere Tanzgruppen sollten dazukommen mit bäuerlichen, bürgerlichen und höfischen Tänzen. Die Bezeichnung "Tanz durch die Jahrhunderte" gab der Vielseitigkeit und der historischen Weiträumigkeit der Tänze Ausdruck. Seit 1984 ist der "Tanz durch die Jahrhunderte" ein fester Bestandteil des Biberacher Schützenfestes. Deshalb soll diese Veranstaltung auch ausführlich beschrieben werden.

*i*m Prospekt zur Festwoche "900 Jahre Biberach" heißt es: Der Veranstaltung, die bäuerliche, bürgerliche und höfische Tänze aus 400 Jahren zeigt, liegt der Gedanke zu Grunde, daß Tanz immer ein Ausdruck der Lebensfreude war, daß sich aus den Klängen der Musik und den Formen des Tanzes aber auch sehr viel über den Lebensstil und die gesellschaftliche Situation einer historischen Epoche ablesen läßt. Aus den Tänzen unterschiedlicher Stände und den Weisen der zeitgenössischen Musik soll für den Betrachter ein Bild der Epochen vom 16. bis zum 19. Jahrhundert entstehen. Um die historischen Tänze wirkungsvoll zu gestalten, müssen zahlreiche hohe Hürden überwunden werden. Man braucht einsatzbereite Tänzerinnen und Tänzer, die sechs Monate im Jahr sehr regelmäßig üben. Außerdem müssen die Tanzgruppen groß sein, sonst können sie auf dem riesigen Marktplatz nicht zur Wirkung kommen. Genauso wichtig sind engagierte Ausbilder und Tanzlehrer, die sehr viel Zeit und Energie in ihre Sache stecken müssen. Außerdem müssen sie sich durch Kurse auf dem neuesten Stand halten, die von Fachleuten in ganz Deutschland angeboten werden. So wichtig wie der Tanz ist die Musik, die ebenfalls den besten historischen Vorbildern entsprechen muß. Jede der vier Tanzgruppen hat ihr eigenes kleineres oder größeres Orchester. Die Instrumente sind in der Regel Eigentum der Musiker. Kostüme für Damen und Herren müssen nach Biberacher Tradition vom "Feinsten" sein, Frisuren, Perücken, Schmuck, Schuhwerk, alles Zubehör muß stimmen. Zunächst war der "Tanz durch die Jahrhunderte" nur für die Festwoche "900 Jahre Biberach" im Jahr 1984 gedacht. Die attraktiven Tänze, die prachtvollen Kostüme und die mitreißende Musik ließ die Veranstaltung zum festen Bestandteil des Schützenfestes werden.

Tanz durch die Jahrhunderte.

TANZ, VERGNÜGEN UND KINDERSPIEL

BAUERNTÄNZE AUS DEM 16. JAHRHUNERT.

*E*igenartige Töne dringen an das Ohr, wenn die Bauern hüpfend und jauchzend auf den Marktplatz einziehen. Auf einem pferdegezogenen Leiterwagen sitzen die Spielleute mit Sackpfeife (Vorläufer des Dudelsacks) und Schalmei. Eine urtümliche Kraft liegt in diesen bäuerlichen Tänzen, die vor allem aus Branles (Reigentänzen), Allemanden und Hupfauf bestehen. Bei letzterem praktiziert man eine enge Paarfassung, die von geistlicher Seite als unsittlich kritisiert wurde:"Sie tanzen so säuisch und unflätig, daß sie die Weiber dermaßen herumschwenken und in die Höhe werfen, daß man ihnen hinten und vorne hinaufsieht".

In den ersten Jahren war die Bauerntanzgruppe fast personengleich mit den jüngeren Mitgliedern des "Baltringer Haufens". Martin Rösler hatte die Ausbildung übernommen.

Allmählich verselbständigte sich die Tanzgruppe, sie wurde gleichzeitig zahlenmäßig größer. Viele junge Ehepaare waren dabei, die auch ihre Kinder mit in die Gruppe einbrachten. In den letzten Jahren gelang es, Kinder von etwa 4 bis 10 Jahren mit einfachen Reigentänzen in das Programm einzubinden. Architekt Günter Schmitt und seine Frau Margot haben mit großer Energie die Führung und Organisation der Gruppe übernommen. Aus den eigenen Reihen übernahmen Eva Schiro sowie Dagmar und Theo Reiner die Einstudierung der Tänze.

Die Bauerntänze haben von Jahr zu Jahr an Qualität gewonnen, so daß auch der Beifall des Publikums parallel gewachsen ist. Die ländlichen Gewänder sind einfach, aber sehr kleidsam. Die Männer tragen kurze Stiefel, mit denen sie den Takt stampfen können.

DIE GRUPPE DER RENAISSANCETÄNZE

*D*ie Renaissancegruppe existiert schon seit 1948 als Bestandteil des Historischen Festzugs. Die Schülerinnen und Schüler der Beruflichen Gymnasien hatten auf Anregung von Hilde Frey eines Tages begonnen, zeitgenössische Tänze einzuüben und auf dem Marktplatz vor Beginn des Festzugs darzubieten.

Ehe also der "Tanz durch die Jahrhunderte" vorhanden war, gab es die Renaissancetänze, allerdings nicht ganz in der Perfektion wie später. So wurde damals die Musik vom Tonband gespielt. Nun wurden die Renaissancetänze in die neue historische Veranstaltung einbezogen. Damit war der Beweis erbracht, daß nicht nur die Angehörigen der mittleren Altersgruppen sich für historische Tänze interessierten, sondern auch sehr junge Menschen. Die Gruppe trägt prunkvolle Gewänder, denn sie stellt den Rat der "Freien Reichsstadt Biberach" nach der Wahlordnung Kaiser Karls V. dar. Die Kostüme wurden für das Stadtjubiläum noch ergänzt und verbessert. Später machte Oberstudiendirektorin Hilde Frey eine großzügige Spende, mit der Frisuren, Schmuck und Ausputz angeschafft werden konnten, die der Gruppe den letzten Schliff gaben.

1984 wurde eine lang gewünschte Renaissance-Musik gegründet, entstanden aus dem "Kreis für alte Musik" unter Leitung von Kirchenmusikdirektorin Hildburg Rittau. Das Instrumentarium umfaßt Blockflöten, Krummhörner, Gamben, Vihuela (ein spanisches lautenähnliches Instrument) und Schlagwerk. Auch die Renaissance-Musiker wurden mit passenden Gewändern versehen.

In der Renaissancezeit veranstaltete man rauschende Feste mit Musik und Tanz, zu denen professionelle Tänzer und Tanzmeister engagiert wurden. Die Tänze sind sehr prunkvoll und zeigen die Würde und den Rang der Tanzpaare. Mit einer Pavane wurde in einem Prozessionstanz das Fest eröffnet. Branles und Kontratänze folgten. Die Gaillarde war ein sehr beliebter Tanz, Renaissance-Allemande und die gesprungene Tripla gehörten in das Programm. Die Volta war der Skandaltanz der Renaissancezeit, da sie einen engen Körperkontakt mit sich bringt.

Die Einstudierung der Renaissancetänze hatte von Anfang an Eva-Maria Krehl übernommen. Und nach wie vor bringt die Renaissancegruppe vor Beginn der Festzüge einen Ausschnitt aus ihrem Tanzprogramm als Reverenz an die Gäste. Anschließend geht sie würdigen Schrittes im Zug mit, begleitet von Pagen mit Modellen bedeutender Gebäude des alten Biberach.

BALL BEIM GRAFEN STADION. ROKOKO-TÄNZE.

Mit der Gründung des "Tanz durch die Jahrhunderte" entstand gänzlich neu die Rokoko-Tanzgruppe. Die Gründungsmitglieder entstammten teilweise dem Thomae-Tanzzirkel, ergänzt durch Mitglieder der Schützendirektion und des Dramatischen Vereins. Dazu kam eine ganze Reihe tanzfreudiger Einzelpaare. Mit Traudi Michahelles und Martin Rösler fand man höchst qualifizierte und engagierte Ausbilder.

Die Vorstellung für den festlichen Ball war wie folgt: Der berühmte Reichsgraf Friedrich von Stadion hatte zu einem Ball auf sein nahe gelegenes Schloß Warthausen eingeladen. Er hatte es zu einem spätbarocken Musenhof gemacht, in dessen Umfeld auch Christoph Martin Wieland verkehrte. Wieland wuchs in dieser geistvollen Umgebung vom kaum bekannten Schriftsteller zum bedeutenden Dichter heran. Stadion hatte zu dem Ball seine Familie und den Adel der Umgebung eingeladen, dazu die Spitzen der Biberacher Stadtrepublik.

Das Rokoko nannte man auch "das tanzende Zeitalter". Neben Reiten und Fechten war Tanzen die Grundlage jeder Bildung und Erziehung. Um Feinheiten eines Menuettschritts zu erlernen, bedurfte es jahrelanger Übung. Die Rokoko-Tänze sind höfische Tänze, die nicht nur der Unterhaltung dienen, sondern der Selbstdarstellung des Adels in kunstreichen Bewegungen.

Der Ball wird eröffnet mit dem Einzugstanz der Polonaise. Dann folgen phantasievolle Menuette, Contredances françaises, English rounds, Rokoko-Allemanden und Anglaisen, die in vielen Varianten getanzt wurden. Der Maître de dance stellt dem Gastgeber die Paare vor und kündigt die Tänze an.

Beim Stadtjubiläum und in den darauffolgenden Jahren spielte das Biberacher Jugendorchester unter Musikdirektor Peter Marx die Rokoko-Melodien. Danach gelang es, ein eigenes Orchester aufzustellen, das auch eine sehr dekorative Livrée erhielt. In der Regel bestand ein solches Orchester aus einem Streichquintett, dazu Flöte, Oboe und Fagott. Andere Besetzungen waren natürlich möglich.

Ein ganz besonderes Problem für die Rokoko-Gruppe waren die Gewänder. Wenn Fürsten, Grafen, Freiherrn, Bürgermeister und geheime Räte zusammenkamen, dann war das ein Wettbewerb um die Pracht der Kostüme. Aufwendige Roben kosten viel Arbeit und viel Geld. Dem Verein "Stadtfest" gelang es, unter der Leitung von Frau Gehrke eine Schneiderwerkstatt als ABM-Maßnahme einzurichten, in der bis zu fünf ge-

Historische Darstellung der Rokoko-Zeit.

lernte Schneiderinnen arbeiteten. Neben anderen Aufgaben fertigte dieses Atelier die Männerkostüme für die Rokoko-Gruppe.

Die weiblichen Kostüme wurden von den tanzfreudigen Damen selbst genäht, allerdings unter Anleitung einer Fachkraft, die auch den Zuschnitt lieferte. Ein Beispiel für die Schwierigkeiten: Alle Damenkleider trugen Reifröcke, in früheren Zeiten aus Fischbein gefertigt. Womit sollte man heute ein solches Gebilde herstellen? Man schnitt eine Kunststoffplatte in lange dünne Streifen, die man dann in mehreren Stufen zusammenfügte. Nicht jede Rokoko-Tänzerin war eine perfekte Hobbyschneiderin. Trotzdem wurden zum entscheidenden Termin am 22. Juni 1984 alle Kleider fertig; freundschaftliche Hilfe hatte es möglich gemacht. Auch die Perücken saßen allen passend auf dem Haupt, bei den Männern mit Zopf, bei den Damen je nach Stand und Alter mit Federn, Blumen, Bändern und einer beachtlichen Lockenpracht geschmückt.

Die Namen und Titel sämtlicher 24 Tanzpaare sind identisch mit tatsächlich lebenden Herrschaften der damaligen Zeit. Sie wurden bei der Festwoche mit den aufwendigen Titulaturen dem Publikum vorgestellt.

Traudi Michahelles zog nach einigen Jahren aus Biberach weg, Martin Rösler ging in den Auslandsdienst. Helga Richter übernahm nun die tänzerische Ausbildung, von Dr. Rolf Brickl unterstützt. Die Rokoko-Gruppe hat sich allmählich erneuert und tänzerisch gesteigert.

Bei den historischen Festzügen reiht sich die Rokokogruppe hinter dem Grafen Stadion und Wieland ein. Sie gibt dem für Biberach so bedeutenden Zeitalter besonderes Gewicht.

Das Zeitalter des Reichskanzlers Otto von Bismarck war das Goldene Zeitalter des Bürgertums, der Geselligkeit und dem Tanz sehr zugeneigt.
Auch in Biberach bildeten sich, wie in anderen Städten, eine Reihe von geselligen Vereinen, zum Beispiel das "Casino", die "Bürgergesellschaft", der "Kaufmännische Verein". Sie boten dem Bürgerstand Gelegenheit zu Tanz und frohen Festlichkeiten. Gleichzeitig waren sie auch "Heiratsmärkte". Für einen jungen Mann in jener Zeit war der Tanzboden eine der wenigen Möglichkeiten, ein junges Mädchen aus "besserem Hause" kennenzulernen.

Die Bürgerball-Gruppe muß eine passende "Toilette" tragen, die ihr glanzvolles Vorbild erhält durch die kleidsame Mode der Gründerzeit, des sogenannten "zweiten Rokoko". Kaiserin Eugenie von Frankreich, die Gemahlin Napoleons III., sowie Kaiserin Elisabeth von Österreich ("Sissi"), waren die Schönheitsideale jener Epoche und dienten als Vorbild für die Roben der Damen.

Die 28 Paare der Bürgerball-Gruppe bestehen teilweise aus Mitgliedern der Tanzsportabteilung der TG, andere Tanzbegeisterte haben sich angeschlossen. Auch bei dieser Gruppe erklärten sich die tanzenden Damen bereit, ihre Kleider nach Anleitung selbst zu nähen. Zufällig erhaltengebliebene zeitgenössische Modejournale leisteten gute Hilfe, die Modellentwürfe für die Ballkleider zu schaffen. Jügen Hohl aus Eggmannsried war hier maßgeblich beteiligt, auch bei der Kleidung der Herren. Die Fräcke, Cutaways und Gehröcke waren qualifizierte Herrenschneiderarbeit und wurden von einem Spezialbetrieb in Tübingen angefertigt. Der Bedeutung des Standes angemessen, wurden auch einige Offiziersuniformen geschaffen: Als Vorbild diente die Montur eines

BÜRGERBALL ZUR BISMARCKZEIT

Skizze des goldenen Zeitalters des Bürgertums, des sogenannte zweiten Rokokos.

Leutnants der Roten Ulanen in Wiblingen, eines Majors der Gelben Dragoner in Bad Cannstatt und eines Obersten der Infanterie vom Regiment 125 in Weingarten.

Die tänzerische Ausbildung der Bürgerball-Gruppe übernahm eine bewährte Mitarbeiterin der Schützendirektion, Ingrid Hellgoth, der Gabriele Dobert zur Seite stand. Tanzlehrer der damaligen Zeit erteilten nicht nur Tanz sondern auch Anstandsunterricht; Zeitschriften und Almanache beschrieben in immer neuen Auflagen die aktuellen Modetänze. Ein besonderes Kennzeichen des Wilhelminischen Zeitalters waren die Gesellschaftstänze, die jeweils aus mehreren Touren bestanden. Die Beliebtesten dieser Tänze waren die "Quadrille Les Lanciers" und die "Française".

Der bedeutendste Komponist des 19. Jahrhunderts für Tanzmusik war Johann Strauß (Sohn), der "Walzerkönig". Selbstverständlich werden mehrere Tänze von Strauß getanzt: Polka, Galopp und Walzer. Die Tänze des Bürgerballs werden gespielt vom Sinfonie-Orchester des Musikvereins Biberach unter der Leitung von Musikdirektor Peter Marx. Die zündenden Melodien, gespielt von qualifizierten Musikern, bilden den grandiosen Abschluß beim "Tanz durch die Jahrhunderte".

Im Festzug promenieren die Damen mit sehr dekorativen Hutgebilden, die Herren mit Zylinder und Kavalierstöckchen. Die Herren Offiziere tragen Helm und Säbel. Tänze unterschiedlichster Stände, Stilepochen und Zeitalter bieten den Zuschauern ein vielfältiges optisches und akustisches Bild vergangener Zeiten: Der "Tanz durch die Jahrhunderte", noch ein junger, aber ein bedeutsamer Bestandteil des Schützenfestes.

Die Atmosphäre eines Lagers der schwedischen Truppen ist auf dem Gigelberg vollkommen gegeben.
Das rührige Kauen der Pferde, der Geruch von Tier und Leder, das gemütliche Beisammensitzen der Soldaten, die abgestellte Kanone lassen das Bild einer kurzen Pause in einem verheerenden Krieg entstehen.

TANZ, VERGNÜGEN UND KINDERSPIEL

Die Schwedenmusik zieht mit Trommeln und Pfeifen durchs Lager.

In kämpferischer Laune duellieren sich die Schwedensoldaten mit scharfer Klinge.

TANZ, VERGNÜGEN UND KINDERSPIEL

Nach dem langen Ritt durch die Biberacher Straßen genießen die Edelleute der Spital-Gruppe das schattige Lager.

394

TANZ, VERGNÜGEN UND KINDERSPIEL

**Zeit zum Träumen.
Nicht nur die schweren Zug-
und edlen Rassepferde
haben sich ein Päuschen
verdient.**

Im Lager der Bauerntanzgruppe wird man mit zeitgemäßen Köstlichkeiten versorgt.

Eine stimmungsvolle Bereicherung sind die, durch die Lager ziehenden, Gaukler und Mittelalterlichen Spielleute und Vaganten.

TANZ, VERGNÜGEN UND KINDERSPIEL

Mit riesigen Brotlaiben und Spanferkel vom Spieß lässt sich's beim Baltringer Haufen gut leben.

TANZ, VERGNÜGEN UND KINDERSPIEL

Im Lager der Räuberbande des Schwarzen Veri ist immer 'was los. Die Zuschauer müssen ständig mit einer neuen Teufelei der Räuber und Malefiz-Soldaten rechnen.

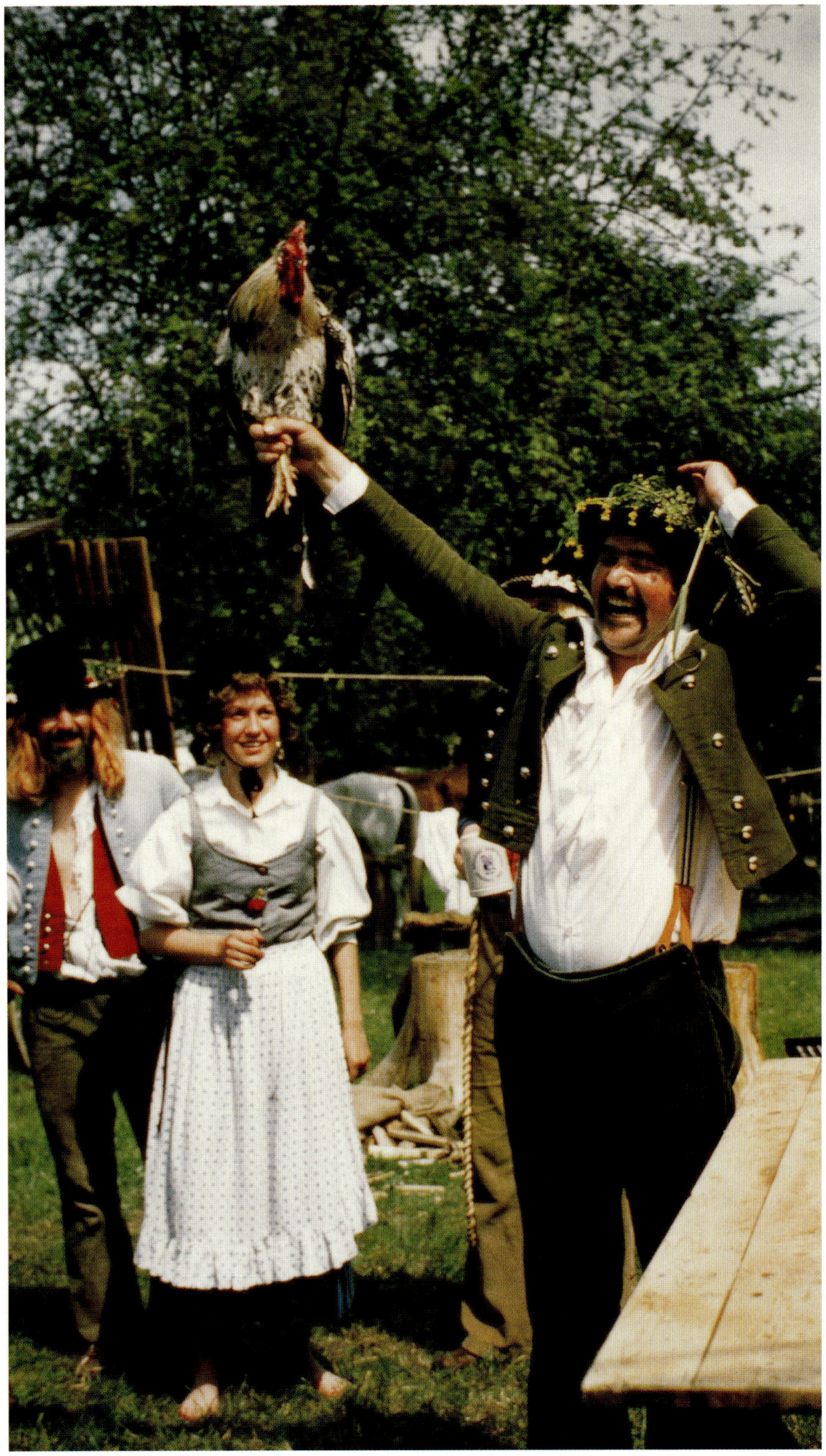

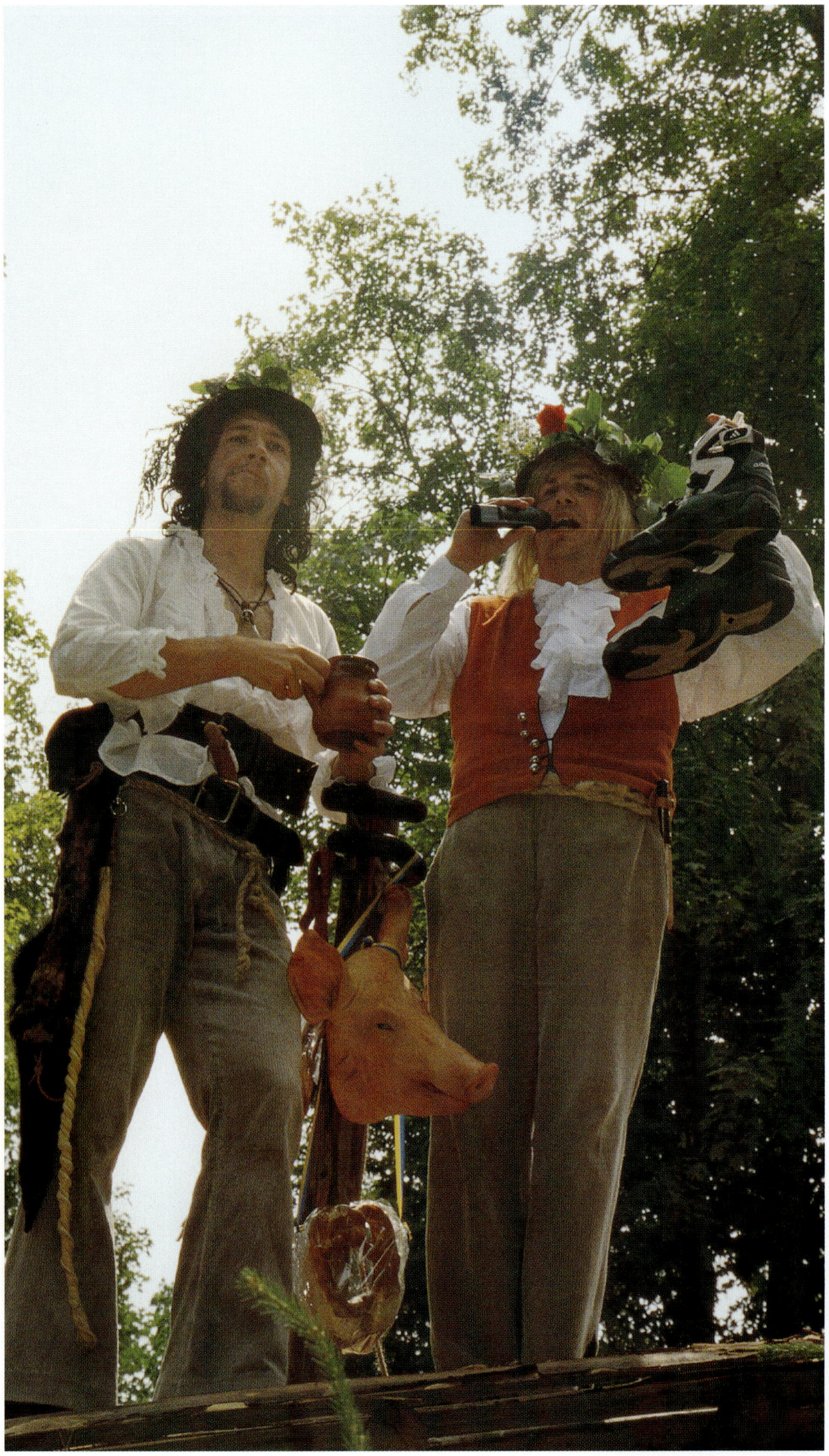

TANZ, VERGNÜGEN UND KINDERSPIEL

Das Räuberlied

Ein freies Leben führen wir,
ein Leben voller Wonne!
Der Wald ist unser Nachtquartier,
Bei Sturm und Wind hantieren wir
Der Mond ist unsre Sonne.

Heut kehren wir bei Pfaffen ein
Bei reichen Pächtern morgen,
Dort gibt's Dukaten, Wein und Bier,
Was drüber ist, das lassen wir
Den lieben Herrgott sorgen.

Und haben wir im Traubensaft
Die Gurgel ausgebadet,
So machen wir uns Mut und Kraft
Und mit dem Schwarzen Brüderschaft,
Der in der Hölle bratet.

Friedrich Schiller aus 'Die Räuber'

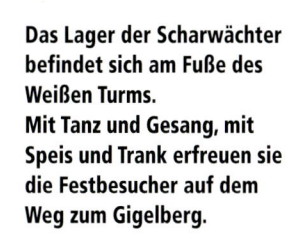

**Das Lager der Scharwächter befindet sich am Fuße des Weißen Turms.
Mit Tanz und Gesang, mit Speis und Trank erfreuen sie die Festbesucher auf dem Weg zum Gigelberg.**

Zunfttänze der Bauern, Weber, Färber, Gerber und Glockengießer.
Die Arbeitsgänge der verschiedenen Zünfte und Handwerksberufe werden in tänzerischer Form dargestellt, aber auch Zunftsprüche und Handwerkerlieder werden dargeboten.

Der Gerberspruch

Wir sind Gerberleute,
Machen, daß der Tiere Häute
Werden weiches Leder,
Schaut Euch um, ein jeder
Brauchet unsern Stand,
Mann und Frau in Stadt und Land.
Ja, nun guckt Euch alle um!
Lauft Ihr etwa barfuß rum?

TANZ, VERGNÜGEN UND KINDERSPIEL

Der Färberspruch

*Gießet Wasser in die Küpen,
schürt das Feuer mächtig an,
daß das Farbholz in dem Strudel
seine Farbe lösen kann.
Mischt die Farben recht zusammen,
legt die Stoffe nun darein.
Ist die nötige Zeit verflossen,
wird das Färben fertig sein.
Nehmt die Haspel, nehmt die Stöcke,
spült in frischem Wasser sie,
und dann hängt sie auf zum Trocknen!
In die Mang geht's morgen früh.*

Gastgruppen aus ganz Europa zeigen ihr Können dem Biberacher Publikum.

Spielmannszüge, historische Landestrachten und Fahnenschwinger aus den Biberacher Partner- und Nachbarstädten wirken mit beim Schützenfest.

Hier die "Sbanderiatori" (Fahnenschwinger) aus Asti.

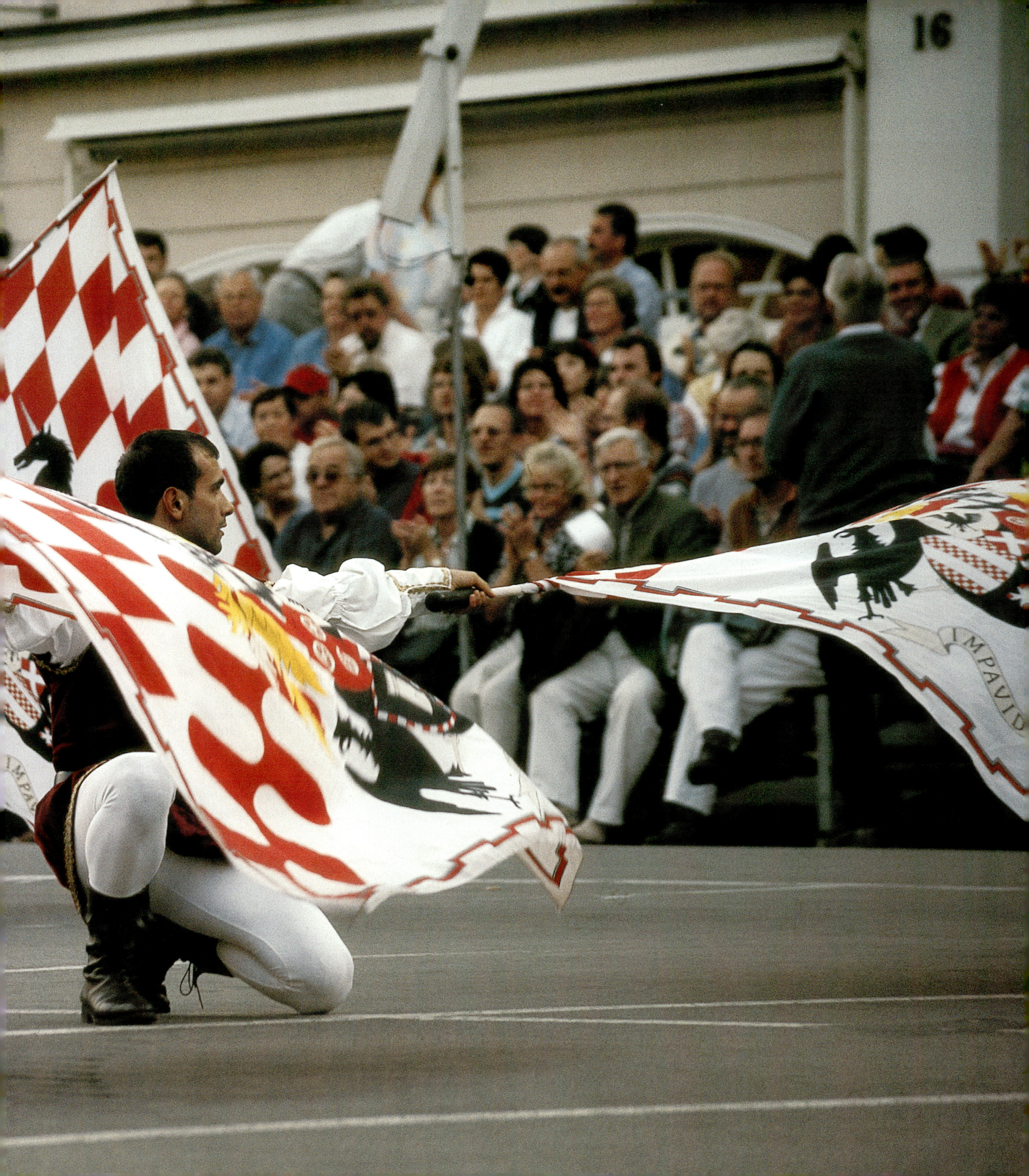
16
IMPAVID

Die Renaissance-Tänzer tragen prunkvolle Gewänder, denn sie stellen den Rat der 'Freien Reichsstadt Biberach' dar.

Das Instrumentarium der Renaissance-Musik umfasst Blockflöte, Krummhörner, Gamben, Vihuela und Schlagwerk.

TANZ, VERGNÜGEN UND KINDERSPIEL

Der Ball beim Grafen Stadion zu Warthausen. Der Ball wird eröffnet mit dem Einzugstanz, der Polonaise. Es folgen Menuette, Contredances francaises, English rounds, Rokoko-Allemanden und Anglaisen.

Der Maître de dance stellt dem Gastgeber die Paare vor und kündigt die Tänze an.

MUSENTANZ UND KINDERSPIEL

900-Jahr-Feier am 22. Juni 1984. Festlicher Auftakt in der Biberacher Stadthalle.

Der Maître stellt vor: Constantin Adolfo von Welden-Großlaupheim nebst dero Gemahlin Maria Theresia, geb. Freiin Speth zu Zwiefalten.

Rechts:
Die Gruppe Bürgerball zur Bismarckzeit im gemeinsamen Tanz mit der Rokoko-Gruppe.

Selbst die Rokoko-Musikgruppe ist im zeitgemäßen Livrée gekleidet.

TANZ, VERGNÜGEN UND KINDERSPIEL

Mode- und Gesellschaftstänze der Bismarckzeit präsentiert die Gruppe Bürgerball.

TANZ, VERGNÜGEN UND KINDERSPIEL

Der Marktplatz wird zum Bauerntanzboden. Hüpfend, jauchzend und beschwingt zeigt die Bauerntanzgruppe bäuerliche historische Tänze.

Ein schwungvoller Auszug aller Tanzgruppen beendet den "Tanz durch die Jahrhunderte".

TANZ, VERGNÜGEN UND KINDERSPIEL

Die Tanzgruppen bereiten sich im Biberacher Rathaus auf ihren Auftritt vor.

Der perfekte Sitz der Perücken und Haarteile erfordert Präzisionsarbeit.

BIBERACH AN DER RISS

Tanz durch die Jahrhunderte

Der Nachtwächter.

*P*ünktlich am Schützensamstagabend um 22.00 Uhr unter den Rathausarkaden beginnt der Nachtwächter seinen Rundgang. Das Stierhorn ertönt, danach singt er eine Strophe seines Nachtwächterliedes und zieht weiter durch ein Quartier der Innenstadt. Am Samstagabend sind es natürlich die Jahrgängerfeiern, denen er seinen Besuch abstattet. An sechs Abenden während der neun Schützenfesttage durchstreift der Nachwächter das nächtliche Biberach von 22.00 Uhr bis 2.00 Uhr, anschließend besucht er noch bis in die frühen Morgenstunden die Gaststätten der Innenstadt.

Heute gehört der Nachtwächter so selbstverständlich zum Biberacher Schützenfest, daß man glauben möchte, er sei schon immer dagewesen. Aber er ist in der Geschichte des Biberacher Schützenfestes eine verhältnismäßig junge Erscheinung.

Das Schützentheater unternahm im Jahr 1962 einen Ausflug zur Dinkelsbühler Kinderzeche, dem dortigen Kinder- und Heimatfest. Man übernachtete in Dinkelsbühl und hörte den Gesang des Nachtwächters durch die romantischen Straßen dieser zauberhaften kleinen Stadt. Der Funke sprang über, und die Dinkelsbühler waren äußerst großzügig und liehen sogar den Biberachern jahrelang das Stierhorn zum Blasen des Signals.

Wieder zu Hause, schuf Willi Witzgall alsbald ein Kostüm für den Nachtwächter, bestehend aus schwarzem Mantel mit weiter Pelerine, pelzbesetztem Hut, schwarzen Stiefeln, Laterne, Hellebarde und Horn. Diese Ausrüstung entsprach dem Dinkelsbühler Nachtwächter. Man wollte jedoch ein anderes Lied und andere Verse haben, hier hatte man doch seinen Biberacher Stolz. Otto Herzog fand gemeinsam mit Hede Lipps-Häring beim Durchlättern des Gesangbuchs der evangelischen Landeskirche von Württemberg eine passende Melodie bei dem Choral "Womit soll ich Dich wohl loben, mächtiger Herr Zebaoth?" Diese Weise hatte Justinus Heinrich Knecht (1752- 1817), der Biberacher Musikdirektor und Schöpfer des Festliedes, geschrieben. Heute ist aus den Gesangbüchern dieser Choral und die Knechtmelodie verschwunden. Sie klingt heute so, als sei sie nur für den Nachtwächter geschrieben.

*O*tto Herzog schrieb damals die Stunden-Strophen, die auch heute noch gesungen werden. Darüber hinaus gibt es eine Unzahl von Sonder-Strophen, teils besinnlichen, teils heiteren Inhalts, die von den verschiedensten Verse-Schmieden geschrieben wurden. Bei vorgerückter Stimmung wird manchmal auch aus dem Stegreif extemporiert.

Im Jahre 1963 war Hans Erne der erste Nachtwächter. Er war in Dinkelsbühl dabeigewesen, hatte eine kräftige Stimme und als Laienschauspieler auch das notwendige Auftreten. Danach trat man an den Sängerbund heran und gewann mit Adolf Waigel, Willi Blessing, Fritz Weith und Wolfgang Gilgen eine komplette Nachtwächtermannschaft, die sich an den sechs Abenden, an denen der Nachtwächter auftritt, gegenseitig ablösen konnte.

Heute ist der Nachtwächter eine Institution beim Biberacher Schützenfest. Die Einheimischen hören ihn gerne. Schützenfestgäste von auswärts, insbesondere auch Ausländer, sind geradezu entzückt von diesem Stück lebendiger Nostalgie und Reichsstadt-Tradition. Gab es in den ersten Jahren noch hin und wieder Zusammenstöße mit Rabauken, die den Nachtwächter belästigten, so ist das inzwischen einer freundlichen Stimmung gewichen. Auch junge Leute spenden dem Nachtwächter nach seinem Gesang begeisterten Beifall. Auftritte des Nachtwächters beschränken sich in der Regel auf Biberach und auf die genannten sechs Abende. Sonderauftritte sind selten. Bei außergewöhnlichen Veranstaltungen oder bei runden Geburtstagen besonders verdienter Persönlichkeiten wird einmal eine Ausnahme gemacht. Der Nachtwächter hatte schon bei einem Partnerschaftsjubiläum in Valence seinen Auftritt.

Seit 1964 besteht eine Gruppe von alljährlich vier bis sechs Nachtwächtern. Bei dem einsamen Rundgang kommt es nicht nur auf die kräftige Stimme an, sondern auch auf die "Standfestigkeit". In den Gasthäusern wird er von froh gestimmten Festbesuchern oft dazu aufgefordert, mit ihnen einen Schluck zu trinken. Das kann er natürlich schlecht ablehnen. Auch wenn er jeweils nur wenig trinkt, es summiert sich.

Der Nachtwächter ist eine lieb gewordene Erscheinung beim Schützenfest, ein kleines Detail im gesamten großen Festgeschehen. Aber gerade die Summe solcher Einzelheiten, sorgfältig überlegt und gestaltet, machen die Besonderheit und die Einmaligkeit des Biberacher Schützenfestes aus, geben ihm seine bemerkenswerte Anziehungskraft.

Das Feuerwerk.

*i*n den ersten anderthalb Jahrzehnten nach dem Zweiten Weltkrieg war in den Tagen zwischen Schützendienstag und dem zweiten Wochenende um Bauernschützen recht wenig los. Der ruhigste Tag von allen war der Freitag. Die Schausteller klagten, sie hätten wenig zu tun. Auch die Schützendirektion empfand das Loch mitten in der Schützenwoche als unangemessen. Bei gemeinsamen Besprechungen mit Hans Trost (Biberach, Auto-Skooter) und Maria Frey (Freiburg, Knusperhaus), verfiel man auf die Idee, in Biberach ein Feuerwerk einzuführen.

Das erste Feuerwerk startete 1963 auf demselben Platz, wo es auch heute noch durchgeführt wird, dem Parkplatz hinter der alten Stadtbierhalle. Von allem Anfang an wurde das Feuerwerk von den Schaustellern finanziert, weil sie sich selbst davon einen wesentlich höheren Besucherstrom auf dem Gigelberg erwarten konnten. Diese Rechnung ging voll auf. Das Feuerwerk wurde innerhalb weniger Jahre eine große Attraktion, so daß der Freitag heute einer der belebtesten Tage der ganzen Schützenfestwoche ist. Zu Tausenden strömen die Besucher aus nah und fern auf den Gigelberg und drängen sich durch die verhältnismäßig engen Zufahrtswege, um möglichst nah an die Stelle des Feuerwerks zu kommen.

*n*ach Einbruch der Dunkelheit, etwa um 22.30 Uhr, beginnt mit einem gewaltigen Knall das Feuerwerk. Vier Pyrotechniker haben es in mehrstündiger Arbeit aufgebaut. Es handelt sich um ein sogenanntes Hochfeuerwerk. Die "Bomben" genannten Feuerwerkskörper steigen bis zu 150 m hoch. Aus diesem Grund kann das Feuerwerk nicht nur vom Gigelberg aus gesehen werden, sondern von einem großen Teil der Stadt. Die zahlreichen Gartenfeste und Privatpartys, die in der Schützenwoche überall stattfinden, profitieren davon. Über 700 Feuerwerkskörper werden gezündet. Sie stammen aus Japan, Italien und

Deutschland und zeichnen ganz unterschiedliche vielfarbige Bilder an den nächtlichen Himmel. Das Knallen, Pfeifen, Knacken und Heulen gehört mit dazu. Das Feuerwerk wird in einer wohl überlegten Dramaturgie aufgebaut, die vom verhaltenen Anfang zur gewaltigen Schlußapotheose führt. Das Zusammenspiel von optischen und akustischen Effekten steigert die Wirkung und mit einem ohrenbetäubenden Kanonenschlag endet das Schauspiel am nächtlichen Schützenfesthimmel.

Der Berg.

*d*as Schützenfest hat einen hohen kulturellen Stellenwert im Leben der Stadt. Er wird durch die Festzüge, das Schützentheater, die Heimatstunde und die historischen Tänze markiert.

Zu einem richtigen Kinder- und Volksfest gehört aber unbedingt ein Vergnügungspark, welcher der unbeschwerten Fröhlichkeit gewidmet ist. Hier hat Biberach ein ideales Gelände anzubieten, den Gigelberg, herausragend aus der Altstadt, von den Biberachern einfach "der Berg" genannt. Er ist nicht nur ein Vergnügungspark, er ist ein Ort bürgerschaftlicher Begegnung, gleichsam die zweite Heimat der Biberacher. Der Gigelberg ist nicht allzu groß, vergleichbare Städte haben wesentlich größere Plätze, aber er ist angelegt wie ein englischer Park mit großen alten Bäumen und viel Grün. Andere Vergnügungsparks sind häufig baumlose Asphaltwüsten ohne jeden Schatten. Einhellig wird deshalb von den Schaustellern der Gigelberg gelobt als Oase, in der man sich wenigstens in den späten Nacht- und frühen Morgenstunden erholen könne.

Besteigt man von der Stadt her den Berg, so kommt man auf halber Höhe zunächst zu den Bierkellern, traditionsreichen und sehr wichtigen Stätten der Gemütlichkeit. Unter großen alten Bäumen fühlt man sich nach den Hauptereignissen des Festes bei Bier, Schützenwurst oder "nackeden Bratwürsten" wohl. Hier treffen sich Familien, Freunde, alte Schulklassen, Jahrgänger oder ganz einfach zufällige Bekannte. Diese Bierkeller tragen sehr viel zur freundlich-lockeren Atmosphäre des Festes bei.

Die Kinder hält es nach einem Glas Fanta und ein paar Bissen Wurst und Wecken natürlich nicht in den Kellern. Schnell werden die Eltern, die Onkel und Tanten um einen Schützenbatzen angebettelt, dann sind die Kids verschwunden zu den Buden und Karussells.
Es gibt heute nur noch vier Bierkeller. Sie sind für das Schützenfest ein unersetzlicher Schatz, ein weiterer Schrumpfungsprozess wäre eine Verarmung des ganzen Festes.

*b*is in die Nachkriegszeit hinein saß man nur in Bierkellern und hatte kein Bierzelt. 1949 stand erstmals ein Bierzelt oben auf dem alten Sportplatz, wo es auch noch heute plaziert ist. Der Andrang auf dem Berg, die Möglichkeit der Zuflucht bei Kälte und Regen, natürlich auch die zünftige Atmosphäre, sprachen für die Anwerbung eines Bierzeltes. Über 30 Jahre war die Firma Böldt & Schäfer aus Augsburg der Betreiber, solide, sauber, korrekt. Nach mehrfachem Wechsel ist nun ein Zelt auf dem Berg, das nicht dem klassischen Bierzeltland Bayern entstammt, sondern das aus dem Rheinland kommt. Das Bierzelt engagiert über die ganze Festwoche wechselnde Kapellen, die für Stimmung sorgen. Mit 3000 Sitzplätzen kann es bei jeder Witterung eine Menge Schützenfestbesucher aufnehmen.

TANZ, VERGNÜGEN UND KINDERSPIEL

*b*iberach ist bei den Schaustellern sehr beliebt, nicht nur wegen des idealen Platzes im Grünen, sondern weil das Schützenfest stets überdurchschnittlich besucht ist und mit neun Tagen Festdauer ein sicheres Geschäft bedeutet. 150 000 bis 200 000 Besucher strömen von Schützensamstag bis Bauernschützen auf den Berg. Kein Wunder, daß auf die Ausschreibung der Schützendirektion bis zu 700 Bewerbungen eingehen. Die Kommission "Vergnügungspark" wählt daraus etwa 30 Vergnügungsbetriebe und 40 Verkaufsgeschäfte aus. Darunter ist eine größere Anzahl von altbekannten Unternehmen, die man teilweise seit Jahrzehnten kennt. Manche sind schon in der zweiten Generation in Biberach, sie gehören einfach zum Schützenfest: Autoscooter, Schnee-Express, Schiffschaukel, mehrere Schießbuden, Ball- und Pfeilwerfen, Hau den Lukas, Kinderkarussells, und Knusperhaus.

Ebenso wird aber dafür gesorgt, daß neue Attraktionen auf dem Fest erscheinen. Eine tolle Sache ist das 55 m hohe Riesenrad mit 42 Gondeln. Bei Tag und vor allem bei Nacht hat man eine überwältigende Sicht auf die Stadt und ihre Umgebung. Der althergebrachte Autoscooter erscheint in neuem großzügigem Glitzer-Gewand. Ganz neu ist der "Jumping" für mutige Bungee-Springer. Ein historisches Springpferde-Karussell, der Break-Dancer, der Zauberpalast "Revue der Illusionen", eine Bonbon-Fabrik für Leckermäuler, eine Bremer Fischhalle und der Mais-Mann mit Spezialitäten aus Mais. Neu dabei sind das Geisterschloß "Dracula", der Skater-Propeller, die "Hexn-Wippn", die "Wilde Maus" und die "Sound Factory".

Tagsüber sind es überwiegend die Kinder, die den Vergnügungspark bevölkern, abends ist es mehr das junge Volk, wo er seine "Tussi" und sie ihren "Typ" ganz fest im Arm haben, wenn sie mit einem Fahrgeschäft die schnelle Runde düsen. Aber so manche Oma fährt auch mal gerne Riesenrad und holt sich anschließend gebrannte Mandeln, während sich der Opa eine knusprige Schweinshaxe zu Gemüte führt. Der Gang über den Berg ist für die Biberacher aller Generationen ein "Muß" und jede Altersgruppe hat dabei ihren eigenen Spaß.

Von der Kommission "Vergnügungspark" wird streng auf Sicherheit und auf Sauberkeit geachtet. Durch Kontrollen wird die Einhaltung der Vorgaben überwacht; außerdem wird dafür gesorgt, daß die Preise in einem angemessenen Standard bleiben. Alle Schausteller sind verpflichtet, den durch das Kinderfest gesetzten Rahmen einzuhalten. So sind Glücks- und Geldspiele, Sexartikel und Sexwerbung nicht zugelassen.

Die Schaustellerbetriebe stellen der Schützendirektion großzügig Freikarten zur Verfügung, die vorwiegend an die Trommler, Pfeifer und Fanfarenbläser, sowie an die Kinder des Schützentheaters verteilt werden. Der Vergnügungspark leistet außerdem einen ordentlichen Beitrag zur Finanzierung des Schützenfestes. Die Betriebe zahlen Platz- und Standgelder, die mithelfen, die hohen Kosten des Festes zu decken. Außerdem wird von den Schaustellern das Feuerwerk finanziert.

Eine Besonderheit ist der Kindernachmittag am Donnerstag in der Schützenwoche. Hier wird den Kindern die Benützung aller Fahrgeschäfte zu wesentlich reduzierten Preisen angeboten. Teilweise werden die Fahrzeiten kräftig verlängert. Eine Attraktion ist der Start eines Heißluftballons auf dem Berg.

Es sei noch bemerkt, daß nachdrücklich auf den Umweltschutz geachtet wird. Plastikgeschirr ist nicht mehr erlaubt, Teller und Bestecke müssen spülbar sein. Wasser-Ringleitung und Abwasser-Leitung sind von den Stadtwerken stufenweise ausgebaut worden, so daß sie auch für große Menschenmassen stets ausreichend sind. Der Energieverbrauch für die großen Fahrbetriebe ist beträchtlich. EVS, Stadt und Schützendirektion haben mit erheblichen Aufwand gemeinsam dafür gesorgt, daß die hohen Spannungen zur Verfügung gestellt werden, die für einen reibungslosen Betrieb notwendig sind.

Das Biberacher Schützenfest spielt sich zwischen der stimmungsvollen Altstadt und der Grünzone des Gigelbergs ab. Beides gehört zum Schützenfest, eines ist ohne das andere nicht denkbar.

Volksbelustigungen.

*e*in altes Motto des Schützenfestes, von Sanitätsrat Dr. Widenmann gereimt, lautet:

Laßt sorgenlos die Kinder spielen,
eh' sie den Ernst des Lebens fühlen.

Spiele und Vergnügungen bei einem Kinderfest sind selbstverständlich. Eine Besonderheit in Biberach sind die kostenlosen Vergnügungen, seit nahezu 200 Jahren "Volksbelustigungen" genannt. Hier wird das Motto des alten Herrn Sanitätsrats wörtlich umgesetzt. Die ersten Schützendirektoren Eben und Stecher waren mit ziemlicher Sicherheit die Begründer dieser Einrichtungen. Schaukeln und Wurfspiele waren ein früher Anfang. Ein Spielgerät mit viel Tradition, wohl 100 Jahre alt, ist die Seilbahn, an der auch kleine Kinder hängend bergab fahren. Ein ehrwürdiges Alter hat auch die Rutschbahn, früher aus Holz gebaut, bis um 1960 die Firma Liebherr eine verbesserte Auflage aus Metall stiftete. Sehr bejahrt dürfte auch der Kletterbaum sein, an dessen Ring allerlei begehrte Preise hängen. Gewandte Barfuß-Kletterer erklimmen den Baum wie der Teufel, andere bemühen sich vergeblich. Früher gab es einen Kletterbaum mit hölzernem Mast, jetzt sind es zwei Metallstangen.

Das beliebteste und originellste Gerät ist die Schlange. Sie hat ein bewegliches Mittelstück, das mit beachtlichem Schwung kreist und den Kandidaten kräftig auf die Matte wirft. Nur wer dieses Mittelteil vorsichtig unter sich zu drehen weiß, hat eine Chance, bis zur Zunge der Schlange zu gelangen und damit die Münze zu ergattern. Während des ganzen Schützenfestes finden sich immer edle Spender, die die Schlange mit einem Geldstück füttern. Sie folgen damit dem unentwegten Kinderruf: "D'Schlang' hot Honger".

Sehr traditionsreiche Spielgeräte sind der Rundlauf und der Streckbalken, ganz zu schweigen von den Schaukeln, die vor dem Schützenkeller stehen, just auf dem Platz, wo vor Jahrhunderten einmal das Schützenfest angefangen hat. Jüngeren Datums sind die Holländer Scheibe, die Feder-Wippe, die kleine Kinder-Rutschbahn und ganz neu das Vogelnest-Karussell, aus dem Erlös der Maischützen 1997 gekauft.

Außer den Gerätespielen gibt es an einigen Tagen der Schützenwoche Gemeinschaftsspiele mit einer meist sehr großen Kinderschar. Ein Schützendirektor, mehrere Beiräte und städtische Mitarbeiter organisieren diese Attraktion. Einer macht den Animateur mit einem Zylinderhut oder einer anderen lustigen Kopfbedeckung, dann gehts los mit Geschrei und Gedränge: Sack-

TANZ, VERGNÜGEN UND KINDERSPIEL

hüpfen, Eierlaufen, Wurstschnappen, Blinde Kuh, Kleiderrennen, Obststechen, Geschicklichkeitsspiele. Bei allen Spielen gibt es kleine Preise, aber das steht gar nicht so im Vordergrund. Die Freude, das Dabeisein, das hat Gewicht. Es sind immer noch die uralten "Volksbelustigungen", die sehr großen Anklang finden.

Der Kleine Schützenjahrmarkt.

*i*m Jahre 1976 bildete sich eine Elterninitiative aus Frauen und Müttern, die ein neues Element in das Schützenfest hineinbringen wollte. Angeregt von den "Vanity Fairs" in Californien sollte den Kindern mehr Kreativität angeboten werden. Außerdem sollte die Palette an kostenlosen oder preiswerten Aktivitäten vergrößert werden. Kein Eintritt, alle Spiele umsonst, das war Voraussetzung. Ein Stück Anti-Stimmung, alternative Haltung zum traditionellen Schützenfest, das spielte dabei zweifellos mit eine Rolle.

Für den Gigelberg war Schützendirektor Max Hauschild zuständig. Er kam eines Tages auf den Ersten Vorsitzenden Fritz Kolesch zu und erläuterte ihm das Anliegen der Initiative. "Ich denke, wir sollten einen Versuch wagen". Kolesch stimmte zu, der Kleine Schützenjahrmarkt nahm seinen Lauf und wurde vom ersten Mal an ein Erfolg. Der Platz blieb seither immer derselbe; der ehemalige Tennisplatz zwischen Gigelbergturnhalle und alter Stadtbierhalle. Gewählt wurde der Samstag vor Bauernschützen, wo nicht allzuviel los war, in der Zeit von 13.00 bis 18.00 Uhr. Beim ersten Mal beteiligten sich vielleicht knapp zweihundert Kinder, seither sind es wohl gegen tausend. Die Zahl der erwachsenen Helfer ist schwankend, dürfte in der Regel aber bei dreißig liegen.

Eine besondere Einrichtung des Kleinen Schützenjahrmarkts ist der Kinderflohmarkt, auf dem ausschließlich Kinder gebrauchte Bücher, Kassetten, Spiele, Plüschtiere und dergleichen für billiges Geld verkaufen oder erstehen können. Das Wichtigste sind aber kreative Tätigkeiten aller Art: Beim Verkleiden aus alten Kleiderkisten sind der Phantasie keine Grenzen gesetzt, man kann sich schminken, Masken bilden und schließlich Theater spielen. Ein Wahrsager sagt die Zukunft voraus. Ein Eulenspiegel geht um. Steine bemalen, Holz sägen, Holz schnitzen, töpfern, Hemden anmalen, Grimassen schneiden, Blechbüchsen werfen und viele andere Events finden statt. Ein Bänkelsänger-Wettstreit wird ausgetragen. In jedem Jahr sind es neue Sensationen, die angeboten werden.

Natürlich gibt es auch ein bescheidenes Angebot an Speisen und Getränken, nicht zum Nulltarif, aber zum Selbstkostenpreis: Würstchen, Sprudel, Apfelsaft, Waffeln, Pfannkuchen, Melonen, Rettiche, Most, Bowle.

Der Kleine Schützenjahrmarkt hat sich prächtig in das Gesamtfest eingefügt. Er bietet Kindern und Eltern, die neben Karussell und Boxauto auch noch anderes erleben wollen, eine gelungene Alternative.

*f*rüher war die Weinstube "Zum Rebstock" eine Wirtschaft, in der Rentner und Pensionäre ihr Viertele zu sich nahmen. Doch in den sechziger Jahren zogen dort zwei neue Wirtinnen auf, Tina und Lena, die wahrhaft legendäre Figuren der Biberacher Gastronomie geworden sind. Aus dem "Rebstock" wurde "dr Stecka", über viele Jahre der wichtigste Treffpunkt der Biberacher Jugend und jungen Erwachsenen. Eine ganz besondere Rolle spielte "dr Stecka" zur Zeit der 68er-

Schöne Schützennächte und "Koin Krach auf dr Gass".

Unruhen. Schüler, Studenten, auch manche Lehrer, sammelten sich in Massen bei Tina und Lena, um zu beraten, wie man den "repressiven Kreisen" eins auswischen könnte. Revolutionärer Geist zog ein.

Doch am Schützenfest war der Geist der Revolution nur gemäßigt wirksam. Man wollte in althergebrachter Weise vor allem feiern. Als dann zu Beginn der neunziger Jahre aus dem konservativen "Schwarzen Adler" das "Tweety" wurde, da war die Consulentengasse vollends zum Schützenfest-Treffpunkt ab Mitternacht geworden. Die Lokale quollen über, zur Tür hinein konnte man schon lange nicht mehr und so stieg man durch die Fenster aus und ein. Als auch das nicht mehr ging, da ließen sich die "Stecka-Jünger" auf den Bürgersteigen und auf der Straße nieder, wobei die anliegenden Lokale die Getränkeversorgung sicherstellten. Die Consulentengasse war zum Kult geworden, man mußte dabeigewesen sein. Heute treffen sich dort Schüler und Azubis genauso wie Leute aus Biberachs bürgerlichen Kreisen, aus dem sogenannten Establishment. Wiedersehen feiern, schwätzen in lauer Nachtluft, fröhliche Stimmung, wer hätte dagegen etwas einzuwenden! Als Tina und Lena altershalber das Gastgewerbe aufgaben, zog Erna in "da Stecka" ein, ebenso populär wie ihre Vorgängerinnen.

$\mathcal{D}$as Schützenfest hat neun Nächte. In den rauschenden Hauptnächten kann man in der Consulentengasse bis zu 3000 stehende und sitzende Gäste zählen, in den ruhigsten immer noch 600. Vom Marktplatz bis zur Wielandstraße ist alles "g'nudletvoll".

Diese einem Fest durchaus gemäße Sitte hat aber auch eine problematische Seite. Menschen in Massen auf engem Raum, das bedeutet, zumal unter dem Einfluß von Alkohol, explosive Stimmung. Im Laufe der Jahre war auch nicht mehr auszuschließen, daß sich aggressive Gruppen einschlichen, auf deren Anwesenheit man gerne verzichtet hätte. Aus bis zu 60 km Entfernung kommen Ortsfremde, um in der immer größer werdenden vom Gigelberg strömenden Menschenmasse unterzutauchen und in Biberach einmal "die Sau rauszulassen". Die Gefahr der Randale ist unterschwellig immer vorhanden, die Verantwortlichen können nicht mehr alles mit Stillschweigen übergehen, sie müssen handeln. Übrigens hat sich diese Entwicklung zur Randale erst in den neunziger Jahren eingestellt, während der "Stecken-Kult" in den vorangehenden Jahrzehnten zu keinen größeren Beschwerden Anlaß gab. Natürlich spielte sich Vergleichbares auch in anderen Szene-Lokalen ab, wie etwa beim "Scharfen Eck"; beim "Woodpecker" und beim "Alten Haus"; doch die Consulentengasse war der Schwerpunkt.

1994 bildeten Stadtverwaltung, Schützendirektion, Polizei, Jugend aktiv und die Biberacher Wirte eine "Aktion schöne Schützennächte". Es stand von vornherein fest, daß nicht durch Einsatz massiver Staatsgewalt für Ordnung gesorgt werden sollte, sondern durch den Appell an die Vernunft, durch gutes Zureden und besonders durch organisatorische Maßnahmen. Die Sperrstunde wurde nicht ewa verkürzt, sondern auf 4 Uhr früh verlängert, um die Menschen in den Lokalen zu halten, anstatt sie durch restriktive Sperrstunden auf die Straße zu schicken.

Es gab 3 Hauptpunkte der Beschwerden:
1. Nächtlicher Lärm in der Innenstadt. Auch die dortigen Bewohner, vor allem Alte, Kranke und Kinder, hatten Anspruch auf ein paar Stunden Ruhe. Daher der Aufruf: "Koin Krach auf dr Gass".

2. Es hat sich die Unsitte herausgebildet, Flaschen und Gläser nach Benützung zusammenzuschlagen. Lastwagenweise mußten die Männer vom Baudezernat und die Kehrmaschine die gefährlichen Reste beseitigen. Der Aufruf lautete: "Bitte koine Scherba".

3. Bei den großen Menschenmassen fielen natürlich Mengen von Fäkalien an, die oft am falschen Ort landeten. Die Wirte stellten für jedermann ihre Einrichtungen zur Verfügung. Ein öffentlicher Toilettenwagen wurde aufgestellt, also "Bitte koin Dreck".

Professionelle Werbeagenturen schufen Prospekte und Plakate mit knappen Informationen. Schützendirektor Dr. Hanno Wulz übernahm die Koordination der Aktion. Karl Steinhauser als Leiter des Amts für öffentliche Ordnung war ohnehin mit der Sache befaßt.
Das Gesamtmotto lautete nun: "Schöne Schützennächte -koin Krach, koine Scherba, koin Dreck".

Die Polizei war präsent, sie ist aber nie als Vertreterin der Staatsmacht aufgetreten, sondern als zurückhaltende Mahnerin, nichts zu übertreiben. Besonders bewährt haben sich die jungen Beamtinnen, die mit Charme, Humor und Witz immer die Lacher auf ihrer Seite hatten.

Seither sind die stärksten Auswüchse der Randale eingedämmt worden. Es sind aber noch keineswegs paradiesische Zustände eingetreten. Die Grenzen zwischen ausgelassener Fröhlichkeit und Randale sind bei einer Großveranstaltung wie bei Schützen manchmal schwer zu ziehen. Es wird für Veranstalter wie auch für Festteilnehmer eine Aufgabe bleiben, selbst daran mitzuwirken, daß das Schützenfest für alle ein schönes Fest bleibt.

*b*is zum Ende des 19. Jahrhunderts war der größte Teil der Bevölkerung in Oberschwaben in der Landwirtschaft beschäftigt. Im Juni war der "Heuet" (Heuernte), der ohne technische Hilfe mit reiner Handarbeit mehrere Wochen dauerte und daher oft bis in den Juli hineinreichte.

Die bäuerliche Bevölkerung, mit der man im engen Kontakt lebte, sollte die Gelegenheit bekommen, am Biberacher Schützenfest teilzunehmen. Seit 1855 ist Bauernschützen historisch nachzuweisen. Sie fand und findet am Sonntag nach den Hauptfesttagen Schützenmontag und -dienstag statt. Ein bescheidener Vergnügungspark war im 19. Jahrhundert die Freude der Kinder, ein "Hahnentanz" wurde aufgeführt, später gab es dann ein Schauturnen und ein Fußballspiel. Die Bierkeller standen mit Speis und Trank jedermann offen, bei den meisten spielte eine Musikkapelle.

Ab 1949 wurde Bauernschützen zum dritten Haupttag des Festes. Der Historische Festzug mit seinen prachtvollen Wagen und Kostümen nahm einen atemberaubenden Aufschwung. Die Schützendirektion kam zu der Ansicht, bei der gewaltigen Organisation und dem riesigen Aufwand sei es eigentlich schade, wenn das alles nur ein einziges Mal zu sehen wäre. So entstand der zweite Historische Festzug, ergänzt durch Theater und -Märchenwagen. Der Termin war für viele Festbesucher günstig, denn außerhalb Biberachs war ja am Dienstag Arbeitstag. Bauernschützen war also die Gelegenheit, noch ein Stück Schützenfest zu erleben. Der Besucherandrang am Schlußtag ist daher oft kaum geringer als am Schützendienstag.

Für die Biberacher selbst bedeutet Bauernschützen Abschied vom Fest für ein ganzes Jahr. Die Kinder dürfen noch einmal auf den Berg, die Alten sitzen in einem

Bauernschützen, Ausklang des Festes.

Bierkeller und halten einen Schwatz mit Freunden. Reiter und Fahrer rücken nach dem Lagerleben ab zur Requisitenhalle, liefern ihre Kostüme und Waffen ab und werden ausbezahlt. Auch hier gibt es einen letzten Schluck, dann wird adieu gesagt.

Es ist ein Abgesang, ein etwas wehmütiger Abschied vom Höhepunkt des Biberacher Jahres. Am anderen Morgen sind die Fahnen eingezogen, die Tribünen abgebrochen. Die Schausteller haben teilweise noch in der Nacht zusammengepackt. Überall werden die Reste des Festes beseitigt. Der Alltag hat von Biberach wieder Besitz ergriffen.

"Hört Ihr Leut und lasst Euch sagen, unsre Glock hat 12 geschlagen ..."!

Der Nachtwächter zieht mit Laterne, Stierhorn und Hellebarde ab 22 Uhr durch die Gassen der Biberacher Altstadt.

Immer Freitagabends in der Schützenwoche wird auf dem Gigelberg ein Feuerwerk entzündet, das bis in die Nachbarorte zu sehen ist.

TANZ, VERGNÜGEN UND KINDERSPIEL

Von der Schillerhöhe, durch die Hochwacht, unter gewaltigen alten Bäumen hindurch und über den Hirschgraben hinweg, so geht's zum Berg.

Dort erwartet die Festbesucher ein idyllisches Lagerleben am Rande des Rummelplatzes.

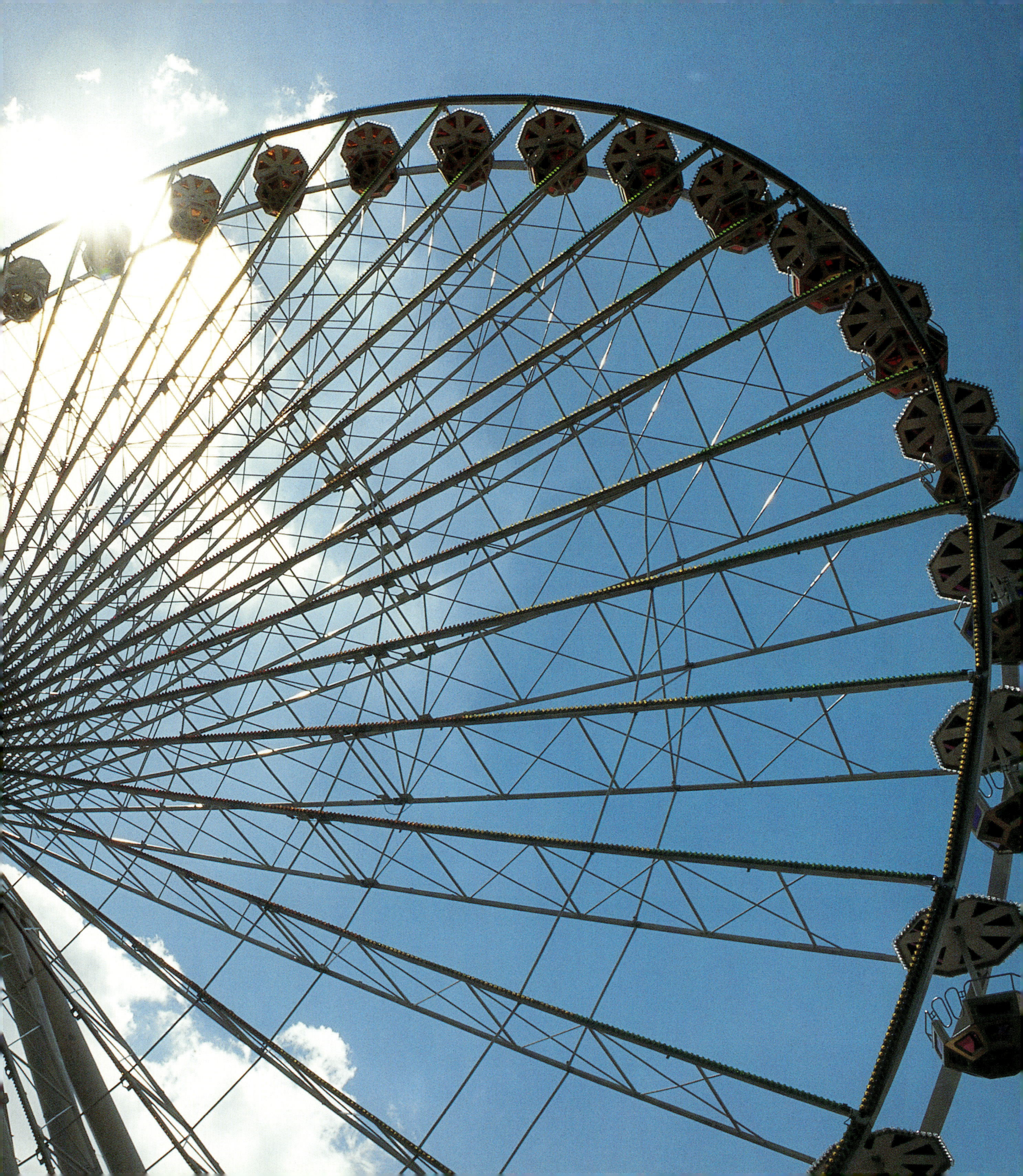

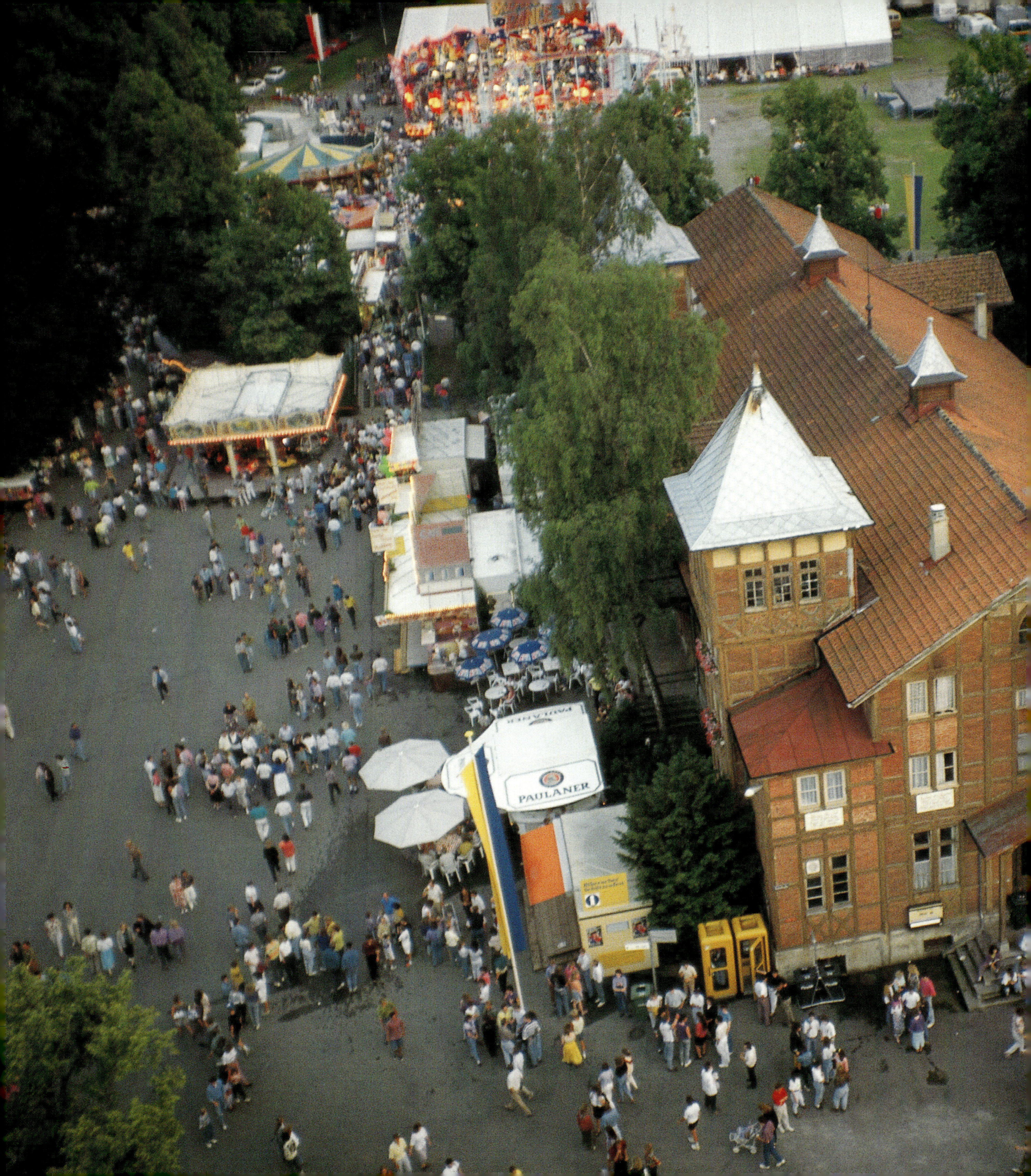
PAULANER

TANZ, VERGNÜGEN UND KINDERSPIEL

Inmitten des Festplatzes steht die alte Gigelberg-Turnhalle. In ihr findet an Schützen die Ziehung statt, bei Regenwetter der Kleine Schützenjahrmarkt.

Neben der Turnhalle befindet sich das Informationszentrum der Schützendirektion.

*Ein echter Biber
Treu und fest
Der hält was auf
Sein Schützenfest*

Auf dem Berg erwarten Genüße aller Art die Festbesucher.

TANZ, VERGNÜGEN UND KINDERSPIEL

Der alte Brunnen zum Füllen der Spritzpistole; die sonnig-schattige Stadtbierhalle; die Luftballons, das sind die 'kleinen' Orte und Dinge, die aber kein Biberacher vermissen möchte.

432

TANZ, VERGNÜGEN UND KINDERSPIEL

433

Wenn es so richtig toll durch den Magen fährt, machen die neuen, aber auch alten Fahrbetriebe erst richtig Spass. (Sagt man.)

Für manch' einen ist der Schiffschaukel-Looping eine alljährliche Herausforderung.

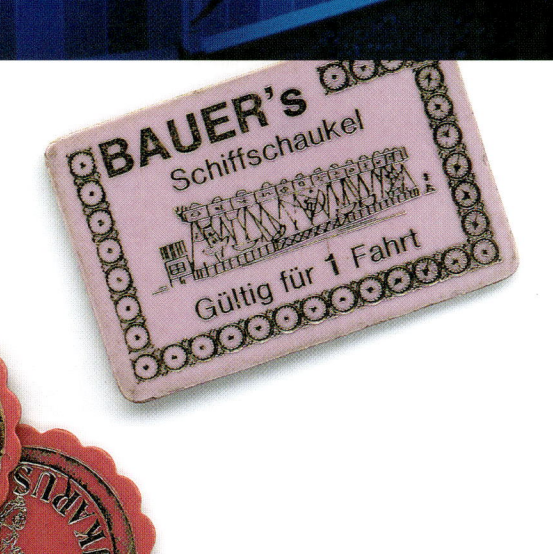

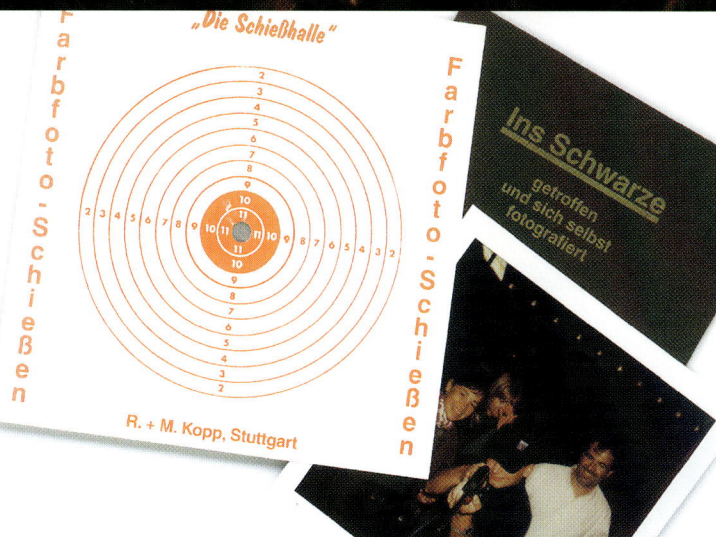

434

Geschicklichkeit ist hier gefragt, wenn die Geldstücke im Schlangenmaul in die eigene Tasche wandern sollen. Der Bauch der Schlange ist sehr wackelig und bringt einen leicht zu Fall.

Die große Rutsche, ein beliebtes kostenloses Vergnügen.

436

TANZ, VERGNÜGEN UND KINDERSPIEL

Die "Volksbelustigungen": Sackhüpfen, Eierlaufen, Kletterbaum, Geißbockstoßen und einiges mehr. Die Kinder haben ihren Spaß daran, erst recht, wenn es für jeden Gewinner eine kleine Belohnung gibt.

438

TANZ, VERGNÜGEN UND KINDERSPIEL

Der kleine Schützenjahrmarkt: Schminken, Verkleiden, Zaubern, Wahrsagen, Tonen, Basteln, Malen. Viel Spielraum für die Kleinen zur Freude auch der Großen.

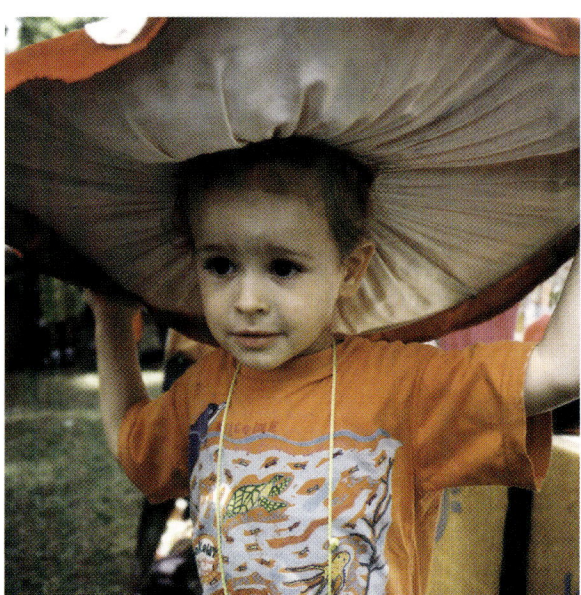

"Einmal Fliegenpilz sein."
Der Kleine Schützenjahrmarkt ist, für die kleineren Kinder, einen Nachmittag lang, eine gelungene Alternative zum Rummelplatz geworden.

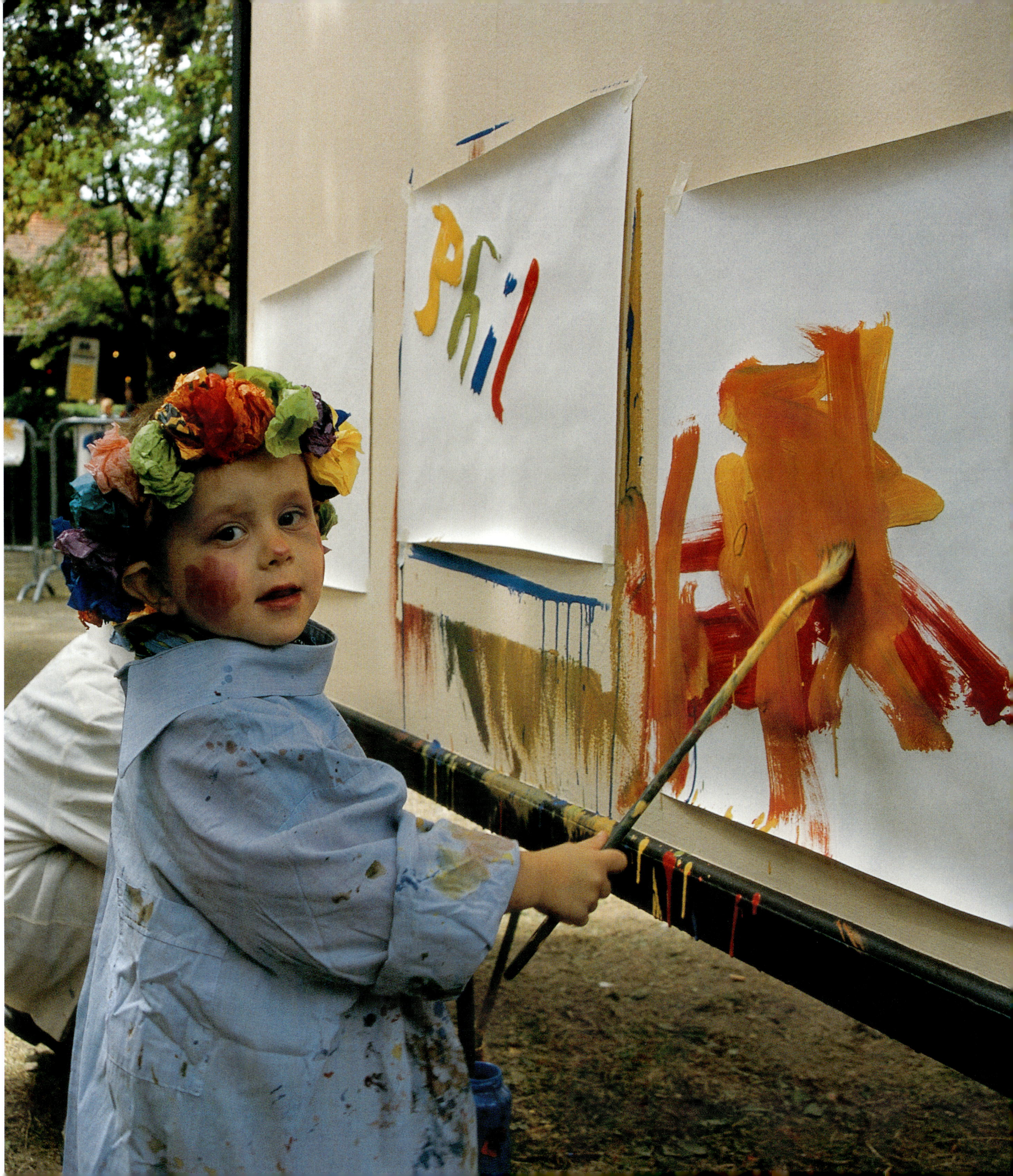
Phil

Der Schwanenkeller, Treffpunkt der jüngeren Generation.

Straßenhockete in der Consulentengasse. Schützenschatz und edler Tropfen – alles fest im Griff.

Ein ungewohntes Bild, denn die Stadtarbeiter sind dann unterwegs, wenn alle den Platz des Feierns verlassen haben. Auch sie gehören zum Schützenfest.

ZEITTAFEL

1668	erste urkundliche Nachricht über das evangelische Schützenfest, veranstaltet vom evangelischen Rat.
1779	Stiftung des »Schützenbatzens« und einer evangelischen »Schützenpredigt« durch Christoph Jakob Heiß.
1785	erste urkundliche Nachricht über das katholische Schützenfest, veranstaltet vom katholischen Rat.
1802	Biberach verliert Reichsunmittelbarkeit und wird badisch.
1804 - 1806	gemeinschaftliche Schützenfeste unter badischer Herrschaft.
1806	Biberach wird württembergisch.
1808	erster Schützendirektor Ratskonsulent Eben.
1810 - 1824	wieder getrennte, evangelische und katholische Schützenfeste.
1814	wird im Festzug zum ersten Mal eine Fahne mitgeführt.
1816	Einführung der »Schützentrommler« im Festzug. Mitführung der Preise für die »Ziehung«.
1818 - 1824	Senator Kloos Schützendirektor für das katholische Fest.
1819	erstes »Schützentheater« durch Apotheker Stecher.
1821	erstes Auftreten einer Knabenkapelle beim evangelischen Fest.
1832	Schützendirektion (ein Gremium von Bürgern der Stadt Biberach zur Vorbereitung und Durchführung des Schützenfestes) umfaßt 3 Mitglieder.
1834	wird der erste Montag im Juli als Termin für das Fest festgelegt.
1842	Liedersingen der Schulen auf dem Gigelberg (mit Unterbrechungen bis 1958 fortgesetzt). / Böllerschießen schriftlich nachgewiesen.
1843	erste Teilnahme der Birkendorfer Kinder am Fest.
1855	werden endgültig der erste Montag und Dienstag im Juli als Festtage bestimmt. / Der erste Mittwoch wird wieder Schultag.
1860	erste Teilnahme der Bergerhauser Kinder.
1861	erste Teilnahme der »Höheren Töchterschule« (Progymnasium für Mädchen, gegründet 1860).
1864	turnerische Vorführungen der Vorgängerschule des Wieland-Gymnasiums (mit Unterbrechungen bis 1950).
1873	Schützendirektion wird unabhängig vom Stiftungsrat. Sie ergänzt sich selbst durch Zuwahl.
1878	Vereinigung der evangelischen und katholischen Knabenkapelle zur »Kleinen Schützenmusik«.
1897	Fritz Mayer (»Engelmayer«) Leiter des Schützentheaters, seit 1889 Mitarbeiter.
1897	»Spiele und Reigen« des Progymnasiums für Mädchen (bis 1950).
1899	erste Festpostkarte.
um 1900	fünf Schützendirektoren.
1905	Eingliederung des Schützentheaters in die Schützendirektion.
1907	10 Schützendirektoren (Vorsitzender, Stellvertreter und Schriftführer, Kassier). / Erste Brauchtumsgruppe: Bergerhauser Bauerngruppe.
1908	Gruppen aus dem Schützentheater nehmen am Festzug teil.
1910	»Adlerschießen« für die älteren Schüler.

Der Ursprung und das Alter des Biberacher Schützenfestes können nicht mit Sicherheit angegeben werden.

Die verschiedenen Theorien über seine Entstehung sind in diesem Buch dargelegt.

1914	Kostümierung der »Kleinen Schützenmusik«, Landsknechtstracht.
1920	erstes Fest nach dem Ersten Weltkrieg.
1921	Stiftung eines neuen »Schützenbatzens« durch Fabrikant Gustav Gerster.
1921	Trommlerkorps des Wieland-Gymnasiums (zwei Trommler), 1928 vier, 1930 sechs Trommler.
1927	einheitliche Kleidung der Schüler des Wieland-Gymnasiums. / Stadttor-Modelle.
1930	Einführung eines Festabzeichens (Biber).
1931	Hochzeitsgruppe Rißegg. / Teilnahme der Rißegger Kinder an der »Ziehung«.
1933	Kleine Bürgerwehr Mittelbiberach zum ersten Mal im Festzug.
1937	Heinrich Sembinelli führt die Heimatstunde ein.
1938	wegen Maul- und Klauenseuche stark verkürztes Fest (nur Schützentheater, »Bieten«, Spiele).
1939	Schwedengruppe als Grundstein des Historischen Festzugs. / Schwedenlager, Beginn des Lagerlebens. Emma Witzgall-Werner Leiterin des Schützentheaters. (Mitarbeiterin seit 1897). / Gruppe der sieben Schwaben.
1946	erstes Fest nach dem 2. Weltkrieg unter dem Namen »Biberacher Kinderfest«. / 17 Schützendirektoren. / Schützentheater wieder aufgenommen (»Kindertheater«). / Weberwagen. Volkstrachtengruppe.
1947	Biberwagen
1948	Renaissancegruppe mit Stadtmodellen unter dem Namen »Alt Biberach«. / Stadttore auf Wagen.
1949	20 Schützendirektoren. / Otto Herzog Leiter des Schützentheaters. / Ziehung wieder aufgenommen. / Schwedengruppe und Schwedenlager leben wieder auf. / Der Historische Festzug wird an Bauernschützen wiederholt. / Erstmals ein Bierzelt beim Schützenfest.
1950	700-Jahrfeier der Stadt Biberach. / Großer historischer Handelszug. / Beginn der eigenen Ponyzucht.
1951	Beginn des Biberschießens (Zwölferringscheibe). / Einführung der Zunfttänze (Bauern, Weber, Gerber). / Gerberwagen mit Gerbergruppe (histor. Gerberwalk). / Stadtsoldaten (1959 neue Kostüme).
1954	erster Schülerwettbewerb für ein Festabzeichen.
1955	erster Schülerwettbewerb für ein Theaterplakat. / Dr. Hanns Strobel-Stiftung der Firma Dr. Karl Thomae für die Biberacher Schüler. / Gruppe Kaiserliche Reiter (20). Thurn- und Taxis'sche Postkutsche en miniature, mit Ponys bespannt.
1956	Biedermeiergruppe als Ergänzung zur Postkutsche. / Wielandwagen (allegorische Darstellung, später ausgeschieden). / Erstmalige Teilnahme der Höheren Handelsschule und der Haushaltsklasse der Haushaltungs- und Frauenarbeitsschule.
1958	Neugestaltung des Umzugs am Montag unter Mithilfe der Schulen (»Bunter Zug«). / Vermehrung der Märchengruppen aus dem Fundus des Schützentheaters. / »Bauernabend« für die Fahrer, Reiter und Pferdebesitzer beim Schützenfest.
1959	»Historischer Festakt« auf dem illuminierten Marktplatz am Schützensonntagabend. Text und Inszenierung Otto Herzog. Pony-Herde in Obhut der Reitervereinigung im Gaisental.

ZEITTAFEL

1960   30 Schützendirektoren. / Färberwagen mit Färbergruppe. Färbertanz bei den Zunfttänzen. / Landsknechtstrommlerkorps der Höheren Handelsschule. / Blockflötengruppe kostümiert.

1961   Armbrustschützen kostümiert.

1962   Gruppe der Spitalgründung, anläßlich Erhebung Biberachs zur Großen Kreisstadt. / Feierlicher Großer Historischer Festakt. / Otto Herzog gestaltet die Heimatstunde. / Neueinkleidung der Schützentrommler und Pfeifer.

1963   erstmalige Teilnahme der Mittelschule (später Realschule). / Erweiterung der Gruppe Kaiserliche Reiter (29) und des Handelszugs. / Chorisches Spiel »Hymne an die Heimat« auf dem illuminierten Marktplatz. / Beginn des Nachtwächtersingens. / Erstes Feuerwerk auf dem Gigelberg.

1964   Neukostümierung der «Kleinen Schützenmusik» - angelehnt an mittelalterliche Spielmannstracht. / Kleine Trachtengruppe neu. / Der alte Biberwagen wird ausgeschieden. / Die Gruppe Kaiser Friedrich III. entsteht neu. Stiftung von EM Prof. Dr. Adolf Pirrung. / Erweiterung der Gruppe Kaiserliche Reiter durch einen Kesselpauker und vier Fanfarenbläser. / Einführung der Renaissancetänze.

1965   Glockengießergruppe mit 2 großen Festwagen. / Glockengießertanz im dreijährigen Turnus. / Bauerngruppe Bergerhausen erhält großen Festwagen. / Kleine Trachtengruppe erhält Fahnen. / Neue Rutschbahn mit eisernem Turm, gestiftet von Firma Liebherr.

1966   Helmut Gehring übernimmt die Leitung des Schützentheaters. / »Kleine Schützenmusik« erhält ein Trommlerkorps, im Jahr darauf einen Spielmannszug. / Kleine Trachtengruppen werden um Donauschwaben erweitert. / Höhere Handelsschule beteiligt sich nicht mehr am Schützenfest.

1967   Dieter Buttschardt gestaltet die Heimatstunde. Historischer Festakt (Text Dr. Franz Wenk). / Partnerschaftsfeier Valence/Biberach am Schützenmontag. Kein Wunderkreis mehr.

1968   Bierbrauergruppe mit Brauwagen. / Erstmalig Trommler- und Fanfarenkoprs der Realschule. / Kleine Trachtengruppen um Siebenbürgen erweitert. / Fahnengruppe »Städtebund« mit Wappen der 37 Reichsstädte der »Schwäbischen Bank« im Festzug.

1969   150 Jahre Schützentheater. Erstmals »Tanz auf dem Marktplatz« am Schützensonntagabend. / Gemeinsame Gottesdienste beider Konfessionen am Schützenmontag. Ballwurfwettbewerb der Mädchen ab 8. Schuljahr (anstelle der Ziehung). / Gruppe »Schwarzer Veri« im Festzug und im Lager. / Fahnenschwingergruppe. / 34 Schützendirektoren, 25 Schützenbeiräte, 12 Ehrenmitglieder.

1970   erstmals offizielle Eröffnung des Vergnügungsparks am Schützensamstag 14 Uhr. / Neu: Trommlerinnenkorps des Pestalozzi-Progymnasiums.

1971   Neu: Staufergruppe mit Reisewagen. / 150jähriges Jubiläum der »Kleinen Schützenmusik«. / Organisation Richard Schilling sen. Verleihung der Pro-Musica-Plakette. / Jubiläums-Festschrift und Abzeichen. Jubiläums-Festakt auf dem Marktplatz. / Erstmalig Aufstellung eines kompletten Haushaltsplans für das Geschäftsjahr der Schützendirektion.

1972   50jähriges Jubiläum des Trommlerkorps des Wieland-Gymnasiums. / Erstmals Fanfarenzug des Frauenberuflichen Gymnasiums. / Gemeinsame »Abnahme« der Jugendmusikkorps zusammen mit der Eröffnung des Vergnügungsparks. / Teilnahme der Grundschule Ringschnait (Eingemeindung). / Erstmals am Dienstag nur noch kostümierte Teilnehmer.

1973 erstmalige Teilnahme der Grundschule Stafflangen (Eingemeindung). / Keine Gruppen mehr aus dem Fundus des Schützentheaters, nur noch aktuelle Märchenaufführung. / Neu: Märchengruppen »Schildbürger« und »Max und Moritz«. / Erweiterung der Bauerngruppe Bergerhausen um 3 Ponywagen: Heuwagen, Garbenwagen, Kipfenwagen. / Erneuerung der Kostüme Rißegger Bauernhochzeit. / Planung und Baubeginn der neuen Requisitenhalle.

1974 »Maienschützen« am 12. Mai zur Finanzierung der Requisitenhalle. / Erstmals Aufmarsch des Fahnenzugs auf dem Marktplatz. / Neu Märchengruppe »Heinzelmännchen«. / Die Gruppe der 9 Musen und der alte Wielandwagen entfallen. / Donnerstag erstes Fest des »Schwarzen Veri« auf dem Viehmarkt. / Fertigstellung der Requisitenhalle an der Bleicherstraße.

1975 Erhöhung des Schützenbatzens auf DM 2,–. / Einrichtung eines Informationsstandes der Schützendirektion vor der Gigelbergturnhalle. / Aufteilung der Ziehung auf die Gigelbergturnhalle (Unterstufe) und die Pflugschule (Mittelstufe). / Baltringer Haufen aus dem Bauernkrieg von 1525 neu im Festzug und Lager. / Neu Märchengruppe »Die goldene Gans«. / Reiter und Fahrer nicht mehr im Hof der Pflugschule, sondern bei der neuen Requisitenhalle. / Aufstellung des Festzugs in der Bleichersraße. / Teilnahme von italienischen und kroatischen Trachtengruppen.

1976 Biberschießen mit der Armbrust auch für Schülerinnen ab Klasse 8, Ballwerfen entfällt. / Erweiterung des Baltringer Haufens. / Neu Mittelalterliche Spielmannsgruppe der Malischule. / Erstmals am Samstag vor Bauernschützen »Kleiner Schützenjahrmarkt«. / Schützenfest-Schallplatte. / Festabzeichen im Vorverkauf DM 3,50, während des Festes DM 4,--. / Maienschützen zur Finanzierung von Kinderspielgeräten.

1977 Musikalische Mitwirkung der «Kleinen Schützenmusik« beim Schülergottesdienst in St. Martin. / Teilnahme der Grundschule Mettenberg (Eingemeindung). / Neu: Märchengruppe »Ali Baba und die 40 Räuber«. / Erweiterung der Bierbrauergruppe durch 2.Festwagen (Bierrolle). / Neue Wielandgruppe: Christoph Martin Wieland und der Musenhof zu Warthausen. / Teilnahme der Flachsbauerngruppe aus Mettenberg beim Historischen Festzug.

1978 Frühestes Schützenfest seit 1855 (3. bis 11. Juni): Rollierende Ferienordnung. / Schützentheater erstmals im Theater der neuen Stadthalle. / Neu Märchengruppe »Rattenfänger von Hameln«. / Erweiterung der Wielandgruppe. / Neu Biberacher Bürgerwehr von 1848 mit Spielmannszug. / Senator Hugo Rupf stiftet Kostüme und Musikinstrumente, Fabrikant Vollmer die Vorderladergewehre. / Anläßlich seines 70. Geburtstags errichtet Senator Hugo Rupf die nach ihm benannte Stiftung. / Die Schützendirektion ist an den Erträgen des Vermögens maßgeblich beteiligt. / Der Stifter wird zum Ehrenmitglied der Schützendirektion ernannt.

1979 Völlige Neuordnung der Festzüge: Sämtliche Märchengruppen kommen zum »Bunten Festzug« am

ZEITTAFEL

Schützenmontag. / Der Schützendienstag bietet einen rein historischen Festzug, chronologisch geordnet. / Zum historischen Festzug an Bauernschützen kommen die Festwagen des Schützentheaters und verschiedene Märchengruppen. / Neu: die Flachsbauerngruppe Mettenberg mit 2 Festwagen.

1980 Erstmals Beteiligung des Bischof-Sproll-Bildungszentrums. / Das Lagerleben auf dem Gigelberg wird neu geordnet. Rundweg um sämtliche Lager.

1981 Erstmals »Antrommeln« im März bei der Auswahl der Schützentrommler. / Christa Graupner übernimmt die Leitung des Schützentheaters. / Festabzeichen von DM 4,-- auf DM 5,-- angehoben. Im Vorverkauf DM -,50 niedriger. / Jubiläum: 500 Jahre Schützenwesen in Biberach. / 50 Jahre Rißegger Bauernhochzeit im Festzug.

1981 Am 9.September 1981 wird die renovierte Schützenkellerhalle vom Hospital zum Heiligen Geist an die Schützendirektion zur Nutzung übergeben.

1982 neue Fahnenschwingergruppe mit St. Georgskreuz im Hinblick auf Stadtjubiläum. / Veränderter Festzugsweg.

1983 Herausgabe eines "Bilderbuchs der Stadtgeschichte" (Leporello) für den Historischen Festzug durch die Schützendirektion. Entwurf Peter Geiwitz. / 250 Jahre Christoph Martin Wieland (1733-1813).
Nach 4 1/2 Jahren Planung und Arbeit Fertigstellung der Stadion'schen Berline einschließlich Geschirr für Sechser-Gespann. Übergabe in einem Festakt. Flugzeugunglück bei Biberach am 27.6.83. Schützenfest wird durchgeführt. Veranstaltungen mit Vergnügungscharakter entfallen. / Erweiterung der Bierbrauergruppe: 3. Festwagen (Bonzenwagen). / Gründung des Vereins Stadtfest e.V. für die Festwoche. / Begründung einer eigenen Nähstube mit ABM-Maßnahme.

1984 Festwoche 900 Jahre Biberach unter der Regie der Schützendirektion. Drei Hauptveranstaltungen:
1. Historisches Spiel »Bürgerzwist und Schwedennot - Biberach im Jahre 1634«.
2. »Tanz durch die Jahrhunderte« mit bäuerlichen, bürgerlichen und höfischen Tänzen.
3. »Jahrmarkt zu Urgroßvaters Zeiten« mit größter Beteiligung der Bevölkerung. / 1500 Mitwirkende, 35 - 40.000 Besucher. / Helmut Barth dreht einen repräsentativen Film von der Festwoche.

1985 Neuaufbau der Festzugsnähstube, Leitung Maja Kammerer. / Biedermeiergruppe wird völlig erneuert. / Einrichtung einer zentralen Geschäftsstelle. / Aufbau von Anschriften-Dateien. / Neue Transparente und Hinweistafeln am Stadteingang. / Die Aktion »Trachten und Historische Gewänder« aus der Festwoche wird weitergeführt. / Die Veranstaltung »Tanz durch die Jahrhunderte« wird fester Bestandteil des Schützenfestes. / Die Schützendirektion erwirbt käuflich eine Tribüne für die Nordseite des Marktplatzes. Für das Fest stehen nun 3 Tribünen zur Verfügung. / Imbiß am Schützendienstag wieder in der Gigelbergturnhalle.

1986 Webertanzgruppe neu eingekleidet. / Gruppe »Volkstrachten aus Biberach und Umgebung« teilweise erneuert, insgesamt in den Details verbessert. / Mettenberger Flachsbauerngruppe zum 10jährigen Bestehen neu eingekleidet, die beiden Festwagen verbessert. / Neu: Gruppe Spielleute und Vaganten des

Mittelalters. / Historisches Zaumzeug für die Berittenen der Spitalgruppe. / Die Schwedenmusik erhält neue Uniformen. / Für den »Tanz durch die Jahrhunderte« wird ein eigenes Musikpavillon angeschafft. / Erweiterung der Bauerntanzgruppe und der Gruppe »Bürgerball zur Bismarckzeit«. / Für den »Ball beim Grafen Stadion« wird eine Rokoko-Musik aufgestellt, die mit zeitgemäßen Livréen eingekleidet wird. / Für alle Klassen wird die Ziehung wieder in die Gigelbergturnhalle zusammengelegt. / Wegen Dauerregens an Bauernschützen erstmals nach 37 Jahren Festzug und Lager abgesagt. / Ausstellung aller bekannten Schützenfest- und Schützentheaterplakate im Foyer des Rathauses.

1987 Verbesserung des Brand- und Einbruchschutzes der Requisitenhalle. Toreinfahrten verbessert. / Weberwagen komplett erneuert. / Weiterer Ausbau der Gruppe »Oberschwäbische Volkstrachten« und der Rokoko-Musik. / Neu: Biedermeier-Gruppe der Landesgirokasse. / Geänderter Festzugsweg wegen Großbaustellen. / 39 Schützendirektoren, 31 Schützenbeiräte, 17 Ehrenmitglieder.

1988 Bei der »Kleinen Schützenmusik« wird den Mädchen die Mitwirkung ermöglicht. / Neu: Sathmargruppe mit »Ulmer Schachtel«. / Im November 1988 gibt sich die Schützendirektion einen neuen Organisationsplan, der das Fest in 8 Bereiche aufteilt. Die Leiter der Bereiche sind zugleich Vorstandsmitglieder.

1989 Im Januar 1989 verabschiedet die Plenarversammlung endgültig die neue Geschäftsordnung, die in mehreren Sitzungen vorbereitet wurde. Im April erfolgt die Neuzuteilung der Mitarbeiter in die Bereiche, Kommissionen und Arbeitsgruppen.

1989 750jähriges Jubiläum des Hospitals zum Heiligen Geist. / Die »Kleine Schützenmusik« erhält vollkommen neue Monturen nach dem Vorbild der »Brandenburgischen Dragoner«.

1990 Die Schützendirektion beteiligt sich an dem von der Landesregierung ausgeschriebenen Wettbewerb zur Auszeichnung kommunaler Bürgeraktionen. / Sie erhält einen Hauptpreis und einen Sonderpreis, die im Januar 1990 im Neuen Schloß in Stuttgart von Innenminister Schlee überreicht werden. / Schützenbatzen wird auf DM 5,-- erhöht. / Ausbau der Schützenbühne im Mitteltrakt der Pflugschule. / Kostüme der Renaissance-Damen werden komplett erneuert. / Regnerisches und kühles Wetter während der ganzen Festwoche. / Mehrere Veranstaltungen fallen aus. / Am 2. September 1990 Wiederholung des »Jahrmarkts zu Urgroßvaters Zeiten«. Leitung Robert Pfender und Karl Weidelener.

1991 Ausstattung der Renaissancegruppe mit stilechten Haartrachten, Kopfputz und Schmuck. Spende Hilde Frey. / Neuausstattung der Wielandgruppe und der Rokoko-Schülergruppe mit Kostümen. / Die Zunfttänze werden auf den Marktplatz verlegt. / Aufführungen an Schützensonntag und Bauernschützen. / Während der gesamten Festwoche herrscht »Kaiserwetter«. / Größter Besucherandrang aller bisherigen Feste. / Verabschiedung von »Allgemeinen Benutzerbedingungen«.

1992 Ein gebundenes Büchlein zum Schützentheater. Wird jährlich fortgesetzt. / Neuaufstellung der »Scharwächter«. Ausstattung mit histor. Kostümen und Wächterhäuschen. Lager am Fuß des Weißen Turms. / Neugestaltung des Schützenfestprospekts und des Festzugsplans. / Ausbau der Schützenbühne im Ostflügel der Pflugschule. Einbau eines geräumigen Schneider-Ateliers. / Dieter Buttschardt stirbt nach 25jähriger Gestaltung der Heimatstunde.

ZEITTAFEL

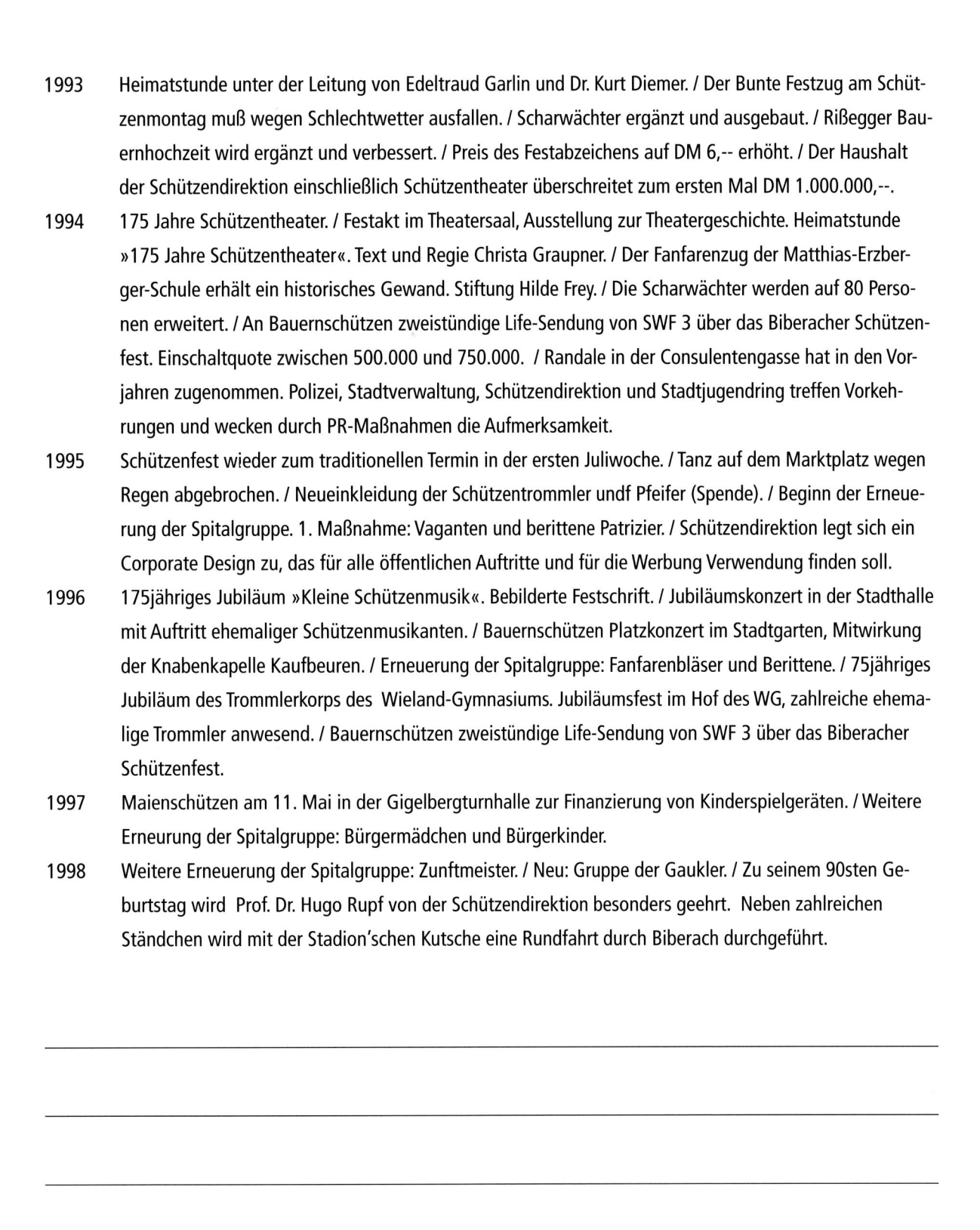

1993	Heimatstunde unter der Leitung von Edeltraud Garlin und Dr. Kurt Diemer. / Der Bunte Festzug am Schützenmontag muß wegen Schlechtwetter ausfallen. / Scharwächter ergänzt und ausgebaut. / Rißegger Bauernhochzeit wird ergänzt und verbessert. / Preis des Festabzeichens auf DM 6,-- erhöht. / Der Haushalt der Schützendirektion einschließlich Schützentheater überschreitet zum ersten Mal DM 1.000.000,--.
1994	175 Jahre Schützentheater. / Festakt im Theatersaal, Ausstellung zur Theatergeschichte. Heimatstunde »175 Jahre Schützentheater«. Text und Regie Christa Graupner. / Der Fanfarenzug der Matthias-Erzberger-Schule erhält ein historisches Gewand. Stiftung Hilde Frey. / Die Scharwächter werden auf 80 Personen erweitert. / An Bauernschützen zweistündige Life-Sendung von SWF 3 über das Biberacher Schützenfest. Einschaltquote zwischen 500.000 und 750.000. / Randale in der Consulentengasse hat in den Vorjahren zugenommen. Polizei, Stadtverwaltung, Schützendirektion und Stadtjugendring treffen Vorkehrungen und wecken durch PR-Maßnahmen die Aufmerksamkeit.
1995	Schützenfest wieder zum traditionellen Termin in der ersten Juliwoche. / Tanz auf dem Marktplatz wegen Regen abgebrochen. / Neueinkleidung der Schützentrommler undf Pfeifer (Spende). / Beginn der Erneuerung der Spitalgruppe. 1. Maßnahme: Vaganten und berittene Patrizier. / Schützendirektion legt sich ein Corporate Design zu, das für alle öffentlichen Auftritte und für die Werbung Verwendung finden soll.
1996	175jähriges Jubiläum »Kleine Schützenmusik«. Bebilderte Festschrift. / Jubiläumskonzert in der Stadthalle mit Auftritt ehemaliger Schützenmusikanten. / Bauernschützen Platzkonzert im Stadtgarten, Mitwirkung der Knabenkapelle Kaufbeuren. / Erneuerung der Spitalgruppe: Fanfarenbläser und Berittene. / 75jähriges Jubiläum des Trommlerkorps des Wieland-Gymnasiums. Jubiläumsfest im Hof des WG, zahlreiche ehemalige Trommler anwesend. / Bauernschützen zweistündige Life-Sendung von SWF 3 über das Biberacher Schützenfest.
1997	Maienschützen am 11. Mai in der Gigelbergturnhalle zur Finanzierung von Kinderspielgeräten. / Weitere Erneurung der Spitalgruppe: Bürgermädchen und Bürgerkinder.
1998	Weitere Erneurung der Spitalgruppe: Zunftmeister. / Neu: Gruppe der Gaukler. / Zu seinem 90sten Geburtstag wird Prof. Dr. Hugo Rupf von der Schützendirektion besonders geehrt. Neben zahlreichen Ständchen wird mit der Stadion'schen Kutsche eine Rundfahrt durch Biberach durchgeführt.

Fritz Kolesch

ÜBER EIN VIERTELJAHRHUNDERT DIE LEITFIGUR DES SCHÜTZENFESTES.

Wenn der Leser diese bisher umfangreichste Darstellung über das Biberacher Schützenfest in Händen hält, wird er sicher auch neugierig sein auf den Verfasser. Wer ist der Autor, der so kompetent und detailreich über unser Heimatfest berichten kann?

Seine Mitarbeiter in der Schützendirektion haben ihn während der vielen Jahre seiner Tätigkeit als Erster Vorsitzender als unumstrittene Leitfigur des Schützenfestes erlebt. Er hat sowohl selbst aktiv und innovativ im Fest mitgearbeitet als auch mit Sachverstand und Menschenkenntnis seine Truppe geführt. Wie kommt einer dazu, ein Vierteljahrhundert der Schützendirektion und damit dem so bedeutenden Heimatfest seiner Stadt vorzustehen? Beginnen wir von vorn.

Fritz Kolesch wurde am 27. September 1929 als Sohn einer alten ortsansässigen Kaufmannsfamilie geboren. Der schon 1819 gegründete Familienbesitz ziert nach späteren Erweiterungen und aufwendigen Renovierungen mit seinen Giebeln die malerische Kulisse des Biberacher Marktplatzes. Schon bei den ersten Schützenfesten der Nachkriegszeit (1946-48) hat der Knabe auf dem Weberwagen und bei der Trachtengruppe mitgewirkt. An die 1949 mit dem Abitur abgeschlossene Schulzeit schloß sich bis 1951 eine Lehrzeit als Einzelhandelskaufmann in Stuttgart an. Nach der Lehre folgten einige Monate Mitarbeit im elterlichen Betrieb. Dann begann er ein Studium der Rechtswissenschaften an der Universität in München. Sein Bildungsinteresse reichte über sein Studienfach hinaus. Vor allem sein großes Interesse für Geschichte, das ihn durch sein ganzes Leben bis heute begleitet, dürfte in jenen Jahren die Wurzeln haben.

Eine unerwartete Wende im Leben des jungen Studenten brachte der plötzliche Herztod seines Vaters im Frühjahr 1953. Kolesch mußte sein Studium abbrechen, war er doch mit 24 Jahren über Nacht Chef eines Textil- und Bekleidungshauses geworden. So war er früh genötigt, Verantwortung zu übernehmen. Auch in der Schützendirektion setzte man Vertrauen in den jungen Mann und wählte ihn im gleichen Jahr, erst 24-jährig, zum jüngsten Schützendirektor in der Geschichte dieses Gremiums. Seine ersten Aufgabengebiete waren: die Betreuung des Weberwagens, der Webergruppe und der Trachtengruppe. In Sachen Trachten hat er sich zu einem wahren Spezialisten entwickelt. Später kam die Mitarbeit in der Kommission Pferdegestellung hinzu. Diese Kommission ist ihm besonders ans Herz gewachsen, was nicht verwundert, wenn man weiß, daß er 1958 der Gründer der Reitervereinigung Biberach e.V. und dann mehr als 12 Jahre Vorsitzender dieses Vereins war. Die enge Zusammenarbeit zwischen Schützenfest und Reiterei war für beide Teile von enormem Vorteil.

Im Laufe der Jahre hat Fritz Kolesch dann in mehreren kulturellen, kommunalpolitischen und wirtschaftlichen Gremien erfolgreich mitgearbeitet, z.B. im Dramatischen Verein, im Kunst- und Altertumsverein, im Aufsichtsrat einer Biberacher Bank sowie bei den Industrie- und Handelskammern in Ravensburg und Ulm. 1968 bis 1980 gehörte er dem Biberacher Gemeinderat an. Diese vielen Tätigkeiten haben ihm ein ungeheures Arbeitspensum abverlangt. Dabei hat er alle seine übernommenen Verpflichtungen sehr ernst genommen und doch nie den Eindruck eines gestreßten Geschäftsmanns gemacht. Seinen Hauptberuf als Kaufmann hat er nie vernachlässigt. In dieser ar-

DIE AUTOREN UND HERAUSGEBER DIESES BUCHES

beitsreichen Lebensphase wird der erst 39-jährige gefragt, ob er den Vorsitz in der Schützendirektion übernehmen könne. Nach kurzer Bedenkzeit und Beratung mit seiner verständnisvollen Frau sagt er zu. Kolesch hat 1962 geheiratet und wurde 1964 Vater eines Sohnes. Seine ehrenamtlichen Aufgaben konnte er nur erfüllen, weil seine tüchtige Frau und seine Schwester stets auf dem Posten waren.

Es folgten nun zwei Jahrzehnte, in denen das Schützenfest unter der Leitung von Fritz Kolesch und seinen Mitarbeitern im engeren Vorstand (Rothenbacher, Gehring, Pfender) eine stürmische Entwicklung nahm. Es seien nur andeutungsweise folgende Neuerungen genannt: Tanz auf dem Marktplatz, Gruppe "Schwarz Veri", gemeinsame Gottesdienste beider Konfessionen, Abschaffung der Nichtkostümierten in den Festzügen. Die Schützenbeiräte wurden als Institution eingeführt. In den stürmischen 68er Jahren bewahrte die Schützendirektion unter dem besonnen Fritz Kolesch die Ruhe und entwickelte das Fest behutsam weiter. Dabei legte Kolesch immer besonderen Wert auf historische Genauigkeit bis ins Detail und auf erstklassige Qualität aller verwendeten Materialien. Der Bunte Festzug der Schulen wurde von Jahr zu Jahr verbessert. Grössere bauliche Projekte waren der Neubau (1974) und die Erweiterung der Requisitenhalle sowie 1981 die Übernahme der Schützenkellerhalle vom Hospital für Proben der Kleinen Schützenmusik, Sitzungen, gesellige Veranstaltungen und für die Einrichtung eines Geschäftszimmers. In den Jahren 1990-92 erfolgte der Ausbau der Schützenbühne und der Einbau eines Schneiderateliers. Ein großes Ereignis war 1984 das Stadtfest "900 Jahre Biberach".

In den knapp 26 Jahren, in denen Kolesch den Vorsitz der Schützendirektion innehatte, hat sich der Haushaltsplan des Festes mehr als verzehnfacht von weniger als 100.000 DM auf über eine Million DM. Weit über die Region hinausreichende Aufmerksamkeit wurden den 1994 und 1996 von Kolesch kommentierten zweistündigen Live-Übertragungen der Festzüge und Ausschnitten aus anderen Programmteilen durch den Südwestfunk zuteil.

Als Fritz Kolesch mit 65 Jahren seine aktive Arbeit in der Schützendirektion beendete, hatte er eine 41-jährige Mitarbeit hinter sich, davon 26 Jahre als Erster Vorsitzender. Diese Zahlen und die vorgenannten Veränderungen, Neuerungen und Entwicklungen lassen auch den Laien ahnen, wieviel Arbeit, wieviel Liebe zu seiner Heimatstadt und seinem Schützenfest, wieviel Kraft aufgewendet werden mußten, um dies alles zu bewerkstelligen. Fritz Kolesch kann stolz auf ein großes berufliches und ehrenamtliches Lebenswerk zurückblicken. Aber noch immer ist er in einzelnen Bereichen aktiv tätig. Bei seinem Ausscheiden aus der Schützendirektion wurde er zum Ehrenvorsitzenden mit Sitz und Stimme gewählt, und noch häufig ist sein Rat gefragt, wenn es heikle Angelegenheiten zu entscheiden gilt. Außerdem bekleidet er seit 1982 noch das Amt des Präsidenten der Arbeitsgemeinschaft Historischer Heimat- und Kinderfeste Süddeutschlands, das er 1999 als 70-jähriger dann auch aufgeben will. Ruhestand im Sinne von Untätigkeit kann man sich bei einem lebenslang so aktiven Menschen nicht vorstellen. Für den bald doch einmal eintretenden Ruhestand sei ihm "geschäftiger Müßiggang" gewünscht.

Januar 1999, Erwin Steidle.

Christa Graupner

EIN LEBEN FÜR DAS BIBERACHER SCHÜTZEN-THEATER.

Vermutlich im März oder April 1946 fand eine Begegnung statt, die einen beinahe historischen Rang einnimmt: Emma Witzgall-Werner trifft bei der Auswahl der Kinder zum ersten Schützentheater nach dem 2.Weltkrieg auf die 7-jährige Christa Graupner und erwählt sie zum Peterle in "Peterchens Mondfahrt". Zwei Frauen des Biberacher Theaters, von epochaler Bedeutung, treffen aufeinander. Zwei Theatergenerationen liegen zwischen ihnen.

In "Prinzessin Huschewind" 1947 spricht Christa den Prolog. Noch in der alten Engelmayerschen Form im Festkleid und mit Blumensträußchen in der Hand. Im "Binsenmichel" 1948 spielt sie das Hannchen, Michels Schwesterle. Doch Veränderungen zeigen sich schon 1948: Neuerer im Theaterausschuß der Schützendirektion holen Paul Kühmstedt als Komponisten und Luzie Müller als Ballettmeisterin. Mit beiden hat Emma Witzgall ihre Schwierigkeiten. 1949 dann die totale Erneuerung, ein junger Spielleiter betritt die Bühne.

Die kleine Christa spielt 1949 den "Gestiefelten Kater", ihre zweite Hauptrolle, ebenfalls eine Bubenrolle. Dann aber ist ihr "couragierter Typ" nicht mehr gefragt, sie ist 1950 kein "Schneewittchen", natürlich nicht, schon alle äußeren Merkmale fehlen ihr, nur ein kleines Häslein Lampe darf sie spielen. Aber schon 1951 bei "Frau Holle" kommt ihre große Stunde, "Pechmarie", die Böse, die Herrische, die Unausstehliche. Die nun größer gewordene Christa kommt von diesem Rollenfach nicht mehr weg. 1952 Hexe in "Der Kleine Muck", 1953 die böse Belladonna im "Dornröschen", 1954 Blitzhexe in "Peterchens Mondfahrt", 1955 Stiefmutter im "Aschenbrödel", 1956 Rabenmutter in "Hänsel und Gretel", darüberhinaus aushilfsweise zweimal Knusperhexe in derselben Inszenierung.

Eine lange Reihe negativer Rollenbilder. Rollen die erwachsene Schauspieler sehr gerne übernehmen, weil sie meist klar gezeichnet und insofern leichter zu spielen sind als "normal" geschriebene Figuren. Von einem Kind aber verlangen sie unheimlich viel Kraft, Selbstsicherheit und Selbstüberwindung, denn es wird von den übrigen mitspielenden Kindern absolut mit seiner Rolle identifiziert: Wer auf der Bühne böse ist, ist böse. Nicht umsonst sagte ein Kind, als die Hexe Christa nach der Aufführung aus der Garderobe kam, »ja die lebt ja noch«!

Diese Kraft und Selbstsicherheit prädestinieren Christa Graupner zu mehr: Schon als 15-jährige übernimmt sie Inspizientendienste, wächst allmählich in die Rolle des Regieassistenten hinein. Aufgaben, die sie glänzend darauf vorbereiten, ab 1966 selbst Regie zu führen. Mit "Prinzessin Amaranth" 1998 hat sie bis heute 33 Inszenierungen auf die Bühne gestellt. Im Grunde genommen so gut wie 66, denn es sind zwei Gruppen, die es einzustudieren gilt.

Neben dem Beruf als Lehrerin und seit 1972 als Rektorin, ein Beruf, der in ihrer dramaturgischen Tätigkeit sichtbar wird: Mehr Kinder bekommen "Sprechrollen", dürfen auf der Bühne etwas sagen.

Mit der "Schneekönigin", "Der Teufel mit den drei goldenen Haaren", "Der falsche Prinz" und "Das Wasser des Lebens", vier neue Märchen, hat sie den Turnus der altbekannten erweitert. Darüberhinaus alle anderen Bühnenmärchen Jahr für Jahr dramaturgisch neu bearbeitet und aufgefrischt, denn das Theater, auch das Schützentheater, braucht stete Erneuerung und höchste Aktualität.

DIE AUTOREN UND HERAUSGEBER DIESES BUCHES

Regie hat mit "regieren" zu tun. Und das kann sie! Anders als Emma Witzgall, die ein Leben lang den Engelmayer über sich und Willi Witzgall neben sich hatte, regiert Christa Graupner allein. Regiert über 300 Kinder und etwa 50 mehr oder weniger Erwachsene im Orchester, in den Garderoben, in den Nähstuben, auf und hinter der Bühne. Eine Sisyphusarbeit! Daneben die künstlerische Arbeit, die aus Begabung erwächst und aus unbändigem Fleiß. Und mit der ihr eigenen Zähigkeit hält sie an der Engelmayerschen Prägung des Schützentheaters fest: Bühnenmärchen als Singspiel mit Musik und Tanz. Das Charakteristikum des Biberacher Kindertheaters schlechthin und Garant seines Weiterbestehens!

Zwei Generationen lang hat Emma Witzgall auf dieser Bühne gewirkt. Es hat ihr den Titel "Große Alte Dame des Biberacher Theaters" eingebracht. Über zwei Generationen lang wirkt nun Christa Graupner an und in diesem Theater. Wenn einmal die Geschichte dieser Institution geschrieben wird, kann man um den Namen Christa Graupner unmöglich herumkommen. Und sicher wird es dann einmal heißen, Christa Graupner war d i e große Frau des Biberacher Schützentheaters!

November 1998, Otto Herzog.

Susen Schönberg

*i*n Biberach 1963 geboren und aufgewachsen. 1983 Studium an der Fachhochschule für Gestaltung in Schwäbisch Gmünd. Danach Dipl. Grafik Designerin und Artdirectorin in Münchner Agenturen. 1994 Umzug nach Biberach. Gründung der Designagentur Slogdesign mit Ehemann und Produkt Designer Jürgen Hinderhofer. 2 Kinder. 1996 fasste sie den Entschluß, die schon lang bestehende Idee eines Schützenfestbuches zu verwirklichen. Dazu konnte sie die besten Autoren in puncto Biberacher Schützenfest gewinnen: Fritz Kolesch und Christa Graupner. Peter Haug, Inhaber der Druckerei Dr. Karl Höhn, erklärte sich bereit, das Werk zu drucken und zu verlegen. 3 Jahre dauerte nun das Texten, Zusammentragen, Gestalten und Drucken dieses Buches. Es soll die schönen Erinnerungen, die jeder in sich trägt, der am Schützenfest teilgenommen hat, zum Ausdruck bringen.

Ihr besonderer Dank geht an Fritz Kolesch und seiner Frau, Christa Graupner, Peter Haug, Hans-Peter König und allen Biberachern, die ihren persönlichen Beitrag zu diesem Buch geleistet haben.

Bildnachweis
Soweit feststellbar, stammen die Aufnahmen auf den genannten Seiten von folgenden Fotografen:

Hans-Peter König: 88, 135 alle, 140, 141, 142 li./re., 143, 144 alle, 176, 194, 207, 208, 209, 210, 218 alle, 219, 220, 221, 222, 223/224, 227, 228, 229, 232, 234, 235 li., 237, 241/242 alle, 243, 251 re., 252, 255/256 o., 257 li., 260, 271/272 alle, 273/274 alle, 275 li./mi., 283, 284, 297, 301, 302, 303, 304, 306, 317 re., 318 alle, 319 beide li., 320, 321 li., 323/324 alle, 325, 327, 328, 331/332 alle, 350 beide, 351/352, 354, 355, 356, 358, 363, 365, 366, 368 re., 369, 371 o., 372, 373 li., 374 re., 393 li., 395, 397 re., 398, 401 re., 402 re., 407 beide, 409, 410 beide, 412, 413/414 alle, 415/416 alle, 426, 431 u.li., 431 u.mi., 433 re., 435, 436, 439/440 alle, 441 li., 442, 443 alle
Susen Schönberg: 7, 10, 14, 78/79, 97, 136 alle, 142 u., 152, 154, 162, 171, 173, 174, 175, 177, 178, 179, 180, 181, 182, 202, 206, 211, 212, 213, 214, 215, 216, 217, 225/226, 230, 231/232, 235 re., 236, 239, 240, 249, 250, 251 li., 253/254, 256 u., 257 r., 258, 276 re., 277/278, 279/280 alle, 281 alle, 286, 296, 298, 299, 305, 317 li., 319 re., 321 mi., 322 beide re., 326, 329/330 alle, 357, 360 beide, 362 beide, 364, 367 li./mi., 370, 371 u., 373 re., 374 li.,375, 376 alle,, 377, 378, 380, 392, 393 mi., 394, 396, 397 li., 399, 400, 403/404 alle, 405/406, 408, 411 u.li., 425, 427, 428, 429, 430, 431 o., 431 re., 432 alle, 433 li., 434, 437/438 alle
Heinrich Stehrer: 77
Familie Fritz Kolesch: 112 re., 117 re., 402 li., 411 o./u.li., 441 re., 451
Otto Herzog: 93,
K. Hoffmann: 183/184
Uli Heinkele: 359, 401 li.
Helmut Gehring: 118, 120, 123/124 alle, 126
Gerhard Rothenbacher: 172, 238, 282, 300, 353, 361, 429 re.u.
Gunther Dahinten: 76, 195 li,
Christa Graupner: 98, 110, 115, 116, 121/122, 125, 127/128 alle, 130, 131, 132, 133, 134, 145 alle
Jürgen Hinderhofer: Titelbild, 150 li.
Gustav E. Gerster: 169 li.
Fam. Blättchen: 170 li.
Matthias-Erzberger-Schularchiv: 170 re.
Boehringer Ingelheim-Archiv: 169 re.
Archiv der Schützendirektion: 6, 13, 21 bis 75, 84, 99, 100, 101/102, 104, 105, 106, 107 o./u., 108, 111, 112, 113, 114 re./li., 117li.